应用技术型高等院校物流管理与工程学科统编系列教材

配送与配送中心

主　编　李庆阳

副主编　刘雨平　袁　清

中国财富出版社

图书在版编目（CIP）数据

配送与配送中心/李庆阳主编．—北京：中国财富出版社，2019.11

（应用技术型高等院校物流管理与工程学科统编系列教材）

ISBN 978－7－5047－6799－8

Ⅰ.①配…　Ⅱ.①李…　Ⅲ.①物流—配送中心—企业管理—高等学校—教材

Ⅳ.①F253.4

中国版本图书馆 CIP 数据核字（2018）第 266712 号

策划编辑　颜学静　　**责任编辑**　邢有涛　张宁静

责任印制　尚立业　　**责任校对**　孙会香　许　诺　　**责任发行**　敬　东

出版发行　中国财富出版社

社　　址　北京市丰台区南四环西路 188 号 5 区 20 楼　　**邮政编码**　100070

电　　话　010－52227588 转 2098（发行部）　　010－52227588 转 321（总编室）

010－52227588 转 100（读者服务部）　　010－52227588 转 305（质检部）

网　　址　http://www.cfpress.com.cn

经　　销　新华书店

印　　刷　北京京都六环印刷厂

书　　号　ISBN 978－7－5047－6799－8/F·3104

开　　本　787mm×1092mm　1/16　　**版　　次**　2020 年 1 月第 1 版

印　　张　21.25　　**印　　次**　2020 年 1 月第 1 次印刷

字　　数　491 千字　　**定　　价**　49.00 元

应用技术型高等院校物流管理与工程学科统编系列教材
编 委 会

序　言

从1978年实施改革开放以来，中华大地发生了翻天覆地的变化，中国进入全球大国行列，成为世界第二大经济体，“两个一百年”的宏伟目标激励着13亿多人民为振兴中华而奋进。但任何事情都得一分为二看待，都得脚踏实地实施。目前，中国社会、经济发展进入新常态，“三期叠加”，其中首要的是改变经济发展方式，开展供给侧结构性改革。中国的人口红利期已过，要转向发展人才红利与人力资源素质红利，所以，以习近平同志为核心的党中央提出了“教育兴国”与“人才强国”战略。《国家中长期人才发展规划纲要（2010—2020年）》指出，“人才是指具有一定的专业知识或专门技能，进行创造性劳动并对社会做出贡献的人，是人力资源中能力和素质较高的劳动者。人才是我国经济社会发展的第一资源。”中国著名经济学家程思危认为，“经济只能保证我们的今天，科技可以保证我们的明天，只有教育才能确保我们的后天。”教育的发展与改革被提到了战略的高度。为了适应经济社会发展对高等技术应用型人才的迫切需求，教育部提出“引导一批本科高等学校向应用技术类型高等学校转型”，本科高校区分为普通本科与应用本科，这一方向是完全正确的，且已十分迫切。

物流产业作为国民经济基础性、战略性产业，对人才的需求是综合性的，但主要是应用型实战人才。根据教育部的要求和物流业发展的需求，中国财富出版社、河南省物流行业协会及学会、以郑州财经学院为首的多所高校以及众多物流企业联手，编辑出版“应用技术型高等院校物流管理与工程学科统编系列教材”。这是一个良好的开端，我希望今后要多出版并应用启发型、案例型、模块型物流教材，贯彻创新性、实用性、系统性原则。本套教材把理论、案例、实习实训三部分教学内容一体化融通，充分体现了应用型教学特色，是对应用型教材的积极探索。这要感谢大家的努力！在此希望本套教材在教学实践中进一步完善、提升，为中国高等应用型物流人才培养做出贡献。

丁俊发

2016年1月

前言

党的十九大报告再次强调创新驱动，并首次提出建设现代供应链，明确了物流在国民经济中的支撑地位。物流业是国民经济发展的战略性支柱产业，是现代服务业的重要组成部分。配送作为现代物流的服务模式——“最后一公里”，是物流与客户连接最为紧密的环节。在电子商务全面深入的今天，随着“门到门”物流服务模式的出现，客户对于网上购物的需求已经不仅仅满足于方便、快捷，对配送服务要求更加及时、准确，配送在物流系统中占据越来越重要的地位。配送中心作为物流网络系统中的重要节点，已逐渐成为现代物流的标志，并对整个物流配送体系的费用、效率和发展等产生影响。

本书对配送与配送中心的相关理论进行全面阐述，旨在使学生对配送与配送中心有一个全面、完整的认识。针对应用技术型物流类专业人才培养与学生创新创业的特点，以适应社会需求为目标，秉承此套教材的特点，将课堂教材、实验实训、案例分析“三合一”，将“学、做、练”“课堂、企业、实验室”“理论、实践、操作”融为一体。编写过程中，为了使学生能更好地掌握配送与配送中心的相关理论知识及实践操作，本书遵循理论结合实际的原则，针对具体问题列举企业实际案例，在每章节的开头和结尾都提供相关的案例及复习思考题；同时，为加强培养实际操作动手能力，每章节都设计相关的实训内容，对学生熟练地运用理论知识起到很好的指导作用。本书既强调学生对配送与配送中心的感性认识，又强调对理论知识的深化及延伸。

本书既可作为应用技术型高等院校物流管理与物流工程、电子商务、市场营销、连锁经营管理等相关专业的教材，也可作为企业相关人员自学或培训的教材。

本书由郑州财经学院、河南工业大学、河南公路港务局集团有限公司、丹尼斯集团物流中心等单位的人员参编。全书由郑州财经学院常务副院长李庆阳担任主编，刘雨平、袁清担任副主编，孙宏岭教授审稿。具体分工为：第一章、第二章由袁清编写，第三章由刘雨平编写，第四章由张冉编写，第五章由李庆阳、刘雨平共同编写，第六章由张小蒙编写。王鹏飞部长、丁川副总经理等也参与了资料的收集和部分章节的编写。本书在编写过程中得到孙宏岭教授的倾心指导，在此向孙宏岭教授表示最真诚的敬意和诚挚的感谢！同时，本书得到郑州财经学院和中国财富出版社领导的大力帮助和支持，在此向各位领导们表示感谢！此外，本书参考了大量物流文献，也谨向相关文献的作者们深表谢意！

由于编者水平有限，书中难免有不妥之处，恳请同行和读者给予批评指正！

编　者

2017 年 8 月

目　录

第一章 配 送

知识目标

1. 了解配送的概念、特点及意义。

2. 掌握配送的主要类型及历史变迁。

3. 准确把握配送的关键要素及其合理化。

技能目标

1. 能够对比分析高频率小批量配送、共同配送、一体化配送以及越库配送的不同特性。

2. 在物流活动中，能够根据实际情况恰当选择配送类型。

3. 根据对配送关键要素的分析，结合具体实际，全面而准确地判断配送的合理化问题。

日本7-11便利店的经营之道——JIT的精益物流

截至2016年2月底，日本7-11便利店作为全球最大的便利店，在全球17个国家已开58904家连锁店。2016年，其零售总额2473亿元，总收入457亿元，利润93.8亿元，净利润率高达20.5%，人均创造利润约116万元，7-11便利店每平方米的绩效是我国便利店的11倍，平均每人的绩效是我国便利店的87倍，而存货周转率仅为我国的1/6。

日本7-11便利店极致的单品管理对物流配送要求极高，完善高效的配送系统是实现连锁经营的基础条件。准时制（JIT）物流配送体系对效率和准确度要求极高，主要特点是：少量、多次、迅速。新鲜、及时、便利和不缺货是7-11便利店配送管理的最大特点，它建立的JIT物流配送体系成功削减相当于商品原价10%的物流费用。

由于店面仅有20平方米，经营300～500种商品，所有商品必须通过物流配送中心得到及时补充。采用多品种、小批量、高频率的高效共同配送，按照不同地区和商品群划分组成共同配送中心，由供应商先将货物送到配送中心，再由配送中心于适当时间配送到店铺。一般商品实行一日三次配送制度，当天早上3～7点配送前一天晚上生产的一般食品；前一天晚上准备好的牛奶、新鲜蔬菜等生鲜食品则在次日上午8～11点之间完成配送；上午生产的食品，当天下午3～6点配送到店铺。对于冰激凌之类的食品采用越库配送，并在早、中、晚一日三次进行配送。配送时间一般以分钟计算，一个服务于170～180家便利店的配送团队，整个配送时间大约4个小时，一家便利店备货时间65秒，搬运时间5～6分钟，分拣时间15分钟。对于不同类型的商品采用不同温度进行配送，一个配送中心设有常温区和不同温度控制区。7－11便利店还提供联机接受订货系统和自动分货系统，信息技术使配送中心实现了系统化和高效化，可及时获取市场需求的全面反馈信息。7－11便利店凭借高效的配送系统，成功实现了物流低成本、高效率，在同类零售企业竞争中处于优势地位，是零售业界的成功实例。

思考：

1. 7－11便利店的JIT精益物流“精”在何处？

2. 如何正确理解配送的内涵？

众所周知，物流是企业的“第三利润源泉”，寻求挖掘这一利润源泉的突破口成为当前物流业的当务之急。处于末端物流的配送，具有提高物流经济效益、优化与完善物流系统、改善服务、降低成本等功能，在物流系统中占有重要的地位。因此，配送逐渐成为挖掘利润源泉的突破口，也越发显示出这“最后一公里”的重要性。例如，电子商务仅仅依靠建立一个网站是行不通的，要想获取利润，就必须突破配送这一瓶颈的制约。

第一节　配送的基本概念与特性

一、配送的概念与特点

（一）配送的基本概念

中华人民共和国国家标准《物流术语》（GB/T 18354—2006）中，将配送定义为：在经济合理区域范围内，根据客户要求，对物品进行拣选、加工、包装、分割、组配等作业，并按时送达指定地点的物流活动。

配送是现代物流中一种特殊的、综合的活动形式，是物流、商流、信息流及资金流的紧密结合，是包含现代物流活动中若干功能要素的一种现代物流活动。

从物流的角度认识配送，配送包含了物流的大部分功能要素，是现代物流的缩影或小范围物流活动的体现。一般的配送集装卸搬运、包装、储存、运输及信息处理等一系列活动，完成将物品送达客户的目的，特殊的配送还需要进行流通加工。但是，配送的主体活动与一般物流却不相同，一般物流是以运输和储存为主要活动，配送则

是以运输、分拣以及配货为主要活动，配送是现代物流活动中的一种。

从商流的角度认识配送，配送与物流不同之处在于物流是商流分离的产物，而配送是商物合一的产物，商流与物流结合的紧密程度是配送成功的重要保障。

（二）配送的主要特点

“配送”一词是日本引入美国物流科学时，对其英文原词“Delivery”的意译，我国也沿用了“配送”这一词汇。但在理解配送的含义时，我们不能将它简单理解为交货、送货，也不能单纯理解为“批发＋送货”。对这一经济活动加以归纳总结，包括如下主要特点。

配送不是一般的送货与销售性送货，而是从物流据点到用户的一种特殊送货形式。一般的送货和销售性送货往往是生产企业和销售企业的一种推销手段，大多是直达型、被动性的送货，生产什么就送什么，通常是一种偶然的行为；而配送则是社会化大生产、高度专业化分工的产物，是商品流通社会未来发展的趋势。它的“特殊性”在于，配送是一种有计划、有组织、有渠道、有一整套装备、技术和管理力量的制度化形式，是一种固定下来的方式，具有较强的主动性，将用户的需求作为目标，保证做到用户需要什么就送什么。因此，配送是一种高水平的送货形式。

配送不是一般的输送和运输，而是从物流据点到用户的终端运输。一般的运输往往追求运输的经济性，注重运输商品的单品种、大批量、少批次；而配送则必须满足用户多品种、小批量、高频率的送货要求，更侧重于物流服务的水平。虽然在整个配送活动中也离不开运输，但配送的距离往往较短，在整个运输过程中，通常处于“二次运输”“支线运输”的环节。即从生产地到配送中心采取大批量运输方式，而从配送中心到用户终端则使用快速配送的形式。

配送不是一般的供应或供给，而是“门到门”服务性的供应。供应者从物流据点送货到用户仓库、车间、营业所或生产线。它更强调配送是一种服务性质的物流活动，其出发点是用户的需求，明确了用户的主导地位，要求必须从用户利益出发，按用户要求所进行的一系列活动。

配送不是消极的送货式发货，而是在全面配货的基础上，充分按照用户的要求提供服务，它是将“配”和“送”有机地结合起来，完全按照用户要求的数量、种类、时间等进行分货、配货、配装等工作。配送与一般送货的重要差异点就在于，配送有效利用了分拣、配货等理货过程，促使送货达到一定的规模，从而大大降低劳动力消耗，充分利用规模优势获得较低的送货成本。

（三）配送的组织形式

配送大多在专门设置的配送中心来完成，也有的选择在仓库、生产企业及零售企业组织配送，但这种配送往往只适用于少量零星、品种繁多的商品，配送的半径较小、灵活性较强，这种配送可作为配送中心的辅助和补充。

根据配送的品种和数量，配送可分为少品种、大批量配送和多品种、小批量配送两种类型。前者多用于专业性较强的配送中心，可以形成整车运输，直接运达用户，配送成本较低；而后者主要用于品种多而需求量不大的情况，如库存管理中 ABC 分类的 B、C 类商品，需要将货物备齐、凑整装车，这种配送要求高水平的组织管理，技术装备较为复杂，它符合“消费多样化”和“需求多样化”的新观念，是经济发达国家较为推崇的一种配送方式。

按照配送的时间和数量不同，配送又可分为定时配送、定量配送、定时定量配送、定时定路线配送和即时配送。

1. 定时配送

定时配送，即按规定的时间间隔进行配送。配送的货物种类及数量按计划执行或按所接顾客的订单要求进行配送。定时配送主要包括以下两种形式。

（1）日配。日配，即当日配送，是目前广泛采用的一种配送方式。普遍而稳定开展的日配方式，可使用户基本上不必保持库存。日配方式非常适合新鲜食品的配送，如果蔬类、肉蛋类、鱼类、豆制品类、面点类等；适合小型商店的配送，如商品周转快、需求量少、商店无库存或暂存处的便利店等；还适合受条件限制，无库存地的配送，如“黄金”地带的商店、缺少冷藏设备的用户等。

（2）准时配送。准时配送是配送供应与生产企业的生产保持同步的一种方式，这种方式精细准确，保证了生产的稳定性和连续性。它追求的是供货时间恰是用户需求之时。该配送方式非常适合装配型重复大量生产的用户。

2. 定量配送

定量配送，即按规定的批量，在一个指定的时间范围内进行的配送。这种方式能够有效利用托盘、集装箱等集装方式，可以做到整车配送，使配送效率大大提高；也可将复数用户的货物凑整车后配送，从而有效利用运力。

3. 定时定量配送

定时定量配送，即按规定的配送时间和配送数量进行配送。由于这种配送方式的计划难度大，因此不被大多数用户采用。

4. 定时定路线配送

定时定路线配送要求提前在规定的运行路线上制订好到达时间表，然后按照运行时间表的要求进行配送。

5. 即时配送

即时配送是完全按照用户提出的配送时间和数量的要求进行配送的方式。实施时，基本应做到用户随时提出供货要求，则随时满足供应的高服务质量的配送。但该种配送方式的实施难度大，物流配送成本高。

二、配送的主要作用

1. 完善和优化物流系统

第二次世界大战之后，大吨位、高效率运输工具相继出现，使得干线运输迅速发展，铁路、公路及水路方面的干线运输都达到了较高水平，且使长距离、大批量的运输实现了低成本化。在干线运输得以发展之后，支线运输和短距离输送与搬运随之产

生，并逐步成为干线运输的辅助支撑。但这种支线运输及短距离输送与搬运却是物流过程的一个薄弱环节，它们的特点与干线运输存在许多明显的不同，如对灵活性、适应性及服务性的要求较高，从而导致了运力利用不合理、成本过高等问题的产生。采用配送方式，可以将支线运输及短距离输送与搬运统一起来，充分利用上述的各种特点，有效解决了实际存在的矛盾，使配送过程得以优化和完善。

2. 提高末端物流的效益

采用配送方式，一方面可以通过增大经济批量来达到进货的经济性，另一方面又可以集中各种商品和客户进行一次性发货，以此来代替向不同客户分别小批量发货，从而实现经济发货，达到提高末端物流经济效益的目的。

3. 通过集中库存使企业实现低库存或零库存

高水平的配送，尤其是采取准时配送方式后，生产企业可以无须保持自已的库存，或者只需要保持少量保险储备，就可以保证生产活动的顺利进行。通过恰当的配送方式，生产企业不必留有经常储备，有效实现了企业一直追求的“零库存”，同时将企业从库存的“包袱”中解脱出来，释放大量储备资金，大大改善了企业的财务状况。实行集中库存后，其库存总量远远低于非集中库存时各个企业分散库存的总量，同时调节能力有所增加，提高企业的社会经济效益。此外，集中库存也可有效利用规模经济优势，使单位存货的成本明显下降。

4. 简化事务，方便客户

采取配送方式，客户只需要通过联络一个进货单位，就可以实现多种货物的订购，省去了以往多处订货的麻烦。同时，只需要组织对一个配送单位的接货就可以接收到所订购的全部货物，完全摆脱了原有的高频率接货的困扰，大大节省了事务性开支，无疑也减轻了客户的工作量和负担。

5. 提高供应保证程度

由于受到库存费用的制约，生产企业通过保持自身库存来维持生产，很难提高供应的保证程度。而采取配送方式，配送中心的储备量远远大于任何单位企业的储备能力，因而对于每个独立的企业而言，必然相对降低了供应中断、影响生产的风险，也使客户免去了货物短缺之忧。

第二节 配送的主要形式及变迁

一、高频率、小批量配送

（一）高频率、小批量配送的产生及概念

1. 借鉴“看板”管理，进行准时配送

准时配送是丰田汽车公司开发的生产、工艺管理方式——“丰田生产方式”中的

一项内容，被称为“看板”管理。采用这一方式的特点是各个工艺的零部件无须储存，只需将其所需要的时间及数量记入“看板”，进行准时供应即可。它既可以保证生产的连续性和稳定性，又可以大大降低生产成本。将这一原理用于商业经营后，就可以仅根据必要的商品、需要的时间、必要的数量进行准时供应。这是满足顾客需求，实现“零库存”的“准时供应方式”的其中一种类型。

由于看板方式的采用，丰田公司的生产发展顺利，实现了中间库存减少、程序规范标准、业务操作简单的目的。作为“看板系列”的代表——及时供应系列成为日本工业生产现代化的代名词，在全世界享有盛名。

对于零售业而言，不仅要降低成本、实现“零库存”，还要防止出现商品滞销或缺货现象。因此，通过借鉴“看板”管理，进行准时、少量、直接的供应，会起到非常重要的作用。由于准时供应、准时进货，店铺的库存负担减轻，使得店铺得以高效益运营，压缩了人工费用，并有效防止了滞销和缺货，达到了促进销售的目的。对于生鲜食品采用当日配送，能够使食品保持良好的新鲜度，因而在零售业中得到了广泛应用。

2. 高频率、小批量配送的形成

对于物流企业的运营而言，即时配送存在各种各样的困难，其中物流成本上升就是最为重要的问题。由于消费者需求的多样化、个性化，消费品也从量到质发生了根本变化。零售业者为了及早发现滞销商品、避免库存积压，以及商场更加追求效率化、进货小批量化，使得零售业方面对高频率、小批量配送的要求也日趋高涨。例如，日本在 1982 年就开始普及高频率、小批量的配送活动。起先是大型的便利连锁业采用高频率、小批量配送系统，随后该系统迅速扩展到超市业及其他零售业。其实这个系统的原型是美国的食品业和汽车运输业采用的散货出库方式，后来将这个散货出库方式与准时供应方式结合起来便形成了独特的高频率、小批量配送系统。

3. 高频率、小批量配送的概念

批发商认为：“所谓高频率、小批量配送，配送间隔较传统的配送间隔短；然而对接收货物的单位而言小批量化较传统的配送方式费时间，它是要求在规定的时间内进行配送的系统。”另外，便利店总部认为：“所谓高频率、小批量配送，是满足消费者的需求，得到供应商的协助，将必要的商品，在必要的时间内，按必需的数量供给零售业，是合理的、高效率的物流系统。”

这两方面的理解反映各自对流通的态度，批发商的理解对于高频率、小批量配送是被动的；与此相反，便利店的理解是主动的。总之，对于不同角度的理解，其含义都是正确的。

（二）高频率、小批量配送的分析

根据各种商品的特性、价格等因素，采用“配送频率”“散货出库比率”“指定时间配送件数”“前置期”四个指标进行分析，日本流通政策研究所于 1992 年 1—2 月将加工食品、日用杂货作为主要商品对生产商、批发商、零售业（超级市场、便利店等）

进行问卷调查，其调查结果汇总如下（各项指标都是同前三年进行比较）。

1. 配送频率

从生产商到批发商的配送由 4.1 次/周增加到 4.5 次/周，从批发商到超级市场的配送由 3.2 次/周增加到 3.5 次/周；从批发商到便利店的配送由 2.9 次/周增加到 3.2 次/周，配送频率趋于高频率，平均配送频率正在提高。

2. 散货出库比率

所谓散货出库即非运输单元（集装箱、托盘等）出库。在日本散货出库件数占出库总件数的比率根据进货单位的不同分别为：超级市场 64.9%，便利店 81.7%，一般零售业 68.7%，向便利店送货的散货出库比率显著高。根据商品不同，日用杂货、化妆品的散货出库比率较高，一般为 70%～90%。

3. 指定时间内的配送件数

在指定时间内配送件数增加的企业及增加的比率分别为：生产商 85.3%，批发商 68.6%，而零售业仅有 48.6%，尚不过半。

4. 前置期

先看一下平均前置期的变化，生产商和批发商之间从 24.9 小时缩短为 22 小时，批发商和便利店之间从 23.9 小时缩短到 22 小时，批发商和一般零售店之间从 19.7 小时缩短为 18.9 小时，普遍显示出周期缩短化。另外，批发商同一般零售店之间前置期中不足 12 小时的企业占 42.3%，批发商同超级市场和便利店之间的前置期不足 12 小时的企业分别上升为 22.2%和 22.1%。

根据上述调查结果，从零售业方面对高频率、小批量配送进行分析。

1. 消除脱销

高频率、小批量的配送是进行“适品、适量、适地、适时”配送和进货，零售业者要求批发商采用高频率、小批量配送从而降低缺货率及消除脱销。另外，高频率、小批量配送还要求附加免费进行流通加工（例如，粘贴价格、标记等）及商品陈列等服务，对于出现脱销、配送迟缓等现象强化惩罚措施。

2. 前置期缩短

零售业期待批发商高频率、小批量配送的基本要求是前置期缩短，这样零售业的商品库存面积削减，能够确保店铺商品陈列场地。此外还削减了库存量，解决了因陈列面积不足而不得不压缩商品数量，以及因商品在店铺库存而使其新鲜度降低、品质恶化等问题，进而减少商品损失。

3. 多样化的流通加工

高频率、小批量配送是以消费者需求的高档次、多样化为背景，为使零售业店铺商品品种齐全、丰盛而形成的物流系统。随着商品品种的不断扩大，商品进行分类、分装、标价、包装等流通加工要求多样化。

4. 验货成本的改善

由于时点销售系统（POS）和电子订货系统（EOS）的使用，新售商品可根据统计结果有选择地进行销售，使店铺库存压缩，商场效率提高。对于要求批发商缩短前置期的零售业，必须备有高频率、小批量的验货系统，由于前置期缩短，验货频率较以前增加，验货时间也比以前长，验货人员相应增加，人工费用随之增加是不可避免的。但是，如果零售业同批发商配合较好，验货时间就能够缩短，验货成本也可以压缩。

①零售业如果是整包装入配货箱或货架进货时，尽可能按入库品编号顺序及货架行、列顺序进行配货，这样可以一目了然。

②入库时间尽可能安排在早晨和夜间进行，因为这个时间段验货方便，交通堵塞、停车场紧张等问题可以缓解，便于缩短验货时间，降低验货成本。

5. 配货人员协助售货人员进行现场商品陈列

批发商配送的服务水平可以通过以下几点进行区分。①配送到店铺货架上不需商品检验。这是最低的服务水平，主要是批发商配送到店铺货架上后，由店铺负责验货。②搬运到检验场进行检验。将商品搬运到店铺某一地方，接受检验，检验后的作业由店铺进行。③将商品搬运到检验处，检验后再搬运到该商品的售货场，由店铺负责进行货架陈列。④搬运到检验场所，检验后由配送人员陈列到货架上。这是最高的服务水平，搬运到检验场所检验后，再运到售货场，进而陈列在货架上的方式。

一般地，零售业要求高服务水平，批发商希望低服务水平，无论哪一方，无论什么方式都不应该仅以有利于自己的观点论事。对于消费者，要从流通服务最适化、各流通阶段应该分担的功能这一观点出发，选择客观适当的方式。

关于高频率、小批量配送的问题，有三种不同意见。①高频率、小批量配送，人工费用增加，库内作业的配送费用等也增加，因此带来总物流成本增加。②配送车装载效率低，总的运行距离长，平均装载率由原来的不到80%降到75%多一点。另外，随着汽车数量增加，当配送时间集中时，易出现堵车及停车场紧张的问题，接收货物的作业也较繁杂。③带来城市交通拥挤，大气污染，噪声等公害问题。

二、共同配送

有效地进行高频率、小批量的配送，也推进了分拣等方面的机械化及物流技术的革新。为了防止配送车辆数量的增多和装载率的下降，有必要进行车辆混载等共同搬运、共同配送。

（一）共同配送的历史变迁

《物流术语》(GB/T 18354—2006）中，共同配送是指由多个企业联合组织实施的配送活动。共同配送是为了提高车辆装载率并有效地进行配送，对多数企业联合起来共同建立物流服务公司或委托第三方物流服务公司提供服务的一种配送模式。例如，多数进货业主设立共同配送中心，并从该中心进货，然后配送中心将所进商品汇总、分类后统一进行配送。这样，增加汽车装载率，多数货主的货物一次便可送达装卸搬运，作业省力方便。连锁店（百货店、量贩店、超级市场等）的共同配送实施前后如图1-1所示。

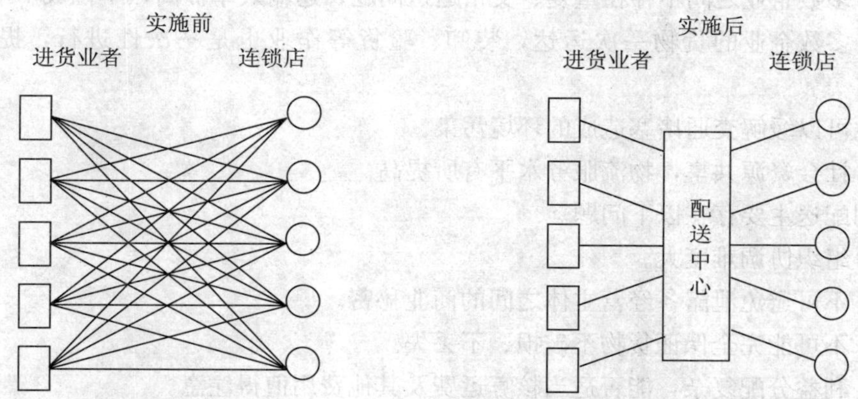

图 1-1 连锁店（百货店、量贩店、超级市场等）的共同配送实施前后

日本的共同配送历史要追溯到 50 多年前的 1966 年，那是经济快速发展期，随着物流量的扩大，“大批量运输”“直达运输”代表那个时代的物流关键词。当时出现了单程运输效率低，如何充分利用返程汽车等问题。另外，为了缓和城市交通混乱，共同配送诞生。进入 20 世纪 90 年代，零售业为了使供应物流效率化，向店铺共同配货，特别是便利店总部向连锁店共同配送等新形态的共同配送方式开始普及。据 1996 年连锁经营协会的物流调查，大多数零售业利用共同配送方式，采用率为 55.4%，其中的 41.4%为配送中心或物流中心进行配送。

（二）对共同配送的评价

1. 共同配送与高频率、小批量配送

共同配送与高频率、小批量配送存在的问题及采取的改进措施是物流界研究的重要课题。共同配送也具有实现高频率、小批量配送的可能性。如果批发业只有一家公司进行配送，零售业只能要求高频率、小批量配送。

共同配送是物流企业使用本公司的设施及配送网络，根据零售业的需要将配送、流通加工、储存三个服务按“商品种类”“不同地区”“不同配送地点”捆绑在一起。

2. 连锁店的共同进货

百货店、量贩店、自由连锁、特许连锁等连锁店，为了提高各店铺的进货及验收业务效率，将发货者发来的商品先集中到配送中心，再共同配送到各店铺。这种进货物流共同化的方法，在日本大体上可以分为两种类型。第一种类型以大荣集团为代表，将自己的转运中心作为物流中心。这是为了追求多店铺功能性的优势，同时也是追求本公司资产增大这一财务上优势的方法。第二种类型以伊藤洋华堂为代表的共同配送中心。这种方法构筑在本公司专用物流据点和物流系统之上，将自己掌握主动权的物流网络进行信息化。

3. 共同配送的优点及主要问题

共同配送具有以下优点。

（1）车辆装载率提高，单位成本降低，进而可以削减物流总成本。

（2）多数企业之间不存在重复、交错运送问题，运输效率提高，单位成本下降。

（3）多数企业的货物一次运达，装卸、验货等作业也是一次性进行，提高物流效率。

（4）可以缓解交通堵塞造成的环境污染。

（5）社会资源共享，物流服务水平有所提高。

共同配送主要存在以下问题。

（1）组织协调难度大。

（2）不可避免泄露各经营主体之间的商业秘密。

（3）不可能完全保证货物不破损、不丢失。

（4）利益分配复杂，能否适当核算运费及其他费用值得注意。

（三）共同配送的类型

共同配送分为以货主为主体的共同配送和以物流业者为主体的共同配送两种类型。

1. 以货主为主体的共同配送

以货主为主体的共同配送又分为以下几种情况。

（1）与客户的共同配送。用于采购零部件或采购原材料的运输工具，均可用于产品的运输，即都可参与共同配送。

（2）不同行业货主的共同配送。为了不跑空车，降低运输工具的空驶率，让物流子公司与其他行业合作，装载回程货或与其他公司合作进行往返运输。

（3）集团系统内部的共同配送。指企业集团、零售商集团等内部的共同配送。

（4）同行业货主的共同配送。

2. 以物流业者为主体的共同配送

这一类型的共同配送又可分为公司主体型和合作机构主体型。

（1）公司主体型

①运输业者的共同配送。由运输业者向特定的交货点运输物品，交货业务合作化，共同开展运输业务。

②合资组建共同配送物流公司。当地零担物品运输业者或其他运输业者共同出资组建共同配送物流公司，开展“门到门”共同配送物流业务。

（2）合作机构主体型

①由运输企业建立联盟或战略合作伙伴关系，机构开展共同配送。各合作成员企业在各自的物流辐射区域集货，运送到统一配货据点进行统一配送。

②由运输企业和批发企业的联盟或合作的共同配送。运输企业和批发企业建立联盟或战略合作伙伴关系，共同建设以集货和配送功能为主的物流据点，由运输企业统一承包批发企业的集货和配送的业务。

（四）共同配送的宗旨

从货主（生产厂商、批发商和零售商）的角度看，共同配送可提高物流效率。例如，中小型批发商各自配送难以满足零售商多批次、小批量的配送需求，共同配送不

仅能够满足零售商的需求，而且统一验货，提高物流服务水平。

从运输企业的角度看，公路零担运输企业多为中小企业，不仅缺资金、缺人才、组织脆弱，而且运量少、效率低，使用车辆多，限制了物流合理化和物流效率的提高。如果实现合作共同配送，不仅解决了资金、人才、运量的问题，而且可以通过信息网络提高车辆利用率，降低空驶率，提高满载率，向客户提供多批次、小批量的服务。

共同配送的主要宗旨在于最大限度地提高人员、物品、资金、时间等物流资源的效率，降低物流成本，获取最大的效益，提高物流服务质量。此外，还可以减少交错运输，缓解道路交通，降低废气排放，保护环境等，从而获得社会效益。

三、一体化配送

一体化配送产生于 20 世纪 90 年代的日本，如今在供应链管理中发挥着重要的作用。

（一）一体化配送的意义

一体化配送也称为“一揽子物流”，它是将货物和信息实现一元化高水平管理的物流。其目的是“降低成本”和“提高服务水平”。这里的“一揽子”可以认为是两层意思。一是“货架一揽子”，也就是某一货架群作为整体对象，不问进货地点和形态，将全部商品集中上货。二是“业务一揽子”，也就是说不仅仅是进货业务，包括发货的商品完全不出现错误、易陈列地进入店铺，是将与进货相关的全部业务一揽子接收的系统。

具体来讲，就是将店铺作为起点，把预先发货清单（ASN）、供应链（SC）记录单以及电子数据交换（EDI）等信息技术纳入物流系统。同样，将一次性分品种进货、定时定量配送等作业组合在一起，是一体化配送中心起着核心作用的进货体制。

（二）从共同配送到一体化配送

零售业的商品供应物流可以分为店铺直接进货型、共同配送型、一体化配送型三种类型。如果采用共同配送型，就可以共同进货，在店铺内接受商品的次数会减少，与接受商品有关的作业内容也没有太大的变化。接受商品的次数减少仅仅是因为作业量汇总到一起，而一体化配送是以与接受商品有关的作业，尽可能地在配送中心代行作业，使店铺内的作业大幅度减少作为主要目的。一般情况下汽车从配送中心到达店铺时，在店铺进行的主要作业是验货及陈列两部分。

零售业极力反对“后方作业”，主张“前方作业”，店铺内的职员专心从事售货及顾客服务。实际上，“后方作业”需要较多的人工和时间。例如，日本某一生活合作社的店铺分析员的作业结果如下：食品类商品陈列作业占全部作业时间的 2/5 以上，其他商品陈列作业占全部作业时间的 1/4 以上，验货作业一次进货需要 1～3 个小时。一体化配送中，配送中心全数检验从批发商批发的商品，确定不存在质量和数量的问题；在店铺仅仅是清点、分类这一简单的验收，可将此称为按部门进货，优点是陈列作业迅速，商品很快被摆放在货架上。共同配送是“按店铺进货系统”，而一体化配送是

“按货架进货系统”，这是它们的主要区别。

（三）一体化配送在日本的进展

日本零售业的商品供应系统的发展，经历了从店铺直接进货型、共同配送到现在开展的一体化配送。在日本的企业中，一体化配送的水平相当高，一体化配送是发展的趋势。

一体化配送从大型连锁经营企业开始，渗透到中型零售企业。然而，一体化配送系统的构筑，不管是中型骨干企业还是大型企业，说它是开展连锁经营的重要课题并不过分。特别是消费处于疲软期，各公司都在为了生存而奋斗，开展一体化配送，最大的目标还是削减成本，更重要的是一体化配送提高了对消费者的服务水平，这是两个必要的条件，因此，零售业为了提高供应物流的效率，需要在物流战略上下大功夫。

日本零售业的供应物流经历了店铺直接配送—共同配送—一体化配送这一系列发展阶段，供应物流类型及作业内容的变化如表 1－1 所示。

表 1－1　供应物流类型及作业内容的变化

店铺

进货方式 / 作业方式	店铺直接进货型	共同配送型	一体化配送型
接受货物次数	批发商数	1 次	1 次
检验货物	必要	必要	不要
货架陈列	1 箱多货架	1 箱多货架	1 箱 1 货架

配送

进货形式 / 作业方式	店铺直接进货型	共同配送型	一体化配送型
配货地点数	店铺数	1 次	1 次
发送单位	1 个店铺	1 个店铺	全部店铺

从零售店铺角度分析业务的变化，由店铺直接进货发展到共同配送，直到一体化配送，接收货物的作业大幅度减轻；再从配送中心的角度分析业务的变化，共同配送汽车巡回送货的场所减少，汽车向各店铺送货，店铺内的工作量并没有变化。到了一体化配送，在配送中心进行配货时，是将店铺的所有货物总量一揽子发出。每个店铺依次地进行分拣和验货，汇总之后，送达店铺的每个部门，可以使发货作业减轻，一体化配送系统是一体化配送中心将生产商和零售业店铺货架联结起来，形成最有效的供应链。

由零售业推进一体化配送是一个发展方向，一体化配送是顾客所期待的供应物流形式。

(四) 一体化配送的分析

一体化配送与共同配送相比较，最明显的优点是店铺业务减轻，运营成本降低，经济效益改善。不管发货方是批发商还是生产商，直接性的收益不太多，但是供应链综合成本降低，效率提高。无论是发货方还是进货方，与此相对应的作业流程实施一体化配送后需要重新调整。

几乎所有的连锁经营企业采用一体化配送都使得店铺作业减轻。但是并非所有连锁经营企业都能够采用一体化配送。店铺的货架分类必须是标准化，按整个店铺所决定的商品陈列摆放货架，若货架变更不能立即反映到作业系统，就不能采用一体化配送，所以货架编码和商品位置经常变化的店铺不能采用一体化配送。作为系统投资，使商品管理水平持续提高的连锁经营，将担负起推广一体化配送的重担；店铺完全是低价运营，店铺职工作业负担减轻，专心为顾客服务，顾客满意率提高是强有力竞争的基本条件。

对于一体化配送中心的批发商，不管进货地点和进货形态，一律在一体化配送中心将商品按照部门的货架集中分类，然后配送到发货区。所处理的商品种类从传统的加工食品、点心、生鲜食品等进一步扩展成为系列商品，尽可能覆盖多的货架，提高店铺面积的利用率。

四、越库配送（直接换装）

由于传统流通渠道的变革，消费者对于产品时效性需求越来越高，零售终端的能力也显得越来越重要，这些均需要物流企业根据货物的特性来选择恰当的组织方式，以便满足渠道缩短、提高反应速度的要求。越库配送作业方式的产生就是由以上因素所促成的，目前已经日益受到人们的关注并逐步得以广泛运用。

(一) 越库配送的含义

越库配送，又称直接换装、接驳转运，根据《物流术语》（GB/T 18354—2006），越库配送是指物品在物流环节中，不经过中间仓库或站点存储，直接从一个运输工具换载到另一个运输工具的物流衔接方式。或者说是直接从生产工厂、车站、码头、仓库、车船进入指定的运输或配送车辆的一种配送模式。其避免了落地作业所导致的二次装卸搬运，减少物流中转环节。

越库配送作业将仓库或配送中心接收的物品不作为存货，而是为紧接着的下一次发货做准备。因此，越库配送要求所有进出运输尽量同时进行。

(二) 影响越库配送的三因素

成功实施越库配送主要取决于三个因素：①交付至仓库或配送中心的物品预先通知；②无论交付物品包装尺寸或原产地如何，仓库或配送中心需具备利用自动数据采集（ADC）设备对所有交付包装的识别能力；③具备交货接收的自动确认能力。

供应商利用国际物品编码协会标准报文（EANCOM）的发货通知向仓库或配送中心提供装运物品的预先通知。发货通知报文发送后方可发送唯一标识物流和（或）交付的贸易项目的国际物品编码协会（EAN）系统运输包装箱代码（SSCC）和（或）国际物品编码协会物品编码。

在交货地，仓库或配送中心可利用自动数据采集设备扫描接收到的物品包装，核查其是否与供应商发出的物品相符，并且自动生成国际物品编码协会标准报文的收货通知，以传回供应商。在交货地点，利用扫描技术可使仓库或配送中心自动处理交付的物品，并自动跟踪物品下一流程，使其准确到达最终目的地。

（三）越库配送的优点

传统仓储型配送步骤如图 1－2 所示，越库型配送步骤如图 1－3 所示。

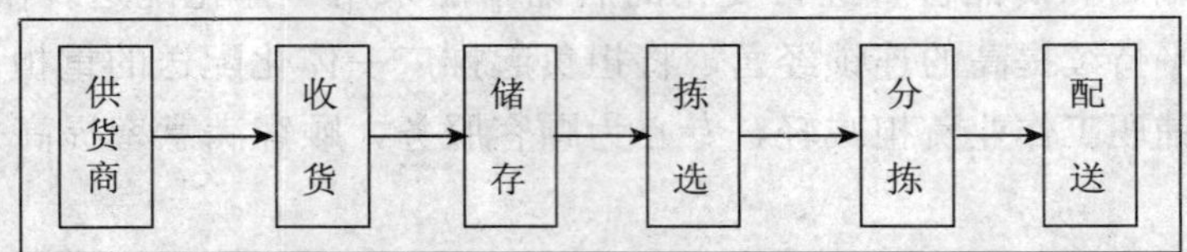

图 1－2　传统仓储型配送步骤

图 1－3　越库型配送步骤

由图 1－2 和图 1－3 可以看出：越库配送较传统仓储型配送减少了作业环节和程序，进而减少了仓库面积占用，提高了配送中心运作效率，减少了一次上架存储和拣货的操作，库存周转率加快；特别是在商品每日进出量很大的情况下，越库配送对于库存的降低是很可观的。总之，越库配送有以下几方面优点。（1）减少入库、储存、拣选等作业时间，加快商品流通速度，提高库存周转率。（2）减少入库理货费、储存费和出库理货费等成本。（3）为产品高效整合装运提供可能。（4）支持客户的 JIT 策略。（5）促进资产的更好利用。（6）减少固定成本、仓储设施与仓库空间。（7）降低产品的损坏。（8）降低偷窃和货物贬值的可能。（9）加速对供应商的货款支付，促进与供应商的伙伴关系。（10）减少与库存处理相关的文书工作。

第三节　配送的关键要素及分析

一、配送的关键要素

配送的关键要素主要包括：备货、储存、分拣及配货、配装、配送运输、送达服务和配送加工等。

1. 备货

所谓备货是指接到发货、配送或提货通知后，为保证能准时出库（或配送中心），而进行的准备工作。遵循“先进先出、易腐先出、近保质期先出”的原则，将其置于发货区待运。

备货是配送的准备工作和基础工作，主要包括订货、集货、进货及相关的质量检查、结算、交接等。能够集中用户的需求开展一定规模的备货，是配送的突出优势之一。由于备货成本较高，直接影响配送的效益，因此，配送初期的备货具有重要作用。

订货是配送中心（或仓库）与供货方签订供货合同，落实物资资源，实现供需衔接的一种流通方式。

集货根据《物流术语》(GB/T 18354—2006) 表示为将分散的或小批量的物品集中起来，以便进行运输、配送的作业。集货是配送的重要环节，为了满足特定客户的配送要求，有时需要把从几家甚至数十家供应商处预订的物品集中起来，并将其按要求分配到指定的容器或场所。集货是配送的准备工作或基础工作，配送的优势之一就是可以集中客户的需求进行一定规模的集货。

2. 储存

所谓储存是保护、管理、储藏物品，是以改变“物”的时间状态为目的的活动，从而克服产需之间的时间差异并获得更好的效用。

配送中的储存包括储备和暂存两种形态。

配送储备是对配送的资源保证，通常是按一定时期的配送经营要求进行的。这种类型的储备数量往往较大、结构比较完善，根据货源及到货情况，可以有计划地确定周转储备及保险储备的结构及数量。配送的储备保证可在配送中心附近单独设库解决。

配送的另一种储存形态是暂存，是在具体执行日配送时，按分拣配货要求，在理货场地所进行的少量储存准备。由于储存总量决定总体储存效益，所以，该部分暂存数量只会影响到工作方便与否，而对储存的总效益不会产生任何影响，因而在数量上控制并不严格。

暂存还表现为分拣、配货之后所形成的发送货载的暂存，其主要用来调节配货与送货的节奏，暂存时间不长。

3. 分拣及配货

分拣又称拣选、拣货，是指将物品按品种、出入库先后顺序进行分门别类堆放的作业。分拣是配送特有的功能要素，也是配送成败的一项重要支持性工作。它是完善送货、支持送货的前期准备工作，是配送企业之间的竞争和提高自身经济效益的重要物流活动；也是“门到门”服务的必然要求，有了分拣就大大提高配送的服务水平。

配货是使用各种拣选设备和传输装置，将存放的物品按客户要求分拣出来，配备齐全，送入指定的发货地点。

分拣和配货是决定整个配送系统水平的关键要素。

4. 配装

配装又称配载，是当单个用户的配送数量无法达到车辆的有效载运负荷时，为了充分利用运能、运力及运输工具的载重量和容积，集中不同用户的配送货物进行搭配装载。配装与一般送货的差异主要表现在通过配装送货可以大大提高送货水平并降低送货成本。因此，配装是配送系统中具有现代特点的功能要素，也是现代配送不同于传统送货的重要区别之处。

5. 配送运输

所谓配送运输是利用配送车辆把客户订购的物品从供应点送至客户手中的过程，具有时效性、安全性、沟通性、方便性、经济性等特点。配送运输属于运输中的末端运输、支线运输，和一般运输形态的主要差别在于配送运输是距离较短、规模较小的运输形式，通常采用汽车做运输工具。

配送运输与干线运输的另一个区别为干线运输的干线是唯一的运输线，一般干线运输无须进行路线选择；而配送运输由于配送的用户多而散，城市交通路线又较为复杂，如何组合成最佳路线、如何使配装和路线有效搭配等，则是配送运输的明显特点，因此配送运输是一项难度较大的工作。所以，合理做好配送车辆的调度计划是配送运输管理的重点和难点。

6. 送达服务

送达服务是指将用户所需的物品按照配送中心所选择的运输工具和运输路线，安全、经济、高效地送达用户后，为用户提供卸货、退货、换货、组装、安装、调试和技术培训等相关服务活动，并完成货款结算，一次配送活动就此完成。

配好的货物运输给用户还不能称为配送工作的终结，这是因为送达货物和用户接货往往还会出现不协调，从而使配送前功尽弃。因此，要顺利地实现运到货物的圆满移交，并有效而方便地处理相关手续以完成结算，还应关注卸货地点、卸货方式等因素。送达服务也是配送独具的特殊性。

7. 配送加工

配送加工是按照配送客户的要求所进行的流通加工。在配送活动中，配送加工这一功能要素并不具有普遍性，但往往又是具有重要作用的功能要素，其主要原因是通过有效地配送加工，用户的满意程度将会大大提高。

配送加工是流通加工的一种形式，但配送加工又具有不同于一般流通加工的特点，即配送加工一般只取决于用户要求，因而其加工的目的较为单一。

二、配送合理化

所谓配送合理化是从配送系统整体目标出发，运用系统理论、系统工程原理和方法，利用各种运输方式优势，以运筹学等数量方法建立模型和图标，选择和规划合理配送路线和配送工具，以最短路径、最少环节、最快速度和最低费用组织物品配送活动，也就是说用最经济的手段和方法实现配送功能。

（一）非合理化配送的表现形式

对于配送合理与否的问题，决不能简单评判，也很难找到一个绝对的标准。比如，

企业效益是配送的重要衡量标志，但是在决策时常常需要考虑多重因素，因而有时要做赔本买卖。所以，配送的决策应该是一种全面而综合的决策，一方面，在决策时要避免不合理配送所导致的损失；另一方面，应明白有时某些不合理现象是伴生的，要追求大的合理，就可能派生小的不合理。所以，尽管我们这里只单独论述非合理化配送的表现形式，但不能一概而论，要注意防止绝对化。

1. 资源筹措不合理

配送是筹措较大批量资源，通过筹措资源达到规模效益而降低资源筹措成本，致使用户自身筹措资源成本高于配送资源筹措成本，从而取得优势的行为。那么如果不是集中多个用户进行大批量筹措资源，而仅仅是为某一个或几个用户代购代筹，对用户而言，不仅无法降低资源筹措费，相反却要多支付一笔配送企业的代筹代办费，因而是不合理的。

此外，配送量预测不准、资源筹措过多或过少、在资源筹措时不考虑建立与资源供应者之间长期稳定的供需关系等，也是资源筹措不合理的表现形式。

2. 库存决策不合理

配送还应充分利用集中库存总量低于各用户分散库存总量的优势，大大节约社会财富，同时降低用户实际平均分摊库存的负担。因此，配送企业必须善于依靠科学管理来达到一个低总量的库存，否则就可能仅仅是库存转移，而难以实现库存总量降低的目标。

配送企业库存决策不合理还表现在储存量不足、无法保证随机需求，从而失去了应有的市场。

3. 配送价格不合理

总体来讲，只有配送的价格低于不实行配送时，用户自己进货的产品购买价格加上自己提货、运输、进货的成本总和，用户才能有利可图。这样，由于配送有良好的服务水平，即使价格稍高，用户也是可以接受的，但这不是普遍的原则。如果配送价格普遍高于用户自己进货的价格，用户利益得不到保证，就是一种不合理现象。

另外，配送价格如果过低，使配送企业处于无利甚至亏损状态下运行，会损伤销售者利益，因而也是不合理的。

4. 配送与直达的决策不合理

一般的配送可能会增加流通环节，但是这个环节的增加，可以降低用户平均库存水平，由此不但抵消了增加环节的支出，而且还能取得剩余效益。但是若用户使用批量大，则可以直接通过社会物流系统均衡批量进货，与通过配送中转送货相比，就有可能更节约费用，所以，在这种情况下，选择配送而非直达进货，就属于不合理的表现。

5. 送货中不合理运输

配送与用户自提相比，尤其对于多个小用户来讲，可以集中配装送多家，这显然比一家一户自提大大节省运力和运费。如果未能充分利用这一优势，仍然选择一户一送，在车辆达不到满载（即时配送过多、过频时会出现这种状况）时，就属于不合理。

此外，在配送中，可能出现多种不合理运输。

6. 经营观念的不合理

在配送实施中，许多情况是由于经营观念不合理，导致配送优势无从发挥，相反却损害了配送的形象。这是开展配送活动时需要克服的不合理现象。例如，利用配送手段，配送企业向用户转嫁资金、库存；在库存过大时，强迫用户接货，以缓解企业库存压力；长期占用用户资金，以延缓企业的资金紧张；在资源紧张时，为了获利，将用户委托资源挪作他用等。

（二）配送合理化的判断标志

对于配送合理化与否的判断，是配送决策系统的重要方面。目前国内外尚无一定的技术经济指标体系和判断方法，按一般认识，以下若干标志是应当考虑的。

1. 库存标志

库存是判断配送合理与否的重要标志。主要有以下两方面的具体指标。

（1）库存总量。在一个配送系统中，库存是从分散于各个用户转移给配送中心实行的一种集中库存。在实施配送后，配送中心库存数量加上各用户在实行配送后库存数量之和，应低于实行配送前各用户库存量之和。

站在客户的角度判断，各个客户在实行配送前后的库存量比较，也是判定合理与否的标准。

库存总量是动态变化的，以上比较应当是在一定经营量前提下探讨的。在客户扩大生产后，库存总量的上升则反映了经营的发展，因此，必须扣除该因素才能对总量下降与否做出准确判断。

（2）库存周转。由于配送企业的调剂作用，以低库存保持高供应能力，库存周转往往快于原来各企业库存周转。此外，从各个用户角度进行判断，各用户在实行配送前后的库存周转比较，也是判断配送合理与否的标志。

2. 资金标志

总体来讲，配送的实施应有利于降低资金占用，使资金运用更加科学化。具体判断标志如下。

（1）资金总量。用于资源筹措所占用流动资金总量，随着储备总量的下降以及供应方式的改变，必然会大幅降低。

（2）资金周转。从资金运用来讲，由于整个节奏加快、资金的作用得到充分发挥，相同数量资金在过去需要较长时间才能满足一定供应要求，但在配送之后，仅在较短时间内就能达此目的。所以，能否加快资金周转是衡量配送合理与否的标志。

（3）资金投向的改变。资金分散投入还是集中投入，反映了资金的调控能力。实行配送后，资金必然应当从分散投入变为集中投入，调控作用得以加强。

3. 成本和效益标志

判断配送合理化的重要标志还应包括总效益、宏观效益、微观效益、资源筹措成本等因素。不同的配送方式，其判断的侧重点各有不同。比如，配送企业、用户都是各自独立的以利润为中心的企业，判断配送的合理与否时不但要看配送的总效益，而且还要关注对社会的宏观效益及两个企业的微观效益。忽略任何一方，都必然出现不合理。又如，配送是由用户集团自己组织的，配送主要强调保障能力及服务水平，那么，效益主要从总效益、宏观效益和用户集团企业的微观效益来判定，而不必过多顾及配送企业的微观效益。

由于总效益及宏观效益计量起来难度较大，在实际判断时，通常以按国家政策进行经营、完成国家税收及配送企业和用户的微观效益来判断其合理性。

在满足用户要求，即投入确定的情况下，对于配送企业而言，企业利润通常用来判定配送的合理化程度。

在保证供应水平或提高供应水平（产出一定）前提下，对于用户企业而言，降低供应成本反映了配送的合理化程度。

成本和效益对合理化的衡量，还可以具体到集货、配货、配装、选货等具体的配送环节，使判断更为精细。

4. 供应保证标志

实行配送，各用户最担心的是供应保证程度降低。这并不简单是个心态问题，更是可能要面临承担风险的实际问题。

配送的一个重要方面是必须提高对用户的供应保证能力，这才算实现了配送合理化。供应保证能力可以从以下几方面判断。

(1) 缺货次数。对各用户来讲，实行配送后，该到而未到货以致影响到用户生产及经营的次数必须显著下降才算合理。

(2) 配送企业集中库存量。对每一个用户来讲，其数量所形成的供应保证能力高于配送前单个企业保证程度才算合理。

(3) 即时配送的能力与速度。即时配送的能力与速度是在用户出现特殊情况时的特殊供应保证方式，该能力必须高于未实行配送前用户紧急进货能力与速度才可称为合理。

需要特别强调的是，配送企业的供应保证能力不是一个无限的概念，而是一个科学、合理的概念。具体来讲，如果供应保证能力过高，超过了实际的需要，则属于不合理。所以，应有限度地追求供应保证能力的合理化。

5. 社会运力节约标志

由于当前末端运输是运能、运力使用不当，浪费较大的领域，人们希望通过配送来解决这个问题。所以，这也成为配送合理化的重要标志。

运力使用的合理化是依靠送货运力的规划和通过整个配送系统的合理流程以及与社会运输系统科学衔接实现的。送货运力的规划是所有配送中心都需要花大力气解决的难题，而其他问题有赖于配送及物流系统的合理化，判断起来较为复杂，可以进行以下简化判断：①减少社会车辆总数，而增加承运量为合理；②减少社会车辆空驶为合理；③减少一家一户自营运输，而增加社会化运输为合理。

6. 物流合理化标志

配送必须有利于物流合理，可从以下几方面判断：①物流费用是否降低；②物流损失是否减少；③物流速度是否加快；④各种物流方式的最优效果是否得到充分发挥；⑤干线运输和末端运输是否有效衔接；⑥实际的物流中转次数是否未减少；⑦先进的管理方法及技术手段是否得以采用。

物流合理化问题是配送要解决的关键问题，也是衡量配送本身合理与否的重要标志。

（三）提高配送经济效益及实现配送合理化的途径

1. 推行一定综合程度的专业化配送

通过采用专业设备、设施及运用专业操作流程，以取得较好的配送效果，并力求降低配送过分综合化的复杂程度及难度，从而实现配送合理化。

2. 推行加工配送

加工与配送两者结合，可以充分利用现有的中转，而不增加新的中转以求得配送合理化。同时，加工依托于配送，使加工的目的更明确、与用户的联系更紧密，有效避免了加工的盲目性。这两者有机结合，能够使投入不增加太多却可追求两种优势、两个效益，是提升配送合理化程度的重要途径。

3. 推行共同配送

采用共同配送可以达到用最近的路程、最低的配送成本完成配送，从而追求合理化。尤其当单独配送量较小、车辆不能满载且难以确定最佳路线时，通过共同配送可以大大降低成本，使效益明显提高。

4. 实行送取结合

配送企业与用户建立稳定、密切的协作关系，配送企业不仅成为用户的供应代理人，而且承担了用户储存据点的任务，甚至成为产品代销人。实行配送时，配送企业送达用户所需的物资后，再用同一车辆运回该用户生产的产品，这种产品又成为配送中心的配送产品之一，或者作为代存代储，从而免去了生产企业的库存包袱。这种送取结合的方式，使运力得到充分利用，更好地发挥了配送企业的功能，从而追求配送的合理化。

5. 推行准时配送系统

准时配送是配送合理化的重要内容。配送做到了准时，用户才有资源把握，可以毫无顾忌地实施低库存或零库存，可以有效地安排接货的人力、物力，以追求最高的工作效率。此外，保证供应能力，也取决于准时供应。依据国外的经验，准时配送系统是目前许多配送企业追求配送合理化的重要手段。

6. 推行即时配送

作为计划配送的应急手段，即时配送是配送企业快速反应能力的具体体现，是能够最终解决用户企业的断供之忧、大幅度提高供应保证能力的重要手段，也是展示配送企业能力的重要标志。

即时配送往往成本较高，但它却是整个配送合理化的重要保证。此外，即时配送也是用户实行零库存的重要手段保证。

三、配送合理化的原则及策略

（一）配送合理化的基本原则

1. 规模经济原则

配送规模经济是指当货运量增加时，单位重量的配送成本会随之降低。因此，对单位重量的货物而言，当货运量大时，分摊的固定的成本较货运量小时要少。

2. 距离经济原则

配送距离经济是指当运距增加时，单位距离的配送成本会随之减少。当配送固定成本由较长配送距离均摊时，单位距离的配送成本必然降低。配送的可变成本通常随距离的增加而提高，但提高的速度则呈递减趋势，即所谓的递减原则。

（二）配送成本合理化策略

配送成本是指配送活动的备货、储存、分拣、配货、配装、送货、送达服务及配送加工等环节所发生的各项费用总和。它是配送过程中所消耗的各种活劳动和物化劳动的货币表现，包括配送运输费用、分拣费用、包装费用和流通加工费用等。为使其成本合理化，需采取如下策略。

1. 配送标准化策略

尽量采用标准零部件、模块化产品，以减少因品种变化导致的附加配送成本。

2. 配送差异化策略

按照产品的特点和销售水平设置不同的库存、不同的运输方式以及不同的储存地点，以减少不必要的配送成本。

3. 配送合并策略

配送合并策略包含两个层次：一是配送方法上的合并，即企业在安排车辆完成配送任务时，充分利用车辆的容积和载重量，做到满载满装，是降低成本的重要途径；二是共同配送。

4. 配送混合策略

配送业务一部分由企业自身完成，另一部分外包给第三方物流企业，以便有效控制配送成本。

5. 配送式保障策略

这是一种军事物质保障策略。即尽可能减少或避免中间环节，采取直达供应的方法将军事物质从供应源头直接运抵军队需求方（用户）的主动保障模式。目的是提高需求反应速度，减少实物库存。配送式保障策略是由美国军队后勤供应专家 20 世纪提出的。

6. 配送延迟策略

配送延迟策略是指对产品的外观、形状及其生产、组装、配送应尽可能推迟到接到顾客订单后再确定，其前提是信息传递迅速。实施延迟策略通常采用两种方式：生产延迟（形成延迟）和物流延迟（时间延迟）。

第四节　案例分析

案例一：京阪神的百货店共同配送

京阪神地区的12家百货公司从1989年开始，采用交叉配送型的共同配送，日本的研究者曾经对此进行了访问调查和问卷调查。访问调查中，对于共同配送效果现场营业所列举了如下三点。①驾驶员的劳动条件得到大幅度改善；②通过增加配送次数，提高了服务水平；③稳定及缩短配送时间。

同时，根据问卷调查可整理数据，共同配送的效果如表1-2所示。与实施前相比，实施后在正常配送周期配送车辆减少为原来的93%，配送距离缩短为原来的72%，配送时间减少至原来的89%。

表1-2　　共同配送的效果

作业状态 / 作业效果	正常期（%）	繁忙期（%）
配送车辆数变化率/配送商品数变化率	93	94
上班人员数变化率/配送商品数变化率	100	88
配送距离变化率/配送商品数变化率	72	90
配送时间变化率/配送商品数变化率	89	101

参加共同配送的企业对于原来视为企业秘密的数据也相互公开，在进行共同化时，这种意识的改变是十分重要的。

思考题：

(1) 结合案例，试分析共同配送的特点。

(2) 该案例对我国城市配送经营模式的规划有什么启示？

案例二：摩纳哥的共同配送

摩纳哥是面向地中海的人口约3.2万人、面积约1.95平方千米的小国，受惠于良好的气候，是著名的观光旅游地。其中心区保存着古老的街道，道路狭窄，交通拥挤。为了解决交通拥挤的问题，摩纳哥政府于1989年开始在中心区实施“物流卡车的通行规制”和“共同配送业务”。

在通告规制中，除极少部分干线道路以外，基本禁止总重量8.5吨以上的卡车通行。在支线道路上，分别禁止6吨、3.5吨的卡车通行。同时，在中心区有100个左右的停车位，允许进行15分钟以内的停车。并且，商品的集配货时间限制为8：00—11：30，

12：30—13：45,14：15—16：30。这样的规定对于部分特殊商品不适用，如需要保温管理的食品等。

这一措施的直接支柱是政府的共同配送事业，但并不由政府直接提供服务，而是全面委托当地的运输企业。摩纳哥的地区共同配送如图 1-4 所示。

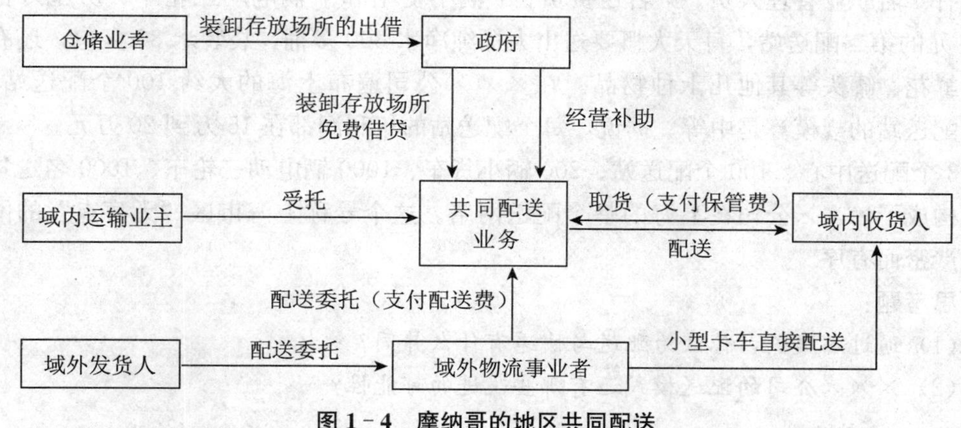

图 1-4 摩纳哥的地区共同配送

资料来源：http：//www.doc88.com/p—6384186586255.html

思考题：

(1) 结合当地情况，试分析摩纳哥的地区共同配送的运作方式是否适应?

(2) 分析摩纳哥地区配送管制的优缺点，并对缺点提出改正意见。

(3) 结合案例，试分析共同配送模式实施时要遵循的原则与需要注意的问题。

案例三：×××的配送

某日下午，上海新闻路通 1124 弄的一户人家拨通“85818”电话，报出自己在×××购物网络的用户编号，要求订购两桶纯净水、一袋免淘米，并说明第二天上午家里留人、支付水票。几秒钟之内，这份订单被接线员输入×××公司的计算机系统，系统根据用户编号从数据库中调出用户住址，再根据地址和送货时间自动把这份订单配置到第二配送站次日上午的送货单。

当天晚上 9 时，位于上海繁华地带×××销售网络第二配送站的经理准时打开电脑，接收从总部传过来的送货单。这份送货单的用户全部在第二配送站的辖区——静安区东区之内，送货时间是次日上午，用户地址、电话、编号、所需货物、数量、应收款等已经被清楚地列出来。几乎与此同时，一份相同的送货单也传到公司配送中心和运输中心。

第二天早上，运输中心派出车辆，到配送中心仓库提出已配好的货物，发往第二配送站。第二配送站墙上贴着一张静安东区详细到门牌号的地图，签收完货物后，经理根据这张地图和自己的经验排好送货路线，把上午的送货任务分派给 7 位送货工人。整个上午，这些揣着送货单的工人骑着有“×××公司”和“85818”字样的电动三轮车，完成送货到家的“最后一公里”。

第二天中午 12 时 30 分，所有送货员送货和收款的情况被汇总成表后，由第二配送站的电脑传送至总部。个别没有送到的，汇总表中的“原因”一栏会被注明“01”“02”“03”分别代表“地址错误”“家中无人”等。各配送站每天收回的水票和现金也交至总部结算。根据这些信息，总部再决定是否需要给配送站及时补货。

有 4 名职业管理人员、7 名送货员、1 辆小货车和 7 辆电动三轮车、房屋月租金 7000 元的第二配送站，每天大概要送出大桶纯净水 300 多桶、袋装米 30 多包，还有饮料、鲜花、罐头等其他几十种物品。在×××公司遍布上海的大约 100 个配送站中，第二配送站的规模算是中等。据说，每个配送站的年利润都在 15 万到 20 万元。

3 个配送中心、100 个配送站、200 辆小货车、1000 辆电动三轮车、1000 名送货人员，构成了×××公司在上海的整个配送网络。这个号称上海市区“无盲点”的网络组织严密而有序。

思考题：

(1) 通过本案例，你认为配送与快递有什么异同？

(2) ×××公司的配送模式还有哪些改进的可能性？

第五节　实习实训指导

一、实训目的

(1) 理解配送含义，对比分析各类配送的不同特性。

(2) 掌握配送的关键要素。

(3) 结合市场实际，全面而准确地判断配送的合理化问题。

二、实训内容

不同配送方式案例解析（学生自选相关案例）。

三、实训方式

案例教学，课堂讨论。

四、实训要求

(1) 实训开始前，教师应做好实训任务安排，要求案例收集要结合本章内容，涉及配送的相关知识点。

(2) 实训的开展分小组进行，每 5～8 人为一组，并选派 1 名小组成员作为组长。

(3) 由各组组长认真组织，对本小组成员分派任务，收集配送方面的相关案例。

(4) 各组长安排好小组的讨论、交流，对案例进行深入细致的分析，并选派一名代表在规定的时间内发言，最后由指导教师做出点评。

(5) 各小组对发言资料进行整理，认真完成书面分析报告，并总结实训体会。

五、考核评定

指导教师应结合学生的课堂表现、实训态度、实训表现，根据学生实训调研报告的撰写质量，公平公正地对学生本次的实训成绩给予评定。实训成绩满分 100 分，其中课堂表现占 20%，实训态度及表现（可根据学生遵纪守法、学习态度等）占 40%，实训报告质量占 40%。以上三项累加后，按优秀（90～100 分）、良好（80～89 分）、中等（70～79 分）、及格（60～69 分）和不及格（59 分及以下），分 5 个等级评定。

复习思考题

一、名词解释

1. 配送
2. 定时定量配送
3. 即时配送
4. 共同配送
5. 一体化配送
6. 越库配送

二、选择题

1. 以下关于配送的表述正确的是（　　）。

A. 配送是指在经济合理的区域范围内，根据客户要求，对物品进行拣选、加工、包装、分割、组配等作业，并按时送达指定地点的物流活动。

B. 配送是配送中心的核心业务，它是一种特殊的、带有现代色彩的物流活动。

C. 配送就是运输，两者之间没有本质的区别。

D. 配送几乎涵盖了物流中所有的要素和功能，是物流的一个缩影或某一范围内物流全部活动的体现。

2. 在下列配送形式中，（　　）配送的成本最高。

A. 日配　　B. 准时配送　　C. 即时配送　　D. 定时定量配送

3. 配送的（　　）是配送的效果目标。

A. 可靠性　　B. 快速性　　C. 及时性　　D. 节约性

4. 以下哪个是适合日配式的用户（　　）。

A. 零售店　　B. 装配型企业　　C. 快递配送企业　　D. 制造企业

5. 不适合定时定量配送方式的用户为（　　）。

A. 汽车制造业　　B. 日用品制造业　　C. 家用电器　　D. 机电产品制造业

6. 下列哪个不可作为配送路线的目标（　　）。

A. 周转率最高　　B. 效益最高　　C. 准确性最高　　D. 劳动消耗最低

7. 属于定时配送的特点有（　　　）。

A. 用户便于按照自己的经营情况，在最理想的时间进货

B. 用户易于安排接货的人员和设备

C. 配送中心有利于安排工作计划

D. 有利于实施共同配送

E. 时间精确

8. 以下哪些属于定时定路线配送的优点（　　　）。

A. 有利于配送企业科学地安排车辆和司乘人员

B. 便于实施共同配送

C. 有利于降低配送成本

D. 有利于用户安排接货

E. 有利于用户获得低价格

9. 配送具有（　　　）的特征。

A. 商流和物流的合一　　　　　　B. 物流与商流的分离

C. 纯粹是送货　　　　　　　　　D. 纯粹储存

10.（　　　）是共同配送的特点。

A. 送货一方实现少量物流配送　　B. 收货一方可以统一进行总验货

C. 适合中小型企业　　　　　　　D. 一车多户，经济送货路线

11.（　　　）属于不合理配送。

A. 与供应商建立长期供需关系　　B. 大批量商品经配送中转送货

C. 储存量保证随机需求　　　　　D. 集中配装一辆车送几家客户

12. 将1万吨松茸从云南运往北京，选择（　　）方式比较合适。

A. 航空运输　　B. 汽车运输　　C. 铁路运输　D. 管道运输

13. 配送是物流活动的一种综合形式，是“配”与“送”的有机结合，可为客户提供（　　　）服务。

A. 联合运输　　B. 装卸搬运　　C. 门到门　　D. 专业运输

三、填空题

1.（　　）不是一般的输送和运输，而是从物流据点到用户的终端运输。

2. 按照配送的品种和数量不同，配送可分为（　　　）配送和（　　）配送两种类型。

3. 按照配送的时间和数量不同，配送又可分为定时配送、定量配送、定时定量配送、定时定路线配送和（　　　）配送。

4. 配送中心在物流系统中处于（　　　）物流过程。

5. 当单个用户的配送数量无法达到车辆的有效载运负荷时，为了充分利用运能、

运力，就应该进行（　　　）。

6. 准时-看板方式属于（　　　）。

四、简答题

1. 简述配送的主要特点。
2. 配送的作用及意义。
3. 配送可以分为哪几种类型？各有何特点？
4. 简述配送的关键要素。
5. 简述配送合理化的途径。

第二章　配送中心的主要功能及特征

知识目标

1. 了解配送中心的概念及其分类。

2. 掌握配送中心的功能及其特征。

技能目标

1. 能够区分配送中心与仓库和物流中心的异同。

2. 在配送中心的具体规划中，能够根据配送企业的定位及所需恰当选择配送中心的类型。

3. 能够根据配送中心的不同功能侧重来进行选址、设计、确定规模、选用设备。

4. 能根据用户不同的需求和宗旨来选择不同功能的配送中心。

××××配送中心的冷链配送“全透明”管理

连锁餐饮行业正以超过3万亿元的调整增长，从麦当劳、肯德基到永和大王、俏江南、海底捞再到三全鲜食、正大中央厨房等，无不在进行集成化管理、产品创新、服务创新、模式创新等。而××××配送中心经历了从门店直采到中央厨房集采、从自有物流到外公司物流、从无温控措施到温控配送等整个连锁餐饮生鲜冷链全过程进行优化，使得温控物流更新鲜、更安全、更高效、成本更低、速度更快、服务更稳定。××××公司在业内首推生鲜冷链同城配送的“全透明”服务。

针对连锁餐饮企业、中小餐饮商户在同城温控配送新鲜度、安全性、时效性、低成本、高效率等方面难以满足客户需求问题，××××公司对应开发与提供了“温度透明、位置透明、成本透明、管理透明”的生鲜冷链配送“全透明”服务产品。

1. ××××公司用温度透明保证餐饮企业食材品质，确保其新鲜度

连锁中央厨房至前端门店的冷链配送过程，一直是整个温控物流中最易被忽视和最难监控的环节，蔬菜腐烂、冷藏商品融化、外箱包装潮湿等许多问题就发生在这一环节，直接影响到门店加工及产品质量甚至影响客户对菜品的体验，原因大都是温度

控制不稳定。××××公司通过开发城市配送温控车辆，在B2B城市配送环节持续监控温度系统，杜绝了这一现象的发生。登录微信程序后，客户可以24小时查询配送车辆温控状态。配送车辆温控在产品保鲜的范围内，全天候、一年四季连续稳定，其数据全年可自动查询，可自动记录。温控要求根据需求而变更是××××公司“温度透明”服务的标准选项。

2. ××××公司用“位置透明”提升餐饮配送效率，保证门店配送时效

餐饮门店不能预知配送车辆发车、到达时间及运行状况、位置，遇到堵车等特殊情况不能变更配送路线，食材交接状态不能实时掌控，这些一直是餐饮业冷链配送的持续性难题，××××公司基于配送车辆位置监控设备与冷链云系统支持平台的对接，可以实现用户移动端实时查询车辆位置、预知配送车辆发车和到达时间、掌控食材与门店交接状态，遇到特殊情况及时变更车辆配送路线；“位置透明”使餐饮企业物流经理能够更好地规划配送路线、计划安排门店交付、食材采购衔接等，有助于提升供应链管理效率，为高时效的温控配送提供保障。

3. “成本透明”减少中间运行费用，增强了成本竞争力

基于多年的冷链运输经验，××××公司构建了冷藏车配送价格平衡数据模型，模型采集了500辆冷藏车1年的成本结构数据，包括冷藏车配置要求，冷藏车维护成本、冷藏车使用时间、冷藏车制冷要求、冷藏车购置成本、冷藏车驾驶成本、冷藏车燃油损耗等全部发生的费用，价格平衡的数据运算模型的目的是去除所有配送运输的中间环节费用、压缩冷藏车无效运行空间，让用户支付最低的配送费用并满足配送人员（司机）的基本需求。此法较社会上平均冷链配送运输成本降低15%～25%，增强了价格竞争力。同时提供“临时用车竞价通道”，满足用户临时性需求的同时，采用冷藏车司机顺路接货、就近接货、返程接货、空闲时间段利用等措施，提升了配送司机的工作效率及其收益，降低了临时用户配送需求的成本。

4. “管理透明”不仅提升运行效率，而且让用户省心又省力

“货在哪里”“何时接货”“有无货损”“冷车温度”“配送费用”“配送频率”“配送路线优化”“配送车辆规格型号”等用户最关心的问题，××××公司都有解决方案，其系统平台支持用户的历史数据采集，具有在线车辆管理、在线订单管理、在线跟踪查询、历史数据分析、路线优化与成本优化等管理功能，所有的管理均可在移动端操作和实现，使配送管理高效便捷。

思考：

1. 为什么××××公司能够实现“全透明”配送服务？

2. 为什么“全透明”配送具有竞争优势？

在需要建立配送中心的企业中，有很多企业并不清楚究竟需要哪种类型的配送中心，甚至连配送中心和仓库的区别都不太明白，在这种情况下建立起来的配送中心就很难发挥其应有的作用。在此，我们先对配送中心的概念、功能及其特征进行了解。

第一节　配送中心的基本概念及类型

一、配送中心的概念

中华人民共和国国家标准《物流术语》（GB/T 18354—2006）中，将配送中心定义为从事配送业务且具有完善信息网络的场所或组织。应基本符合下列要求：（1）主要为特定客户或末端客户提供服务；（2）配送功能健全；（3）辐射范围小；（4）提供高频率、小批量、多批次配送服务。

（一）配送中心与仓库的异同

1. 仓库是社会物资的"蓄水池"

仓库是储存、保管物品的建筑物和场所的总称，它是为了防止物资丢失和损坏，设置在地面上或水面上专供保管物资的场所。自从人类社会生产有剩余以来，就产生了"仓库"这个概念。其实"仓"最早是贮藏谷物的仓廪；"库"最早是贮藏兵器、财物的库房，后来人们将其合二为一，凡是贮藏物资的场所均称为仓库。"仓库"在英语中有"Storage"和"Warehousing"两个词，"Storage"多用于原料的贮藏，"Warehousing"多用于成品的保管。另外，保管和贮藏没有很显著的区别，一般贮藏用于原材料，保管用于成品。

从社会经济活动来看，生产领域、流通领域都离不开仓库。现代化的仓库如同"蓄水池"，主要作用是储存与储备、调节供需、集散及配送、流通加工、信息传递等。它不断进货、不断发货，快速周转，以货物周转率为主要绩效评价指标之一。在我国，每年有数亿万吨的商品、物资保管或储存在生产及流通中各个环节的仓库中，成为千千万万个"蓄水池"，以保证生产和流通的正常运行和经济建设的发展。

2. 配送中心是现代物流据点

现代物流系统主要由物流通道和物流据点构成，物流通道主要指运输路线等，物流据点包括车站、码头、物流中心、配送中心等，其中配送中心是现代物流系统的重要据点之一。

配送中心是从事配送业务的物流场所或组织，是从供应者手中接受多种大量的物品，进行倒装、分类、保管、流通加工和信息处理等作业，然后按照众多订货者的要求备齐货物，并以令人满意的服务质量进行配送的设施。配送中心一般情况下持有库存；流通型配送中心不持有库存，进货后在中心内部立即进行分类、配货并进行配送。

配送中心对庞大的商品种类实行严格管理，为了防止脱销或缺货，不间断地进行订货、进货、配送作业。对于食品类商品，特别是生鲜食品，要求存货区保持一定的温湿度，使其保持良好的新鲜度及良好的食用品质。

配送中心是联结生产与消费的流通部门，是产生时间和空间效用的物流设施，在

流通中发挥着如下作用。

(1) 生产和消费之间的时间、场所错位性的调整。

(2) 提高库存集约化及包括储存、装卸搬运在内的作业管理效率化。

(3) 为提高服务质量，在需求地就近储存，并保证具有满足顾客需求的安全库存。

(4) 配送中心是降低运输成本的大批量运输和提高服务质量的末端运输的联结点。

(5) 为了提高物流效率，在消费地进行组装、加工等作业，并根据用户的要求，实现多样化的流通加工。

3. 由保管型仓库到动管型配送中心

随着经济的增长，流通功能在不断发生变化。例如，我国在供不应求的计划经济时代，是流通功能比较单纯的时代，仓库的主要作用是保管，而且贮藏的色彩特别浓，贮藏的物品几乎不动，甚至有的商品在仓库中一“住”就是数年。因此，这种贮藏在现代物流学中也称为“死藏”(Dead Storage)。仓库的类型较多，有为生产储存的原材料仓库；有保管零部件的零部件仓库；有保管成品的成品仓库等。另外，在生产商和批发商的仓库中，储存着很多种类的货物，这些仓库根据顾客需求，具有接受订货、集货、配货、发货、流通加工等功能，具有这些功能的仓库被称为配送中心或物流中心。这些仓库相对于“死藏”，也被称为流动贮藏（Live Storage)。一般保管型仓库库存周转率较低，流动型仓库的库存周转率较高。

对于百货店、超市、便利店等零售业的配送中心，一种是不具有库存，进货商品立即按配送方向进行分类、配货、送货等作业，这种中心被称为流通型配送中心；另一种配送中心具有少量的库存，供应商的货物暂时存放在配送中心的仓库内，根据各店铺的订货要求，从库存中进行分拣、配货、送货等作业，这种中心被称为库存型配送中心。

在配送中心内，尽可能地缩短从接受订货到将货物配送给顾客的时间周期是非常重要的，所以，配送中心的作业必须是快速的、高效的，故重视保管的仓库和重视作业效率的配送中心的功能有着很大的区别。在我国，传统的仓库要想适应现代物流，特别是供应链管理，就必须由保管转变为“动管”，即“动态管理”。把缩短前置期、为顾客服务、提高作业效率等功能要素作为重点，并逐步将其改造为配送中心或物流中心。

相对于重视保管效率的保管型仓库，动管型配送中心不仅仅重视储存效率，更重视顾客服务、缩短前置期等，特别是作业效率，被配送中心视为管理的重点。

(二) 配送中心与物流中心的异同

根据中华人民共和国国家标准《物流术语》(GB/T 18354—2006) 的规定，物流中心是指从事物流活动且具有完善信息网络的场所或组织。应基本符合下列要求：①主要面向社会提供公共物流服务；②物流功能健全；③集聚辐射范围大；④存储、吞吐能力强；⑤对下游配送中心客户提供物流服务。

由定义能够看出，物流中心是综合性、地域性、大批量的物品位移集聚地，它集商流、物流、资金流、信息流于一体，规模通常比较大，是产销企业的中介；而配送中心比物流中心更具专业性，其规模大小往往依据配送的要求和客户而定，它主要是以组织或供应、执行实物配送为主要功能的流通型据点，既体现了集货中心的功能，又具有分货中心的功能。同时，配送中心通常会通过流通加工功能来进一步提高配送的效率。从这个角度来讲，配送中心是集集货、分货和流通加工为一体的综合体。

配送中心与物流中心的位置如图 2－1 所示。从图 2－1 中可以看出：物流中心处于物流的中游位置，是制造厂仓库与配送中心的中间环节，通常距离制造厂仓库和配送中心较远，一般通过采用大容量汽车或铁路运输及少批次大量的出入库方式来实现运输的经济性。而配送中心处于物流的下游位置，一般会储存较多的物品品种，为了使零售店或最终客户不设库、少设库或不设车队，配送中心的存储周期较短，以此保持其具有强大的多客户、多品种、多频次及少量的拣选和配送功能。由于多客户、多品种才能达到储存、运输作业的规模化、共同化和降低费用的目的，所以更多配送中心愿意采用“门到门”的汽车运输，其作业范围较小（20～300 千米），专门为本地区的最终客户服务。有时，配送中心还会开展流通加工业务，如加工钢材、将商品大的运输包装改为小的零售包装等。

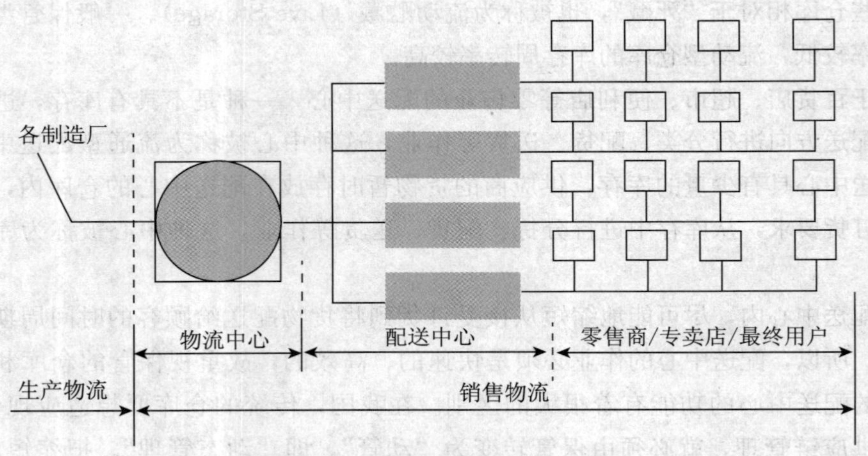

图 2－1　配送中心与物流中心的位置

需要特别说明的是，要将物流中心与配送中心绝对区分开是比较困难的。因为，物流中心和配送中心两者都是从过去各部、各级的储运公司演变和发展起来的，都属于自营或代客户储存和运输物品的场所；同时，两者在部分业务上又存在明显的交叉性，所以，以上所谓的多客户、多品种、多频次和少批次大量的出入库方式等，也只能是相对而言的。

综上所述，物流中心与配送中心的区别可以做出以下总结，如表 2－1 所示。

表 2－1　　配送中心与物流中心的区别

对比内容	配送中心	物流中心
功能	具有较强的“配”与“送”的功能，以配送为主，存储为辅	具有较强的存储能力、吞吐能力和调节功能
辐射范围	辐射范围较小	辐射范围较大
所处的供应链位置	通常在物流中心的下游	通常在配送中心的上游
物流特点	多品种、小批量、多供应商	少品种、大批量、少供应商
服务对象	一般为公司内部服务，专业性强	一般提供第三方物流服务，在某个领域的综合性强

二、配送中心的形成与发展

配送中心实际上是集货、分货（分拨）、流通加工等功能的综合，是“配”和“送”的有机结合。配送中心作为物流中心的一种主要类型，更多的物流中心已具有或将具有配送功能。

配送中心的形成和发展是具有历史原因的，由于不同类型的客户在物品处理的内容上、时间上和服务水平上都提出了更高的要求，为了满足不同客户的多样化需求，就必须引进先进的分拣及配送设施与设备，构建准确、快速、安全、低成本的作业体制，因此，大部分企业选择改造或新建配送中心。配送中心是现代物流系统化、规模化、集约化的必然结果，它是基于现代物流合理化和拓展市场的需要而逐步形成和发展起来的。

配送中心是现代物流领域中社会分工、专业分工进一步细化而产生的，在配送中心出现之前，配送功能主要由仓库和转运型物流中心及分货型物流中心来承担，它们开始只是增加了“送货”的功能，逐渐又增加了“配货”及“流通加工”等功能。一部分仓库、转运型和分货型物流中心转变为配送中心；另一部分仓库成为以储存或储备为主的物流据点，转运型物流中心成为衔接不同运输方式和不同运输规模的物流据点，分货型物流中心发展则成为以大批量分拨为主要功能的物流据点。

三、配送中心的分类

配送中心不仅能够满足多样化、小批量的市场需求，而且还能够降低流通成本。但是，由于建造配送中心的企业背景差异，其配送中心的功能、构成和运营方式就会存在很大区别。因此，在进行配送中心规划时，必须充分注意配送中心的类别及其特点。

（一）按配送中心的经济功能分类

1. 供应型配送中心

供应型配送中心是专门为生产企业组织供应原材料、零部件、半成品等物品的配送中心。配送的用户有限且稳定，用户的配送范围确定，属于企业型用户；配送中心集中库存的物品种类相对固定，计划性较强，进货渠道稳固。其服务对象主要有两类：一是服务于组装、装配型生产企业，为其供应零部件、原材料或半成品；二是服务于大型商业超级市场、连锁企业以及配送网点。一般都建有大型现代化仓库，占地面积大，通常采用高效先进的机械化作业。例如，始建于 1987 年 3 月的英国斯温顿本田（Honda）汽车配件配送中心，占地面积达 150 万平方米，总建筑面积 7000 平方米，经营 6 万余种配件，储存的大型配件达 1560 货格，小型配件 5 万箱左右。位于美国洛杉矶的铃木（Suzuki）汽车配件中心，占地面积 4000 平方米，总建筑面积达 8200 平方米，经营的汽车配件 10000 种之多。

2. 销售型配送中心

销售型配送中心是以配送为手段，以商品销售为目的的配送中心。用户一般是不确定的，而且数量很大，每一个用户购买量较少，属于消费型用户。按所有权来划分可将其分为三种情况。一是生产企业通过将自己的产品直接销售给消费者，来提高市场占有率而建立的配送中心，这种类型的配送中心在经济发达国家较多，如美国 Keebler 芝加哥配送中心、我国的海尔集团所建的配送中心等。二是专门从事商品销售的流通企业，为了进一步扩大销售而自建或合建的配送中心，目前我国拟建或在建的配送中心多属此类。三是流通企业和生产企业共建的销售型配送中心，这种类型属于合作型配送中心，其特点是用户多而不确定，且每个用户购买的数量少，因此不易实行计划配送，集中库存的库存结构较为复杂。

相对而言，销售型配送中心只有采用共同配送和越库配送，能达到较好经营效果的预期。比较来看，协作型配送中心为主要发展趋势。

3. 储存型配送中心

储存型配送中心是储存功能较强的配送中心。其适用于买方市场下，企业成品销售需要有较大库存支持；或卖方市场下，企业原材料、零部件供应需要较大的库存支持；抑或大范围配送的配送中心，需要较大库存。储存型配送中心具有强大的储存功能，是为了保障生产和流通得以正常进行而产生的，具有储存仓库规模大、库型多、存储量大的特点。在实际应用中，储存型配送中心主要是为了满足三方面的需要而建造的。一是企业在销售产品时，为了避免出现生产滞后的现象，达到满足买方市场的需求，客观上需要一定的产品储备。二是在生产过程中，生产企业要通过储备一定数量的生产资料，保证生产的连续性和应付急需。三是配送的范围越大、距离越远时，或者为了满足即时配送的需要，客观上也要求储存一定数量的商品。例如，瑞士 Giba-Geigy 公司的配送中心可储存 4 万个托盘；美国赫马克配送中心的储存区可容纳 16.3 万个托盘；美国福来明公司的食品配送中心，建筑面积达 7 万平方米，其中包括 4 万平方米的冷冻库和冷藏库，3 万平方米的杂货库，所经营的商品品种达 8.9 万个之多。目前我国运营的配送中心多属于储存型配送中心。

4. 流通型配送中心

流通型配送中心主要包括通过型和转运型配送中心，通常不具有长期储存的功能，

仅以暂存或随进随出的方式进行配货和送货。其典型方式为：大量货物整批进入，按一定批量零散出库。一般通过采用大型分货机，在进货时直接进入分货机传送带，实现迅速分送到各用户货位或直接分送到配送汽车上的目的。可见货物在配送中心滞留的时间很短。

5. 加工型配送中心

加工型配送中心是以流通加工为主要业务的配送中心，根据用户需要，先对配送物品进行加工，而后实施配送。主要应用于食品和生产资料的加工配送。其加工活动主要有：分装、改包装、集中下料、套裁、初级加工、组装、剪切、表层处理等。例如，家喻户晓的麦当劳、肯德基的配送中心就是在提供加工服务后，向其连锁店实施配送；工业、建筑等领域的配送中心，如水泥配送中心，可以既提供成品混凝土，又提供各种类型的水泥预制件，然后直接配送至用户。

（二）按配送中心的拥有者分类

1. 制造商型配送中心

制造商型配送中心是以制造商为主体的配送中心。这类配送中心的物品完全是由自己生产制造的，可以大大降低流通费用、提高售后服务质量，并能及时将预先配齐的成组元器件运送到规定的加工和装配工位，从物品制造到生产完工后条码和包装的配合等多方面都比较容易控制。因此，该类配送中心按照现代化、自动化的配送中心进行设计，但不具备社会化程度，只为本企业服务。

2. 批发商型配送中心

批发商型配送中心主要由批发商或代理商建立，是以批发商为主体的配送中心。所谓批发是物品从制造者到消费者手中的传统流通环节之一，通常是依据部门或物品类别的不同，把各个制造厂的物品集中起来，然后以单一品种或组合搭配向消费地的零售商及连锁店进行配送。这种配送中心的物品来自各个制造商，对物品进行汇总和再销售是该类配送中心进行的一项重要活动。由于它的全部进货和出货都是社会配送的，因此，社会化程度较高。通常为不具备建立独立配送中心的制造企业或本身不能备齐各种规格商品的零售商所采用。

3. 零售商型配送中心

零售商型配送中心是零售商发展到一定规模后建立的以零售商为运营主体的配送中心，面向终端客户或连锁店开展配送，社会化程度一般。其为专卖店、超级市场、百货商店、建材商场、粮油食品商店、宾馆饭店等实施配送服务。

4. 专业物流配送中心

专业物流配送中心又称仓储运输型配送中心，是以第三方物流企业（包括传统的仓储企业和运输企业）为主体的配送中心。该类配送中心通常地理位置优越，可迅速将到达的货物配送给用户，具有很强的运输配送能力。它主要为制造商或供应商提供物流服务，而配送中心货物的所有权仍然属于制造商或供应商，配送中心仅提供仓储管理和运输配送服务。这种配送中心的现代化程度一般较高。

（三）按服务范围分类

1. 城市配送中心

城市配送中心是向城市范围内的用户提供配送服务的配送中心。这类配送中心具有两大典型特征：一是以汽车作为运输工具，将货物直接送达用户，由于运距短，最经济实用；二是实行“门到门”式的送货服务，实施小批量、多批次、多品种、多用户的配送。汽车送货的机动性强，供应快，调度灵活，反应能力强。

城市配送中心大多选择零售商、连锁店和生产企业作为服务对象，通常采用与区域配送中心联网的方式进行运作，以日配的服务方式实现配送。目前国内外绝大多数的配送中心都属于城市配送中心。

2. 区域配送中心

区域配送中心有较强辐射能力和库存准备，向省（州）际、全国乃至国际范围的用户配送货物的配送中心。该类配送中心具有三大基本特征：其一，经营规模较大，设施设备齐全，并且数量较多，活动能力及辐射能力较强；其二，货物配送的批量较大，批次较少；其三，配送对象往往是大宗用户，如城市配送中心和大型工商企业，一般采用日配或隔日配的服务方式进行配送。在业务开展中，虽然它也为批发商、企业用户、商店零星配送物品，但这些并不是主体对象。

例如，加拿大大都会公司（Metro－Richelieu）的食品杂货配送中心，其占地面积5.5万平方米，层高约9米，固定配货对象覆盖到18家区域批发商、320家零售商。配送服务半径为30万米，日发货量达10万箱，自接到用户的订单起到收到货物，一般不超过8小时，高效实现了日配。

3. 国际配送中心

国际配送中心是向区域、国际范围内用户提供配送服务的配送中心。其主要特征表现为：经营规模大，配送设施和设备的机械化、自动化程度高，辐射范围广；配送方式通常采用大批量、少批次和集装单元化；配送对象主要为超大型用户，如区域配送中心和跨国工商企业集团等；存储吞吐能力强。例如，荷兰的“国际配送中心”，它不仅在国内外建立了很多现代化仓库，而且配备了很多现代化的物流设备。该中心在接到订单之后24小时内即可实现装货，仅用3～4天的时间就可把货物运送到欧盟各国的用户手中。

（四）按配送货物的属性分类

根据配送货物的属性，可以将配送中心分为食品配送中心、日用品配送中心、医药配送中心、化妆品配送中心、家电配送中心、3C产品［计算机（Computer）、通信（Communication）和消费电子产品（Consumer Electronic）的简称］配送中心、图书配送中心、服饰配送中心、汽车零件配送中心等多种类型。

由于所配送产品的类型存在较大差异，配送中心的规划、设计和建设完全不同。例如图书配送中心，由于图书具有新版、再版及补书等特征，尤其是80％新版的图书或杂志不上架，直接理货配送到各书店，而剩下的20％左右库存在配送中心等待客户

的再订货；另外，图书或杂志的退货率非常高，约为3～4成图书或杂志会出现退货现象。因此，图书配送中心就不能与食品、日用品的配送中心等进行同样的规划、设计与建设。服饰配送中心也存在淡旺季及流行性等特性，而且，较高级的服饰布料颇为考究，必须使用衣架悬挂，其配送中心的规划也必然存有其特殊性。

虽然配送中心的类型与行业形态不同，其作业内容、设备种类、营运范围可能完全不同，但是在系统规划分析的方法与步骤方面却有共通之处。目前的配送中心已逐渐呈现出由仓库为主体的配送中心向信息化、自动化的整合型配送中心发展的趋势。

（五）按配送中心的自动化程度分类

根据配送中心作业的自动化程度、管理的信息化程度分类，配送中心可以分为人工作业配送中心，计算机管理配送中心，自动化、信息化配送中心，智慧型配送中心，如图2-2所示。

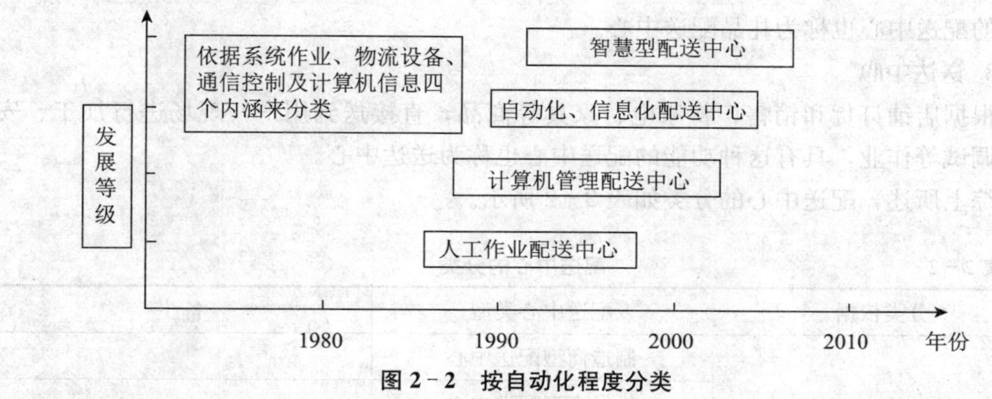

图2-2 按自动化程度分类

（六）其他类型的配送中心

1. 专业配送中心

是指配送对象、配送技术属于某一专业范畴，在该专业范畴具有一定的综合性，综合该专业的多种物资进行配送的配送中心。或以配送为专业化职能，基本不从事经营的服务型配送中心。例如，大多数制造业的销售配送中心属于该类型的配送中心。

2. 柔性配送中心

柔性配送中心不向固定化、专业化方向发展，而是服务方向能够随时变化，对用户要求有很强的适应性；不固定供需关系，向不断发展配送用户和改变配送用户的方向发展。

3. 自用型配送中心

自用型配送中心隶属于某企业或企业集团的配送中心，包括原材料仓库和成品仓库在内的各种物流设施和设备归企业或企业集团所有。一般只服务于企业集团内部的企业，不对外提供配送服务。

4. 公用型配送中心

公用型配送中心以盈利为目的，面向社会开展物流服务的配送中心。

5. 合作型配送中心

合作型配送中心是由几家企业合作兴建、共同管理的配送中心，既可以是行业或系统内企业的合作，也可以是区域内企业的联合，多为区域配送中心。

6. 温控型配送中心

这种配送中心在整个服务过程中要求保持一定的温湿度和新鲜度。所配送的商品一般为肉、奶、蛋、果蔬、水产品等生鲜农产品，盒饭、熟食、面包、糕点、面条等加工食品，鲜花及药品等需要控制温度和湿度的物品。服务对象一般为超市、便利店，花卉批发市场及店铺，药店及医院，餐饮业及学校、单位公众餐厅等。这些商品需要在配送中心进行流通加工并要求当日送达，在日本称为加工日配中心。

7. 礼品配送中心

每到节日临近时，配送中心按照服务区的风俗习惯，根据各店铺的订单，将商品进行配套促销，通过组合包装或组合捆绑作为礼品配送到各店铺进行销售。具有这种功能的配送中心也称为礼品配送中心。

8. 送达中心

根据店铺订货和销售，将家电、家具等商品，直接送到用户，现场进行加工、安装、调试等作业，具有这种功能的配送中心也称为送达中心。

综上所述，配送中心的分类如表 2-2 所示。

表 2-2　配送中心的分类

分类依据	配送中心类型	备注
按配送中心的拥有者分类	制造商型配送中心	
	批发商型配送中心	
	零售商型配送中心	
	专业物流配送中心	又称仓储运输型配送中心
按服务范围分类	城市配送中心	
	区域配送中心	
	国际配送中心	
按配送中心的经济功能分类	供应型配送中心	
	销售型配送中心	
	储存型配送中心	
	流通型配送中心	包括通过型或转运型配送中心
	加工型配送中心	又称流通加工配送中心

续　表

分类依据	配送中心类型	备注
按配送货物的属性分类	食品配送中心	
	日用品配送中心	
	医药配送中心	
	化妆品配送中心	
	家电配送中心	
	电子（3C）产品配送中心	
	图书配送中心	
	服饰配送中心	
	汽车零件配送中心	
按配送中心的自动化程度分类	人工作业配送中心	
	计算机管理配送中心	
	自动化、信息化配送中心	
	智慧型配送中心	
其他类型配送中心	专业配送中心	
	柔性配送中心	
	自用型配送中心	
	公用型配送中心	
	合作型配送中心	多为区域配送中心
	温控型配送中心	在我国又称生鲜产品配送中心，在日本称为加工日配中心
	礼品配送中心	
	送达中心	

第二节　配送中心的作业方式及功能、特性

配送中心在供应链中介于生产商与批发商及零售业之间、批发商与零售业之间、零售业与消费者之间。生产商为批发商、零售业及消费者设置配送中心；批发商为零售业及消费者设置配送中心；连锁经营总部为其下属店铺设置配送中心；百货商店、量贩店等商场为其他店铺配送或送货上门而设置配送中心；因电子商务为顾客配送而设置配送中心等。各种各样的配送中心因各自的服务对象不同而具有不同的功能。

一、配送中心的作业方式及功能

（一）配送中心基本功能及其改善

1. 配送中心的基本功能

（1）备货。配送中心的备货是配送的基础工作，它包括采购订货、集货、检验、结算、进货及交接等，配送的优势之一是集中用户需求进行一定规模的备货。备货是影响配送成败的初期工作，如果备货成本高，直接影响配送中心的经济效益。

（2）储存。配送中心的储存有储备及暂存两种形态。配送储备是在一定时期根据配送要求，形成的配送资源保证。这种类型的储备数量较大，储备结构也较完善，根据货源和进货情况，有计划地确定周转储备和保险储备结构及数量。配送储备有时在配送中心附近单独设库。在执行日配或越库配送时，按照分拣配货要求，在理货场所进行少量储存。还有一种暂存是分拣、配货之后形成的发货货物的暂存，主要是调节配货与送货的节奏，其暂存时间不长。

（3）分拣。又称拣货、拣选，是将客户所订货物从储存保管处取出，按一定方式分类、集中、处理和放置的作业过程。分拣是配送特有的作业活动。分拣是完善送货、支持送货的准备工作，是不同的配送中心进行竞争和提高自我经济效益的必然延伸，分拣会大大提高送货服务水平，分拣是决定整个配送中心服务水平的关键要素。

（4）配装。又称配载，是为充分利用运输工具的载重量和容积，采用合理的方法安排货物装载的作业。其原则是：轻重搭配；大小搭配；货物性质搭配；同一目的地搭配；避免货物碰撞、玷污。配装可以提高配送服务水平及降低送货成本，所以，配装也是配送中心的重要功能要素。

（5）配送运输。利用配送车辆将客户所订购商品从配送中心送至客户手中的过程。配送运输是客户订货到交货的最后环节，具有时效性、安全性、沟通性、方便性、经济性等特点。按照配送路线可分为直送式配送运输、分送式配送运输和配送式配送运输。

（6）送达服务。将用户所需商品按照配送中心所确定的运输工具和路线，安全、经济、高效地送达用户后，为用户提供卸货、退货、换货、组装、安装、调试及技术培训等相关服务活动，并完成货款结算，一次配送活动就此终结。

（7）加工配送。是在配送中心设置流通加工环节，产品不能满足用户需求或用户提出特殊要求时，流通加工后再进行分拣、配货，送至用户的配送形式。加工配送可以大大提高用户的满意程度。加工配送是流通加工的一种，但又不同于一般的流通加工，其加工的目的较为单一，就取决于用户的要求。

2. 配送中心的功能改善

无论是准时配送、高频率小批量配送、共同配送还是一体化配送，提高服务质量，降低运营成本，是人们对配送中心的共同期盼。因此，对配送中心的主要功能应不断加以改善，使其发挥更好的作用，改善的重点应放在以下几个方面。

（1）物流战略。要以战略的眼光组织物流系统及信息系统，并进行物流成本核算

及市场预测，制订较完善的物流绩效评价体系等。

（2）配送中心的投资。不断完善配送中心设施、设备、车辆、信息等，并不断改善周边环境和内部环境，使其满足顾客的需求并获取较好的经济效益及社会效益。因此，为改善配送中心的功能，需进行必要的硬件投资。

（3）主要从业人员。对从业人员进行终身教育，不断改善职工素质，确保从业人员熟练操作，不断创新。

（4）订、发货系统。改善接受订货方式、发货条件及评价指标，确保一定的库存量及品种，并以此提高顾客满意度。

（5）储存系统。改善储存设备、货场及货位，提高商品周转率，制订适应功能要求的盘点制度和储存绩效评价指标，维持适当的库存。

（6）配送系统。根据外部环境的变化，选择最佳的配送路线，结合内部环境的变化配置适宜的车辆，并提高单位装载率，防止交错运输，尽可能降低配送差错率。不断改善流通加工、分拣、检验、包装等功能，使其处于最佳工作状态，并制订出各自的绩效考核指标。

（二）不同作业方式的配送中心

在物流系统中，无论采用一体化配送还是共同配送，其核心是配送中心的作业，因配送中心的作业方式及功能不同，又分为“库存型”和“流通型”两大类，而共同配送中心和一体化配送中心又都存在库存型和流通型两大类型。

1. 共同配送的库存型配送中心

这是最为传统的配送中心。商品进入配送中心后，先是分类储存，再根据用户的订货要求进行分拣、验货，最后配送到店铺。这种配送中心具有储存、进货、流通加工等功能，有的批发商选择这种配送中心，但是这种配送中心并没有明显的优势，还具有商品损失的危险。

2. 共同配送的流通型配送中心

这种配送中心不具有库存，是仅进行进货、分类、配货作业的中心。进货后迅速分类、配货并配送给用户，特别是大型超市和连锁经营店铺，每天都需要接纳大量的商品，这就需要快速而无差错的分类、配货作业。同库存型配送中心相比较，在业务和信息处理方面的高效化是必不可少的。商品在批发阶段，就要按不同的店铺进行分拣，然后将分拣后的商品装入通用货箱内，并将到货地点等标记及条码粘贴在货箱上，再送到配送中心。到达配送中心后立即用皮带输送机进行输送，由扫描仪读取到货地址、店铺代码，并利用分选机按照不同店铺进行自动分类。同分类平行进行的工作是利用配送中心内的计算机进行验货和配车等方面的信息处理，按不同店铺集中的商品逆顺序装入配送车内进行配送。

3. 一体化配送的库存型配送中心

这是与共同配送的库存型配送中心的特性完全不同的配送中心。共同配送的库存型配送中心的库存是大量采购后储存在配送中心，配送中心的进货量是按照中心规定的库存量进货；而一体化配送的库存型配送中心的库存是以补充店铺货架为目的。一体化配送的库存型配送中心的发货业务，和原来的库存型配送中心几乎没有什么变化，不同的是根据用户订货的订单进行分拣时，按店铺内的货架将商品取出集中，因为配送中心的商品位置很容易形成原来的“按商品部门进货”那种库存布局，所以，对于分拣作业并不太难。另外，在发货之前进行验货，并确认用户进货信息的准确性。一体化配送的库存型配送中心库存空间与“仓储或商场”的标准库存单元相似，所有商品可随时以出库状态陈放在货架上。

一体化配送的库存型配送中心运营的关键业务，是熟练掌握库存管理和补货部分。必须根据销售信息，准确预测各个店铺各种商品的需求量，不足的部分应能够立即补充货物，始终维持适宜的库存。而共同配送的库存型配送中心，因为销售量极难预测，库存管理也有很大难度，不得不采用高频率、小批量进货的方式补充货物来支撑库存。在一体化配送的库存型配送中心的库存管理中，因为各店铺销售数量和销售计划都是由配送中心先行制订的配送指标，所以配送中心的发货量是可以预测的。如果预测的精确度高，还可以有计划地采用低频率、大批量进货的方式来补充货物，配送中心也能够维持适宜的库存、节约进货费用。

4. 一体化配送的流通型配送中心

不具有库存的一体化配送的流通型配送中心，其作业难度最大。其在食品领域最先实施，日用杂货领域的一体化配送的流通型配送中心正在日本试行。日本花王系列物流中濑谷配送中心（设在横滨市）利用自动化仓库，将全部进货的商品按照不同的店铺、不同的货架进行分类，具体分类的方法按照以下程序进行。第一次分类：将全部进货商品解捆后，每个库区都以托盘为单位暂时存放在自动化仓库内。第二次分类：将商品按照店铺的货架顺序，根据不同店铺进行分拣，然后按商品部门取出集中，以备配送。

上述四种类型的配送中心功能性比较如表 2-3 所示。通过比较可以看出最后两个类型的配送中心将逐渐成为主流，也就是说原有的共同配送中心将会被一体化配送中心分阶段取代。

表 2-3　配送中心功能性比较

序号	配送中心的类型名称	送货方式	店铺商品全部接收	进货损失的控制	缺货的控制	进货信息的确定	按商品部门进货	当日进货
①	共同配送的库存型配送中心	大批量进货	○	△	△	△		○
②	共同配送的流通型配送中心	配车进货						
③	一体化配送的库存型配送中心	按货架群进货	○	○	○	○	○	○
④	一体化配送的流通型配送中心	按商品部门分类进货	○	○		○	○	

注：△——可能做到；○——完全能够做到。

（三）供应链时代的一体化配送中心

一体化配送中心是同供应链管理紧密地联系在一起的，目前供应链管理这一概念正在盛行，它使生产商、批发商、零售商共同拥有市场信息，以准确的需求预测和统一的物流作为基础，构筑成最适宜的供应链。以供应链管理的观点来看一体化配送中心，由库存型过渡到流通型是情理之中的事。然而，即使是流通型配送中心，也不是"生产商—综合批发商—流通型配送中心—店铺"这一传统的流通模式，而是"生产商—流通型配送中心—店铺"这一减少流通环节，由生产商直接到流通型配送中心的基本流通模式。

库存型配送中心和流通型配送中心各有优点和缺点。库存型配送中心最大的优点是具有库存，能够安全供应，前置期不一定长于流通型配送中心相比不见得就长；但是库存型配送中心的运营成本较流通型配送中心高，系统投资大。另外，如果多个批发商的货物储存在一个地方共同保管，企业间的作业调整就比较麻烦；而在这方面，流通型配送中心对于已存在的系统就没有太多的变化，比较简单，不需要储存场所，可以按照加工食品、日常用品、冷链商品等部门分别进行处理。

在较长的一段时间内，一体化配送的库存型配送中心仍然是主流。对于零售业来说，配送中心有少量的应急库存，在管理方面比较放心。但是流通型配送中心和库存型配送中心的运营成本有着明显的区别，以日本的加工食品为例，库存型配送中心的物流成本占销售额的5%，而流通型配送中心的物流成本仅占销售额的3%左右。因为配送中心的物流成本是由批发商支付，所以与零售店铺毫无关系。但是，对于库存型配送中心来讲，存货点分别设在生产商的销售据点和配送中心两个地方。如果是流通型配送中心存货点仅有生产商销售据点一个地点，这样供应链整体的物流成本可以控制到最低，特别是对于加工食品如糕点之类的商品，不需经过批发商，由生产商在产品出厂后直接运抵配送中心，再由配送中心经过分类、配货等作业后送到各店铺。目前在我国要普及这种类型的配送还需要时间。以一体化配送为主体，一旦形成一体化物流系统，就没有批发商介入的余地，特别是供应链管理，尽可能减少存货点及库存量，这样就能够获取较高的效益。

一体化配送中心的功能仅限于围绕店铺的部分，是整个供应链中的极少一部分，如果一体化配送中心的库存补充得到生产商的支持而进行有效补充，再进一步同上游的生产管理联结在一起，整个供应链就能够发挥更高的效率。

二、配送中心的基本特征

每一个配送中心都有其独有的特性，形成配送中心特性的因素很多，影响配送中心特性的因素也很多，但最基本的因素是被处理商品的形状、外形尺寸、重量及进货、发货、订货特性等。如果能够掌握这些主要因素，就能够很好地掌握配送中的基本特性。

（一）订货特征

从顾客那里得到的订货信息是什么形状的、什么种类的、货物有多少数量等，这些就是顾客的订货特性。这种订货特性集中在一天、一个月，就形成了顾客一天和一个月的订货特性。然后，顾客订货随着一天、一个月、一年的时间变化，仍然具有这个订货特性。

超级市场的大批量订货和便利店的小批量订货，这种大、小批量订货也是超级市场和便利店的订货特性。所以，每个客户都有自己独特的订货特性。

1. 需求方的订货特性

由于电子订货系统（EOS）的采用，为了严格控制店铺库存量，必须定时向供货方发出订货信息。利用电子商务平台及电话、传真等订货方式进行订货。由于时点销售系统（POS）、电子订货系统（EOS）的推广利用，在实现合理、高效的自动订货系统的同时，零售业也开始逐渐普及科学管理系统。因此，多品种、小批量、高频率，定时配送系统就显得非常必要。

与此相反，还有一个值得注意的就是与上述订货方式相辅相依的即时接受进货的问题。零售业的订货由根据销售预测的“预测订货”，改变为根据销售业绩的“补充订货”之后，为了防止脱销，供货方无论什么时间，订货量再少也必须立即配送、即时发货。如果零售业当日傍晚根据全天的销售业绩进行订货，次日早晨开始营业前货物送达，店铺就不需要存货。

这种由于补充订货的需要建立的准时配送系统同生产阶段相联结的体制，即在流通的上游呼唤下游订货的体制，是较为理想的流通体制。但是，实际生产中，在生产阶段有许多商品是在预见性的生产体制下进行生产的，即使零售企业能够防止过剩库存和脱销，生产企业在原材料供应、制造、工厂发货阶段中如果错误预测就会出现生产过剩和缺货。对于上游的生产商来说，仅依靠即时供应，是不能减少库存防止缺货的。因此，有一种说法叫“物流改革，就是订货改革”是很有道理的。订货改革很大程度上依赖于销售、库存信息管理和销售预测技术的进步，以及生产商、批发商和零售商的信息共享。生产商、批发商及零售商的信息共享，使零售业的订货方法发生了变化，物流及商品供应体制互相影响、互相作用而导致流通改革和变化。

以日本7-11连锁便利店为例，其很早就对盒饭、大众熟菜等加工食品开始计划性订货，在“订单生产的极短周期”的情况下实现早、中、晚配送三次。原则上，订货在前一天的早晨进行。订货者利用图表法，一方面明确每一个品种的商品库存量、最后的销售趋势、未来的天气情况及当地的节日及风俗习惯等；另一方面预测每一个时间段的销售量，最后决定订货量。这样的计划性订货及计划性配送，使得7-11连锁便利店的销售损失和生产商的生产损失两方面都控制在最小限度。

即时配送将物流的波动集中起来，使其有计划地平稳进行。最高订货点的店铺订货轮换周期，如表2-4所示。

表 2-4　　最高订货点的店铺订货轮换周期

类型＼星期	1	2	3	4	5	6	7
A类	○	△	□	○	△	□	—
B类	□	○	△	□	○	△	—
C类	△	□	○	△	□	○	—

注：○——加工食品；△——糕点；□——家庭用品。

根据轮换周期，销售集中的商品周末订货，下周初将货物送达店铺。但是，除当日配送的商品（例如，面包、鸡蛋、豆腐等）外，其他每周订货两次。急需的脱销品在指定日以外也可以订货，被称为“紧急订货”。

2. 供货方接受订货特性

配送中心接受具有各种各样订货特性的众多客户的订货，然后集中订单进行接受订货处理，形成了配送中心的接受订货特性。月末及支付截止日期的前两天等订货高峰期的集中订货，形成了与平时不同的接受订货特性。

另外，有大批量订货的配送中心，也有小批量订货的配送中心，各种各样的配送中心具有不同的接受订货特性。接受订货后什么时候必须送达，前置期也是配送中心的重要特性。接受订货的特性能够集中各订单中的订货规格，这些订货规格的分布状态，就是订货模型。

接受订货特性和进货特性，再加上储存特性决定了配送中心最基本的特性。其中进货特性根据配送中心的变化而变化，是可以改变的，而接受订货特性（为了保证客户利益）是难以变更的，因此不管好坏，配送中心的特性是由接受订货特性决定的。接受订货特性是由客户订货要求，即缩短前置期和不发生缺货损失等经营要点来决定的。接受订货特性同客户的经营要点相对应是非常重要的，为了提高物流效率，一体化配送、一体化订货、一体化进货这种平稳化、标准化、集中化的设想是完全必要的。为了形成一体化接受订货，必须实现信息化。为了转变为一体化接受订货体制，就必须彻底改变“按业种将商品纵向分类的模式”，形成根据零售业的业态，商品能够一揽子备齐的“按市场横向分类的模式”。

（二）进、发货特征

在配送中心内，因为订货量及进、发货量每天都在变化，进、发货特性每天也在发生变化。由于这些变化，配送中心很难准确地用数据来表示配送中心的特性，进货量和发货量也只能用数据来表示。

1. 进货特性

货物运达配送中心称为进货。主要作业有核对发货方的货单、检验货物的数量、货损及品质，做好向仓库或配货场搬运的准备等。这些都是配送中心进货时的必要作业，作业场所称之为进货场或进货区。

配送中心有接收货物的特性，将这些特性集中起来便是配送中心的“进货特性”。进货一般是为了补充库存而进行的，但是也有进货后立即进行分类、发货的配送中心，如果进货和发货同时进行，就不能将货物备齐，因此还有等到最终进货后分类、发货的配送中心，这也是配送中心的主要特性。另外，订货后，何时能够进货的前置期也是配送中心的特性之一。

2. 发货特性

将货物发送到目的地，通常是使用汽车送货，主要作业是检查集货的数量及种类，运输用的包装、发货文件（送货单、货签、发货清单等）计量货物的重量、体积或数量、货物装车区的划分及装车等；如果是多方向、复数车辆送货时，必须按不同方向、不同车辆备齐货物，这些作业都是在发货场进行的。如果使用本公司汽车送货，要具有随时都能够发货的特性；如果使用运输企业或个体户的汽车送货，要具有在车辆到达前进行分拣，并将货物暂时放在发货场等待装车的特性。另外，还需根据货物到达用户的时间来决定发货特性。因此，在确定发货系统时不可忽视以下重要因素：①发货前货物暂存的形态；②发货前货物暂存的时间；③发货前货物暂存的数量；④发货用车数量。

货物分类后，将商品置于可移动的货箱内或托盘上，在发货前暂时存放，如果移动货箱能够原封不动地装车配送，发货、配送效率将有很大提高。

（三）按订单分拣的特征

分拣是将所储存的商品根据客户的需要（订单）取出的作业。它的作业速度、作业效率、出错率直接影响配送中心的工作效率和顾客满意程度。所谓按订单分拣，实际上是根据顾客订货这一商流活动，将客户所订物品从库存中挑选出来，经配货、验货后发货的业务，分拣占配送中心全部作业时间的30％～40％，是配送中心的中心业务。这种作业有人工作业和机械化作业，还有与计算机连动的半自动化作业及全自动化作业。

按订单分拣有以下几种方式。

1. 批量分拣方式

批量分拣方式指作业者将复数订货单的物品集成批量，然后按照订单将物品分开的作业方式，这种方式适宜多品种而且作业人员为两人以上的情况。

2. 拣选式（摘果式）分拣

拣选式分拣是作业人员或作业工具巡回于各储存点，将订单上所需商品按所需数量取出，并完成配货工作。有人称为摘果式分拣，也有人称之为超级市场式分拣，这种分拣方式主要适应以下情况：①用户不稳定，订货波动较大；②用户之间需求差异大；③用户需求种类太多；④用户配送时间要求不一；⑤利用一般仓库改造成的配送中心或新建配送中心刚开业。

3. 分货式（播种式）分拣

这种方式要先为每一个订单准备一个分拣箱，作业人员或作业工具从储存点取出

各用户共同需要的货物，再将货物按照每个订单上所需数量，如播种一般投放到分拣箱内，反复进行，直到将货物配齐，完成配货工作。这种分拣方式适应以下情况：①用户稳定且订货量大；②用户需求共同性强，差异较小；③用户需求种类有限；④用户对配送时间要求不严格；⑤追求效率，降低成本；⑥配送中心专业性强。

上述三种分拣方式基本体现出了按订单分拣的特性，也是配送中心特性的重要组成部分。因此，如果不懂得配送中心的特性和按订单分拣的特性，就利用物流设备进行分拣作业，将是一种低效率的分拣。

另外，按订单分拣系统是配送中心系统的一部分，由配送中心的工艺流程确定按订单分拣系统采取何种方式。反过来，按订单分拣系统的好坏，直接影响配送中心的生产效率，所以应将按订单分拣的特性同配送中心的特性应一起进行研究。

（四）其他特性

1. 配送中心的自我相似性

配送中心特性受很多条件限制，处于千差万别无序的混沌状态，很难明确它是什么样的特性。也就是说，配送中心的特性因每天数据都在不断变化，也可以称为自我相似性。因为配送中心具有自我相似的特性，可以按基本形态进行分类。例如，仅用托盘为发货单位的配送中心，或仅以散货为发货形式的配送中心。

2. 配送中心的作业效率

配送中心的特性是由接受订货特性、进货特性等来决定的，这些特性一旦变化，配送中心的特性将随之变化。与此相关的外部如果发生变化时，也会影响到配送中心的作业效率；外部环境好也能够促使配送中心的特性尽快形成。

要提高配送中心的作业效率，需先考虑自动化、省力化和物流设备的采用。物流设备构成配送中心的硬件，但这些硬件的灵活性小，配送中心特性的变化范围也小，因此，配送中心的特性变化越大，作业效率越低。

第三节　案例分析

沃尔玛之所以能够迅速发展成为世界零售业之最，其中一个重要原因是重视配送系统的建设和完善。自从 1962 年第一家商场开业以来到目前为止，沃尔玛在美国有 1800 家商场，在英国、墨西哥、德国、中国等国家及世界各地有 1000 多家商场，其中有 721 个超级商业中心，沃尔玛在世界各地共计有 110 万名职工，其中在美国约有 88.5 万名。

沃尔玛 1970 年在美国建起第一个配送中心，现在这个中心为 4 个州 32 家商场配送。沃尔玛在 2000 年仅配送系统投资达 10240 亿元，在美国利用自己的配送系统为连锁商场配送商品，在其他国家沃尔玛利用第三方物流。沃尔玛的企业理念是“最低的成本，提供最高质量的服务。”配送系统必须为商店和顾客提供最迅速的服务，整个供应链“无缝”链接，顺畅运转，顾客在商场无论买走什么商品都会得到及时补充。

沃尔玛配送系统的成功，其中一个因素就是它那完美的补货系统，在总部及配送中心，任何时间都可以知道每一个商店现在货架上有多少货物、配送中心存有多少货物、还有多少货物在运输途中等。同时还可以了解到某种货物上周卖了多少，去年卖了多少，以及预测将来能够卖多少。这是因为商场中所有的商品都是利用标准的条码来管理的，只要对某种商品进行扫描，就可以对它进行阅读。在沃尔玛商场不需要用纸张处理订单。自动补货系统使商场可以自动向配送中心订货。在商场，任选一种商品扫描一下，就能得到销售、库存、运输等方面的信息。这些信息都是利用计算机与条码获取的，无须人工汇报。

另外，沃尔玛的供货可以直接进入配送信息系统，任何一个供货商都可以了解昨天、今天、上周、上个月和去年的销售情况，根据这些信息来决定生产并预测未来，及时供应，降低产品的成本。

非常重要的是，沃尔玛配送中心在上游的供货及下游的商场这个供应链中，确保进货产品与订货单、发货单完全一致，整车的商品卸到门店不需检验，因为他们确信没有失误，这样就节省了验货的时间及劳力，降低了成本；这些商品可以直接放到货架上。特别是配送中心，不管在美国还是世界上其他地方都是一致和完整的。

沃尔玛的配送中心都非常大，平均面积约 11 万平方米，每个月的产值约 12.8 亿元，由供货商送货到配送中心。当然，供货商非常清楚为一家配送中心送货比为数十家商场送同样货物的成本要低得多。供货商和配送中心之间建立伙伴关系，供货商拿出节省的部分利润让利于消费者，大家最终都能有所受益。

沃尔玛配送中心全部是自动化立体仓库形式，商品从一个门进从另一个门出，没有任何阻力地在中心流动，工人使用输送机有效地搬运商品。沃尔玛配送中心每周处理商品 120 万箱。配送中心根据不同商场所需要的不同商品，对商品进行分类、分拣，然后放入不同的货箱，分拣员根据信号灯所提供的信息取货，所有商品都按顾客的订单配货，放入不同的货箱中，在发货区装上配送车。沃尔玛配送中心有各种各样的类型，例如服装配送中心、蔬菜水果配送中心等。

其实在整个配送系统中，送货运输费用最高，为了节省送货费用，降低运输成本，沃尔玛的配送车辆全部是加长的大型货柜型车辆，在长度和高度上超过了集装箱卡车。车辆是沃尔玛自有的，司机也是沃尔玛的职员，约有 3700 多名正式司机，还有5000 多名非正式司机，每辆车每周行驶 7000～8000 千米，而且保证 300 万千米无事故。沃尔玛采用全球卫星定位系统，任何时候在调度室都能知道某一车辆在什么地方，离商场还有多远。知道车辆在哪里，产品在哪里，何时到达商场，这样就可以提高整个系统的效率。沃尔玛的配送车辆一般都是在高速公路上行驶，保证安全是最重要的，管理者认为：不出事就是节约费用、降低成本。

沃尔玛在送货方面的另一个运营和策略就是把车装满，从底部到顶部整个车厢填得满满的。配送中心在供货商和商场之间，什么时间车辆到达都是事先约好的，按照运行时间表进行供货运输或配送运输。沃尔玛对运输的时间进行很好的管理，同时可

以节省时间提高效率。另外，供货商的供货运输也可以采用沃尔玛的运输系统，因为沃尔玛的运输系统效率高、成本低，对商场需求批量大的货物可以从供货商直接运抵商场。

总而言之，沃尔玛的配送系统是高效的、合理的，低成本而且服务水平高。沃尔玛的配送中心的高效率运营，使它在零售业更加成功。

思考题：

1. 沃尔玛配送系统成功的原因有哪些？

2. 试分析供货商向批发商供货和配送中心供货的异同。

3. 通过沃尔玛案例，分析零售企业向配送中心采购和向批发商采购的区别是什么？比较两者的效率和效益。

第四节　实习实训指导

一、实训目的

1. 通过对配送中心的认知，为以后的专业学习奠定良好的基础。
2. 了解某配送中心完成的功能类别，掌握该配送中心的基本运作流程。
3. 熟悉配送中心的类型，能够根据具体实际辨别不同类型的配送中心。

二、实训方式

当地某配送中心的功能与作业流程调研。

三、实训内容

调研某配送中心的功能和作业流程，并绘制出该配送中心的作业流程图。

四、实训要求

1. 实训开始前，学生应提前准备好笔、本、通信工具、摄影器材等相关材料，以便在调研时认真做好问题记录和资料留存。

2. 实训的开展分小组进行，每6～8人为一组，并选派一名小组成员作为组长。

3. 各组成员自行联系，并调查当地某个配送中心（或通过网站、书籍等资料，查阅某个配送中心的相关信息），分析该配送中心所完成的基本功能及增值服务功能，并对各功能进行详细总结和描述。同时对该配送中心的作业流程进行分析，绘制出各基本作业环节的作业流程。在研究分析的基础上，结合本章所学知识，分小组提出该配送中心可行的拓展功能，并优化其作业流程。针对小组的分析和设计结果，与该配送中心的管理者进行沟通，听取他们对分析结果和改进设计方案的建议，改进相应设计方案，直至被其管理者充分认可。

4. 在配送中心进行考察的过程中，各组组长应认真组织，并带领小组成员分别在不同的环节进行实地参观调研。

5. 实训活动结束后，各组组长应与小组成员认真整理考察资料，并将上述调研、分析、改进的过程和结果形成一个完整的调研分析报告。同时，各小组应选派一名代表将调研分析报告进一步提炼，在规定的时间内进行发言，最后由指导教师做出点评。

五、考核评定

指导教师应结合学生的课堂表现、实训态度、实训表现，根据学生实训调研报告的撰写质量，公平公正地对学生本次的实训成绩给予评定。实训成绩满分 100 分，其中课堂表现占 20%，实训态度及表现（可根据学生遵纪守法、学习态度等）占 40%，实训报告质量占 40%。以上三项累加后，按优秀（90～100 分）、良好（80～89 分）、中等（70～79 分）、及格（60～69 分）和不及格（59 分及以下），分五个等级评定。

复习思考题

一、名词解释

1. 配送中心
2. 供应型配送中心
3. 流通型配送中心
4. 加工型配送中心
5. 城市配送中心
6. 国际配送中心
7. 销售型配送中心
8. 储存型配送中心
9. 区域配送中心

二、选择题

1. 以下关于配送中心的表述正确的是（　　）。

A. 配送中心是从事配送业务且具有完善信息网络的场所或组织，应基本符合下列要求：①主要为特定客户或末端客户提供服务；②配送功能健全；③辐射范围小；④提供高频率、小批量、多批次配送服务。

B. 配送中心不但要承担起物流节点的功能，还要起到衔接不同运输方式和不同规模的运输职能。

C. 配送中心为了实现“配货”和“送货”，要进行必要的货物储备。

D. 配送中心的“配送”工作是其主要的、独特的工作，是全部由配送中心完

成的。

2. 以下关于物流中心的表述正确的是（ ）。

A. 物流中心是从事物流活动且具有完善信息网络的场所或组织，应基本符合下列要求：①主要面向社会提供公共物流服务；②物流功能健全；③集聚辐射范围大；④存储、吞吐能力强；⑤对下游配送中心客户提供物流服务。

B. 物流中心就是超大规模的仓库。

C. 物流中心从供应者手中受理大量的多种类型的货物，进行分类、包装、保管、流通加工、信息处理，并按众多用户要求完成配货、送货等作业。

D. 物流中心是组织、衔接、调节、管理物流活动的较大的物流节点。

3. 以下关于配送中心和物流中心的对比分析表述正确的是（ ）。

A. 配送中心和物流中心既有相似之处，又有一定的区别。

B. 配送中心和物流中心都可以实现规模化运作，具备多种功能。

C. 配送中心一般位于物流中心的上游。

D. 物流中心能够从事大规模的物流活动，辐射范围大。

4. 以下（ ）不是按配送中心的设立者进行分类的。

A. 制造商型配送中心　　B. 批发商型配送中心

C. 流通型配送中心　　D. 零售商型配送中心

5. 下列（ ）不属于流通加工。

A. 钢材的集中剪切　　B. 木材的集中开木

C. 玻璃的集中套裁　　D. 电视机的制造过程

6. 下列哪项是按配送中心功能划分的配送中心（ ）。

A. 城市配送中心　　B. 流通加工配送中心

C. 共同配送中心　　D. 第三方配送中心

7. 配送中心有多项基本作业，下列哪项作业不是所有配送中心都有的作业（ ）。

A. 存储　　B. 分拣　　C. 进货　　D. 送货

三、填空题

1.（ ）是现代化的物流据点。

2. 对于零售业的配送中心而言，不具有库存，进货商品立即按配送方向进行分类、配货、送货等作业的配送中心被称为（ ）配送中心。

3. 杭州娃哈哈集团通过配送中心给市内各饮用水供应点配送饮用水，此种配送中心称之为（ ）配送中心。

4. 为大型联营超级市场组织供应的配送中心、代替零件加工厂送货的零件配送中心是属于（ ）配送中心。

5.（ ）配送中心一般采用汽车作为运输工具。

6. 目前我国拟建或在建的配送中心多属于（ ）配送中心。

7. 批发商型配送中心的社会化程度（ ）。

8. 专业物流配送中心是以第三方物流企业（　　）为主体的配送中心。

9. 城市配送中心大多选择零售商、连锁店和生产企业作为服务对象，通常采用（　）的服务方式实现配送。

10. 配送中心的主要作业方式包括：（　　）、分类、保管、（　　）、（　　）、检验、包装、发货、（　　）等。

11. 共同配送的（　　　）配送中心不具有库存，是仅进行进货、分类、配货作业的中心。

12. 设有加工食品功能的当日配送的中心称之为（　　），是将流通加工和当日配送两个功能合并在一起的中心。

四、简答题

1. 配送中心可以分为哪几种类型？
2. 配送中心具有哪些功能？
3. 配送中心具有哪些基本特征？

第三章　配送中心规划与设计中的关键问题分析

知识目标

1. 了解配送中心规划与设计的含义，区分两者的异同点。
2. 熟悉配送中心规划与设计的原则及程序。
3. 了解配送中心投资分析。
4. 掌握配送中心规划与设计的基础资料的收集与分析。
5. 了解配送中心投资问题。
6. 掌握配送中心的选址及合理布局。
7. 掌握配送中心内部布置和各作业区设施、设备配置。
8. 了解配送中心建设设计要点。
9. 了解配送中心设施设备的选用，熟悉配送中心内部作业流程。
10. 掌握配送中心各作业区主要设施设备的配置。
11. 掌握不同类型配送中心物的流动路线设计，配送路线的优化及配送中心设计方案的优化。

技能目标

1. 利用定性与定量的分析方法对配送中心的基础规划资料进行分析，获取有价值的信息，作为后续配送中心规划与设计的主要参考依据。
2. 为新建或改造的配送中心规划与设计工作提供指导，方便规划与设计人员按照相应的步骤和内容开展工作。
3. 对收集的配送中心规划与设计的基础资料进行整理和分析。
4. 用定量定性相结合的分析方法，确定配送中心的位置。
5. 对配送中心平面布局、建筑结构、各设施之间进行关联性分析。
6. 设计不同类型配送中心物的流动路线。
7. 根据具体的配送中心，优化配送路线及配送中心设计方案。

引导案例

苏宁上海物流中心的系统升级

20 多年来，苏宁云商一直坚持自建物流，打造 O2O 融合的物流体系，意在给用户提供更好的物流服务体验。

如今，苏宁已经建设了一张智能高效、覆盖全国的“超级仓网”，拥有 8 个全国物流中心（北京、上海、广州、成都、南京、武汉、沈阳、西安）、47 个区域物流中心、365 个城市配送中心，仓储面积近 500 万平方米，并拥有近 6500 个末端快递网点（兼具自提功能），区县覆盖率 90%，乡镇覆盖率 84%，同时在全国三、四级市场布局了近 4000 家易购直营店和服务站，在全球市场完成了中国香港、日本、美国、中国台湾、韩国等地的海外仓建设，已在杭州、广州、郑州、上海、天津、宁波口岸设立保税仓，同时拥有 10 条国际航线。苏宁物流各级仓储平台通过苏宁自主研发的乐高信息平台进行有效衔接，融合成统一的整体。

2015 年，苏宁物流向社会全面开放三方业务（主要涉及供应链物流、仓配物流、揽件速递等业务），面向主流家电厂商、互联网家装、快消品、酒水、平台商户等业务线进行业务拓展，服务于美的、志高、松下、夏普、华润、永辉超市、通用磨坊、金螳螂、酒仙网等 1200 多家品牌供应商，以及 70%以上的易购平台商户。同时，苏宁物流与菜鸟网络进入深入合作阶段，为天猫商城的 3C、小家电产品商户提供全国五大区域的仓配服务。苏宁物流一经开放便迅速获得了众多平台商户的青睐。

随着业务量的不断增长，针对电商物流中心的运营难点，苏宁物流对各大物流中心进行了升级，大幅提升了服务能力。

思考：

1. 规划设计一个配送中心需要收集哪些资料？
2. 分析收集关于配送中心基础资料的方法有哪些？
3. 规划设计一个配送中心的程序和内容是什么？
4. 配送中心的经营主体应如何做好配送中心项目的规划论证？

配送中心作为物流网络系统中的重要据点，从立项、规划、设计等都应有一套科学可行的方式方法。配送中心的建设是一项规模大、投资高、涉及面广的系统工程，要建造一个高效率、高效益、高质量的配送中心，其规划与设计是成败的关键。

第一节 配送中心规划与设计的基本原则及程序

一、配送中心规划与设计的含义

配送中心规划是对拟建配送中心的长远的、总体的发展计划及战略。“配送中心规划”与“配送中心设计”是两个不同但容易混淆的概念，两者既有联系又有区别。在配送中心的建设过程中，如果将规划工作与设计工作混淆，会给实际工作带来很多不便。正确理解配送中心规划与配送中心设计的含义，阐明两者的相互关系，对于配送中心规划与设计工作的实施进行有着十分重要的现实意义。

在建设项目管理中，将项目设计分为高阶段设计和施工图阶段设计两个阶段。高阶段设计又分为项目决策设计和初步设计两个阶段。项目决策设计阶段的工作内容包括制订项目建议书和可行性研究报告。通常，也将初步设计和施工图设计阶段统称为狭义的二阶段设计。对于一些工程，在项目决策设计阶段进行总体规划工作，作为可行性研究的一个内容和初步设计的依据。因此，配送中心规划属于配送中心建设项目的总体规划，是可行性研究的一部分，而配送中心设计则属于项目初步设计的一部分内容。配送中心规划与配送中心设计具有以下异同之处。

（一）相同之处

（1）属于项目的高阶段设计过程，内容上不包括项目施工图等的设计。

（2）两者理论依据一样，基本方法相似。配送中心规划与设计工作都是以物流学原理作为理论依据，运用系统分析观点，采取定量与定性相结合的方法进行。

（二）不同之处

（1）目的不同。配送中心规划是关于配送中心建设全面的、长远的发展计划及战略，是进行可行性论证的依据。配送中心设计是在一定的技术与经济条件下，预先对配送中心的建设制订详细方案，是项目施工图设计的依据。

（2）内容不同。配送中心规划强调宏观指导性，而配送中心设计强调微观可操作性。

二、配送中心规划的原则

配送中心一旦建成，就很难再改变，所以总的规划原则是：“立足现状，着眼未来，适度超前。”一般应根据以下几点原则来规划配送中心。

1. 现代化、科学化

配送中心的规划，尽可能应用国内外先进技术，对于一个物流项目一般应做到10年内不至于落后，而且为了适应科学技术的发展，留有改建和扩建的余地。项目建设的规划不可能一步到位、一蹴而就，要进行逐步完善，滚动发展，最终达到现代化水平。特别是要适应未来世界经济一体化，无论是硬件建设还是运营管理，注意同国际接轨，并且做到以信息为支撑。规划的思维和观念应立足于创新，同时还要克服盲目性，量力而行，务求实效。

2. 系统化、网络化

配送中心的规划要符合企业的总体战略目标，符合当地的物流规划。项目实施后应满足用户不断变化的客观需求，使其具有跨部门、跨行业、跨地区、融入社会化物流系统的能力，物流系统化可以使成本最优，效益最大，服务水平最高。效益和服务是系统规划的一个核心。

网络化包含两个层面：一是项目内部的信息系统，网络化程度可以让供货商、需求商利用计算机网络进行业务联系、结算、订货及物流管理，同时也实现信息快速传递、快速反应；二是项目内的各物流据点形成网络连接，并满足物流、商流、资金流的需要，以保证整个项目库存商品结构最佳、库存量最低、运输路线合理等。

3. 社会化、规模化

配送中心的规划设计需以“降低物流成本，提高服务水平”为宗旨，但是“成本”与“服务”是效益背反的两个因素，因此，规划配送中心必须找出“成本-服务”最佳组合。为了提高服务水平，在保证本企业内部需求的前提下尽可能做到社会化服务，为了降低成本，还需要一定的规模效益。21 世纪经济全球化时代的显著特点是竞争国际化、激烈化，为此需要不断提高社会服务能力，形成集约化经营，以取得规模效益。

4. 信息化、集成化

信息化主要体现在物流的信息。包括物流信息收集的代码化及数据库化、物流信息传递的标准化与实时化、物流信息处理的电子化，实现信息化可以提高物流管理的科学化水平及市场预测的精确性，使现代物流更加系统和合理，加强物流过程的可控制性和可预见性。信息化是实现物流网络化、国际化的基础，是物流系统的核心，信息管理技术对物流效率及效益的提高具有决定性作用。集成化以信息化为基础，将物流业务处于物流系统中枢的管理和控制之中，实现设施、设备、流量、流向、职员素质、技术水平、运营管理等集成化，确保物流系统高效率运营。

5. 标准化、国际化

现代物流设施、设备、业务流程、服务、运营管理等要尽可能标准化，将复杂的物流业务及管理形成标准化的程序，便于考核和推广。标准化有利于实现国际化。项目建成初期以国内市场为主，随着全球经济一体化的发展，将逐步融入国际大市场内，参与国际物流企业的竞争，发展国际市场。

6. 综合化、合理化

现代物流必须合理定位，才能获取较高经济效益。配送中心除传统的储存、运输、装卸搬运、流通加工、配送等功能外，还将扩展采购、营销、市场调查和预测、订单处理等业务，其内涵在于提高物流服务质量及物流决策的科学化水平。

“立足现状，着眼未来，适度超前”是总体规划原则，立足现状是基础，适度超前是未来，整个规划和设计以合理实用为主，但必须具有一定的前瞻性和完全的可行性。

因此定位于“传统+现代”意味着不能单纯发展现代化而忽略了传统的竞争优势，在传统的基础上发展现代化，同时应不断开辟目标市场，在储存、运输、装卸搬运、配送等主要功能的基础上逐步完善，以消费者为起点，功能向上游移动，最终实现供应链管理。应尽可能做到投资不落后，而且又不脱离实际。

三、物流配送系统总体设计原则

由于配送中心具有进货、验货、库存、拣选与分拣、流通加工、信息处理及采购等多种功能，物流配送系统的总体设计合理，可以为配送中心创造良好的经营管理条件，并能节省大量的投资，提高物流的效率及效益。

（一）系统工程原则

在配送中心内部，主要作业有进货、验货、装卸搬运、储存、分拣、配货、送货、信息处理等，配送中心将供应商和零售店连接起来，如何使它们之间相互协调、均衡高效地运营是极为重要的，其关键是做好物流量的分析和预测，规划最合理的流程。运输的路线和物流据点交织成网络，因此配送中心的规划设计是一项系统工程。

（二）价值工程原则

在激烈的市场竞争中，配送中心对配送的准时率和无缺货率等服务质量的要求越来越高。但是在满足高质量服务和低成本运营的同时必须重视物流成本，特别是建造配送中心投资巨大，必须对项目进行充分的可行性研究，并对各个方案进行科学的比较和分析，以求获取企业或供应链最大的经济效益和社会效益。

（三）管理科学化原则

配送中心运营的信息化大大加速了商品的周转率，提高了经济效益和现代化管理水平。同时合理选择机械化、自动化设备，充分发挥配送中心多功能、高效率的特点。

在配送中心的管理中，一方面要考虑配送中心商品的安全，另一方面要考虑所储存物品对周围环境的安全。比如，在设计物流的配送系统时，对于危险品应按危险品火灾危险程度分区分类隔离储存；而经营易燃易爆品的配送中心，应选择在城郊外、位于城市主导风向的下风处。

（四）适用性原则

配送中心的总体设计应遵循适用性原则，各种类型的配送中心所经营的商品、配送方式各不相同，但有共同特点，即进、发货等作业方便，商品周转速度快，吞吐量大等。特别是吞吐量，它是指在一定时期内配送中心进、发货总量，是配送中心总体设计适用与否的主要技术经济指标。

规划设计配送中心时，无论是建筑物、信息系统还是机械设备，必须有一定的灵活性、较强的应变能力，能够适应企业的扩张带来的配送量的扩大、经营范围的拓展，设计第一期工程时要将第二期工程纳入总体规划，充分考虑未来的发展和扩建。

四、配送中心总体规划与设计的基本要求

配送中心的总体规划与设计应满足以下几项基本要求：一是总体规划与设计应布局紧凑，既要保证建筑物之间必需的防火间距及合理的作业通道宽度等，又要节省占地面积，减少建筑投资；二是总体规划与设计应有利于物流设施与设备效能的充分发挥，尽可能提高物流设施与设备的利用率，提高劳动效率和配送中心的经济效益；三是平面布局要适合各种类型的配送中心的作业流程，便于操作，有利于提高作业效率。配送中心内部的作业环节是环环相扣的，因此根据各种商品的流向、流量密切衔接，严防堵塞，消除作业中的相互等待及暂停，缩短作业路线，加快商品移动速度；四是尽可能缩短作业人员的运动路线，减少货物的垂直移动，减少装卸搬运次数，提高装卸搬运、拣选等作业的效率，节约物流成本；五是建筑物的布置要尽量利用地形，减少土方工程量；六是车辆进出分道互不干扰，配送中心内外货物移动尽量减少交叉；七是有利于配送中心的安全卫生，做好废弃物物流及回收物流，尽可能实现“绿色物流”。

五、配送中心的建设步骤

在经济发达国家，经过不断优胜劣汰的市场竞争，配送中心这一现代的、先进的流通形式已为企业和政府所接受，并且在积极推进。配送中心是提高流通企业组织化程度、实现集约化经营、优化社会资源配置、创造规模效益、推动流通科技进步、实现流通现代化的有效形式。但是在建设中心时，究竟应建立具有哪些功能、多大规模、选用什么样的工艺及设备的配送中心？要想解决这些问题必须按照以下科学、合理的步骤进行。

（一）建设配送中心项目立项的前期工作

配送中心建设项目立项是企业的经营战略决策的重要组成部分。

1. 建设配送中心的必要性

一般情况下，企业建设配送中心的动机有以下几种情况。

（1）企业发展的需要。随着企业规模的不断拓展，经营商品量和品种数的不断增加，现有配送设施与设备严重不足，作业效率低下，难以迅速及时完成作业量，而且土地或建筑限制现有配送中心的发展。

（2）企业物流系统建设的需要。企业现有物流据点（配送中心、物流中心、仓库等）分散，缺乏按物流系统进行的规划和选址，物流据点规模小，运距不合理，运输路线选择不当造成配送效率低下，急需统一规划本企业的物流系统，建设适宜的配送中心。

（3）配送设施、设备陈旧。企业现有配送设施、设备陈旧，维修成本不断增加。特别是有的企业根本就没有配送中心，而是原封不动地保留老式仓库旧的功能、旧的作业、旧的管理模式。因此必须改变传统物流作业模式，利用现代物流理念，改建或

新建配送中心。

(4) 环境的变化。各种环境的改变，迫使新建配送中心。例如，城市的发展使本来位于城乡交汇处的配送中心逐渐被城市扩展的大楼包围；城市规划发生了变化，现有配送中心需要搬迁，运输路线或运输方式有变化；进货单元变为托盘或集装箱，发货批量变小、频率增高等。多种变化迫切希望现有的配送设施进行改善或更新。

2. 配送中心的规划

配送中心是集约化、多功能的物流据点，系统复杂，特别是各功能之间的协调尤为重要，所以必须对配送中心进行科学合理的规划，以便更好地为企业决策者提供发展战略的决策依据。

规划配送中心时，一要根据企业短期、中期、长期的发展规划，建立企业的物流系统及网络体系；二要根据企业销售商品的种类、数量及特殊商品的性能，规划建造配送中心所具备的功能；三要根据企业业务量的分布状况，进行配送中心的选址，并分析研究各拟选地点的优点和不足，在进行充分比较的基础上，选择一个物流综合成本低、便于提高服务质量的地址建立配送中心；四要科学合理选用机械设备，是引进自动化作业流水线，还是以人工为主加机械设备，在选用设备前最好进行费用核算，“人工省钱用人工”“机械省钱用机械”，不可凭经验一概而论；五要尽可能实现商品“零库存”“零缺陷”“零损失”及单据处理“无纸化”，对于存储型配送中心要做好商品养护，保证商品质量；六要注重信息平台的规划，信息技术的利用，订单处理、供求信息、市场预测及相关信息数据的建立，信息系统的形成及网络的构建；七是配送中心内部布局要合理，有利于高效率作业，商品流动路线合理，工艺流程科学，并具有适应能力和应变能力，满足配送中心进一步拓展的需要；八要根据企业的分布、商品的需求量及需求品种确定配送车辆数量、种类及型号，尽可能利用社会上的闲置车辆，优化配送路线。

应该指出，规划工作的定量化，是保证上述要求及目标实现的关键。同时对各项功能所采取的手段和措施加以比较，选择最合适的方案。

3. 配送中心总体规模的确定

应从物流成本的角度来确定配送中心的投资规模是否合理。由于配送中心具有进货、验货、库存、分拣、流通加工、信息处理等功能，配送中心的总体规模要根据业务量、业务性质、内容及作业要求来确定。

(1) 预测物流量。预测物流量，要对包括历年业务经营的大量原始数据分析，根据企业发展规划和目标进行预测。在确定配送中心处理能力时，要考虑商品库存周转率、最大库存水平。根据商品 ABC 分析法，一般 A 类商品备齐率为 100%，B 类商品备齐率为 95%，C 类商品备齐率为 90%，以此为参考确定配送中心的平均储存量和最大库存量。

ABC 分析法

根据国家标准《物流术语》（GB/T 18354—2006），ABC 分析法（ABC classification）是指将库存物品按照设定的分类标准和要求分为特别重要的库存（A 类）、一般重要的库存（B 类）和不重要的库存（C 类）三个等级，然后针对不同等级分别进行控制的管理方法。

ABC 分析法是由意大利经济学家维尔弗雷多·帕累托首创的。ABC 分析法是储存管理中常用的分析方法，也是经济工作中一种基本工作和认识方法。ABC 分析法的应用，在储存管理中比较容易取得以下成效：第一，压缩了总库存量；第二，解放了被占压的资金；第三，使库存结构合理化；第四，节约了管理力量。1879 年，帕累托在研究个人收入的分布状态时，发现少数人的收入占全部人收入的大部分，而多数人的收入却只占一小部分，他将这一关系用图表示出来，就是著名的帕累托图。该分析方法的核心思想是在决定一个事物的众多因素中分清主次，识别出少数的但对事物起决定作用的关键因素和多数的但对事物影响较少的次要因素。后来，帕累托法被不断应用于管理的各个方面。1951 年，管理学家戴克（H. F. Dickie）将其应用于库存管理，命名为 ABC 分析法。1951—1956 年，约瑟夫·朱兰将 ABC 分析法引入质量管理，用于质量问题的分析，被称为排列图。1963 年，彼得·德鲁克（ P. F. Drucker）将这一方法推广到全部社会现象，使 ABC 分析法成为企业提高效益的普遍应用的管理方法。

ABC 分析法的基本原理是关键的少数，次要的多数。现以库存管理为例来说明 ABC 分析法的具体应用。第一，收集各个品目商品的年销售量、商品单价等数据。第二，对原始数据进行整理并按要求进行计算，如计算销售额、品目数、累计品目数、累计品目百分数、累计销售额、累计销售额百分数等。第三，作 ABC 分类表。在总品目数不太多的情况下，可以用大排队的方法将全部品目逐个列表。按销售额的大小，由高到低对所有品目顺序排列；将必要的原始数据和经过统计汇总的数据，如销售量、销售额、销售额百分数填入；计算累计品目数、累计品目百分数、累计销售额、累计销售额百分数；将累计销售额为 60％～80％的若干品目定为 A 类；将销售额为 20％～30％的若干品目定为 B 类；将其余的品目定为 C 类。如果品目数很多，无法全部排列在表中或没有必要全部排列出来，可以采用分层的方法，即先按销售额进行分层，以减少品目栏内的项数，再根据分层的结果将关键的 A 类品目逐个列出来进行重点管理。第四，以累计品目百分数为横坐标，累计销售额百分数为纵坐标，根据 ABC 分类表中的相关数据，绘制 ABC 分类图，如图 3－1 所示。

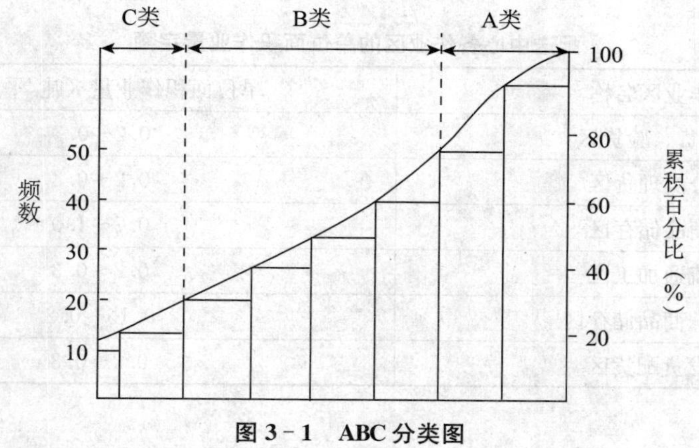

图 3-1 ABC 分类图

第五，根据 ABC 分析法分析的结果，对 A、B、C 三类商品采取不同的管理策略。

ABC 分析法还可以应用到质量管理、成本管理和营销管理等管理的各个方面。

在质量管理中，人们可以利用 ABC 分析法分析影响产品质量的主要因素，采取相应的对策。例如，人们列出影响产品质量的因素包括：外购件的质量、设备的状况、工艺设计、生产计划变更、工人的技术水平、工人对操作规程的执行情况等。人们以纵轴表示由于前几项因素造成的不合格产品占不合格产品总数的累计百分数，横轴按造成不合格产品数量的多少，从大到小顺序排列影响产品质量的各个因素。这样，人们就可以很容易地将影响产品质量的因素分为 A 类、B 类和 C 类因素。假设通过分析发现外购件的质量和设备的维修状况是造成产品质量问题的 A 类因素，那么人们就应该采取相应措施，对外购件的采购过程严格控制，并加强对设备的维修。解决好这两个问题，就可以把质量不合格产品的数量减少 80%。

ABC 分析法还可以应用在营销管理中。例如，企业在对某一产品的用户进行分析和管理时，可以根据用户的购买数量将用户分成 A 类用户、B 类用户和 C 类用户。由于 A 类用户数量较少，购买量却占公司产品销售量的 80%，企业一般会为 A 类用户建立专门的档案，指派专门的销售人员负责对 A 类用户的销售业务，提供销售折扣，定期派人走访用户，采用直接销售的渠道方式；而对数量众多，但购买量很小，分布分散的 C 类用户则可以采取利用中间商，间接销售的渠道方式。

应当说明的是，应用 ABC 分析法，一般是将分析对象分成 A、B、C 三类。但人们也可以根据分析对象重要性分布的特性和对象的数量的大小分成两类或三类以上。

(2) 确定单位面积的作业定额。一般情况下，储存型配送中心比流通型配送中心单位面积储存量大，使用叉车托盘作业通道面积占储存型配送中心面积的 30%以下，而占流通型配送中心 50%左右。根据日本企业的实际经验，配送中心各作业区的单位面积作业量定额如表 3-1 所示。

表 3-1　　配送中心各作业区的单位面积作业量定额

作业区名称	单位面积作业量（吨/平方米）
进货、验货区	0.2～0.3
分类理货区	0.2～0.3
商品储存区	0.7～1.0
流通加工区	0.2～0.3
特殊商品储存区	0.15～0.2
发货配货区	0.2～0.3

（3）配送中心占地面积的确定。一般情况下辅助设施的建筑面积占配送中心建筑面积的5%～8%；办公及其他建筑面积占配送中心建筑面积的5%以下。这样配送中心建筑面积可以大体估算出来，再根据当地城市规划部门有关建筑覆盖率和建筑容积率及绿化面积等相关规定，可以基本上估算出配送中心的占地面积。

（二）配送中心建设项目可行性研究

工程项目的可行性研究一般分为初步可行性研究、预可行性研究及可行性研究三个阶段。在整个物流系统的建设中，配送中心是投资数额较大的工程项目。流通项目的投资同生产项目的投资最大的区别在于具有一定的被动性，如果配送中心可行性研究出现失误，补救的困难就大得多，因此可行性研究对于配送中心来说是十分重要的。

根据国家发展和改革委员会（原为国家计划委员会）的相关文件精神，配送中心的可行性研究主要有以下内容。

（1）总论。总论包括配送中心建设背景，配送中心可行性研究的依据，投资的必要性和经济性，主要技术经济指标，可行性研究的结论及存在的问题和建议。

（2）项目背景及发展概况。投资的理由，投资的意向，前期调查研究成果，国家与行业发展规划，地址初步勘测情况，项目建议书编制及审批情况，投资的重要性及必要性。

（3）市场分析与建设规模。要对本地区的物流量、物流设施的建设、物流的方式、配送中心可能承担的物流量、当地消费者的收入状况和消费结构、顾客的分布及需求量、促销方式及措施等进行预测，以此确定配送中心的建设规模、功能及发展方向。如果决定分阶段投资，还需明确一期工程的建设规模。

（4）建设条件及选址。拟建地的地理位置、气象、水文、地质、地形等各种条件以及社会经济状况，交通运输现状及发展趋势，其他外部条件现状及发展趋势，动力、燃料、给排水情况及其他公用设施状况，职工招聘及上下班交通情况。

（5）技术方案。技术方案是可行性研究的重要组成部分。主要包括投资概算，总平面图，物流路线图，配送中心内部布局方案，配送中心设施与设备关联性分析，土建工程方案，物流路线图，建筑结构选择及方案，设备选择及技术工艺方案，分拣及

配货方案，共同配送及越库配送运行方案，各种主要设备操作规程，辅助设施方案，占地面积及分析，储存、运输、流通加工、配送、装卸搬运及包装等方案，设备采购及工程项目招、投标方案。

(6) 企业组织及劳动定员。包括配送中心内管理及协调、监督机构，各主要岗位工作职责及劳力配置，中心运营方案，职工培训等。年总工资及职工年平均工资估算，职工终生教育费用估算也需纳入考虑范围。

(7) 环境保护、劳动安全及节能措施。主要涉及拟建设地环境现状，配送中心对环境的影响（如噪声、粉尘、废弃物等）提出环境保护、三废防治方案。环境监测制度建议，环境保护投资估算等，对环境影响可做出科学评价。配送中心运营后作业过程中的安全卫生措施，劳动安全保护和职业卫生的主要设施及机构，消防措施及方案，节约能源的主要措施。

(8) 项目实施进度安排。所谓项目实施进度亦称为投资期，是可行性研究报告中的主要内容之一。它是指正式确定建设配送中心到配送中心投入正常运营这段时间，这期间包括：实施准备、可行性研究、资金筹措、勘察设计、施工准备、施工日期、试运营期、竣工验收及交付使用、正式运营等各个工作阶段。这些阶段的投资活动及工作环节，相互影响又相互衔接，有些是同时进行，有些是互相交叉进行。在可行性研究时对工作环节进行统一规划，综合平衡，做出合理又切实的详细安排，并绘制实施进度甘特图。

甘特图

甘特图（Gantt Chart）又称为横道图、条状图（Bar Chart），其通过条状图来显示项目、进度和其他时间相关的系统进展的内在关系随着时间进展的情况，以提出者亨利·L. 甘特（Henrry L. Gantt）先生的名字命名。

在甘特图中，如图 3－2 所示，横轴方向表示时间，纵轴方向并列机器设备名称、操作人员和编号等。图表内以线条、数字、文字代号等来表示计划（实际）所需时间、计划（实际）产量、计划（实际）开工或完工时间等。

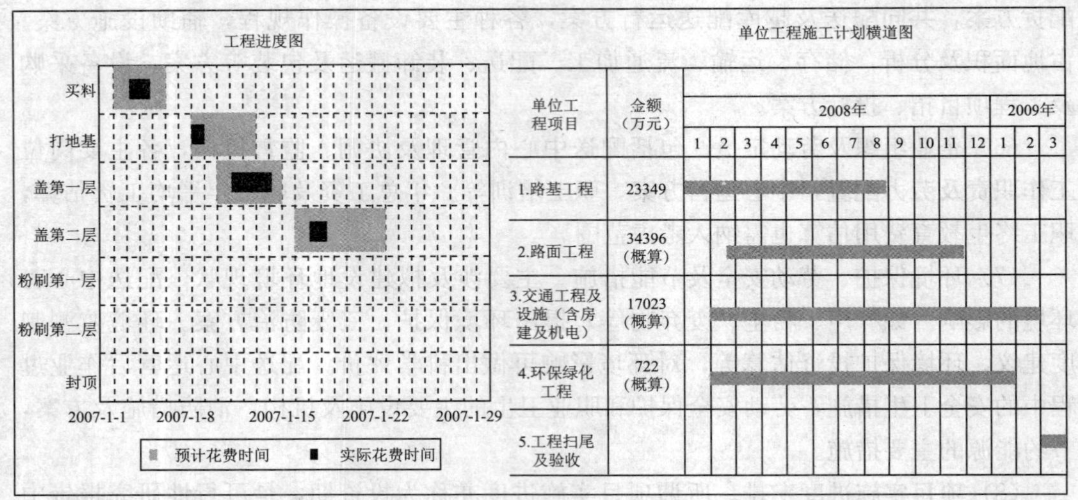

图 3-2　工程进度甘特图

绘制步骤如下。

①明确牵涉的各项活动、项目。内容包括项目名称（包括顺序）、开始时间、工期，任务类型（依赖/决定性）和依赖于哪一项任务。

②创建甘特图草图。将所有的项目按照开始时间、工期标注到甘特图上。

③确定项目活动依赖关系及时序进度。使用草图，按照项目的类型将项目联系起来，并安排项目进度。此步骤将保证在未来计划有所调整的情况下，各项活动仍然能够按照正确的时序进行。也就是确保所有依赖性活动能并且只能在决定性活动完成之后按计划开展，同时避免关键性路径过长。关键性路径是由贯穿项目始终的关键性任务所决定的，它既表示了项目的最长耗时，也表示了完成项目的最短可能时间。请注意，关键性路径会由于单项活动进度的提前或延期而发生变化。而且要注意不要滥用项目资源，同时，对于进度表上的不可预知事件要安排适当的富裕时间（Slack Time）。但是，富裕时间不适用于关键性任务，因为作为关键性路径的一部分，它们的时序进度对整个项目至关重要。

④计算单项活动任务的工时量。

⑤确定活动任务的执行人员及适时按需调整工时。

⑥计算整个项目时间。

（9）投资估算与资金筹措。首先是配送中心项目总投资的估算，它包括固定资产总额、流动资金总额，研究落实资金来源渠道和筹措方式，并附上必要的计算表格和附件。然后做出投资使用计划及借款偿还计划。

（10）经济效益、社会效益分析及投资风险分析。配送中心技术路线确定之后，需要对不同的方案进行经济和社会效益的分析，选出最好的方案。分析结论是配送中心建设方案取舍的主要依据，也是投资决策的主要依据。

常规的分析内容有总成本及单位成本、财务基准收益率、投资回收期、投资利润

率、投资利税率、经济内部收益率、经济净现值、资产负债率、借款偿还期等。

配送中心的建设项目与一般的工程建设项目相比，在进行具体评价分析时还有一定的区别。配送中心是在社会和区域中开展经济活动，对社会的作用大于一般固定资产总值相等的工业生产企业。因此，配送中心的经济分析特点是较重视国民经济及社会评价，较多采用宏观评价指标。除常规的分析内容之外，还有投资额和物流费用节约额这两项作为配送中心经济评价的主要指标体系。

投资额是分析投资可行性的基础数据，从宏观上判断财力允许与否的数据，由于配送中心建设项目服务性较强，在投资前预测项目建成的收益和投资回收速度有一定的困难，因此，投资额也是衡量企业微观投资允许程度的指标。在掌握未建配送中心之前该地区总物流费用的基础上，预测配送中心建成运营后，同数量的货物经由配送中心配送的物流费用，两者之差为物流费用节约额。物流费用节约额是一项宏观的社会经济评价指标，由于配送中心是具有服务性的物流系统的中间环节，如果不能为社会做贡献、不能降低用户的物流成本，该项目便无价值可言，即使建成也难以维持下去。

（三）配送中心的设计

配送中心的设计直接影响到配送中心的运营管理，可以为企业降低运营成本、提高服务质量、创造经济效益。配送中心的设计是根据地形、地质、运输、规模、设备、物流特性等因素来确定建筑物；运输及搬运路线、附属设施、物流路线等为降低企业综合成本，提高顾客服务质量创造条件，配送中心的设计应按照下列步骤进行。

1. 根据配送中心的工艺流程设置作业场所及内部的物流路线

根据配送中心的工艺流程设置作业场所及内部的物流路线，确定作业场所的设施及设备等，确定所需道路的宽度，根据经营商品的种类、数量及周转率确定建筑面积。

2. 设计主要作业区、辅助作业区及其他作业区的位置及面积

主要作业区包括进货、验货、分类、储存、流通加工、包装、配货、发送区及特殊商品储存场所和信息中心。辅助作业区为主要作业区服务，如机房、空包装容器及材料存放场所，空托盘存放地点，配电室等。其他作业区包括办公区、厕所、更衣室等。

3. 确定物流流程及各设施的相对位置

首先确定配送中心内部及外部的物流流程，并绘制成平面图。物流平面图要求清楚地表明商品种类，物流量，物流起点与终点。避免物流的迂回、交叉及重复搬运现象，避免搬运和运输中混乱、相互等候、过远等不合理路线及临时存放等现象。

另外，有的作业区所有商品都必须通过，例如进货区、验收区、配送区；而有的作业区只有一部分商品通过，例如储存区、分类区、流通加工区、包装区等。根据各作业区利用程度，确定场地大小，利用相关分析法根据作业区之间的靠近程度确定相对位置。

4. 绘制配送中心总平面布局图

各项设施的相对位置一经确定，物流路线也随之决定，根据运输车辆和装卸运设

备类型确定通道宽度。各项设施面积确定后，再按照它们之间的相对位置，做出配送中心的总体设计，绘制出配送中心的总平面图。

5. 建设结构设计

建设结构设计主要包括配送中心的跨度、开间、柱距、层高的确定，基础、墙体、屋顶、门窗规格等设计。

（四）配送中心的详细规划

配送中心的详细规划是在基本方案确定之后与设计同时进行的，主要是编制设备采购清单、运营方案及操作规程。

1. 设备采购清单

设备采购清单主要包括：装卸搬运所采用的容器规格、形状、名称、数量等技术参数；储存所需容器的规格、形状、名称、数量等技术参数；储存、装卸、搬运作业的配套辅助设备及特殊车辆配套辅助设备；各类设备的组合和调度方案及其作业能力和使用方法；办公室、信息处理的辅助设备规格及数量。

2. 配送中心运营方案

根据设施、设备、人员素质及供应商和顾客的相关情况编制配送中心运营方案。

3. 操作规程

根据各种设备的性能及技术参数编制各种设备及各个岗位的操作规程，实现标准化操作，规范化管理。

新建与改造配送中心规划与设计的区别

配送中心规划与设计可以分为两类：一类是新建配送中心的规划与设计；另一类是原有物流组织（企业）向配送中心转型的改造规划与设计。新建配送中心规划与设计又可以分为单个配送中心的规划与设计和多个配送中心的规划与设计两种形式。表3－2列出了新建与改造配送中心规划与设计的特点和形式。

表3－2　新建与改造配送中心规划与设计的特点和形式

<table>
<tr><td rowspan="2">类型</td><td colspan="2">新建配送中心</td><td rowspan="2">改造配送中心</td></tr>
<tr><td>单个配送中心</td><td>多个配送中心</td></tr>
<tr><td>委托方</td><td colspan="2">新型企业、跨国企业、政府部门</td><td>大多为老企业</td></tr>
<tr><td>规划目的</td><td>高起点、高标准、高服务水平、低成本</td><td>成为企业、区域新的经济增长点或支柱产业</td><td>实现从传统物流组织向现代配送中心的转变</td></tr>
<tr><td>关键点</td><td>配送中心的选址</td><td>系统构造、网点布局</td><td>进行作业流程重组设计，充分利用现有设施</td></tr>
</table>

续 表

类型	新建配送中心		改造配送中心
	单个配送中心	多个配送中心	
规划与设计内容	配送中心发展战略研究；业务分析与需求分析；作业功能与布局规划；物流设施规划；物流设备选配；作业流程设计；管理信息系统规划；运营方案设计	配送中心发展战略研究；物流系统规划；业务分析与需求分析；物流网点布局规划；作业功能与布局规划；物流设施规划；物流设备选配；作业流程设计；管理信息系统规划；运营方案设计	配送中心发展战略研究；业务分析与需求分析；现有流程与数据分析；作业功能与布局改造规划；物流设施改造规划；物流设施改进与完善；作业流程设计；信息系统改进设计
规划原理与方法	物流学、统计学、物流系统分析、物流管理信息系统	物流学、统计学、物流系统分析、设施布置与规划、城市规划、物理管理信息系统	物流学、统计学、企业发展战略、物流系统分析、物流管理信息系统

资料来源：孔继利．物流配送中心规划与设计［M］．北京：北京大学出版社，2014：55－56.

第二节 配送中心规划与设计的基础资料收集与分析

配送中心的建设具有专业性、技术性、系统性和前瞻性的特点，为了保证配送中心的成功规划与设计，必须成立一个高效率的领导班子来协调和指挥配送中心的建设工作，与物流专家学者、相关物流工程技术人员紧密配合，确保配送中心规划与设计工作的顺利实施。根据配送中心的类型，首先要进行规划用的基础资料的收集和分析。

一、基础规划资料的收集

基础规划资料的收集分为现行资料的收集和未来规划资料的收集两个阶段。现行资料的收集是针对准备建设配送中心的类型和需求而进行的，其主要包括的内容有现行资料、物品资料、订单资料、商品特性、销售资料、作业流程、事务流程与单据传递、建筑设施资料、作业工时资料、物料搬运资料、供应商资料、配送网点资料等。除收集未来规划资料外，还要考虑配送中心在该计划区域的发展，为适应环境变化，收集未来发展的趋势和需求变化的相关资料，如国家经济发展和产业政策走向、内外部环境变化、国际现代物流技术的发展、未来商品的需求和消费、配送中心未来可能发展的规模和水平等。

二、基础规划资料的分析

通过各种渠道收集的资料必须进行合理整理和分析，并结合实际情况加以修订，才能为配送中心的规划设计工作提供依据。基础规划资料的分析分为定量分析和定性分析两个方面，本部分主要针对其定量分析进行简要的介绍。

定量分析内容有订单需求变化趋势分析、物品特性分析、储运单位分析（PCB分析）、订单品项数量分析（EIQ分析）等。

1. PCB分析

考察物流配送中心的各个作业（进货、拣货、发货）环节，可看出这些作业均是以各种包装单位（P——托盘、C——箱子、B——单品）作为作业的基础，如图3-3所示。从图中可看出，每一个作业环节都需要人员、设备的参与，即每移动一种包装单位或转换一种包装单位都需使用到设备、人力资源，而且不同的包装单位可能有不同的设备、人力需求。因此，掌握物流过程中的单位转换相当重要，因此也要将这些包装单位（P、C、B）要素加入EIQ分析。

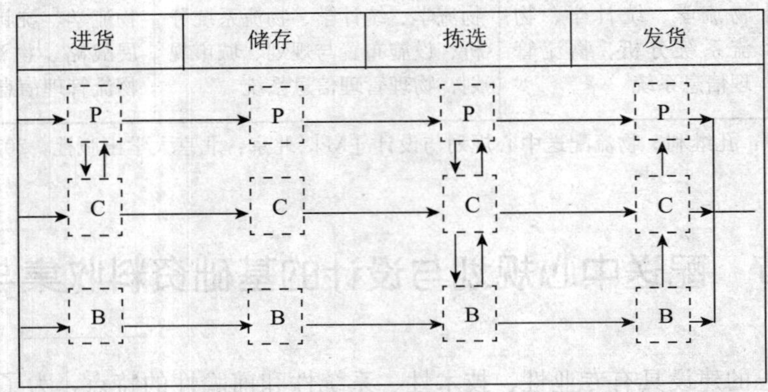

图3-3　物流作业时商品包装单位的变化

所谓PCB分析，即以配送中心的各种接受订货的单位来进行分析，对各种包装单位进行分析，以得知物流包装单位特性。

进行EIQ分析时，如能配合相关物品特性、包装规格及其特性、储运单位等因素进行关联及交叉分析，则更易于对仓储及拣货区域进行规划。结合订单发货资料与物品包装储运单位分析，可将订单资料以PCB的单位加以分类，再按照各商品类别分别进行分析。

一般企业的订单资料中同时含有各种商品发货形态，如订单中包括整箱与单品两种类型同时发货。为合理规划储存与拣货区，必须将订单资料依发货单位类型加以区分，以正确计算各作业区域实际的需求。常见于物流配送中心的储运单位组合形式如表3-3所示。

表3-3　储运单位组合形式

入库单位	储存单位	拣货单位
P	P	P
P	P、C	P、C

续　表

入库单位	储存单位	拣货单位
P	P、C、B	P、C、B
P、C	P、C	C
P、C	P、C、B	C、B
C、B	C、B	B

注：P——托盘；C——箱子；B——单品。

2. 物品特性分析

其他物品特性资料也是物品分类的参考因素，如依物品的储存保管特性分为干货区、冷冻区及冷藏区，或依物品重量区分重物区、轻物区，也有依产品价值区分出贵重物品区及一般物品区等。针对一般物品特性与包装单位的分析要点，整理如表 3－4 所示。

表 3－4　　物品特性与包装单位分析

特性	资料项目	资料内容
物品性质	1. 物态	□气体　□液体　□半液体　□固体
	2. 气味特性	□中性　□散发气味 □吸收气味　□其他
	3. 储存特性	□干货　□冷冻　□冷藏
	4. 温湿度需求特性	____℃，____%
	5. 内容物特性	□坚硬　□易碎　□松软
	6. 装填特性	□规则　□不规则
	7. 可压缩性	□可　□否
	8. 有无磁性	□有　□无
	9. 单品外观	□方形□长条形□圆筒形□不规则形□其他
单品规格	1. 重量	____（单位：____）
	2. 体积	____（单位：____）
	3. 尺寸	长×宽×高（单位：____）
	4. 物品基本单位	□个 □包 □条 □瓶 □其他
基本包装单位规格	1. 重量	____（单位：____）
	2. 体积	____（单位：____）
	3. 外部尺寸	长×宽×高（单位：____）
	4. 物品基本单位	□个 □包 □条 □瓶 □其他
	5. 包装单位个数	____（个/包装单位）
	6. 包装材料	□纸箱　□捆包　□金属容器 □塑料容器　□袋　□其他

续 表

特性	资料项目	资料内容
外包装单位规格	1. 重量	____（单位：____）
	2. 体积	____（单位：____）
	3. 外部尺寸	长×宽×高（单位：____）
	4. 物品基本单位	□个 □包 □条 □瓶 □其他
	5. 包装单位个数	____（个/包装单位）
	6. 包装材料	□纸箱 □捆包 □金属容器 □塑料容器 □袋 □其他

3. 订单需求变动趋势分析

所有利用历史资料的分析过程，均是利用过去的经验值来推测未来趋势的变化。在物流配送中心的规划过程中，首先需针对历史销售或发货资料进行分析，以了解销货趋势及变动。如能找出各种可能的变动趋势或周期性变化，则有利于后续 EIQ 资料的分析。

一般分析过程的时间单位需视资料收集的范围及广度而定，如要预测未来成长的趋势，通常以年为单位；如要了解季节变动的趋势，通常以月为单位；而要分析月或周内的倾向或变动趋势，则需将选取的期间扩展至旬、周或日别等时间单位。如此将使分析资料更为充实，但是相对所需花费的时间及分析过程也复杂许多。如果在分析时间有限的情形下，找出特定单月、单周或单日平均及最大、最小量的销货资料来分析，也是可行的方法。变动趋势分析常用的方法包括时间数列分析、回归分析等。

常见的变动趋势包括以下几种。

（1）长期趋势。在长时间内呈现持续渐增或渐减的趋势，应配合年周期的成长趋势加以判断，但必须在时间数列中去除其他可能的变动影响因素。在进行规划分析时可以中期的需求量为规模依据。若需考虑长期递增的需求，则可以预留空间或考虑设备扩充的弹性，以分阶段投资方式设置配送中心。

（2）季节变动。以一年为周期的循环变动。发生原因通常是由于自然气候、文化传统、商业习惯等因素；在旺季时可考虑部分外包或租用设备方式，以避免设施过多的投资造成平时的闲置；在淡季时应争取互补性的商品业务以增加仓储设施利用率。

（3）循环变动。以一固定周期（如月、周）为单位的变动趋势，部分长期的循环（如景气循环）有时长达数年以上。如果需求高低峰差距不大且周期较短，可以周期变动内的最大值规划。

（4）偶然变动。偶然变动是一种不规则的变动趋势，无明显规律，可能为多项变动因素的混合结果。系统较难规划，规划时宜采用泛用型的设施，以增加使用的弹性；仓储格位也以容易调整及扩充者为宜，从而应付可能突增的作业需求量。

4. EIQ 分析

EIQ 分析就是利用“E”“I”“Q”这三个物流关键要素来研究配送中心的需求特

性，为配送中心提供规划依据。日本铃木震先生积极倡导以订单品项数量分析方法来进行配送中心的系统规划，即是从客户订单的品项、数量与订购次数等出发，进行出货特性的分析。分析的内容包括以下几个方面。

订单量（EQ）分析：单张订单发货数量的分析。

订货品项数（EN）分析：单张订单发货品项数的分析。

品项数量（IQ）分析：每单一品项发货总数量的分析。

品项受订次数（IK）分析：每单一品项发货次数的分析。

配送中心的规划要素

配送中心的规划要素就是影响配送中心系统规划的基础数据和背景资料，主要包括如下几个方面。

E——Entry：配送的对象或客户；

I——Item：配送货品的种类；

Q——Quantity：配送货品的数量或库存量；

R——Route：配送的路径；

S——Service：物流服务水平；

T——Time：物流的交货时间；

C——Cost：配送货品的价值或建造的预算。

1. 配送的对象或客户—E

配送中心的服务对象或客户不同，配送中心的订单形态和出货形态就会有很大不同。又如为生产线提供JIT配送服务的配送中心和为分销商提供服务的配送中心，其分拣作业的计划、订单传输方式、配送过程的组织将会有很大的区别；而同是销售领域的配送中心，面向批发商的配送和面向零售商的配送，其出货量的多少和出货的形态也有很大不同。又如零售商型的配送中心，其配送的对象可能是批发店、超市及便利商店，批发店的订货单位通常为托盘或箱；超市的订货单位通常为箱（占60%）；而便利店的订货单位多数为单品（占70%）。因此我们在规划前首先应该分析配送客户的情况，以便决定配送中心的出货形态和特征。

2. 配送的货品种类—I

在配送中心所处理的货品品项数差异性非常大，多则上万种，如书籍、医药及汽车零件等配送中心；少则数百种甚至数十种，如制造商型的配送中心。由于品项数的不同，则其复杂性与困难性也有所不同。例如，所处理的货品品项数为一万种的配送中心与处理货品品项数一千种的配送中心是完全不同的，其货品储放的储位安排也完全不同。另外，在配送中心所处理的货品种类不同，其特性也完全不同。如目前比较常见的配送货品有：食品、日用品、药品、家电品、3C货物、服饰货物、音像货物、化妆品、汽车零件及书籍货物等。它们分别有其货品的特性，配送中心的建筑物及物流设备的选择也完全不同。例如，食品及日用品的进出货量较大，而3C货物的货品尺寸大小差异性非常大，家电货物的尺寸较大。

3. 货品的配送数量或库存量—Q

这里Q包含两个方面的含义：一是配送中心的发货数量，二是配送中心的库存量。货品的出货数量的多少和随时间的变化趋势会直接影响到配送中心的作业能力和设备的配置。如一些季节性波动、年假日的高峰等问题，都会引起出货量的变动。配送中心的库存量和库存周期将影响到配送中心的面积和空间的需求。因此应对库存量和库存周期进行详细分析。一般进口商型的配送中心因进口船期的原因，必须拥有较长的库存量（约2个月以上）；而流通型的配送中心，则完全不需要考虑库存量，但必须注意分货的空间及效率。

4. 物流路径—R

物流路径与配送中心的规划也有很大的关系。商业配送中心常见的几种通路模式如下。

①制造商→配送中心→经销商→零售商→消费者

②制造商→经销商→配送中心→零售商→消费者

③制造商→配送中心→零售店→消费者

④制造商→配送中心→消费者

因此规划配送中心之前首先必须了解物流路径的类型，然后根据配送中心在物流路径中的位置和上下游客户的特点进行规划，才不会造成失败。

5. 物流的服务水平—S

一般企业建设配送中心的一个重要目的就是提高企业的物流服务水平，但物流服务水平的高低恰恰与物流成本成正比，也就是物流服务水平越高则其成本也越高。因为客户希望以最经济的成本得到最佳的服务，所以原则上物流的服务水平，应该是合理的物流成本下的服务水平，也就是物流成本不会比竞争对手高，而物流的服务水平比他高一点即可。

物流服务水平的主要指标包括：前置期、货品缺货率、增值服务能力等。应该针对客户的需求，确定一个合理的服务水平。

6. 物流的交货时间—T

在物流服务水平中，物流的交货时间非常重要，因为交货时间太长或不准时都会严重影响客户的业务，因此交货时间的长短与准时成为物流业者重要评估项目。

所谓物流的交货时间是指从客户下订单开始，订单处理、库存检查、理货、流通加工、装车及卡车配送到达客户手上的这一段时间称为物流的交货时间；物流的交货时间依厂商的服务水平的不同，可分为2小时、12小时、24小时、2天、3天、1星期送达等几种。同样的物流的交货时间越短则其成本也会越高，因此最好的水平是12～24小时，稍微比竞争对手好一点，但成本又不会增加。

7. 配送物品的价值或建造的预算—C

在配送中心规划时除了考虑以上的基本要素外，还应该注意研究配送物品的价值和建造预算。配送物品的价值与物流成本有很密切的关系，在物流的成本计算方法中，往往会计算它所占物品的比例。因此，如果物品的单价高则其百分比相对会比较低，客户比较能够负担得起；如果物品的单价低则其百分比相对会比较高，客户负担感觉会比较高。

另外，配送中心的建造费用预算也会直接影响到配送中心的规模和自动化水准，没有足够的建设投资，所有理想的规划都是无法实现的。

(1) EIQ 分析的作用。

EIQ 分析对配送中心规划的作用可以概括为以下几点。

①可以了解物流特性。利用 EIQ 分析之后，可归纳出一些特征。EIQ 分析的物流特征如表 3-5 所示。

表 3-5　　EIQ 分析的物流特性

序号	特性	内容
1	订单内容	客户订购何种物品、多少数量，这些“种类”及“数量”为物流系统的基本要素
2	订货特性	从客户处接收的订单，依客户的不同而具有不同的特性。统计分析这些特性，可得出客户的订货特性
3	接单特性	从各个具有“订货特性”的客户而来的订单，加以收集累积后，即成为一天的接单，长久分析后可看出配送中心的“接单特性”
4	配送中心特性	除了接单特性外，再加上入库特性、保管特性，即构成配送中心特性
5	EIQ 特性	将客户订单（E）的内容中的种类（I）、数量（Q）加以收集，得到一日、一个月、一年中的接单特性，当业务状态稳定时即形成一定的特性，此特性即为 EIQ 特性

②得出配合物流系统特性的物流系统模块。尽管配送中心的形态有许多变化，但它由许多子系统和模块组成，并按照一定规则运行。配送中心的子系统有自动仓储系统、自动拣货系统、自动分货系统；子模块有流动货架、旋转货架、输送机等；系统要素有台车、叉车等。从 EIQ 分析资料可以得到选择子系统、模块、要素的条件，再依据这些条件，即可选出候选的各个子系统、模块、要素。这样可以节省许多设计时间。

③选择物流设备。事先列出物流设备选择时所需的条件，只要 EIQ 分析结果符合这些条件要求，即可得出所需的物流设备。

④仿真分析。EIQ 资料为日常物流资料，可用于仿真分析系统所需作业人员数、作业时间。

⑤进行物流系统的基础规划。在规划物流系统时有些重要的事项必须先加以确定，

如物流配送中心规模、发货量、进货量等，由 EIQ 的分析可得出过去（历史）的需求状况，这些数据可以当作是假定的需求，将这些数据与阶层式的系统设备条件加以对应，即可得到概略性的系统规格（系统轮廓）。方案可能有好几个可供选择，若将入库条件、库存条件、预算金额、建筑法规等约束条件列入考虑因素，即可进一步将系统的轮廓细致化，最后确定的物流系统的设备规格也可依据实际的情况加以修正。EIQ 分析在物流系统规划中的作用如图 3－4 所示。

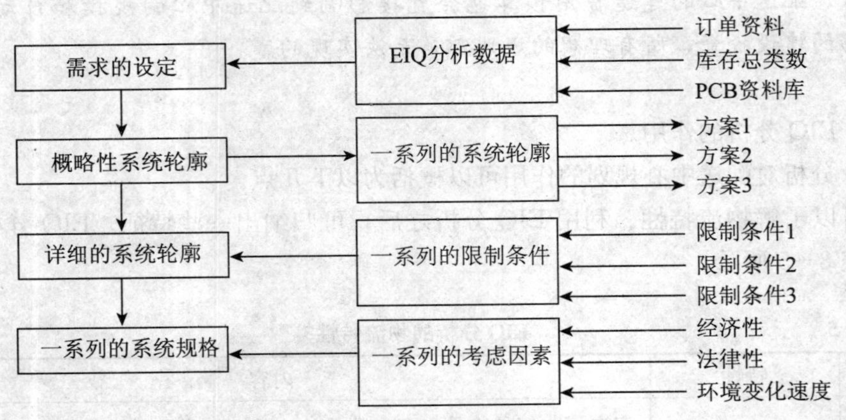

图 3－4　EIQ 分析在物流系统规划中的作用

（2）EIQ 分析步骤。

EIQ 分析的步骤是从数据的收集、取样，分解整理到数据分析及其图表制作，整个 EIQ 分析步骤如图 3－5 所示。

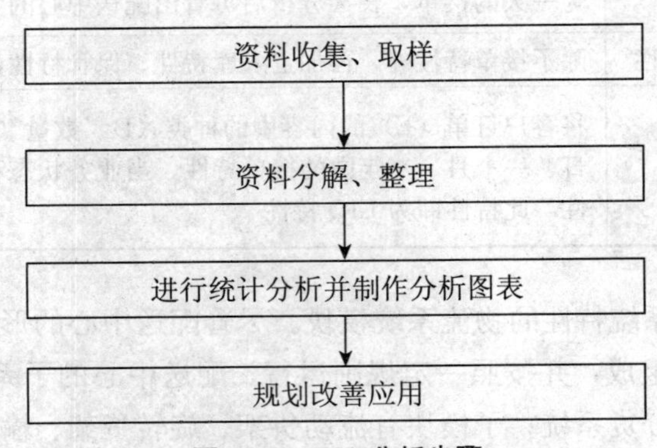

图 3－5　EIQ 分析步骤

①资料收集、取样。进行分析之前需先取得一日、一月或一年的 EIQ（订单“E”、品项“I”、数量“Q”）资料。

要了解配送中心实际运作的物流特性，单从一天的资料分析中无法进行有效判断并得出结论，但是若需分析一年以上的资料，往往因资料量庞大，使分析过程费时费力。

如果能找出可能的作业周期，则会使分析较易进行，因此可将分析资料缩至某一月份、一年中每月的第一周或一年中每周的周末等范围。

但是，一般配送中心一天的订单可能有上百张，订货品项可能有上万项，要集中处理这样多的资料不是一件容易的事，因此需要资料的取样分类。若 EIQ 的资料量过大，不易处理时，通常可依据配送中心的作业周期性，先取一个周期内的资料加以分析（若配送中心作业量有周期性的波动），或取一个星期的资料分析。若有必要再进行更详细的资料分析。

同时可依商品特性或客户特性将订单资料分成数个群组，针对不同的群组分别进行 EIQ 分析；也可以某群组为代表或采取抽样方式，进行分析后再将结果乘上倍数，以求得全体资料。不管采用何种分类和抽样方式进行资料取样，都必须注意所取样的资料是否能反映、代表全体的状态。

②资料的分解、整理。EIQ 分析就是利用订单“E”、品项“I”、数量“Q”这三个物流关键要素研究配送中心的需求特性，为配送中心提供规划依据。因此配送中心规划者从原始资料获取以后，应对资料做进一步的分解、整理，以作为规划设计之参考依据。同时还应注意考虑 EIQ 资料时间的范围与单位。表 3－6 是以某一工作日为单位的 EIQ 资料统计格式。

表 3－6　　EIQ 资料统计格式（单日）

出（订）货订单（E）	发（订）货品项（I）						订单发（订）货数量（Q）	订单发（订）货品项数（N）
	I_1	I_2	I_3	I_4	I_5	…		
E_1	Q_{11}	Q_{12}	Q_{13}	Q_{14}	Q_{15}	…	Q_1	N_1
E_2	Q_{21}	Q_{22}	Q_{23}	Q_{24}	Q_{25}	…	Q_2	N_2
E_3	Q_{31}	Q_{32}	Q_{33}	Q_{34}	Q_{35}	…	Q_3	N_3
…								
…								
单品发（订）货量	$Q_{\cdot 1}$	$Q_{\cdot 2}$	$Q_{\cdot 3}$	$Q_{\cdot 4}$	$Q_{\cdot 5}$	…	Q	N
单品发（订）货次数	K_1	K_2	K_3	K_4	K_5	…	—	K

注：Q_1（订单 E_1 的发货量）$=Q_{11}+Q_{12}+Q_{13}+Q_{14}+Q_{15}+\cdots$

$Q_{\cdot 1}$（品项 I_1 的发货量）$=Q_{11}+Q_{21}+Q_{31}+Q_{41}+Q_{51}+\cdots$

N_1（订单 E_1 的发货项数）＝计数（Q_{11}，Q_{12}，Q_{13}，Q_{14}，Q_{15}，…）>0 者

K_1（品项 I_1 的发货次数）＝计数（Q_{11}，Q_{21}，Q_{31}，Q_{41}，Q_{51}，…）>0 者

N（所有订单的发货总项数）＝计数（N_1，N_2，N_3，N_4，N_5，…）>0 者

K（所有产品的总发货次数）$=K_1+K_2+K_3+K_4+K_5+\cdots$

订单发货资料分解的目的是由此进行 EQ、EN、IQ、IK 四个类别的分析。在资料整理过程中，要注意数量单位的一致性，必须将所有订单品项的出货数量转换成相同的计算单位，否则分析将失去意义，如体积、重量、箱、个或金额等单位。金额的单

位与价值功能分析有关，常用于按货物价值进行分区管理的场合。体积与重量等单位则与物流作业有直接密切的相关，影响整个配送中心的系统的规划，因此在资料整理过程中，需再将物品特性资料加入，才可进行单位转换。

上述 EIQ 格式是针对某一天的发货资料进行分析。另外，若分析资料范围为一时间周期内（如一周、一月或一年等），则另需加入时间的参数，即为 EIQT 的分析。EIQT 资料分析格式（加入时间范围）如表 3－7 所示。

表 3－7　EIQT 资料分析格式（加入时间范围）

日期	发货订单	发货品项						订单发货数量	订单发货品项
		I_1	I_2	I_3	I_4	I_5	…		
T_1	E_1	Q_{111}	Q_{121}	Q_{131}	Q_{141}	Q_{151}		Q_{11}	N_{11}
	E_2	Q_{211}	Q_{221}	Q_{231}	Q_{241}	Q_{251}		Q_{21}	N_{21}
	…								
	单品发货量	Q_{11}	Q_{21}	Q_{31}	Q_{41}	Q_{51}		Q_1	N_1
	单品发货次数	K_{11}	K_{21}	K_{31}	K_{41}	K_{51}		—	K_1
T_2	E_1	Q_{111}	Q_{122}	Q_{132}	Q_{142}	Q_{152}		Q_{12}	N_{12}
	E_2	Q_{212}	Q_{222}	Q_{232}	Q_{242}	Q_{252}		Q_{22}	N_{22}
	…								
	单品发货量	Q_{12}	Q_{22}	Q_{32}	Q_{42}	Q_{52}		Q_2	N_2
	单品发货次数	K_{12}	K_{22}	K_{32}	K_{42}	K_{52}		—	K_2
…	…								
合计	单品总发货量	$Q_{\cdot 1}$	$Q_{\cdot 2}$	$Q_{\cdot 3}$	$Q_{\cdot 4}$	$Q_{\cdot 5}$		Q	N
	单品发货次数	K_1	K_2	K_3	K_4	K_5		—	K

注：$Q_{\cdot 1}$（品项 I_1 的发货量）$=Q_{11}+Q_{12}+Q_{13}+Q_{14}+Q_{15}+\cdots$

Q（所有品项的总发货量）$=Q_1+Q_2+Q_3+Q_4+Q_5+\cdots$

K_1（品项 I_1 的发货次数）$=K_{11}+K_{12}+K_{13}+K_{14}+K_{15}+\cdots$

K（所有产品的总发货次数）$=K_1+K_2+K_3+K_4+K_5+\cdots$

一般收集到的企业订单出货资料，通常其资料量庞大且资料格式不易直接应用，最好能从企业信息系统的数据库中直接取得电子化数据，便于数据格式转换，并利于借助计算机运算功能处理大量的分析资料。

③进行统计分析并制作分析图表。将步骤①取样得到的 EIQ 资料经步骤②分类统计整理后，则可利用统计方法进行 EQ/EN/IQ/IK 及 PCB 等分析。主要分析项目及意义如表 3－8 所示。

表 3－8 主要分析项目及意义

分析项目	说明	目的
订单量（EQ）分析	单张订单发货数量的分析	研究订单对货物搬运作业能力的要求
订货品项数（EN）分析	单张订单发货品项数的分析	研究订单对拣选设备及作业能力的要求
品项数量（IQ）分析	每单一品项（SKU）发货总数量的分析	研究发货的拆零比例
品项受订次数（IK）分析	每单一品项（SKU）发货次数的分析	对拣选作业频率的统计，主要决定拣选作业方式和拣选作业区的规划

在进行 EQ/EN/IQ/IK 及 PCB 等分析后，还应将所得出的分析数据加以图表化，这些数据、图表即为 EIQ 的资料分析结果。

通过 EIQ 分析，可以得到许多有用的信息，对配送中心的规划和改善具有重要意义。

EIQ 分析以量化的分析为主，常用的统计手法包括平均值、最大最小值、总数、柏拉图分析、次数分布、ABC 分析法及交叉分析等，以下就柏拉图分析、次数分布、ABC 分析及交叉分析进行说明。

A. 柏拉图分析。

在一般配送中心的作业中，如将订单或单品品项发货量经排序后绘图（EQ、IQ 分布图），并将其累计量以曲线表示出来，即为柏拉图。柏拉图是数量分析时最基本的绘图分析工具，如图 3－6 所示。其他只要可表示成项与量关系的资料，均可以柏拉图方式描述。

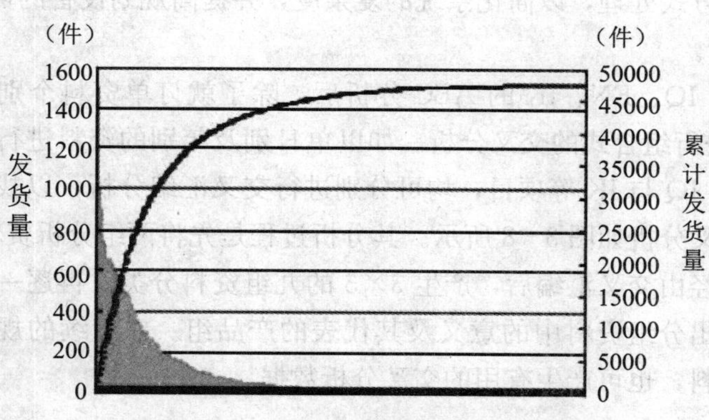

图 3－6 产品别发货量的 EQ、IQ 分布

B. 次数分布。

绘出 EQ、IQ 等柏拉图分布图，常可得到如图 3－6 的图形，但是若想进一步了解产品别发货量的分布情形，可将出货量范围进行适当分组，并计算各产品发货量出现于各分组范围内的次数。发货量的品项次数分布如图 3－7 所示。

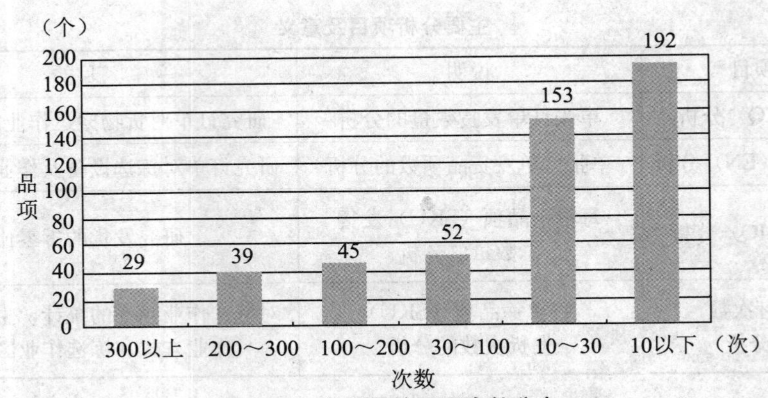

图 3－7　发货量的品项次数分布

由图 3－7 可知，次数分布图的分布趋势与资料分组的范围有密切关系，在适当的分组之下，将可得到进一步有用的信息，并找出数量分布的趋势及主要分布范围。但是在资料分组的过程中，仍有赖于规划分析者的专业素养与对资料认知的敏感性，以快速找出分组的范围。

C. ABC 分析。

在制作 EQ、IQ、EN、IK 等统计分布图时，除可由次数分布图找出分布趋势，还可由 ABC 分析法将一特定百分比内的主要订单或商品找出，从而进行分析及重点管理。通常先以发货量排序，以占前 20％及 50％的订单件数（或品项数），计算所占发货量的百分比，并作为重点分类的依据。如果发货量集中在少数订单（或产品），则可针对此一产品组（少数的品项数但占有重要出货比例）进行分析及规划，以达事半功倍之效。相对的出货量很少而产品种类很多的产品组群，在规划过程中可先不考虑或以分类分区规划方式处理，以简化系统的复杂度，并提高规划设备的可行性及利用率。

D. 交叉分析。

在进行 EQ、IQ、EN、IK 的 ABC 分析后，除了就订单资料个别分析外，也可以就其 ABC 分析进行组合式的交叉分析。如以单日别及年别的资料进行组合分析，或其他如 EQ 与 EN、IQ 与 IK 等项目，均可分别进行交叉汇编分析，以找出有利的分析信息。IQ 及 IK 交叉分析如图 3－8 所示。其分析过程是先将两组分析资料经 ABC 分类后分为三个等级，经由交叉汇编后，产生 3×3 的九组资料分类，再逐一就各资料分类进行分析探讨，找出分组资料中的意义及其代表的产品组。在后续的规划中，如结合订单出货与物性资料，也可产生有用的交叉分析数据。

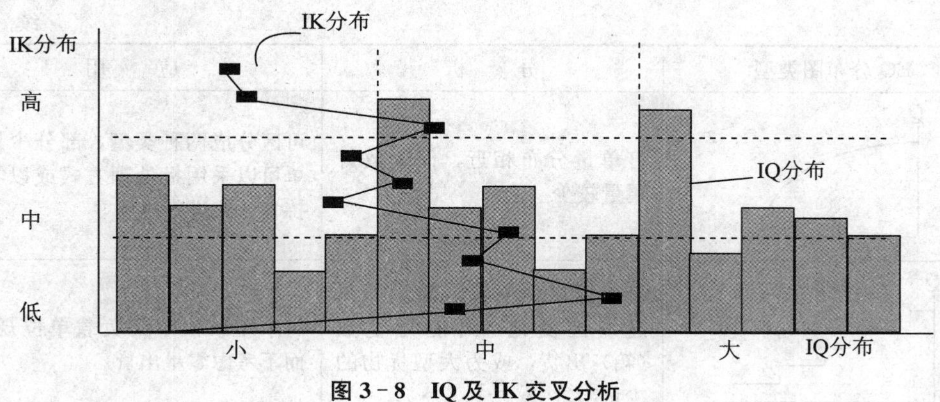

图 3－8　IQ 及 IK 交叉分析

④EIQ 图表分析应用。EIQ 图表分析是订单资料分析过程最重要的步骤，通常需对各个分析图表进行认真分析，并配合交叉分析及其他相关资料做出综合判断。

A. 订单量（EQ）分析。

EQ 分析主要是了解单张订单订购量的分布情形，决定订单处理的原则，以对拣货系统进行规划。EQ 分析通常以单一营业日为主，各种 EQ 分布图的类型分析如表 3－9 所示。

表 3－9　　EQ 分布图的类型分析

EQ 分布图类型	分　　析	应　　用
Q A B C E	为一般配送中心常见模式，由于订单数量分布呈两极化，可利用 ABC 分析法进行分类	规划时可将订单分类，少数而量大的订单可进行重点管理，相关拣货设备也可分级使用
Q E	大部分订单量相近，仅少部分有特大量及特小量	可以就主要量分布范围进行规划，少数差异较大者可以特例处理，但需注意规范特例处理模式
Q E	订单量分布呈逐次递减趋势，无特别集中于某些订单或范围	系统较难规划，宜采用泛用型的设备，以增加运用的弹性，货位也以容易调整为宜

续 表

EQ分布图类型	分　析	应　用
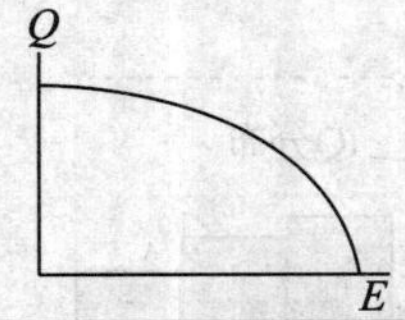	订单量分布相近，仅少数订单量较少	可区分成两种类型，部分少量订单可以采用批处理方式或以零星拣货方式进行规划
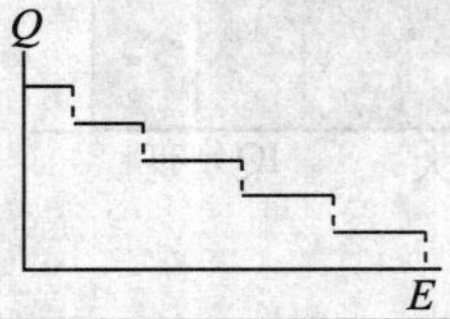	订单量集中于特定数量而无连续性变化，可能为整数（箱）出货，或为大型货物的少量出货	可采用较大单元负载单位规划，而不考虑零星出货

EQ分布图可作为决定储区规划及拣货方式的参考，订单量分布趋势越明显，则分区规划的原则越易运用，否则应以弹性化较高的设备为主。当EQ很小的订单数所占比例很高时（>50%），应可将该类订单另行分类，以提高拣货效率；如果以订单别拣取则需设立零星拣货区，如果采取批量拣取则需视单日订单数及物性是否具有相似性，综合考虑物品分类的可行性，以决定是否于拣取时分类或于物品拣出后于分货区进行分类。

B. 品项数量（IQ）分析。

主要了解各类产品出货量的分布状况，分析产品的重要程度与运量规模。可用于仓储系统的规划选用、储位空间的估算，并将影响拣货方式及拣货区的规划。IQ分布图的类型分析如表3－10所示。

表3－10　　IQ分布图的类型分析

IQ分布图类型	分　析	应　用
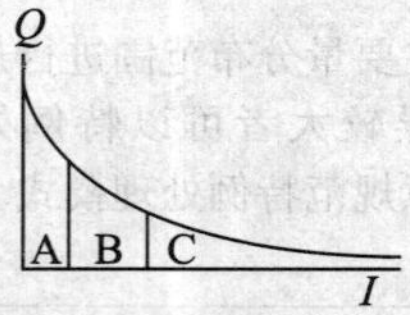	为一般配送中心常见模式，由于量分布趋两极化，可利用ABC分析法进行分类	规划时可将产品分类以划分储区方式储存，各类产品储存单位、存货水平可设定不同标准
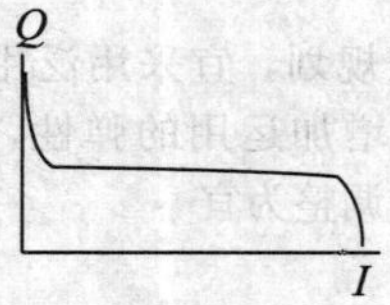	大部分产品发货量相近，仅少部分有特大量及特小量	可以使用同一规格的储存系统及寻址型储位进行规划，少数差异较大者可做特例处理
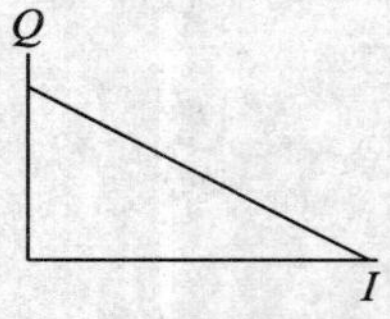	各产品发货量分布呈逐次递减趋势，无特别集中于某些订单或范围	系统较难规划，宜规划泛用型的设备，以增加运用的弹性，货位也以容易调整为宜

续表

IQ分布图类型	分析	应用
Q / I	各产品发货量相近，仅部分品项出货量较少	可区分成两种类型，部分小型、少量产品可以用轻量型储存设备存放
Q / I	产品发货量集中于特定数量而无连续变化，可能为整数（箱）出货或为大型对象但出货量较小	可以较大单元负载单位规划，或以重量型储存设备规划，但仍需配合物性加以考虑

在规划储区时应以某一时间周期的IQ分析为主（通常为1年），若配合进行拣货区的规划时，则需参考单日的IQ分析。另外，单日IQ量与全年IQ量是否对称也是分析观察的重点。结合发货量与发货频率进行关联性的分析时，整个仓储与拣货系统的规划将更趋于实际，因此可进行单日IQ量与全年IQ量的交叉分析。

若将单日及全年的IQ图以ABC分析法将品项依出货量分为A、B、C（大、中、小）三类，并产生对照组合后进行交叉分析，则将其物流特性分成以下几类。单日与全年IQ分析对照如表3-11所示。

表3-11　单日与全年IQ分析对照

单日 / 全年	A	B	C
A	Ⅰ	Ⅱ	Ⅱ
B	Ⅰ	Ⅴ	Ⅴ
C	Ⅲ	Ⅲ	Ⅳ

Ⅰ：年发货量及单日发货量均很大，为发货量最大的主力产品群，仓储与拣货系统的规划应以此类为主，仓储区以固定储位为较佳，进货周期宜缩短而存货水平较高，以应付单日可能出现的大量发货，通常为供应商型配送中心或制造商发货中心。

Ⅱ：年发货量大但单日发货量较小，通常发货天数多且发货频繁，而使累积的年发货量放大。可考虑以零星发货方式规划，仓储区可以固定储位规划，进货周期宜缩短并采取中等存货水平。

Ⅲ：年出货量小但单日发货量大，虽然总发货量很少，但是可能集中于少数几天内发货，是容易造成拣货系统混乱的可能因素。若以单日量为基础规划，易造成空间浪费及多余库存，宜以弹性储位进行规划，基本上平时不进货，而在接到订单后再进货，但前提是必须缩短进货前置期。

Ⅳ：年发货量小且单日发货量也小，虽然发货量不高，但是所占品项数通常较多，是容易造成占用仓储空间使周转率降低的主要产品群。因此仓储区可以弹性储位规划，以便于调整货位大小的储存设施为宜，通常拣货区可与仓储区合并规划以减少多余库存，进货周期宜缩短并降低存货水平。

Ⅴ：年发货量中等但单日发货量较小，为分类意义较不突出的产品群，可视实际商品分类特性再归纳入相关分类中。

C. 订单品项数（EN）分析。

订单品项数（EN）分析主要了解订单别订购品项数的分布，该分析对于确定订单处理原则及规划拣货系统有很大的影响，并将影响发货方式及发货区的规划。通常对单一订单发货品项数、总发货品项数、订单发货品项累计次数三项指标进行分析。

以 Q_{ei}＝数量（订单 e，品项 i）符号表示单一订单订购某品项的数量，则分析各指标的意义如下。

a. 单一订单发货品项数。计算单一订单中发货量大于 0 的品项数，就个别订单来看，可视为各订单拣取作业的拣货次数。

N_1＝COUNT（Q_{11}，Q_{12}，Q_{13}，Q_{14}，Q_{15}，…）＞0

b. 总发货品项数。计算所有订单中发货量大于 0 或发货次数大于 0 的品项数。

N＝COUNT（Q_1，Q_2，Q_3，Q_4，Q_5，…）＞0

或　COUNT（K_1，K_2，K_3，K_4，K_5，…）＞0，且 $N \geqslant N_e$（总发货品项数必定大于单一订单的发货品项数）

此值表示实际有发货的品项总数，其最大值即为配送中心内的所有品项数。若采用订单批次拣取策略，则最少的拣取次数即为总发货品项数。

c. 订单发货品项累计次数。将所有订单发货品项数加总所得数值，即为 EN 绘制柏拉图累计值的极值。

$GN = N_1 + N_2 + N_3 + N_4 + N_5 + \cdots$

$GN \geqslant N$（当个别订单间的品项重复率越高，则 N 越小）

此值可能会大于总发货品项数甚至所有商品的品项数。若采用订单类别拣取作业，则拣取次数即为订单发货品项累计次数。

由以上说明，针对 EN 图与总发货品项数、订单发货品项累计次数两项指标，再比较配送中心库存商品总品项数，可进行 EN 分布图的类型分析，如表 3－12 所示。图中各判断指标的大小，需视配送中心产品特性、品项数、发货品项数的相对大小及订单品项的重复率来决定，并配合其他的因素综合考虑。

表 3－12　　　　EN分布图的类型分析

EN分布图类型	分　析	应　用
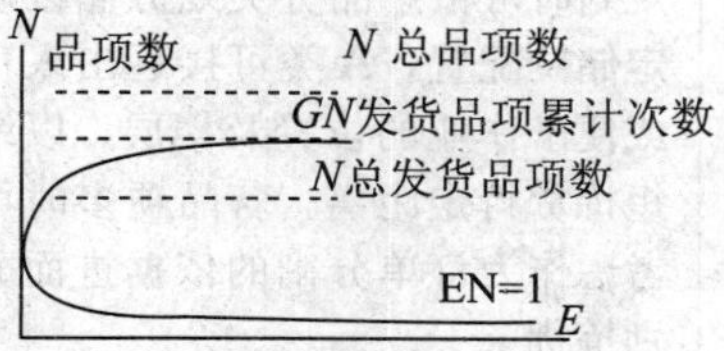 N品项数 N总品项数 GN发货品项累计次数 N总发货品项数 EN=1 E	单一订单的发货品项数较小，EN＝1的比例很高，总品项数不大且与总发货品项数差距不大	订单发货品项重复率不高，可考虑订单拣取方式作业，或采用批量拣取，配合边拣边分类作业
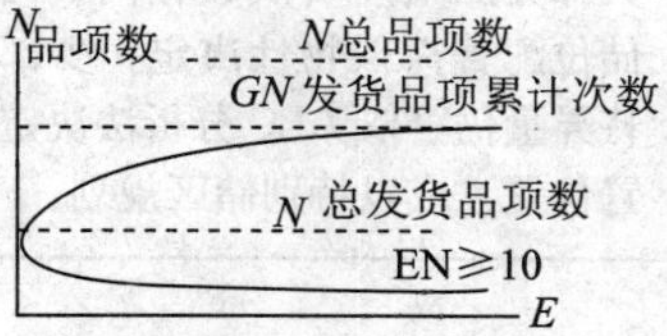 N品项数 N总品项数 GN发货品项累计次数 N总发货品项数 EN≥10 E	单一订单的发货品项数较大，EN≥10，总发货品项数及发货累计货品项次数均仅占总品项数的小部分，通常为经营品项数很多的配送中心	可以采用订单别拣取方式作业，但由于拣货区路线可能很长，可以采取订单分割方式分区拣货再集中拣货的方式，或采取接力方式拣取
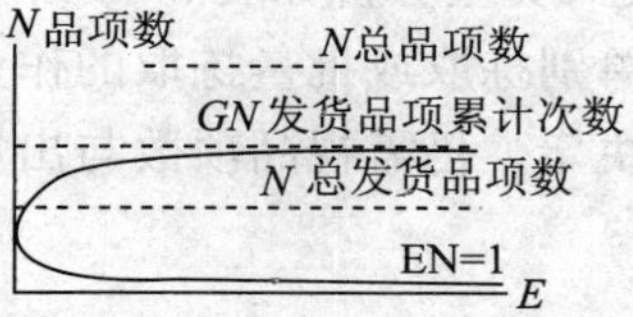 N品项数 N总品项数 GN发货品项累计次数 N总发货品项数 EN=1 E	单一订单的发货品项数较小，EN＝1的比例较高，由于总品项数很多，总发货品项数及发货累计发货品项次数均仅占总品项数的小部分	可以采用订单别拣取方式作业，并将拣货区分区规划，由于各订单品项少，可将订单以区域别排序并分区拣货
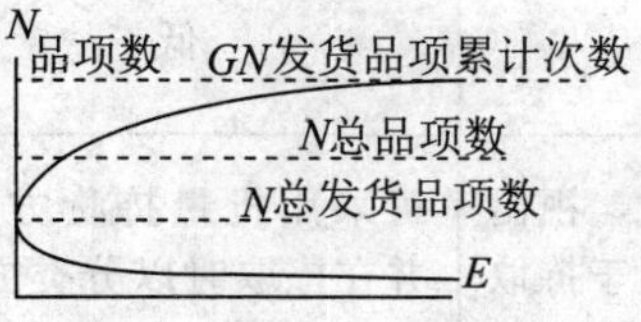 N品项数 GN发货品项累计次数 N总品项数 N总发货品项数 E	单一订单的发货品项数较大，而产品总品项数不多，发货累计品项次数较总发货品项大出数倍，并较总品项数多	订单发货品项重复率高，可采取批量拣取方式作业，另需参考物性及物流量大小决定是在拣取时分类还是拣出后再分类
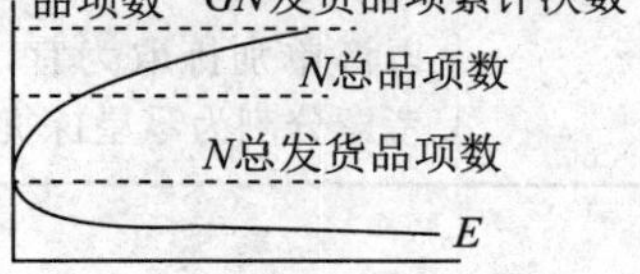 N品项数 GN发货品项累计次数 N总品项数 N总发货品项数 E	单一订单的发货品项数较大，而产品总品项数也多，发货累计品项次数较总发货品项大出数倍，并较总品项数多	可考虑采取批量拣取方式作业，但是若单张订单品项数多且重复率不高，需考虑分类的困难度，否则以订单分割方式拣货为宜

D. 品项受订次数（IK）分析。

品项受订次数（IK）分析主要是分析产品别出货次数的分布，对于了解产品别的出货频率有很大的帮助，主要功能是可配合 IQ 分析决定仓储与拣货系统的选择。另外，当储存、拣货方式已确定后，有关储区的划分及储位配置，均可利用 IK 分析的结果作为规划参考的依据，基本上仍以 ABC 分析为主，从而决定储位配置。IK 分布图的类型分析如表 3－13 所示。

表 3－13　　IK 分布图的类型分析

IK 分布图类型	分　析	应　用
K（出货次数） A B C I	为一般配送中心常见模式，由于量分布呈现两极化，可利用 ABC 分析法做进一步分类	规划时可依产品分类划分储区确定储位配置，A 类可接近出入口或便于作业的位置及楼层，以缩短拣货行走距离，若品项多时可考虑作为订单分割的依据进而分别拣货
K（出货次数） I	大部分商品发货次数相近，仅少部分有特大量及特小量	大部分品项发货次数相同，因此储位配置需依物性决定，少部分特异量仍可依 ABC 分析法决定配置位置，或以特别储区规划

E. IQ 及 IK 交叉分析。

将 IQ 及 IK 以 ABC 分析法分类后，所得 IQ 及 IK 交叉类型分析如表 3－14 所示。依据其品项分布的特性，可将物流配送中心规划为以订单别拣取或批量拣取的作业形态，或者以分区混合处理方式运作。实际上拣货策略的决定，仍需视品项数与出货的相对量作为判断依据。

表 3－14　　IQ 及 IK 交叉类型分析

IK \ IQ	高	中	低
高	可采用批量拣货方式，再配合分类作业处理	可采用批量拣货方式，视出货量及品项数是否便于拣取时分类来决定	可采用批量拣货方式，并在拣取时以分类方式处理
中	以订单别拣取为宜	以订单别拣取为宜	以订单别拣取为宜
低	以订单别拣取为宜，并将产品集中于接近出入口位置处	以订单别拣取为宜	以订单别拣取为宜，可考虑分割为零星拣货区

第三节　配送中心投资分析

当今世界没有哪个企业不关注成本控制、运营效率、服务质量，而这一切的基础则是建立在一个高效的物流体系之上。高效率的物流是企业取得成功的关键。高效率运营的配送中心从投资分析开始到正常运营，应始终处在精心经营状态，使物流真正成为“朝阳”产业。

投资是项目建设的起点，没有投资就没有建设；反过来，没有建设行为，投资的目的就不可能实现。配送中心的投资与建设同其他工程项目具有同样的特性。

一、配送中心的设置分析

（一）核算物流费用分析投资效果

是否需要设置配送中心，在决策之前，必须进行充分研讨和分析。配送中心设置的分析程序如图 3－9 所示。用物流费用的削减来分析投资效果，利用评价分析结果作为决策依据。其分析顺序如下所述。

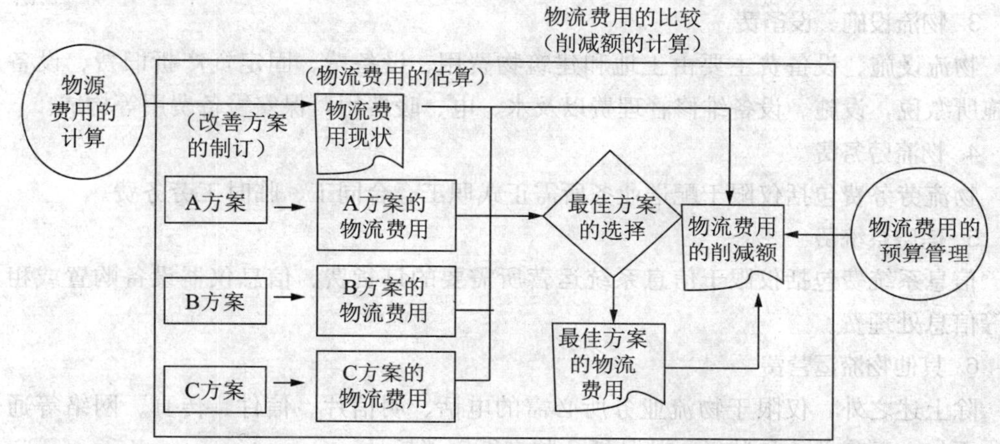

图 3－9 配送中心设置的分析程序

1. 掌握现状

目前的配送方案如何，物流费用为多少。

2. 改善方案

在什么地方，设置什么样的配送中心，并同时提出多种设置改善方案。

3. 估算物流费用

估算出每个配送中心设置改善方案的物流费用。

4. 比较物流费用

比较各设置改善方案，找出物流费用最少的设置方案。

5. 计算费用削减额

模拟用改善后的最佳方案替换现行的配送方案，计算出物流费用削减额。

6. 综合分析

对于以上的最佳方案用成本以外的其他因素分析，评价其是否为真正的最佳方案。

（二）综合比较物流成本，分析配送中心投资效果

在比较配送中心各设置方案的投资效果时，必须将配送中心的物流成本同服务水平进行综合分析。配送中心的物流成本不仅包括配送费、装卸搬运费等直接费用，还

包括各个物流过程中所发生的其他一切费用。综合比较物流成本时，应注意以下几项。

1. 配送费

将商品配送到接收地所需要的费用，由配送交易方业务委托的相等价格进行支付的配送费和从顾客那里直接得到的配送费等费用构成。

2. 装卸搬运费

所有商品的进货及其他杂物等短距离输送所需费用，装卸、搬运、短距离输送及车辆运行等业务委托所支付的搬运费。

上述两项费用占配送中心成本的大部分，而且大多属于直接费用。重要的是除此之外，如何控制以下几项费用。

3. 物流设施、设备费

物流设施、设备费主要由土地和建筑物费用、设备费、固定资产折旧费、设备及设施所缴税，设施、设备维修管理费以及水、电、暖费用，保安警备费用等构成。

4. 物流劳务费

物流劳务费包括仅限于配送业务所需正式职工、合同工、临时工劳务费。

5. 信息系统费

信息系统费包括仅限于信息系统运营所需要的订货费、信息仪器设备购置或租用费等信息处理费。

6. 其他物流运营费

除上述之外，仅限于物流业务所必需的电话、明信片、信件、传真、网络等通信费，再加上配货单、包装纸、礼品纸、胶带纸等消耗品。

配送中心一方面要提高服务水平，另一方面又要降低配送运营的总成本，这是一个很大的课题，是每一个物流企业都应思考的问题。

（三）配送中心最适设置数

在决定配送中心设置数时就涉及运输费用与仓储费用之间的成本折中选择的问题，也就是说，配送中心设置数增加，仓库数量增加，仓储费也增加；而运输次数减少，运输费也相应减少。仓储费和运输费合计成本降低到最低时的配送中心设置数是最佳设置数。利用这种方法确定配送中心最适设置数称为综合成本接近法。图 3 - 10 是配送中心最适设置数的分析图，该图以日本的情况为例进行分析，从图 3 - 10 中可以看出配送中心个数为 20 个时，仓储费和运输费合计金额最低，总成本为最小，因此 20 个是配送中心最适设置数。

配送中心设置数的具体分析程序如下。

（1）试算配送中心设置的个数；

（2）预算各设置数的仓储费和运输费；

（3）汇集各设置数综合成本；

（4）根据综合成本决定最佳设置个数。

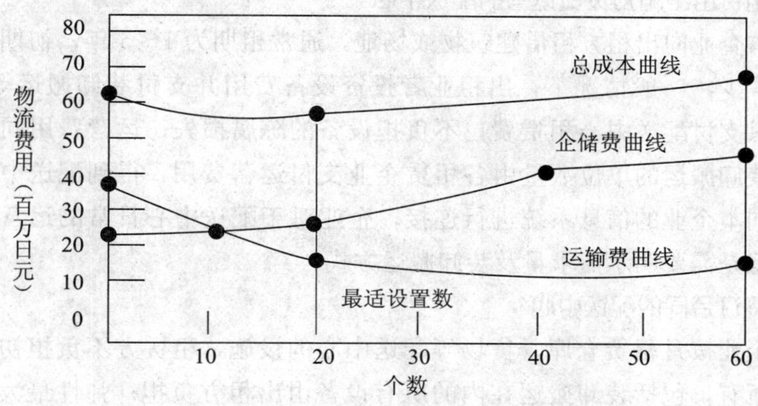

图 3-10 配送中心最适设置数分析

（四）配送中心的设置方式

配送中心设置方式有五种，分别是企业所有并负责运营的配送中心、企业租赁并负责运营的配送中心、企业租赁由第三方负责运营的配送中心、企业租赁由出租方负责运营的配送中心和按月签订合同的配送中心，各种方式的特点如下。

1. 企业所有并负责运营的配送中心

特点：因企业要建设或购进仓库等设施，所以包括土地、建筑物、设备及库存在内的初期投资较多；弹性小，要承担需求或技术发生变化较大的风险；作业量大时运营费极便宜。另外，信息流通也仅限于企业内部；本企业工作人员对各种手续负直接责任。

2. 企业租赁并负责运营的配送中心

特点：长期租赁建筑物，根据合同条件，在规定的时间内负责配送中心的运营，对于初期的投资可以按年度或按月支付，设备为本企业所有，其他设施出租方也可以提供；弹性稍大一点，但企业在租赁期间负责运营，一般情况下，放弃所租设施，要处以违约罚款；出租业者利益以外的因素基本上同本企业所有配送中心相同。

3. 企业租赁由第三方负责运营的配送中心

特点：本企业长期租赁建筑物，同第三方达成协议，由第三方负责设施监管及运营，本企业根据租赁合同条件在规定期间内负责运营，初期投资可以由租赁方和营运方按年度或按月支付，设备为企业所有，其他设施与设备租赁业者也可提供；弹性稍大，本企业在租赁期间要负责任，一般情况下如果放弃设施或中止合同要处以违约罚款，但是如果是本公司所有的设施长期不用，会受到陈腐和损失；涉及出租业及合同运营业利益以外的其他因素同本企业所有负责运营的配送中心一样，合同运营方所提供的报告书必须明确所利用的信息系统的情况，特别是租赁方、合同运营方等各方信息的异同；对于配送中心的运营，负责运营的第三方支付租金，通常情况下应按照本公司的政策进行运营。

4. 企业租赁由出租方负责运营的配送中心

特点：本企业向出租方租借建筑物或场地，通常租期为1～5年，初期投资的支付比前三种方式少，一般情况下，出租业者投资设备费用并支付装卸搬运等运营费用；弹性稍大，只支付配送中心租赁费，不负担设备的陈腐损失；运营费用同作业费用成比例，根据装卸搬运的单位数量由各租赁企业支付运营费用，得到配送中心信息系统报告书后，同本企业的信息系统进行连接；企业对于配送中心日常的运营几乎没有任何控制权，但是需要明示需求量及装卸搬运方式。

5. 按月签订合同的配送中心

特点：企业按月租赁仓库、货场等配送中心的设施，租赁方不负担初期投资，设备属出租方所有，包括装卸搬运在内的所有设备由出租方负担；弹性最大，运营费最高，但本企业不承担任何风险；运营费同作业量成直接比例，出租业者的利益包含库存风险，根据作业数量的多少，各租赁公司支付运营费用；本企业对于配送中心的运营没有任何管理权，但可以受邀参与进货价格的修订。

企业根据自身的具体情况在上述五种配送中心设置方式中选择最有利的一种。

二、配送中心建设项目筹资分析

对于配送中心的建设，由于其占地面积大、建筑物造价高、资投人多、建设周期长，因此，即便是在经济发达国家，筹资问题也并非易事。

（一）筹资方式

随着我国资本市场的发展和投资、融资体制的改革，多渠道筹资是配送中心建设中解决资金紧缺的主要措施。筹资渠道一般有以下几种类型。

1. 银行贷款

银行贷款指银行在一定的利率、一定的期限，把货币资金提供给需求者的一种经济活动，贷款使用期限是用款之日起到偿还时止，一般固定资产贷款期限按投资回收期确定；流动资金贷款期限有三种确定方法：一是按流动资金周期确定；二是按物资耗用计划确定；三是按销售收入确定。银行贷款利率随贷款对象、用途、期限不同而不同。

利用银行贷款建设配送中心具有以下特点：配送中心或公司总部必须在银行建立账户，用于贷款的取得、归还和结存核算；银行贷款筹资管理比较简单，最初申请困难，必须有配送中心详细的可行性研究报告和财务报表；由于贷款种类多、期限多，所以，利用银行贷款建设配送中心相对比较方便、灵活；银行贷款筹资风险小，一般不涉及税务问题；银行贷款筹资不涉及配送中心资产所有权的转移。

2. 发行公司股票

公司股票是公司为筹资而发行的一种有价证券，证明股票持有者对公司资产享有相应的所有权。公司股票分为普通股和优先股。

普通股的主要优点：一是分散公司风险，公司亏损的风险和经营风险可以由更多

的股东分担；二是可以在短期内获得大量的资金；三是可以调动更多的人参与公司生产经营活动的积极性等。

优先股是公司为筹措资金发行的一种混合型证券，兼有股票和债券的双重属性，在公司盈利和剩余财产的分配上享有优先权的股票。

3. 租赁筹资

租赁是出租人依照契约，将财产租给承租人并向承租人收取租赁费的一种经济行为。按照租赁的形态分为筹资性租赁和经营性租赁两大类。

筹资性租赁是出租人根据承租人选定的设备和谈妥的条件出资购买设备财产，然后再以出租方式长期提供给承租人使用，并在租赁期内以定期收取租金的方式逐渐收回公司设备财产的全部投资及利息。

经营性租赁是租赁公司既为用户提供筹资便利，又提供设备的维修、保养等服务，同时还承担设备陈腐风险的一种中短期商品信贷形式。

4. 利用外资

可以利用境外资本建设配送中心。其主要筹措外资途径有以下几种：发行境外股票、发行境外债券、利用国际贷款、吸收境外资本直接投资。

主要投资形式有与外商合资经营、合作经营、合作开发、外商独资经营等。

（二）资本结构优化与投资决策

在考虑用多种筹资方式筹集长期资本时，一般要设计出筹集所需资金总额的几个不同资本结构方案，然后将几个方案进行数据计算和分析，从中选出较好的方案，再进一步选出最佳方案，改进该方案资本结构，使其达到最优。这个过程就是资本结构优化与筹资决策。

三、配送中心建设项目投资经济分析

（一）财务分析的指标体系

1. 投资利润率

投资利润率是配送中心建成运营后，正常情况下获得的年净收益与项目总投资之比。其计算公式为：

$$E=R/C \tag{3-1}$$

式中：

E——投资利润率；

R——配送中心建设项目总投资；

C——年净收益（运营正常年现金流入－现金流出）。

2. 投资利税率

投资利税率是配送中心建成运营后，正常情况下获得的年净收益及当年税金之和与项目总投资之比。其计算公式为：

$$E=(R+X)/C \tag{3-2}$$

式中：

X——年税金。

3. 财务净现值（NPV）

财务净现值是指配送中心在建设期与运营期，各年现金流入的现值总和与现金流出的现值总和之差，也就是项目的经济效果，计算期内各年净现金流量的现值代数和。其计算公式为：

$$NPV=\sum_{i=0}^{n}\frac{C_t}{(l+i)^t} \tag{3-3}$$

式中：

C——配送中心第 t 年的净现金流量；

N——计算期（年）；

I——贴现率。

4. 投资回收期

投资回收期指从配送中心开始运营年算起，到用每年的净收益将初始投资全部收回时为止所需要的时间，单位通常用“年”来表示，投资回收期可分为静态投资回收期（不考虑时间因素）和动态投资回收期（考虑时间因素）。

$$\text{静态投资回收期}=\text{累计净现金流量开始出现正值的年份数}-1+\frac{\text{上年累计净现金流量绝对值}}{\text{当年净现金流量}}$$

$$\text{动态投资回收期}=\text{累计净现值开始出现正值的年份}-1+\frac{\text{上一年累计净现金绝对值}}{\text{当年净现金值}}$$

投资回收期的主要优点是概念明确，计算简单，由于它选择方案的标准是回收资金越快越好，故可以迎合一部分怕担风险的投资者的心理。但是由于这种分析方法没有考虑投资回收以后的收益情况，所以不能全面反映方案的经济性。

5. 财务内部收益率（IRR）

财务内部收益率是指在项目寿命周期内（或计算期内）一系列收入和支出的现金流量净现值等于零的折现率。其计算公式为：

$$\sum_{j=0}^{n}(R_j-C_j)(1+I^*)^{-j}=0 \tag{3-4}$$

式中：

R_j——第 j 年的收益；

C_j——第 j 年的支出；

j——0，1，2，…，n；

I^*——财务内部收益率。

财务内部收益率法的主要优点是揭示了配送中心所具有的最高获利能力，从而成为衡量项目效益的非常有用的手段，而且它可以在配送中心寿命期内的任何时间点上进行测算，并获得同一结果，也就是说时间点的选择并不影响配送中心获利能力的表

现。但是当配送中心的净收益发生较大的正负反向波动时，财务内部收益率可能不止一个。

6. 投资现值率

投资现值率也称为现值指数或净现值比。其计算公式为：

$$投资现值率=\frac{NPV}{投资的现值}\times 100\% \tag{3-5}$$

式中：

NPV——配送中心整个寿命期内的财务净现值；

投资的现值——配送中心初始投资或各年投资现值之和；

投资现值率越大，表明投资方案的经济性越好。

7. 资产负债率

资产负债率是反映配送中心的债权人每年所面临的财务风险程度以及建设项目偿债能力的指标。计算公式为：

$$资产负债率=\frac{负债合计}{资产合计}\times 100\% \tag{3-6}$$

资产负债率越小，项目负债数额越少，债权人的财务风险减少，建设项目的清偿债务能力越强。但如果过小，也说明该项目利用财务杠杆的能力较差。

8. 借款偿还期

国内借款偿还期是指项目投产后可用于还款的资金，偿还固定资产投资国内借款本金和建设期利息所用时间。国内借款偿还期反映建设项目的借款偿还能力，它与银行贷款条件规定的还款期不同。计算公式为：

国内借款偿还期＝借款偿还后开始出现盈余的年份－开始借款年份＋当年偿还借款额/当年可用于还款的资金额　(3-7)

对于国外借款偿还期，应按已经明确的或预计可能的还本付息条件计算。这个条件内还包括要求的还款方式和偿还期限。如果经计算，建设配送中心的国外借款偿还能够满足国外借款机构的还款要求，则认为该项目具备清偿能力。

(二) 国民经济分析指标

1. 经济内部收益率（$EIRR$）

经济内部收益率是反映该项目对国民经济净贡献的相对指标，是建设项目在计算期内各年经济净效益流量的现值累计等于零时的折现率。计算公式为：

$$\sum_{t=1}^{n}(B-C)_t(1+EIRR)^{-1}=0 \tag{3-8}$$

式中：

B——建设项目经济效益流入量；

C——建设项目经济费用流出量；

$(B-C)_t$——建设项目第 t 年的经济净效益流量；

n——计算期；

EIRR——经济内部收益率。

在分析配送中心对国民经济的贡献能力时，如果经济内部收益率大于等于社会折现率，表明配送中心对于国民经济的贡献达到或超过了国民经济的要求水平，从国民经济的角度考虑可以被接受。

2. 经济净现值（*ENPV*）

经济净现值是反映建设项目对国民经济净贡献的绝对指标，是建设项目按照社会折现率将计算期内各年的经济净效益流量折现到建设期初的现值之和。计算公式为：

$$ENPV=\sum_{t=1}^{n}(B-C)t\ (1+i_s)^{-1} \qquad (3-9)$$

式中：

i_s——社会折现率。

如果 *ENPV* 大于等于零，说明配送中心可以达到符合社会折现率的国民经济净贡献，从国民经济角度考虑可以被接受。社会折现率是反映国家对资金时间价值的估量，是一个重要的通用参数，由国家统一测定发布。

第四节　配送中心的合理布局及网络体系

物流网点的布局决定物流网络结构及物流的永久运行方式和运行成本，如果建设一个面积为 50000 平方米的自动化立体仓库，总投资 2 亿～2.5 亿元，每年折旧费就是 1000 万元，再加上运营费、人工费等，其收支平衡点应在 4000 万元左右，也就是说配送收入每平方米应为 8000 元/年左右，因此应该科学合理地进行配送中心的布局及网络规划。

一、配送中心的选址

配送中心的布局要形成网络，其产品行销全国乃至全球，就需要有能力承担全国配送业务的企业和合理分布的配送中心，配送中心分布要形成配送网络。配送网络的优势在于：实行统一业务流程，统一信息系统，统一服务，统一采购，极大地方便了客户的服务。配送中心的选址将影响其实际运营效率和成本，以及日后总体规模的扩充和发展，选址适宜的配送中心能够降低成本，调节余缺。配送中心的选址是规划与设计的重要内容。

（一）配送中心的选址条件

企业在对配送中心的位置进行决策时，必须谨慎考虑相关因素。

1. 必要条件

具有较好的顾客分布网络，适宜的辐射范围，根据市场预测，今后 5～10 年物流量不断增加。距物流源点较近，并与货运需求相协调。

2. 运输条件

同综合运输网相协调，便于组织各种形式的运输。靠近铁路货运站、港口码头、机场、汽车货运站等运输据点，能够方便地利用运输企业及社会闲置运输资源。

3. 配送服务条件

能够及时通知客户货物到达时间、配送频率、前置期、配送距离及范围适宜。

4. 用地条件

能够利用现有土地、设施、设备，同时具有将来扩建、技术改造的条件，在用地投资等许可范围内，尽量不涉及或少涉及搬迁工作。

5. 法规及规划条件

符合当地城建、环保、规划等法规，特别是应符合城市总体规划，省、市的物流规划等。

6. 管理与信息条件

距总部的距离较近，信息传递方便、快捷、故障处理及时，子项目之间能够形成信息网络。

7. 流通功能条件

物流、信息流、商流及资金流一体化运行，信息流及时反映物流、商流的状况及发展趋势，提供预测及决策的依据，四流之间相辅相成、紧密联系、互相促进。

8. 其他条件

职工聘用便利，上下班交通方便；有良好的水文地质条件；在选址区域内不限制冷冻、保温、防公害及危险品处理设备及设施。

（二）配送中心选址要求

配送中心的选址受到很多因素的影响，因此，在选址时必须尽量满足这些因素的要求。

1. 经济环境因素

（1）流量。配送中心设立的根本目的是降低物流成本，如果没有足够的物流量，配送中心的规模效益便不能发挥。配送中心的建设一定要以足够的物流量为基础条件，同时还要预测中、远期的物流量。

（2）流向。物品流向决定配送中心的作业内容及设施设备的配备。配送中心主要职能是将物品集结、分拣、配送到客户手中，因此应选择靠近客户的位置。

（3）城建规划。必须考虑城市建设的发展速度和方向，又要考虑减少装卸次数，同时还要考虑大型货车进出、专用线的使用等问题。

（4）交通运输。配送中心尽量靠近铁路货运站或高速公路及其他公路干线。如果需要设置铁路专用线，其规模应达到年吞吐量 30 万吨以上，否则成本太高，而且中心距离铁路编组站 2 千米以内，基建及运营费用低、便于管理。

2. 自然环境因素

（1）地形。一般应选择地形坡度在 1%～4%。靠近水域的地方建配送中心，应注意水位的涨落。尽可能减少不必要的土方工程，同时还要选择地耐力较强、无地下水上溢的地方。

(2) 气候。详细了解当地的自然气候环境。例如：温度、湿度、降水量、风向、风力、地震、山洪、泥石流等。

(3) 政策环境因素。主要是政府政策支持，有助于配送中心的发展，主要包括：土地、税务等方面的优惠政策，城市建设、地区产业发展政策等。

(三) 配送中心的选址程序

配送中心的选址应符合城市规划及具有良好的交通运输条件、地形地质条件及水、电、道路、通信等基础设施，应考虑大型集装箱车辆的进出条件，并充分考虑物品运输的区域化、合理化。充分分析服务对象的基本情况及发展趋势，例如连锁经营企业目前分布情况和将来布局的预测，以及配送区域的范围。一般情况下，首先初步选定若干个候选地点，然后采用数值分析法和重心法，寻求配送成本最低的地点。

在配送中心选址时应按照图 3－11 所示的方法和程序进行。

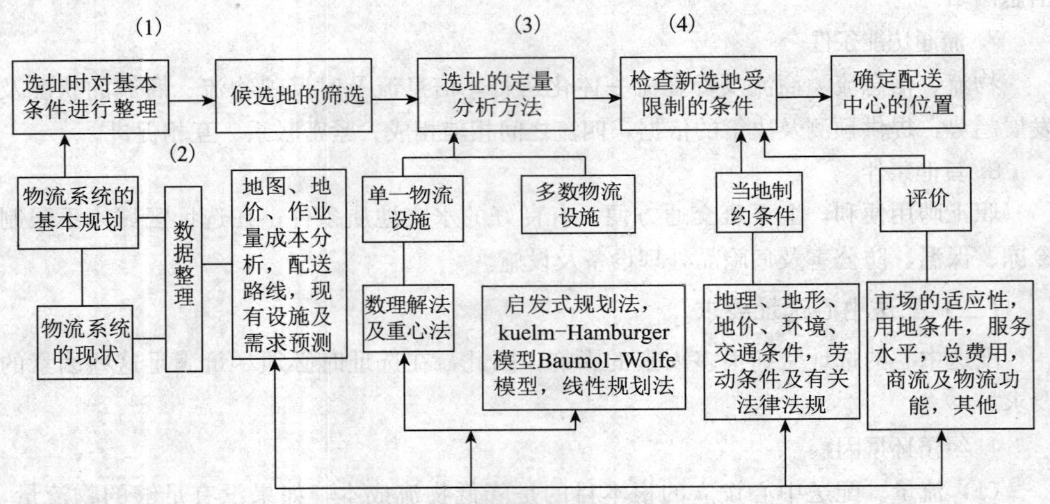

图 3－11　配送中心选址方法及程序

由于城市密度越来越大，自由选择的余地越来越小，所以现实中不一定要进行复杂的计算。但是，在配送选址时，无论中心规模大小，以下几个程序是必不可少的。

1. 收集整理资料

主要是确定物流系统的基本规划，对物流系统的现状进行分析，特别是物流量、流向、供应商与需求商的相对位置，运距、库容等资料进行收集、整理和分析。

2. 地址筛选

对于所有候选地址，根据地图上所处位置进行比较性分析，特别是地价、业务量、费用、配选路线、设施与设备现状的分析及需求预测。

3. 定量分析

对于单一配送中心采用数理解法及重心法，对于多种物流设施采用启发规划法，

也可以采用各种模型及线性规划法。

4. 复查

按照制约选址条件的主要因素，如地理、地价、地形、环境、交通运输、劳动条件及相关法律条目等逐一评价。

5. 确定

确定配送中心地址前，进一步评价市场的适应性、购置土地的条件、服务质量、总费用、商流、物流、信息流、资金流等功能。

（四）配送中心选址的资料整理

配送中心建在什么地方，选用哪些设施，成本如何，一般是通过计算求得。可将运输费、配送费、物流设施费等模型化，利用约束条件及目标函数建立数学公式，求出其中费用最小解。由此得出最佳的选址方案。但是，必须准确预测并分析作业量和成本这两个数据。

1. 作业量

配送中心作业量主要有以下几项：①供应商至配送中心的运输量；②配送给顾客的配送数量；③配送中心的库存量；④不同配送路线的作业量。

这些数量在不同的时间段、不同的季节、不同的月份等有各种各样的波动，在研究选址时必须确定用什么样水平的数据。除对现状数据进行分析外，必须设定设施运营后的预测数值。

2. 成本

同配送中心选址相关联的费用有以下几项：①供应商至配送中心之间的运输费；②将货物配送给顾客的配送费；③设施及用地所需费用及其相关的人事费、业务管理费等。

关于①和②，由于作业量及运距不相同，所需费用也不同，所以需按吨·公里的成本进行分析，对于③有变动费用和固定费用两部分，最好是用变动费用和固定费用之和进行成本分析。

3. 其他

准备一份标有客户位置、现有设施的配置及供应商的位置等相关资料的地图，根据地图整理出各候选地的配送路线、配送距离等数据。另外，必备车辆、作业人员、装卸搬运方式、装卸搬运设备费用等也应同成本分析结合起来设定。

（五）配送中心的位置确定

配送中心选址方法分为两种：一种是单一配送中心的选址方法；另一种是多数配送中心的选址方法。两者稍有区别，现将两种方法分别介绍如下。

1. 单一配送中心的选址方法（数值分析法）

如果一个配送中心为多数顾客配送货物，配送中心的位置应选在运输费用最小的地方。图 3－12 所示有 n 个客户，各自的坐标点为（X_i，Y_i），配送中心的坐标点为（X_0，Y_0），从配送中心到客户 i 的运输费用为 C_i，运输费总额为：

$$H=\sum_{i=1}^{n}C_i \tag{3-10}$$

假设：

a_i——从配送中心到客户 i 每单位运量、单位距离的运输费；

w_i——配送中心到客户 i 的运输量；

d_i——从配送中心到顾客 i 的直线距离。

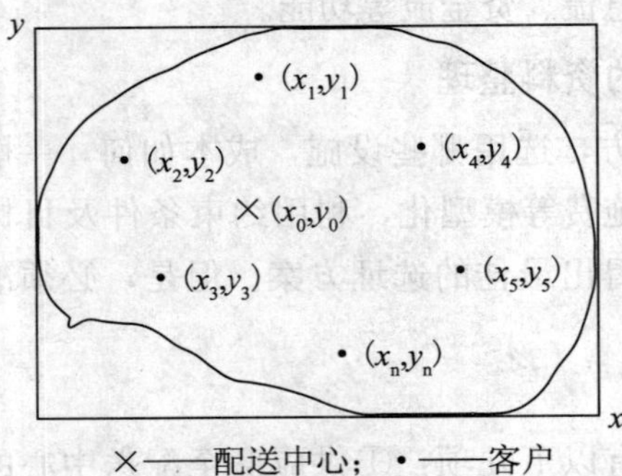

图 3-12 单一配送中心与多个客户

根据两点间距离公式，d_i 可用式（3-11）表示：

$$d_i=\sqrt{(x_0-x_i)^2+(y_0-y_i)^2} \tag{3-11}$$

运输费总额为：

$$H=\sum_{i=1}^{n}a_iw_id_i=a_iW_i\sqrt{(x_0-x_i)^2+(y_0-y_i)^2} \tag{3-12}$$

求得使 H 值最小的配送中心位置（x_0，y_0）即可。

令 $\dfrac{\partial H}{\partial x_0}=0$ 且 $\dfrac{\partial H}{\partial y_0}=0$ 时的（$x_0{}^*$，$y_0{}^*$）为配送中心的最佳位置。

通过求解可得，$x_0{}^*=\dfrac{\sum_{i=1}^{n}a_iw_ix_i/d_i}{\sum_{i=1}^{n}a_iw_i/d_i}$

$$y_0{}^*=\frac{\sum_{i=1}^{n}a_iw_iy_i/d_i}{\sum_{i=1}^{n}a_iw_i/d_i}$$

上述两式中因仍含有未知数 x_0、y_0 的 d_i 项，所以一次不能求出 $x_0{}^*$ 和 $y_0{}^*$。实际上，从设定初始值到求得运输费用最小值，需反复收敛式计算。

另外，成本函数中包括从企业到配送中心的运输费，也能够求出从企业到客户总运输费最小的配送中心位置。只是将企业作为前述那样的客户来处理，w_i 为从企业到配送中心的运输量，a_i 作为从企业到配送中心的运输成本进行计算。

在实际选址中，直线距离和道路路程有一定的差距，需要给 a_i 确定一定的修正系数来修正其差距。

2. 多数配送中心候选地的选址方法（启发式规划法）

在这里主要介绍利用简明公式建立起比较容易计算的数学模型。

（1）建立数学模型。

进货地、配送中心和配送地三者之间的物流概念如图 3－13 所示。从多数企业，经过多数的配送中心将产品运到多数的配送地（客户）时，求成本最低的运配规划。问题是多数的配送中心应如何选择。只能是由通过配送中心的产品数量的多少来评价并选择。

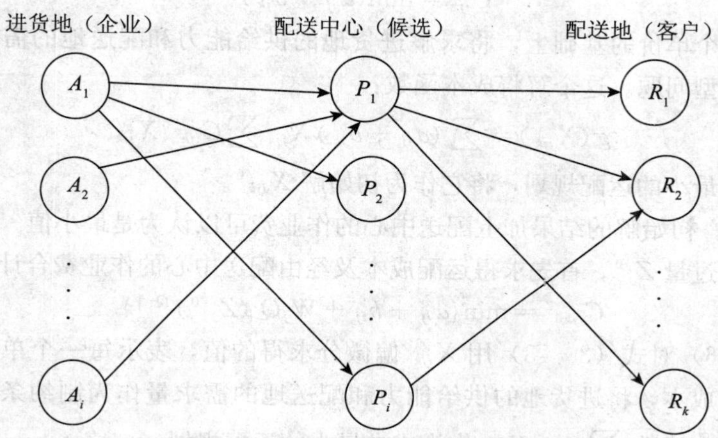

图 3－13 进货地、配送中心和配送地三者之间的物流概念

为计算这一运配规划的综合成本，用下面的方法建立数学模型。

a_{ij}：从进货地 A_i 到配送中心 P_j 运送每一个单位货物的运费。

b_{ij}：从配送中心 P_j 到配送地 R_k 配送每个单位货物的配送费。

$C_{ijk}=a_{ij}+b_{jk}$：从进货地 A_i 经由配送中心 P_j 到配送地 R_k 运配每一个单位货物的运配费。

X_{ijk}：从进货地 A_i 经由配送中心 P_j 到配送地 R_k 的运配量。

$Z_j=\sum_{ik}X_{ijk}$：配送中心 P_j 的通过量。

W_j：在配送中心 P_j 每处理一个单位的货物作业费。

V_j：配送中心 P_j 的固定费（不限于配送中心的规模所发生的费用）。

Q：配送中心作业费用系数。

综合成本的函数为：

$$f(X_{ijk})=\sum_{ijk}(a_{ij}+b_{jk})X_{ijk}+\sum_{j}W_j\,(Z_j)^{Q}+\sum_{j}V_j r(Z_j) \quad (3-13)$$

其中，
$$0<Q<1,\ r(Z_j)=\begin{cases}0 & Z_j=0\\ 1 & Z_j>0\end{cases}$$

式（3－13）中第 1 项是运配费用；第 2 项是配送中心的作业费与通过量（Z_j）的 Q

次方的乘积，条件是 $0<Q<1$，主要是考虑到规模的经济性；第 3 项配送中心的固定费，与变数 X_{ijk} 没有关系，在计算时可以不考虑 X_{ijk} 的变化。

（2）计算方法。

因为综合成本的函数是非线性的，所以首先求出初始解，之后采取反复计算顺次求出接近最小成本的方法。

①初始解。首先收集从进货地到配送中心运输单价 a_{ij} 的全部 $i\times j$ 个值及从配送中心到配送地的配送单价 b_{ij} 的全部 $j\times k$ 个值。然后以此为基础，求出从进货地经由配送中心到配送地的运配单价 $C_{ijk}=a_{ij}+b_{jk}$ 的最小值。

$$C_{ijk}=\min(a_{ij}+b_{jk}) \tag{3-14}$$

然后在这个单价的基础上，将求解进货地的供给能力和配送地的需求量，作为制约条件的运输型问题。这个解将成本函数：

$$g(X_{ijk})=\sum(a_{ij}+b_{jk})X_{ijk}\sum C_{ijk}{}^{0}X_{ijk} \tag{3-15}$$

成为成本最小的运配规划，将它作为初始解 $X_{ijk}{}^{0}$。

②2 次解。初始解的结果加上配送中心的作业费可以认为是最小值。由初始解决定配送中心的通过量 $Z_j{}^{0}$。首先求得运配成本及经由配送中心的作业费合计最小值：

$$C_{ijk}{}^{2}=\min\{a_{ij}+b_{ij}+W_jQ\,(Z_j{}^{0})^{Q-1}\} \tag{3-16}$$

式（3－16）对式（3－13）用 X_{ijk} 偏微分求得的值，表示每一个单位量的综合成本。根据这个成本，将进货地的供给能力和配送地的需求量作为制约条件解运输型问题，求出将成本函数 $\sum\limits_{ik}C_{ijk}{}^{2}X_{ijk}$ 作为成本最小的运配规划。

这是 2 次解的 $X_{ijk}{}^{1}$。求出此时配送中心的通过量 $Z_j{}^{1}$。

③最适解。以下反复进行同样的计算，将 $n-1$ 次解的配送中心的通过量 $Z_j{}^{n-1}$ 和 n 次解的配送中心的通过量 $Z_j{}^{n}$ 进行比较。如果是相等的计算结果，则终止计算；如果不相等则反复计算，即 $Z_j{}^{n-1}=Z_j{}^{n}$ 时的 $X_{ijk}{}^{n}$ 是最适解。

需要说明的是这个模型有优点也有缺点。

主要优点是：比较容易计算；能够用物流的综合成本来评价；最适解是配送中心的最佳吞吐量，它是决定设施规模的标准；可以根据作业费用来考虑规模的经济性。

主要缺点是：按照配送中心候选地的选择方法，有时利用最适解选择配送中心的数过多，而在某种情况下却存在较最适解的配送中心数少，而且是综合成本比较低的解，因此必须仔细推敲解值；配送中心作业费用的系数 Q，如果有实际数据时容易确定，否则必须假设；没有反映配送中心固定费用的解值。

二、配送中心的合理布局

与配送中心的规划与选址几乎同时进行的另一项工作是配送中心宏观的合理布局。配送中心的布局一般情况下分为以下几种形式。

（一）辐射型

辐射型配送中心如图 3－14 所示，位于众多客户之中，商品由配送中心向四周配

送，形成辐射状，如果客户较为固定，从配送中心到各客户的距离之和小于其他候选地至各客户的距离之和。这种类型的配送中心适应两个条件：一是配送中心附近是客户相对集中的经济区域；二是配送中心靠近主要运输干线，利用干线运输将货物运达配送中心，然后再配送到各个用户，但要尽可能避免逆干线配送时产生不合理的对流运输。

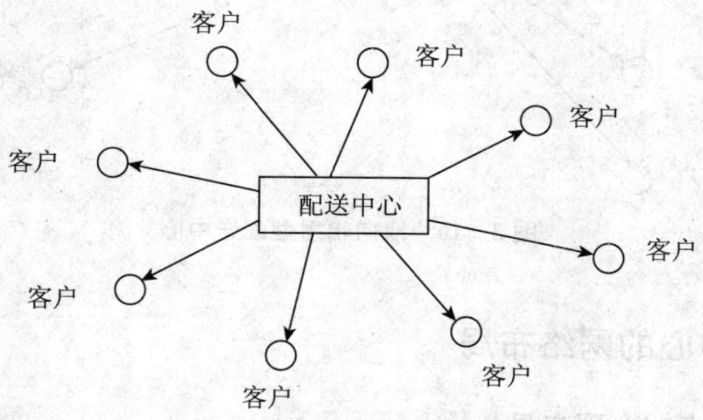

图 3-14　辐射型配送中心

（二）扇型

商品从配送中心向一个方向配送，形成扇型，扇型配送中心如图 3-15 所示。其特点是：商品有一定的流向，配送中心位于主要运输干线的中途或终端，配送中心的商品配送方向与干线运输方向一致或在运输干线侧面。

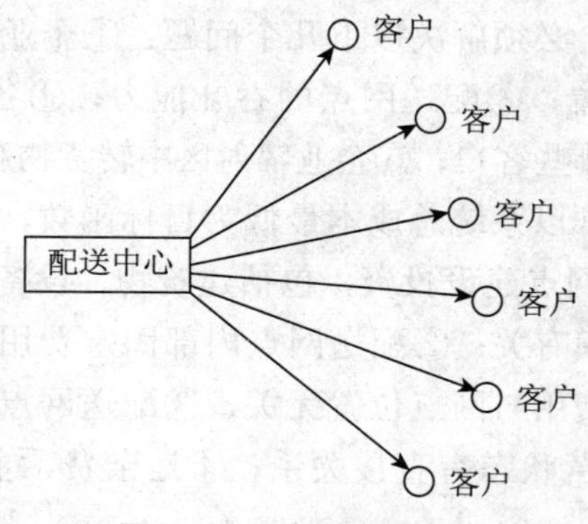

图 3-15　扇型配送中心

（三）双向辐射型

双向辐射型配送中心如图 3-16 所示，双向辐射型的客户集中在配送中心的两侧，商品从配送中心向两个相反方向配送，配送中心靠近主要运输干线，配送中心的商品向运输干线两侧配送。

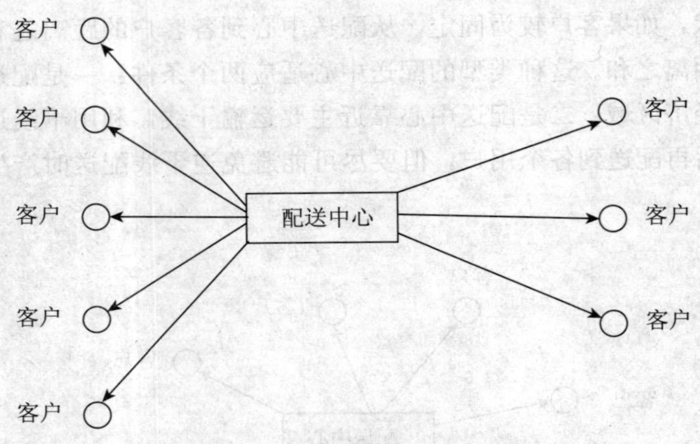

图 3-16　双向辐射型配送中心

三、配送中心的网络布局

(一) 配送网点的合理布局

配送网点布局是物流系统中具有战略意义的投资决策问题。网点布局是否合理，将对整个系统的物流合理化有着决定性的影响。

1. 配送网点合理布局

配送网点是组织物流活动的基础条件。由于商品的分布、需求、运输及环境等因素的影响，在同一企业内不同地方，设置不同规模、不同供货范围的网点，而且在整个物流系统中的作用及效益也各不相同。如何设置配送网点，才能使物流费用最省、效益最佳、服务质量最好，必须解决以下几个问题：①企业辐射范围内配送网点的数目；②配送网点的地理位置；③配送网点的吞吐能力；④各网点的进货和发货关系，即从哪里进货，又配送给哪些客户；⑤企业辐射区中转货物和直达货物比例。

配送网点布局模型通常以系统总成本最低为目标函数，但是建立数学模型时应考虑以下几项费用：①配送网点建设投资，包括建筑物、设备、土地征用等费用，此费用与网点数量、位置及规模有关；②配送网点内部固定费用，包括人员工资、固定资产折旧及行政支出等，此费用与网点位置无关；③配送网点经营费，包括储存费、商品养护费等，此费用与经营状态有直接关系；④运杂费，主要包括运费、配送费等，显然它与网点位置有关。

一般为了简化可分为两大类，即上述①和②为固定费用；③和④为可变费用。

2. 配送网点分散与集中的比较分析

配送网点分散与集中的比较分析如表 3-15 所示。

表 3-15 配送网点分散与集中的比较分析

配送网点类型	优点	缺点
配送网点分散	①可以向客户提供高质量的服务；②规模较小，易于运营管理；③设施与设备规模小，所需费用少；④客户配送距离较短，配送车辆周转率高	①需要职员多，人头费等负担重；②库存管理难度大，实际库存数量难以控制；③总库存量增大；④规模小，不易形成机械化、省力化作业方法；⑤仓库及其他设施、设备维修费用增加；⑥出库、入库等指令复杂，使系统的规模大型化
配送网点集中	①土地、建筑投资额低；②库存总量低；③库存管理集约化、标准化、科学化；④减少职员配置，降低劳力费用；⑤可以进行多品种、小批量配送；⑥商品处理批量大，便于实现机械化、自动化；⑦便于形成物流系统，实现运输、配送合理化	①配送距离长、配送时间长；②订货、进货、发货等所需联络时间较长；③需要处理的商品过多，耗费时间长；④设备、机具费用有可能增多

3. 配送网点存在的问题和对策

由于物流环境的不断变化，一般配送网点易出现以下问题：①只追求储存效率，而对分拣等作业效率重视不够；②配送库存与仓储库存混在一起，仓储效率和作业效率都难以提高；③对整个网点的总体库存情况难以掌握；④储存型配送中心由于分散在许多地方，易增加“死藏”商品，而流通型配送中心由于分散而易出现“滞品”；⑤配送网点易掩盖生产和销售环节上的问题。

不解决上述问题，就难以做到确保优质服务、降低总成本。要想解决上述问题，必须改进配送网点内部工作：①安排足够的配送中心，满足客户的需要；②在保证服务水平的前提下，尽可能精简配送网点；如有可能引进自动化设备将旧配送中心改造成新的配送中心；③严格控制配送中心库存量，配送中心只需保管发货频率高、发货量大的品种，难销售的商品不宜储存在配送中心；④配送中心的库存应固定货位，便于分拣，提高作业效率；⑤配送中心要留有足够的作业空间，在配送中心内部，存货空间、作业空间和通道应各占 1/3，即便是储存型配送中心存货空间也不得超过 1/2；⑥为了提高配送中心的发货效率，应推行机械化、自动化和智能化，其中最为关键的是迅速、准确的拣选工作；⑦为了提高配送中心的效率，应建立支持配送中心作业的信息系统。

（二）配送中心网络布局

单一配送中心只能在局部范围内起作用，其有效的作业范围是有限的。对于大范围的经济区域，比如全国范围，只有对多个配送中心合理布局才能满足物流的需要。多个配送中心通过合理布局、合理分工和合理衔接形成的网络，叫配送中心网络。

要建立配送中心网络，确定各个配送中心的宏观布局，必须遵守以下几个原则。

1. 按经济区域建立配送中心

所谓经济区域是指在经济上有较密切联系的地区，对于配送中心来说，在交通运输方面的便利性尤为重要，这种区域往往是跨行政区域。按经济区域建配送中心，能够借助配送中心将区域内的企业密切地联系起来，特别是配送中心的发展可以同区域经济结合起来，同时在具体组织物流运作时可以避免不合理的运输，实现物流合理化、优化配送运输路线。

2. 以城市为中心，进行配送中心网络布局

城市是商品的重要集散地，配送中心网络布局必须满足城市的生产和需求，以城市为中心进行配送中心网络布局。在城市的周围地区受城市经济的影响，是城市经济的辐射区，交通运输网络也以城市为中心。所以，在考虑配送中心网络布局时，应当充分考虑同城市发展规划，以城市为中心进行网络布局。

3. 配送中心网络应在商物分离基础上形成

商物分离是物流合理化的核心，商业交易中心和物流配送中心在性质上、作用上、功能上有很大区别，商业交易中心往往需要处在市内繁华区，以利于同客户密切联系；而配送中心往往设在城市同乡村的连接处，主要考虑交通便利等物流的合理化。配送中心宜处于城市范围内，但不宜处于繁华场所；宜处于运输便利处，但不宜设在繁荣市区的交通要道。

4. 配送中心网络也是信息网络

物流业界有句行话叫作：物流的精髓在于系统，系统的核心在于信息。同样道理，配送中心网络的核心在于信息，这也是现代物流与传统物流的主要区别之一。每一个配送中心都是信息网络的分支或终端，在考虑配送中心网络布局时，必须同时或率先考虑信息网络问题。

（三）配送中心网络布局合理化

配送中心的网络布局对企业经营活动有很大影响，如果配送中心的分布难以同用户有效衔接，配送中心的活动就会受到抑制。配送中心网络布局的合理化是根据企业现状及发展的预测而进行合理规划。由于外部环境和内部条件不断变化，即使网络已经形成，配送中心的经营活动也必须适应各种变化，其适应性不应受到抑制。因此配

送中心网络布局合理化不可忽视以下几个问题。

1. 动态变化

考虑配送中心布局时，绝不能将环境条件和影响因素绝对化、静态化，配送中心应能随很多相关因素变化而变化。比如用户的变化、交通运输条件的变化、成本和价格因素的变化以及经济发展的变化等。配送中心网络规划应建立在详细分析现状和对未来发展方向正确预测的基础上，而且要有一定的柔性和灵活性，在一定范围内能适应数量、客户、成本等多方面的变化。

2. 低运费

配送中心组织配送运输，其运费与运距有关，所以低运费就简化为最短理论运距或最短实际运距。其实运费与运量同样有着密切关系，最短运距不等于就是最低运费，最低运费又可简化为运量（吨或吨·公里）。但是由于在市场机制作用下，各个客户的数量是在变化的，它不像客户的地理位置那样固定不变，这种简化只能作为配送中心网络布局的参考。

3. 交通运输

配送中心的配送活动在其之外的辐射地区，这一活动则主要依赖交通运输条件，这是配送中心的一个特殊条件，是影响竞争和低运费的重要因素。在配送中心网络布局时，必须考虑现有交通运输条件和未来的发展，如果忽视这一点是配送中心网络布局的失败。

4. 统筹兼顾

配送中心的层次、数量、布局与生产力的布局、消费市场布局有着密切关系，而且是互相促进、互相制约的。配送中心网络布局合理化必须统筹兼顾，全面安排，既要考虑宏观因素，又要考虑微观因素。

第五节　配送中心内部设计及设施、设备配置

建立配送中心的主要目的在于降低物流成本提高服务水平，进而提高企业运营效率，增加销售额，降低物流成本，增加经营效益。为此，对新建配送中心的选址、规模、形式、前置期，零缺货及零差错率措施，畅销及滞销商品信息，新开发产品信息等进行调研、分析，根据这些不同的要求设计不同类型的配送中心。

现代化配送中心要实现省力化、无人化、标准化，而且差错率保持在0.1%～0.3%。对于冷冻或冷藏库，作业环境差的岗位实现无人化，装卸搬运实现机械化或自动化，事务处理高速化、库存管理信息化、订单处理高效化等，改善作业环境，使作业环境保持干净、卫生、明亮，保证商品稳定供应。

一、配送中心内部设计前期准备工作

（一）前期调研与分析

对于拟建配送中心的地区进行交通状况、商业网点、城市规划、人口重心、销售额等方面的调研分析，决定配送中心性质、规模、现代化程度等。如果发现与前边的规划有出入，就立即修正。

调研与分析步骤为：第一步画出某地区主要交通干线（包括铁路、水路、高速公路、国道和普通公路）和较大的城镇商业网点；第二步调查该地区城镇人口和基本购买力，并列出一览表；第三步进行分析，拟建配送中心地是否是交通便利、人口集中、购买力强的地方，也就是说是否为人口重心位置、销售重心位置。

1. 销售额的调研与分析

销售额的大小，是决定拟建配送中心规模的最基本的条件，这也是一个企业较为关心的数据，所以必须科学估算各种商品的销售量和销售额。通过调研分析掌握基本数据，决定配送中心的功能性质和规模。企业无论选择何种类型配送中心，销售额这个数据都是非常重要的基本数据，它决定配送中心的规模，特别是各作业区的作业量。利用这些数据计算出配送中心的有效规模，对这些数据进行详细的分析，决定配送中心的各作业系统。如果数据分析出现失误，将导致配送中心的设计错误，因此，资料数据的收集与分析是配送中心设计成败的关键。下面以连锁经营企业的配送中心为例，分析不同形式的配送中心的销售额和数据，拟建配送中心销售额分析如表 3 - 16 所示，不同性质的配送中心数据分析一览表如表 3 - 17 所示。

表 3 - 16　　拟建配送中心销售额分析

配送中心性质	大分类销售额	小分类销售额
批发型配送中心	各交易方的交易额；不同地区的交易额（年度数据）	各类商品的发货额；ABC 分类的发货额；每种名牌商品发货额（年、月、日数据）
小型零售店配送中心	不同地区的销售额；各交易方的销售数	各类商品的销售额；各种名牌商品的销售额；ABC 分类的销售额
流通加工型配送中心	每年各商品部（生鲜、干货、服装等）的销售额	各类商品的销售额；ABC 分类的销售额（年、月、日数据）

表 3-17 不同性质的配送中心数据分析一览

配送中心性质	作业工序	数据分析项目	分析单位及内容
批发型配送中心	进货	进货车辆数；进货数量（吨数、货箱数、个数、托盘数，集装箱数、容积立升数、进货高峰数等）；进货地及交易单位	车辆类型；平均每月进货数量；平均每天进货数量；平均每半个小时进货数量；按作业分类进货数量；按商品分类进货数量；按货物形状分类进货数量
	检验	散货数量；货箱数；进货检验；质量合格率；抽样数	平均每月、每天、每半个小时的检验数量；各作业区的商品检验数量；各类商品检验数量
	入库储存	入库数量；储存数量（高峰时数量、托盘数、货箱数、件数、吨数等）；储存设备数	按时间、区位、商品种类及货物形状进行数量分析；不同储存温度的商品数量；不同商品特性的商品数量
	配货	配货数量（托盘数、箱数、再入库托盘数、箱数）；分拣数量（件数、箱数及峰值）	平均年、月、日、时配货数量；不同保管区配货数量；不同类型的商品配货数量
	流通加工	各种流通加工方式的加工数量；流通加工的托盘数、箱数、件数及峰值	不同季节的流通加工数量；不同顾客群的流通加工数量；不同类型的商品流通加工数量
	发货	发货的托盘数、箱数、件数等；发货的车数（各配送路线和配送区域的车辆数）	平均年、月、日、时段发货数量；不同顾客、不同区域、不同配送方向的发货数量；发货用的租用车、自有车型号及数量
	订单处理	订单数量；订货时间；订货数量（件、箱、个等）	平均年、月、日、时订单数量；不同顾客、区域、方向订货数量
小型零售店配送中心	进货	进货车辆数；进货数量（具体数据类型同批发型配送中心）	平均年、月、日、时进货数量；各温、湿度储存区进货数量；ABC 分类进货数量；各种货物包装形态进货数量
	检验	进货检验数量；检验时间与比率	按交易方进行检验；按商品类型进行检验；接管理区进行检验
	入库储存	入库数量（具体数据类型同进货）；储存数量（具体数据类型同进货）；储存设备数	各储存设备和储存区的数量；其他同进货
	配货	同进货	各作业区数量；平均年、月、日数量；各商品类型的数量

续 表

配送中心性质	作业工序	数据分析项目	分析单位及内容
小型零售店配送中心	越库配送商品分类	越库配送商品暂存数量（厢式货车数量、集装箱数、托盘数、箱数）；分类数量（集装箱数、托盘数、箱数等；各店铺数量；各配送方向数量；各暂存区数量；厢式货车及冷藏车数量）	平均年、月、日数量；各交易单位数量；各商品类型数量；各包装形态数量；各店铺数量；其他
	流通加工	同批发型配送中心	同批发型配送中心
	发货	发货数量（箱数、袋数、货车数、冷藏车数、店铺数等）	平均年、月、日发货数；发货店铺数
	订单处理	订货店铺数；订货品种数；订货类型数；订货箱数、个数及件数等	平均每月、每日订单数；各店铺订单数及订货方式
流通加工型配送中心	进货	进货车辆数；进货数量（吨数、箱数、集装箱数、越库配送货箱数及品种数、越库配送厢式货车数等）	平均月、日、时进货数；各商品类型、温度保管区进货数量；各交易单位进货数量
	检验	进货检验数量；检验时间；检验品种数	各交易单位检验数量；各类商品检验数量、各温湿度管理区检验数量
	入库储存	入库数量（具体数据类型同进货相同）；储存数量（吨数、箱数、集装箱数、品种数、台车数等）	各进货单位、商品类型、温湿度管理区、入库数量；按 ABC 分类进货数量；各业务部进货数量；各包装形态进货数量
	配货	与进货数量相同	平均每月、日进货量；各商品类型进货量；各作业区及加工设备进货数量
	流通加工	加工吨数、箱数、件数及在加工的数量	各种加工精深度的数量；各种加工项目的数量；各种商品加工数量；各加工工艺数量
	越库配送商品分类	越库配送商品暂存数量（同小型零售店配送中心）；分类数量（同小型零售店配送中心）	同小型零售店配送中心
	发货商品分类	退回集装箱数；装车率；其他与小型零售店配送中心相同	平均每月、日分类数量；每个店铺发货分类数量；各发货区分类数量
	发货	发货分拣数量（集装箱数、货箱数、厢式货车数、冷藏车数）；货运汽车数量	按车辆功能分类数量；其他与发货商品分类相同
	集装箱清洗	清洗集装箱数量；空箱积存数量	平均每月、日、时数量；各种类型集装箱数量

2. 商品包装形态调研与分析

各种包装形态的商品数量是确定配送中心规模及形式的重要工作。将各种包装形态进行分装统计并换算成通用单位，有利于装卸搬运。商品包装形态调研分析内容如下。

(1) 进货与入库商品形态。

①汽车装载（散货）。

货箱：适用于所有配送中心。

集装箱：适用于流通加工型配送中心及小型零售店配送中心。

散货：适用于小型零售店配送中心。

单位：立方米、吨。

②汽车装载（单元化）。

平托盘：适用于所有配送中心。

箱式托盘：适用于小型零售店配送中心、流通加工型配送中心。

筐式台车：适用于人工作业的配送中心。

单位：立方米、吨、托盘、箱。

(2) 储存货物形态。

①货架储存。

适用范围：适用于批发型配送中心、小型零售店配送中心等。

货物形态：货格式货架、旋转式货架、水平旋转式货架。

单位：立方米、吨、件数、箱数、物品个数。

②货箱储存。

适用范围：适用于批发型配送中心，小型零售店配送中心等。

货物形态：货格式货架、封闭式货架内堆放。

单位：箱数、品种数。

③单元化储存。

适用范围：适用于商业配送中心中大件商品。

货物形态：托盘垂直堆垛、筐式台车内堆放。

单位：托盘数、层数、货格数、台车数。

(3) 配货商品形态。

①单件配货。

适用范围：适用于所有商业配送中心。

货物形态：托盘堆放、堆放货箱内、无包装不规则形态。

单位：托盘数、个数、立方米、千克。

②整箱配货。

适用范围：适用于所有配送中心。

货物形态：同货箱。

单位：箱数、立方米、千克。

③单元化配货。

适用范围：适用于商业配送中心内大件商品。

货物形态：与进货时装车单元相同。

单位：件数、立方米、千克。

(4) 商品分类形态。

①单件分类。

适用范围：适用于所有商业配送中心。

货物形态：与配货形态相同。

单位：箱数、立方米、千克。

②整货箱分类。

适用范围：适用于所有配送中心。

货物形态：同货箱、集装箱。

单位：箱数、集装箱数。

(5) 发货商品形态。

①整箱堆货。

适用范围：适用所有配送中心。

货物形态：同货箱。

单位：箱数、立方米、吨。

②单元化堆货。

适用范围：储存型配送中心内大件商品。

货物形态：平托盘堆放、厢式货车堆放、小型单元堆放。

单位：托盘数、吨、换算系数（将某一产品或商品的尺寸大小作为 1 个单位时的系数）。

(二) 配送中心设计要求

新建配送中心各种功能设计是在对现有各种数据分析的基础上，考虑到企业的发展，使其在今后几年内不落伍。特别是年作业量的峰值系数是设计配送中心的重要数据之一，配送中心主要设计要求如表 3－18 所示。

表 3－18　　配送中心主要设计要求

项目 配送中心	配送中心主要设计要求	
	配送中心	企业
批发型配送中心	采购量增长率 平均每月进货量 进货峰值 配货峰值系数	库存系数 品种数量的增减 货源地的增减 流通渠道的变化

续 表

项目 / 配送中心	配送中心设计要求内容	
	配送中心	企业
小型零售店配送中心	进货增长量 平均每月进货量 进货峰值 流通加工增长量	配货峰值 发货峰值 库存数量 品种数量的递减
流通加工型配送中心	原料库存数量 商品库存数量 发货增长量 进货地的变化	各类商品流通加工增长量 平均每月生产计划 流通加工峰值系数 品种数量增减

归纳表 3-18 可知设计配送中心时需要的主要参数如下。

①各种商品的年增长率。

②配送中心的远景规划，一般是 10～15 年后的综合水平。

③平均每月产值。

④进货峰值系数。

⑤商品周转时间及周转率。

⑥配货峰值系数。

（三）物流量的分析

物流量对于配送中心的设计是至关重要的数据。从原材料采购进货，到成品配送整个过程中，经过每一个环节的数量、最终的数量、损失的数量，这些数据都是设计工作开展前的必备数据。

物流量可以用图示法标明，图 3-17 为某配送中心物流量概念图，一般情况是自左而右，沿着作业流程画出要素方框，在方框中标明各种作业流程及数量。根据各种配送中心的特性，框中的内容并不相同。如图 3-17 所示。

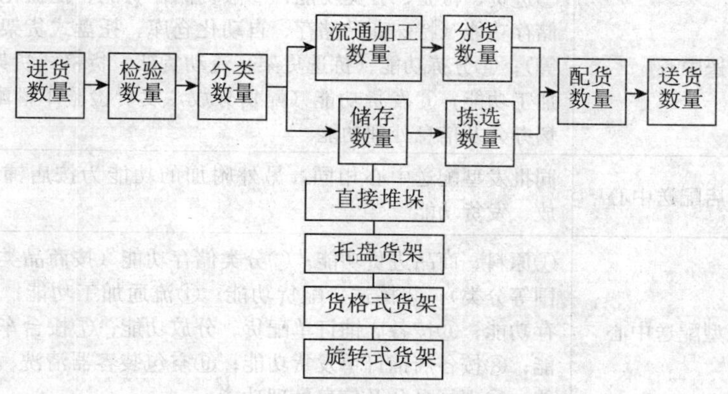

图 3-17 某配送中心物流量概念

为了进一步详细分析拟设计配送中心的物流量，可参照表 3－19 中各种类型的配送中心物流量的主要要素进行分析，它是系统设计和设备选择的主要依据之一，应特别注意的是进货和发货峰值。配送中心的物流量要素如表 3－19 所示。

表 3－19　　配送中心的物流量要素

配送中心性质	进货	储存	配货	流通加工	捆包装箱	分放暂存	发货
批发型配送中心	货源地及数量；进货车辆数	托盘数；箱数；件数；品种数	托盘数；箱数；件数；品种数	标价数；其他加工数量	捆包个数	按路线分数量；路线数	车辆数；吨数
小型零售店配送中心	进货车辆数；进货箱数；货源数	箱数；品种数	箱数；吨数；件数；订单数	标价数；其他加工数量	分类标签；装载容器数	按店分类数；车辆数；店铺数	车辆数；箱数
流通加工型配送中心	货源地；吨数；采购地；品种数；进货车辆数	吨数；各储存区吨数；品种数	吨数；品种数；件数；箱数	各加工区吨数；加工分装数；容器数	容器数；吨数；箱数	店铺数；各店铺箱数；台车数	发货车辆数；箱数；车辆数

二、配送中心内部布置

（一）配送中心的功能确定

配送中心的性质和功能不同，选用设备和各作业区面积也不相同。在配送中心设计前先要确定配送中心的功能，以下分析具有代表性的配送中心的功能，如表 3－20 所示。

表 3－20　　配送中心的功能

序号	配送中心性质	功能
1	批发型配送中心	①进货、检验、分类功能；②散货储存功能、托盘化储存功能；③储存功能（特殊商品储存、自动化仓库、托盘式货架、移动式货架等）；④分拣功能（拣选货架、流动货架、货格式货架等）；⑤流通加工功能；⑥发货功能（配货分放，发货检验车辆配装等）；⑦现场办公及信息处理功能
2	小型零售店配送中心	同批发型配送中心相同，另外附加的功能为按店铺订单配货、分放、发货功能
3	流通加工型配送中心	①原料、商品进货功能；②分类储存功能（按商品类别，温湿度范围等分类）；③拣选、配货功能；④流通加工功能；⑤加工成品储存功能；⑥按各店铺订单配货、分放功能；⑦按台车取货、存储功能；⑧按各店铺订单发货功能；⑨空包装容器清洗、储存、返回功能；⑩现场办公及信息处理功能

（二）配送中心各作业区平面布置及设计计算

在计算各作业区面积时，首先要考虑从进货到发货的流程是否顺畅。一般有两种情况，一种在已确定占地面积及选址的条件下进行设计，另一种是未进行选址和确定占地面积时进行设计。如已确定选址及占地面积，一般根据选址地形在配送中心基本形式（I 型、L 型、U 型）中选择一种，配送中心内部布局基本形式如图 3－18 所示。如未确定占地面积及选址，虽然可以在 I 型、L 型、U 型中选择，但是设计时可有较大的灵活性和自由度，根据设计方案进行选址。

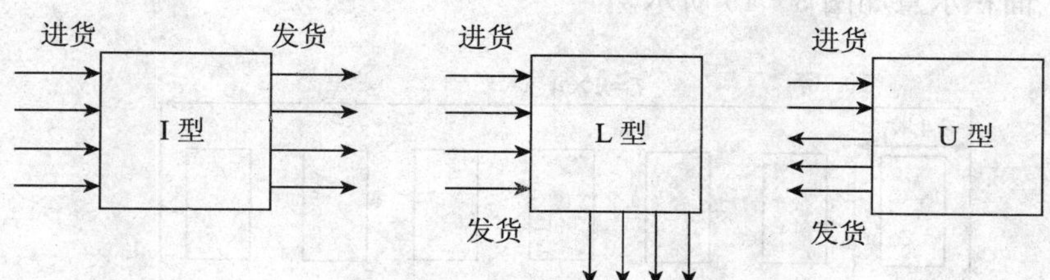

图 3－18　配送中心内部布局基本形式

在选择并确定配送中心内部布局基本形式之后，对各作业区的面积进行计算，将计算出的面积优化后，绘制到配送中心平面图上。

1. 进货区的面积计算

进货时间：根据一般规划的原则，将初步调研得到的各类数据进行分析，设定配送中心进货时间，一般按每天 2～3 小时计算，具体时间为：7：30—9：30，13：00—15：00，22：00—24：00。

进货车辆数：根据配送中心的规模、各种车型及配货方式、卸货时间计算。如表 3－21所示，进货高峰系数为 1.5，要求 2 个小时内必须卸车完毕，其计算公式如下：

$$n=\frac{(20\times N_1+10\times N_2+60\times N_3+30\times N_4+20\times N_5)\times 1.5}{60\times 2} \tag{3-17}$$

式中：

n——配送中心需要车辆数；

N——进货车辆数。

表 3－21　　配送中心进货车辆数和卸货时间

进货车辆数（辆）				卸货时间（分钟）			
进货形式	11 吨	4 吨	2 吨	进货形式	11 吨	4 吨	2 吨
托盘	N_1	N_2	—	托盘	20	10	—
散货	N_3	N_4	N_5	散货	60	30	20

进货区面积的计算公式如下：

$$M=L\times 3.5=n\times 4\times 3.5 \quad (3-18)$$

式中：

M——进货区面积（平方米）；

L——进货区停车场长度（米）；

n——进货区停车场的车位数；

3.5——进货区宽度（米）；

4——每个车位的宽度（米）。

进货区面积示意如图 3－19 所示。

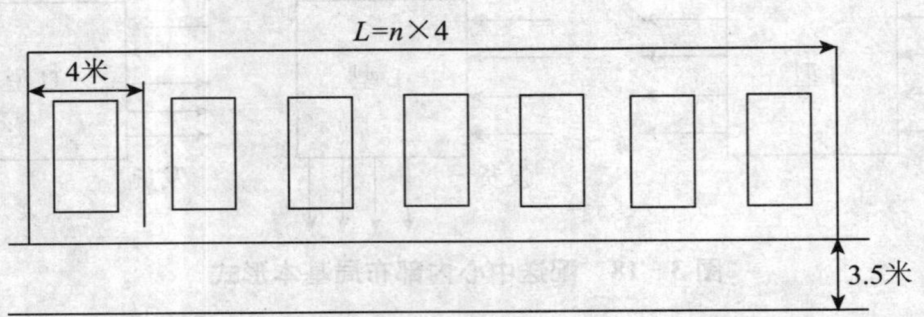

图 3－19　进货区面积示意

2. 储存区的面积计算

（1）自动化仓库面积的计算。

一般情况两排货架宽度与巷道宽度之和为 3.75 米，如果选用尺寸为 1.1 米×1.1 米的托盘，货架有 N 排、n 列、H 层。则总货位为：

$$Q=N\times n\times H \quad (3-19)$$

货架两端端头长度各为 5 米，货格长度为 1.35 米，货架货位总长度为 1.35 米×n，货架总长度为 10 米＋1.35 米×n。自动化仓库的面积则为：

$$M=(10+1.35\times n)\times(3.75\times N)/2$$

（2）双托盘货架区面积计算。

为了能够做到货物“先进先出”不留滞品、呆品而采用双托盘货架，每一个货格内可以在左右两边存放两个托盘，当左边托盘货物出库时，右边托盘进货。假如货架货格长度 1.5 米，n 列、2 排、3 层总托盘数为 $N=n$ 列×2 排×3 层×（2 托盘/货格）。两排货架宽度为 12 米，货架一端端头长为 5 米，则双托盘货架区面积为：

$$M=12\times(1.5\times n+5)$$

（3）普通托盘货架区面积计算。

设每个货格长为 2.7 米，共有 n 列、4 排、6 层，则总货位数为 $Q=4$ 排×n 列×6 层，货架两端端头长度为 3 米，4 排货架及通道宽度为 13.8 米×（2.7 米×n＋3 米），普通托盘货架区面积为：

$$M=13.8\times(2.7\times n+3)$$

(4) 双箱式货架区面积计算。

设有 2 排、n 列、H 层双箱式货架，货格宽度为 1.5 米，则总货位数为 $Q=n$ 列×2 排×H 层，2 排货架宽度为 9.5 米，两端端头长为 2 米，则双箱式货架区面积为：

$$M=9.5\times(1.5\times n+2)$$

(5) 普通箱式货架面积计算。

设 n 列、4 排、5 层货架，每个货格宽为 1.8 米，则总货位数为 $Q=n$ 列×4 排×5 层。4 排货架总宽度为 6 米，货架两端端头长为 2 米，则普通箱式货架区面积为：

$$M=6\times(1.8\times n+2)$$

3. 分类区面积计算。

设分类能力在 5000～7000 货箱/小时的配送中心分类作业区，每天分类 n 货箱，作业峰值系数为 1.5。分类货位数为 N（用户数或配送方向数），每天作业时间为 7 小时，单位时间分类数为 $n\times1.5/7$（货箱/小时），作业区的宽度为 6～10 米，每个货位宽度为 2 米，作业区的面积为：

$$M=(L+2)\times(6\sim10)$$

式中：

M——作业区面积；

$L+2$——作业区的长度，其中 $L=2$ 米×N。

4. 流通加工区（主要指粘贴标签、价格等作业区）面积计算

设作业人员为 N 人，单人作业区宽度为 3 米，长度为 3.5 米，流通加工作业区的面积为：

$$M=3.5\times3\times N$$

5. 电梯前临时存货区

多层建筑的配送中心，二层以上的货物主要由电梯垂直提升，所以在电梯前面必须有一个临时存货区，作为准备提升或下降货物的临时存放地。一般情况下，配送中心至少要有两个电梯才能保证配送中心的正常运营，每个电梯的横截面积为 5 米×4 米，电梯前临时存货区宽度为 7 米（含电梯前边的通道）。则其面积为：

$$M=10\times7$$

6. 配货区作业面积

设配货区货位数（用户或配送方向数）为 n，一个货位宽度为 1.2 米，长度为 12 米（含车通道），单人作业区宽为 3 米，面积利用率为 0.7。配货区作业面积为：

$$M=12\times(1.2\times n+3)/0.7$$

7. 发货区作业面积

设平均每天配送车辆为 N 辆，高峰时配送车辆为 N_p 辆，平均每辆车装车时间为 30 分钟，1 个车位的宽度为 4 米，发货区宽度为 5 米，发货区作业面积为：

$$M=5\times4\times N_p$$

8. 非直接作业区面积

(1) 小型 10 人办公室。配置 10 张办公桌、6 个柜子，面积为：6.2 米×5.75 米＝

35.65 平方米，人均约为 3.6 平方米。

（2）大型 10 人办公室。配置 10 张办公桌，2 台计算机终端，6 个柜子，1 个接待处。面积为：7 米×7.95 米＝55.65 平方米，人均约为 5.6 平方米。

（3）每次可容纳 28 人的食堂，面积为：7.6 米×9.7 米＝73.72 平方米。人均约为 2.6 平方米。

（4）小型会议室。假若可容纳全体职员人数的 1/3（18 人），而会议室还应设置黑板、备用椅、书架等物，会议桌摆放形式有矩形、U 形。以矩形为例，需要面积为：7.6 米×11.3 米＝85.88 平方米。人均约为 4.8 平方米。

（5）大型会议室。会议室摆放 9 排 6 列共 54 张椅子，即可容纳 54 人，其面积约为 7.0 米×13.2 米＝92.4 平方米。人均约为 1.7 平方米。

（6）计算机室。13～20 台计算机室面积为：12 米×6.5 米＝78 平方米。

各作业区面积计算完毕，整理汇总成表格进行分析和方案比较。

（三）配送中心各作业区平面布置

配送中心各作业区面积算定后，将各作业区合理地分布在配送中心内。在此之前确定配送中心占地面积内的建筑物配置，占地面积 5400 平方米（90 米×60 米），配送中心有效面积 2100 平方米（70 米×30 米），使用大型厢式货车进货，4 吨厢式货车配送。一般情况下，非建筑占地 45％～50％，发货汽车停车位面积、大型厢式货车转弯半径及车位至少需要 25 米的宽度，4 吨厢式货车转弯半径及车位至少需要 19 米的宽度。配送中心占地面积内的建筑物布置如图 3－20 所示。

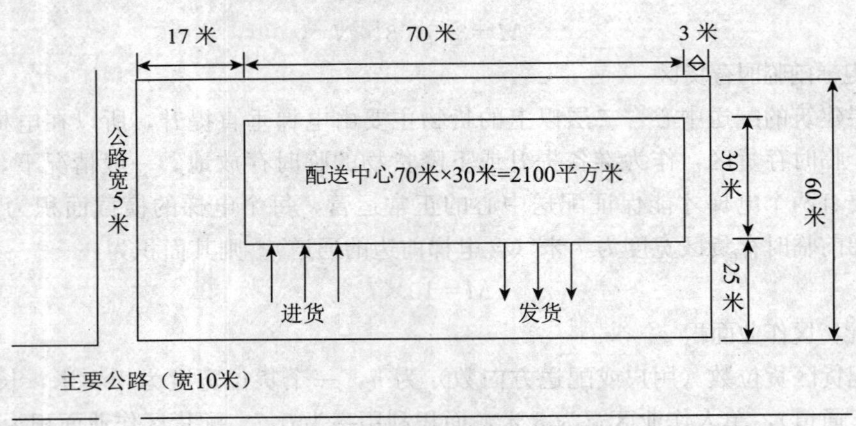

图 3－20　配送中心占地面积内的建筑物布置

在确定配送中心位置的同时，应考虑进货作业区和发货作业区，本例采用“U 型”基本形式。

依据“U 型”基本型的货物流线，首先，将占地面积大、长度和宽度不能随意变化的作业区（自动化仓库、分类输送机等）布置到配送中心内；其次，将占地面积大、长度和宽度可变的作业区（托盘货架区、配货作业区、货格式货架区等）布置到配送

中心内；再次，将占地面积小的作业区（进货作业区、流通加工作业区、箱式货架区等）布置到配送中心内；最后，将非直接作业区布置到配送中心内，检查货物流线，并观察作业人员操作流线有无相互干扰、有无浪费。配送中心内各作业区布置示意图如图 3－21 所示。

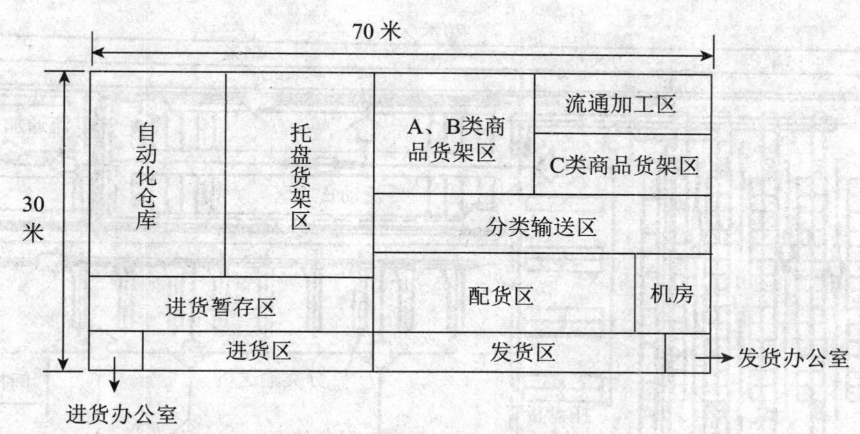

图 3－21　配送中心内各作业区布置示意

三、配送中心内各作业区设备配置及作业流线

各作业区平面布置完毕后，接下来是为各作业区配置设备，如表 3－22 所示。表 3－22为配送中心内各作业区设备配置情况。

表 3－22　　配送中心内各作业区设备配置情况

子系统	作业区	设备名
进货系统	进货停车区	大型厢式货车、集装箱拖车
	进货办公室	计算机、桌、椅、文件柜等
	进货区	卸车站台、站台起重机等
	进货暂存区	叉车、托盘等
储存系统	自动化仓库	托盘升降机、高层货架、巷道起重机、台车
	托盘货架区	托盘架、叉车
	A、B类商品货架区	双货位托盘货架、巷道起重机、自动台车
	C类商品货架区	双货位货格式货架、货箱输送机、手推台车
配货系统	配货作业区	设备与储存系统相同
流通加工系统	流通加工作业区	流通加工作业区设备、手推台车、轻型货架
分类系统	分类运输区	托盘货架、空托盘存放处、暂存用台车、叉车
发货系统	发货暂存区	托盘货架、暂存用台车、叉车
	发货区	发货站台、台架式起重机、叉车

各作业区设备选定后，开始设计作业流线，作业流线主要指商品、物料（货箱、托盘等）、废弃物及作业人员的移动路线，要求流线具有完整性、合理性，在整个配送中心范围内，人、材、物不得相互干扰、阻断、迂回、过远。根据这些要求，在配送中心设备平面布置的基础上设计流线，并绘制成配送中心流线图，如图 3－22 所示。

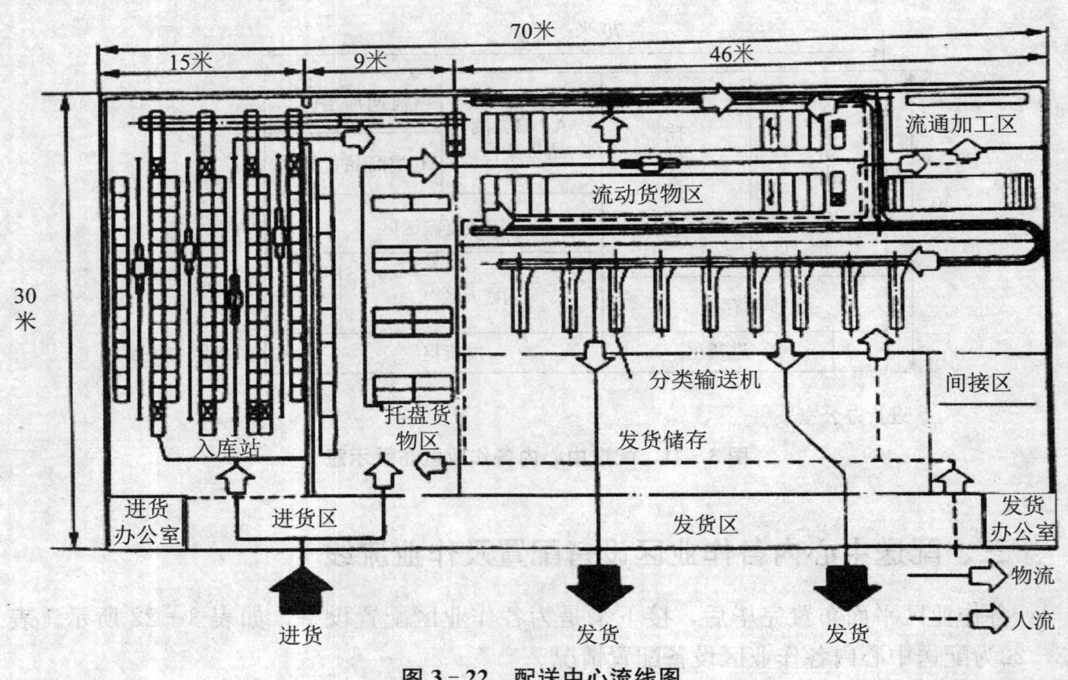

图 3－22　配送中心流线图

第六节　配送中心建设设计要点

配送中心建设设计要点主要包括：平面布置、层高、柱间跨度、地面荷载、建筑结构及各设施之间的关联性分析等内容。

一、配送中心平面布局

（一）间距

立柱间距是否合理，直接影响到配送中心的成本、效益和运营费用。对于建筑成本最低的立柱间距，并不一定是配送中心作业效率及效益最佳的柱间距。配送中心建筑物内立柱间隔过大，影响建筑的结构和费用；如果立柱间隔过小，影响作业效率。一般情况下，对于钢筋混凝土结构：*X* 方向为 6 米、12 米，*Y* 方向为 9 米、12 米；对于钢结构：*X* 方向为 6 米、12 米、18 米，*Y* 方向为 9 米、12 米、18 米、21 米等。

确定立柱间距时，必须考虑配送中心的作业设备规格型号和托盘规格尺寸。常用

的储存设备与立柱间距的关系如表 3－23 所示，在设计时取建筑模数。

表 3－23 常用的储存设备与立柱间距的关系

序号	储存设备	最佳立柱间距（米）	
		X 方向	Y 方向
1	托盘货架（Ⅱ型托盘）	11.8	9.1
2	托盘直接堆放（Ⅱ型托盘）	9.8	9.8
3	货柜、货架	8.6	10.4
4	双货位（托盘）货架	11.0	7.0～10.0
5	货车车位（4 吨货车）	9.6	7.0～10.0
6	垂直旋转货架	9.0	9.2～9.6
7	水平旋转货架	17.0～18.0	9.0

（二）建筑物内部通道设计要求

在配送中心建筑物内部，通道面积越大，货架占用面积越小。在保证总体存货量的前提下，增加通道宽度便于机械化作业。一般情况下以叉车为主要作业机械，根据叉车类型、转弯半径来设计配送中心建筑物内部通道，同时还需考虑装载货物的尺寸。叉车直角作业通道宽度计算公式如下所示：

$$M=R_1+I+L+P \quad (W<2B \text{ 时}) \qquad (3-20)$$

式中：

M——叉车直角作业通道宽度；

R_1——叉车外侧最小转弯半径；

I——托盘内侧与叉车前轮的轴线距离；

L——托盘长度；

P——作业安全间隙，一般为 100～200 毫米；

W——托盘的宽度；

B——叉车中心线至转弯中心的距离，$B=R_2+D/2$；

R_2——叉车内侧最小转弯半径；

D——叉车宽度。

直角交叉通道宽度的计算公式如下：

$$M_1=R_1-D/7\times R_2+P \quad (W<2B \text{ 时}) \qquad (3-21)$$

式中：

M_1——叉车在直角转弯作业时的通道宽度。

在实际设计中配送中心建筑物内的通道是由搬运方法、作业设备、出入频率、作业路线等综合因素决定的，配送中心通道宽度一般的经验数据如表 3－24 所示。

表 3-24 配送中心通道宽度

序号	通道		宽度（米）
1	人行道		0.5～0.6
2	手推车道		1.0
3	叉车道（直角装载时）	重型平衡叉车	3.5～4.0
		伸长货叉型叉车	2.5～3.0
		侧面货叉型叉车	1.7～2.0
4	巷道堆高机通道	堆高机直行	1.5
		堆高机垂直作业	2.5～4.0

（三）装卸平台设计要求

1. 装卸平台位置的选择

为了减少物品搬运成本，装卸平台的位置选择应尽量缩短搬运距离，并且充分考虑作业流程和操作的便利性。对于物流量不大的小型配送中心，装货、卸货可同用一个平台；一般配送中心的装卸平台分离（装货平台和卸货平台分别为两个不同的平台）。装卸合为一个平台就会不可避免地增加搬运工具、搬运距离及相互等待时间，这样将会影响效率、增加成本。

2. 装卸平台的结构

汽车装卸平台高于地面，其高度与汽车车厢底板齐平，火车装卸平台高度与火车车厢板齐平，这样便于装卸设备的进出（例如叉车进出车厢），通常汽车平台高度为1.2～1.4米；汽车泊车车位之间中心线距离至少为3.5米，如果考虑车门的开启，泊车位之间中心线距离可为4米。装卸平台的大小取决于泊车车辆数和货车长度及转弯半径。

3. 装卸平台的类型

根据交通安全、人工作业环境、空间大小及气候等方面的要求，以建筑物与货车位置的关系来分类，常用的有两种类型。①装卸平台设在建筑物内，而货车装卸货时停靠在建筑物外。这种类型的平台不受气候影响而且安全。②装卸平台和货车都设在建筑物外。受气候影响，通常在平台上方加雨篷罩棚，这种类型的平台仅适宜处在温和气候和经营普通商品的配送中心。

二、配送中心建筑结构

（一）建筑物形式

配送中心在总体设计时，一般建筑物的覆盖率为60%左右。从作业效率的角度考虑，配送中心的建筑物一般为单层建筑，因为采用单层高货架立体建筑有利于货架化、托盘化及理货分拣。但是由于城市土地紧张、地价昂贵，有很多配送中心采用多层建

筑，多层建筑的费用要高出单层建筑的1.5～2.5倍。建筑费用受地面荷载、层高、立柱间距及保管、装卸搬运设备等因素的影响。配送中心根据选址的地形确定建筑物的形状，一般为长方形的建筑物。

（二）建筑物的高度

配送中心建筑物的高度是由堆货高度、货架高度和托盘货物的高度所决定的。一般情况下，单层建筑物的高度为9～13米。在多层建筑中，一层高度为5.5～9米，二层高度为5～6米，三层以上高度为3.5～5.5米。托盘货物的高度一般为1.2～1.7米，其中1.3～1.4米的高度为最多。

配送中心建筑物高度同作业机械设备有着密切关系，若选用桥式起重机，层高一般为6～7米；一般叉车的提升高度为4米，无轨堆垛机提升高度达12米，巷道式堆垛机提升高度可达40米，而人工堆垛一般不超过3米。层高的确定必须考虑综合因素，如果层高过低，会降低存储能力、影响经济效益；如果层高过高而机械设备难以达到应有的高度，会浪费空间、浪费投资。多层建筑各层的层高可以有适当变化，一般底层较高，因为进、发货及特殊商品的储存大多在底层。

（三）门、窗、电梯及地面设计

1. 门

配送中心的门主要供装卸搬运货物及运输车辆和人的通行。配送中心进、出货一般采用电动开启卷闸门，人员进出门一般是推拉门。车辆进入的门宽应大于载货限界宽度的600～1000毫米，高度应比限界高度高出400～600毫米。门上方设置雨罩，雨罩比门洞每边应宽出500毫米，伸出墙外的长度不应小于900毫米。

2. 窗

配送中心的窗户主要功能是通风与采光，但是为了减少日照对商品的影响，窗户面积也不宜过大，窗户面积与地面面积的比一般采用1∶10～1∶20为宜。窗台的高度不应低于2.2米。如果窗户功能以采光为主，宜用固定窗，窗地面积比宜取较大值；如果窗户功能以通风为主，宜用中悬窗，窗地面积比应取较小值，但应按自然通风换气次数验算核定。

3. 电梯

多层建筑配送中心的电梯主要用于货物的搬运。应安装的电梯台数依据一定时间内出入货物数量以及电梯的运行速度和电梯的载重量计算确定，也可以参照建筑面积确定，配送中心建筑面积在3000平方米以下配备一台载重量为2吨的电梯，3000～4500平方米配备一台3吨电梯。但是如果运载叉车和整托盘货物，应按叉车与货物重量之和乘以1.2的系数求得电梯载重量。

4. 地面

配送中心地面要求耐磨、防尘和防潮，对于存放危险品的仓库要求地面不能因摩擦而产生火花。存放化学物品，地面应有足够的防腐蚀性。地面至少应高出室外地面0.3米。

三、建筑物地面荷载要求

配送中心建筑物荷载强度是由保管的货物种类、比重、堆垛、高度及使用的机械设备决定的。根据日本的经验，配送中心建筑物地面荷载如表 3-25 所示。

表 3-25　　配送中心建筑物地面荷载

序号	建筑物形式		地面荷载要求（吨/平方米）
1	单层建筑		2.5～3.0
2	多层建筑	一层	2.5～3.0
		二层	2.0～2.5
		三层及以上	1.5～2.0

另外，机械设备对地面要求动荷载，即在作业时地面上每平方米的承受能力。

$$叉车的最大轮荷载=（叉车自重+载货重量）\times A\times B \quad (3-22)$$

式中：

A——平衡系数，一般取 0.85～0.88；

B——冲击系数，一般取 1.3～1.5。

四、货场、道路及停车场设计

（一）货场

配送中心在某种特殊情况下，需要设置露天货场（如汽车配送中心、建材配送中心等），货场宽度不宜小于 30 米。当长度超过 200 米时，中间应设横向主干道。采用门式起重机作业的货场，考虑到起重机的行车及作业安全，纵向坡度不应大于 0.2%，横向坡度宜为 0.4%～0.8%。如果不采用门式起重机，纵坡排水时，纵坡不宜小于 0.8%，横场不宜大于 0.5%；横坡排水时，纵坡不宜大于 0.2%，横场不宜小于 0.8%。

（二）道路

配送中心内部道路在设计时应注意以下两点。

1. 道路主要技术指标

配送中心内部道路主要技术指标如表 3-26 所示。

表 3-26　　配送中心内部道路主要技术指标

技术指标	主干道	次干道
计算行车速度（千米/小时）	15	15
路面宽度（米）	12	6
路基宽度（米）	14	8
最小曲线半径（米）	15～20	15～20

2. 水泥混凝土路面设计

水泥混凝土路面设计年限采用 30 年基准值，水泥混凝土路面板分块一般采用矩形，其面积不宜大于 16 平方米。

（三）卡车停车场

1. 停车场面积

一般情况下，当车辆停止时，车与车之间的间距为 0.5～1.0 米。停车面积为车体实际投影面积×1.56。

2. 卡车车道宽度

单线车道宽度：3.5 米。双线车道宽度：7.0 米。

3. 卡车回转区宽度

2 吨车：11 米。4 吨车：13 米。5 吨车（加长）：18 米。11 吨车：20 米。货柜车：33 米。

4. 站台高度

2 吨车：0.7 米。4 吨车：0.9 米。5 吨车（加长）：1.1 米。11 吨车：1.3 米。货柜车：1.4 米。

5. 避雨棚高度与宽度

避雨棚距站台高度为 3 米以上，避雨棚宽度为 5 米以上。

五、配送中心铁路专用线

（一）建设铁路专用线的意义和条件

配送中心铁路专用线是为配送中心所拥有和专用，铺设在企业内部的铁路路线。它与全国铁路网衔接，是其中的一个终端。铁路运输货物可以就近卸车，就近接收、进货，节省汽车至铁路货运站之间的费用及汽车装卸时间，加快了货物流通。但是铁路专用线建设的投资大，配送中心具备下列条件才可以建铁路专用线：配送中心年进货量在 10 万吨以上；运输距离大于 200 千米；配送中心距铁路编组站较近，有良好的接连条件，有稳定的车源供应；配送中心内部有满足铺设铁路专用线，定装通信信号，建设卸车站台等相关的条件。

（二）铁路专用线长度的设计

根据铁路部门有关规定，铁路专用线的总长度是从铁路编组站出岔的道口算起，在距道岔末端 40 米内不准停车，专用线终端应留 10 米的安全距离，以防火车意外冲出路线。因此，铁路专用线有效长度是中间一部分。专用线有效长度根据一次进货火车辆数来确定。一次进货火车辆数的计算公式如下：

$$N=\frac{K_a \times K_b \times Q}{n \times M \times T} \tag{3-23}$$

式中：

N——一次进货火车辆数（辆）；

Q——年到达货物量（吨/年）；

T——年工作日，根据实际作业情况确定（日）；

M——车辆平均载重量（吨/辆）；

n——每昼夜火车进货次数；

K_a——每日送货车的不均匀系数；

K_b——每次送货车的不均匀系数。

M 值与货物种类有关，一般质量较重的货物满载系数为 0.8～1.0；日用品为 0.4～0.7。n 值受各种因素影响比较大，一般配送中心 n 值取 2。K_a、K_b 变动幅度较大，应按实际情况选取。

每辆 60 吨的火车、货车车厢长度一般为 14 米，铁路专用线有效长度 $L=N\times14$，结果需取整数，但注意只进不舍，这样才能保证铁路专用线的有效专用长度。

（三）铁路专用线卸货站台形式

配送中心铁路专用线卸货站台一般设在配送中心一侧，沿配送中心纵向设置，这样火车将所进货物拉到配送中心并停靠站台后，在站台上等候的叉车及其他卸车设备可立即开始工作。配送中心铁路专用线站台一般也用作配送中心进货作业区，所以当货物卸下火车后，或存放在货架上，或在进货区进行分类。

站台高度：从铁轨算起，不得高于或低于车厢底面，一般为 1050～1100 毫米，纵向应保持水平。站台外缘距专用线轨道中心一般为 1780～1800 毫米。

站台宽度：人工卸车的站台宽度为 2.0～3.0 米，叉车等机械设备卸车的站台宽度 3.5～4.0 米。但站台宽度应满足进货作业区的面积需要。

六、配送中心设施关联性分析

（一）配送中心设施关联性分析

进行配送中心设计时，设施的选用、布局及其评价项目等总称为关联性分析。对于关联性分析，不仅包括进货场所、检验场所、保管场所、流通加工场所、发货配送场所等配送中心内部设施，还包括办公室、工地、道路等辅助设施。它们之间关联性强的设施要靠近布置，这一点是非常重要的。关联性分析按下列顺序进行。

1. 列举主要的设施

大门、办公室、杂货仓库、绿化地、退货处理场、社会福利设施等，除此之外还有配送中心建筑物内部设施，应详细地列举出来。

2. 关联性分析的相互关联图

设施列举顺序既没有特殊性也没有差异性，性质类似的设施最好汇集到一起，以便进行全部关联性分析。

靠近性判断不仅研讨产品的流程，而且还应研讨票据的流程、作业管理、汽车出入装卸系统等，从不同角度进行合理性判断。在此仅以配送中心建筑物内部设施为例，如图 3－23 所示。

3. 关联性分析的关联路线图

关于相互关联的设施位置关系，根据前项评价，按照互相之间的关联进行设计，在图 3－24 及图 3－25 中，关联性非常重要的 A 用粗实线、关联性重要的 B 用细实线来表示相互关系的程度，形成设施设计的基本图形。考虑“产品的流程”之后决定各设施的关系位置。

如果需要修正，则实施逆向修正关联性分析的相互关联表，反复研讨和评价直至得到最适设施关联方案。

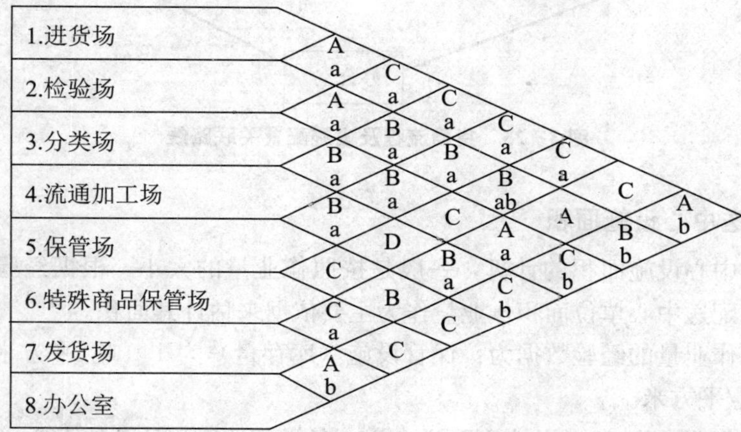

记号	靠近性理由
a	方便产品流程
b	方便票据流程

记号	靠近性的重要程度
A	非常重要
B	重要
C	普通
D	不重要

图 3－23　配送中心设施关联性分析的相互关联图

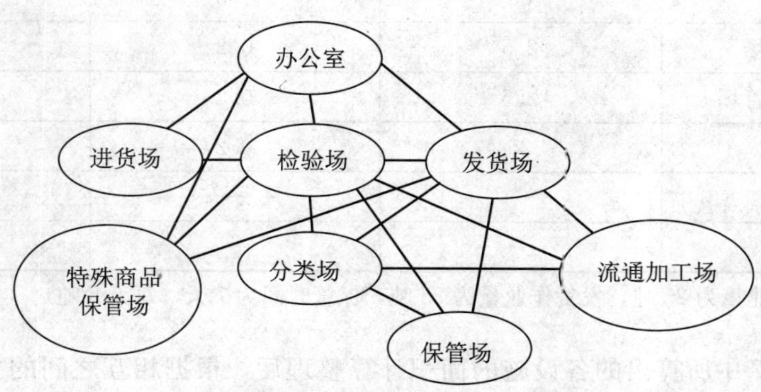

图 3－24　关联性分析的关联路线

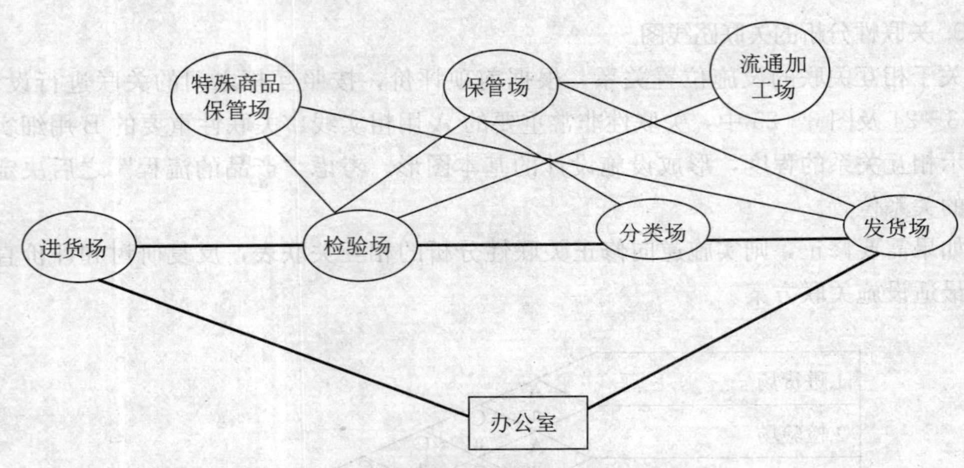

图 3-25　货物流程及设施配置关联路线

(二) 配送中心设施面积

对于配送中心设施面积的计算，一般是按照作业量的大小，根据经验型的数据来决定，用现有配送中心单位面积作业量作为主要依据来估计其面积。

单位面积作业量的经验数据为：保管设施（库存量）为 1.0 吨/平方米；其他作业设施为 0.2 吨/平方米。

假定每天作业量为 50 吨的小型配送中心，各设施的面积计算如表 3-27 所示。

表 3-27　　配送中心各设施的面积

设施名称	每天的作业量（吨）	经验数据（吨/平方米）	设施面积（平方米）
进货场	25	0.2	125
检验场	(25)	进货场兼用	—
分类场	15	0.2	75
保管场	35	1.0	35
流通加工场	2.5	0.2	12.5
特殊商品保管场	2.5	0.2	12.5
发货场	25	0.2	125
办公室	—	—	30
合计	—	—	415

注：进货作业量为 25 吨，发货作业量为 25 吨，保管时间为 7 天（每天 5 吨）。

将表 3-27 中所算出的各设施的面积计算整理后，根据相互之间的关系设计其位置，绘制成的配送中心布局方案图如图 3-26 所示。

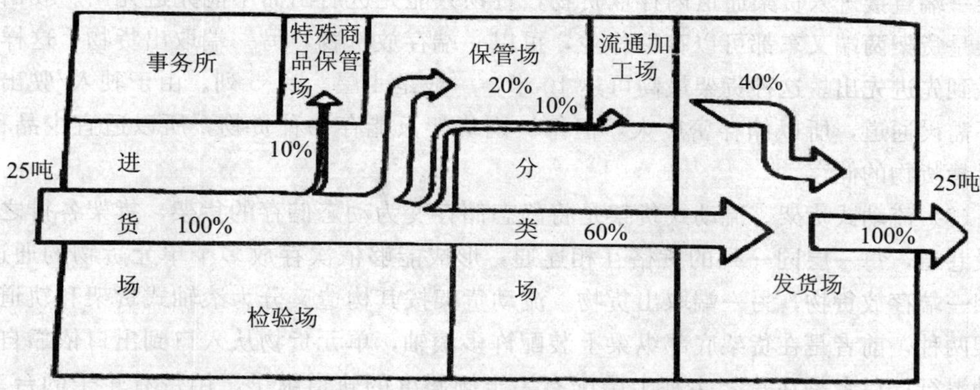

图 3－26　配送中心布局方案

注：图中的百分比为相对进货量各设施的作业量比率。

此例为理论性的计算，还应详细考虑装卸搬运通道、空间的储备、发展余地、人员配置、经济效益等条件。另外，在配送中心内作业，不可能像工厂内的工序那样有着明确区分，设施兼用的情况较多，全部用理性的方法是无法解释清楚的。因此，采用理论性方法决定配送中心设施内部布局方案之后，还要听取现场管理者的意见，再根据实际情况进行修正，决定最合适的方案。

第七节　配送中心设施与设备的选用及作业流程

一、配送中心设备选用

要建设一个高效率、合理化的配送中心，选择合适的设备是应该重点考虑的问题。一般配送中心的常用设备有四大类，即储存设备、集装设备、装卸搬运设备及运输设备。

（一）配送中心常用设备的特性

1. 储存设备

（1）托盘货架。6 米及以上的中高层托盘货架用以存放单元化托盘货物，配以巷道式堆垛机进行存取。6 米以下 3～5 层货格式托盘货架主要以立柱和横梁搁板构成，有单排型和双排型之分，双排型是单排型由支柱联杆连接而成。这种货架每个货格可设计成存放一个托盘或两个托盘。为了便于叉车作业，在立柱与托盘、托盘与托盘之间留有大约 0.1 米的间隙。这种货架施工简单、经济实惠，出入库不受先后顺序影响，存放方便，但存储密度不高。

（2）驶入/驶出式货架。载货托盘存放在由两边的货架立柱伸出的悬臂托梁上，悬臂托梁的大小依托盘规格、载货重量和叉车行驶等条件来确定。驶入式货架是叉车从货架一端直接进入货架通道内存取货物，货物只能先进后出而不能先进先出。驶出式货架是货架两端叉车都可以存取作业，可以一端存放货物，另一端取出货物，这样可以做到先进先出。这种货架最高可达10米，一般是4层、3～5列。由于驶入/驶出货架不需设通道，所以储存密度大，但每一列货架只能存一种货物，所以适宜少品种、大批量货物的储存。

（3）流动式货架。流动式货架是将静态储存变为动态储存的货架，货架各排之间不设巷道，每一层同一列的货格互相连通，形成能够依次存放多个单元货物的通道，货架一端存放货物，另一端取出货物。流动货架按其构造又分为滚轴式货架和轨道式货架两种，前者是在货架底部纵梁上装配许多滚轴，单元货物从入口到出口依靠自重自动滑行；后者是在货架主柱上装配有一定倾斜度的轨道纵梁，用带有轮子的台车，依靠车上货物自重或人的推力从入口移向出口。这是一种高密度存储系统。

（4）移动式货架。移动式货架只需一个巷道，不随货架的移动而改变其位置，除巷道两侧货架外，其余所有货架之间几乎没有间隔，只是在存取货物时才移动货架，留出巷道。所有货架底脚都安装有滚轮，滚轮支端在轨道上，沿轨道移动。货架具有变频控制能力，可控制驱动、停止及速度，采用光电传感器和可刹车的齿轮马达，提高定位精度。这种货架储存容量大，空间利用率高，适宜少品种、大批量进、发货频率低的情况。

（5）旋转式货架。旋转式货架由电机驱动、可编程逻辑控制器（PLC）控制，货架沿着环形轨道运动，存取货物时，将货物的货位编码输入计算机，该货位会自动旋转到存取口，这种货架适宜于小批量、多品种高效率的存取。旋转式货架又分为水平旋转和垂直旋转两种，水平旋转又分为整体旋转和分层旋转；垂直旋转货架，适用于存放地毯、人造革、卷材或电子元件等物品。

（6）悬臂式货架。在垂直立柱两侧伸出悬臂，构成货架，这种货架适宜于建材、型钢、钢管、木材等长型物品。货架高度一般在6米以下，也可做成电机驱动。这种货架空间利用率只有35%～50%。

（7）巷道式堆垛机。巷道式堆垛机是自动化立体仓库的存取设备。穿梭于货架的巷道内将货格中的货物取出，运送出去或将货运到储位放入货格内。它是电力驱动运行，手动或自动控制进行作业。水平运行速度4～120米/分，垂直提升速度3～30米/分。

（8）装卸堆垛机器人。机器人是机电一体化的产品，机器人按程序进行作业，配送中心使用机器人主要用于搬运、拣选和堆垛作业。机器人可以根据货箱的位置和尺寸进行识别，将货物放在指定的地点。机器人还可以根据计算机发出的入库指令完成堆垛作业，同时还可以根据出库信息完成拣选作业。

2. 装卸搬运设备

（1）叉车。具有各种叉具，能够对货物升降和移动以及装卸作业的搬运车辆，它是一种能够复合作业而且方便实用的机械设备。叉车按其结构及用途共有以下几种类型。

①平衡重叉车：工作装置位于前端，货物载于前端的货叉上，为了平衡前端货物的重量，在叉车后部装有平衡重。平衡重叉车起重重量为2～40吨，起重最大高度为3米，最高速度为15～30千米/小时。

②前移式叉车：具有两条前伸的支腿，起重重量较小，仅5吨，最大起重高度为3米，最高速度为15千米/时，具有灵活和高荷载的优点，自重较轻。

③侧面式叉车：侧面式叉车的门架、起升机构及货叉位于叉车的中部，可以沿着横向导轨移动，货叉与货物平台位于叉车的侧面。车体进入货架（或货垛）通道，货叉面向货架（或货垛），叉车在装卸作业中不必转弯，这种叉车适宜于窄通道作业，有利于条形货物的装卸及搬运。

④伸缩臂式叉车：伸缩臂式叉车的货叉安装在一个可以伸缩的长臂的前端。它可以跨越障碍进行货物堆垛作业，通过变换叉车属具进行多种作业，这种叉车还具有稳定性较强、作业人员视野较好等优点。

⑤高货位拣选式叉车：高货位拣选式叉车主要用于高货架分拣作业系统，适用于多品种、小批量的高层货架拣选。

⑥插腿式叉车：插腿式叉车一般是蓄电池供电，电动机驱动，主要特点是起重量小、车速低、结构简单、外形小巧，适用于通道狭窄的环境下作业。

（2）托盘搬运车。托盘搬运车又称托盘式叉车，有手动和电动两种，主要用于搬运托盘和重量轻的载货托盘，适用于区域内的装卸搬运作业。具有体形小、重量轻的优点。

（3）自动导引搬运车。自动导引搬运车具有磁或光管导引装置，能够按照预定的导引路线行走，是一种自动化程度高、无人驾驶的搬运车辆，是自动化立体仓库的出库、入库、拣选设备。有的导引搬运车分为固定路径导引和自由路径导引。固定路径导引在固定的路线上设置导引用的信息媒介物，自动导引搬运车通过检测出它的信息而得到导引。例如磁导引、光学导引等。自由路径导引是在自动导引搬运车上储存有作业环境信息，通过识别车体当前的方位，与环境信息相对照，自主地决定路径的导引方式。例如，推算导引、激光导引等。

（4）带式输送机。带式输送机是一种沿固定路线运送物品的设备，是货物装卸搬运的重要设备之一。它包括胶带输送机、钢带输送机和金属网输送机。传送带呈环状，两端设有传动轮。

（5）辊子输送机。辊子输送机是由一系列以一定间距排列的辊子组成，用于输送成件物品、托盘货物或货箱的输送设备。它具有结构简单、运转可靠、布置灵活、输送平整、使用方便、经济节能等特点。

除上述常用的5种装卸搬运设备外，配送中心使用的设备还有手推车、平台搬运车、牵引车、链条输送机等。

3. 常用集装器具

（1）集装箱。集装箱是一种运输设备，又是一种包装容器，应具有足够的强度，可长期反复使用，它是复合一贯制运输中的重要媒介，可以一次装入若干个运输包装件、销售包装件及散装货物。

目前集装箱主要分为两类：一是20英尺集装箱，即IC型（8英尺×8英尺×20英尺），二是40英尺集装箱，它又分为IA型（8英尺×8英尺×40英尺）与IAA型（8.6英尺×8英尺×40英尺）两种。集装箱的种类很多，不同类型的配送中心依据实际情况进行选用，配送中心内进货集装箱多是通用集装箱和温控集装箱。

（2）托盘。托盘是一种便于机械化装卸、搬运和堆放货物的集装器具。托盘包装是将包装件或物品堆码在托盘上，通过捆扎或胶粘等方法加以固定，形成一个搬运单元或销售单元，以便机械化作业。国际标准化组织制定的托盘标准有800毫米×1000毫米，800毫米×1200毫米，1000毫米×1200毫米，1200毫米×1600毫米，1200毫米×1800毫米，后两种属大型托盘。1971年国际标准化组织托盘委员会（I5O/TC51）建议增加800毫米×1100毫米，900毫米×1100毫米，1100毫米×1100毫米三种规格。托盘所装货物的单元一般为1立方米以上，其高度为1.1米或2.2米，重量500～2000千克。

（3）集装袋。集装袋是一种柔性货物运输器具，是集装器具的一种，它是由可折叠的涂胶布、树脂加工布、交织布、塑料、化纤等材料制成，具有以下特点。

①结构简单，装卸量大。一般可容纳0.5吨～2吨，最高达3吨。

②便于包装粉状、粒状货物，如食盐、食糖、面粉、大米、化工原料、饲料、化肥、水泥等。

③使用方便，便于周转和回收复用。周转次数最高可达数十次。

④节省费用，降低成本。减少物流中的损耗，节省运输费，一般可降低45%的包装费用。

⑤便于内装物的堆放与储放。日本技术标准（JIS）规定集装袋共有8种容积，即：500升、640升、840升、1000升、1200升、1500升、1700升、2000升。袋料重量一般为0.5吨、1吨、1.5吨和2吨。

4. 配送设备

（1）自动分拣机。自动分拣机种类很多，但主要组成部分相似，基本上都是由输入装置、货架信号设定装置、进货装置、分拣装置、分拣道口、计算机控制器6部分组成，其主要特点如下。

①能连续大批量地分拣货物。能够连续运行100个小时，每小时分拣7000吨商品，相当于人工的4.7倍。

②分拣误差率低。采用人工键盘或语音识别方式输入，误差率在3%左右；而采用条码扫描输入，如果印刷无误不会出错。

③分拣作业基本实现无人化。建立自动分拣的目的之一就是为了减少作业人员，减轻劳动强度，提高人员的使用效率。分拣作业不需要人，人员仅进行进货作业、控制分拣系统运行、集货装车、经营管理及维护。

（2）激光扫描条码识读器。激光扫描条码识读器具有高扫描速度、宽扫描范围等突出优点而得到广泛的使用。它由激光源、光学扫描、光学接收、光电转换、信号放

大、整形、量化和译码等部分组成。

（二）配送中心的设备选用

配送中心所需设备的制造商，各自都具有自己的技术战略，这种战略一般是由自动控制的标准化和装置的单元化等构成。因此，充分掌握各制造商的技术特长，选择最合适的制造商，可以取得高质量、低成本的效果。从各种技术观点综合评价选定最满意的样式、信赖性高的生产商是十分重要的。

1. 配送中心设备选用的重点

配送中心设备选用的重点是：①形状、尺寸、重量；②使用方法；③作业能力；④占地面积；⑤价格。特别重要的是设备的使用方法，例如，在自动化立体仓库内利用什么类型的托盘进行保管，必须是从设备的存放地点、形状、发货时间等方面考虑使用方法，使用方法应适应配送中心的特性，只有掌握配送中心特性之后才能选定设备。处理货物的形状、尺寸、重量不同，所使用的设备也不同，所以很有必要研讨设备的形状、尺寸、重量。即使其他条件再好，因形状、尺寸、重量的原因也有不能使用的，所以必须注意这一点。例如，将货物分为大型货物、中型货物、小型货物，最好是各自选用其最适用的设备。托盘（P）、货箱（C）、散货（B）所使用的机械设备都不相同。对于P、C、B所使用的机械设备有着根本性的区别，因系列不同，P、C、B的形状最好是分类形成各分支系统。

设备的能力，如自动化仓库的码垛机，必须注意用托盘出库时的能力和皮带输送机的能力同实际分类能力的差距。

设备选用是很重要的，它不仅影响分拣的速度，而且还要影响整体的平衡。

在配送中心，物流量波动很大，如果选择的设备适应物流高峰，必然会存在设备过剩问题。所以大多数是按物流量的平均值设计，高峰时的对策也只能考虑部分人工作业，如果高峰没有相应的措施，分拣作业就会不配套，有的只好将设备闲置。设计配送中心时，一方面要控制设备费用，另一方面要在预算之内尽可能提高其资金利用率。

2. 车辆选择

某企业对物流机械设备进行了调查研究，有关车辆问题的具体理由调查如表3－28所示。具体理由集中在“旋转箱或托盘用的升降装置车等设备价格高”这一点上(65%)，另外是“车宽、车高等外形尺寸相适应的车辆价格高”(35%)，都是与价格相关的问题。

表 3－28　有关车辆问题的具体理由调查

序号	百分比（%）	理由
1	20	没有同商品包装外形尺寸相适宜的车宽、车高的车辆
2	10	没有适宜单元包装外形尺寸的车宽、车高的车辆
3	65	旋转箱或托盘用的升降装置车等设备价格高
4	35	车宽、车高等外形尺寸相适应的车辆价格高
5	10	其他

另一方面，所使用车辆的选定，多数企业（60%）是以“车辆制造商所提供的商品说明书同所要求的条件规格相近作为原则来选定”。“合乎其条件和规格作为原则的特殊订货”的企业占35%，如表 3－29 所示。

表 3－29　使用车种的选定方法

序号	百分比（%）	选定方法
1	60	车辆制造商所提供的商品说明书同所要求的条件规格相近作为原则来选定
2	35	合乎其条件和规格作为原则的特殊订货
3	5	其他

由此可以看出，表 3－29 同表 3－28 中提出“没有同商品包装外形尺寸相适宜的车宽、车高的车辆”这一问题的企业占 60%相呼应。

市场上供运输配送的汽车有非常多的种类可供选择。因此，为了选择合乎使用条件的车种，首先要全面了解市场上车辆的基本情况和样式范围。一般配送中心用车多是小型汽车（2～3 吨）和普通汽车（4～12 吨）两种。在车种选定方面，考虑具体样式时，要特别重视必要的项目，如车厢底板的尺寸、车厢底板的高度、载重量、发动机的性能（主要是马力）、车厢板的结构等其他重要部件。

3. 装卸搬运、分拣、分类等设备的选定

在配送中心，对于货物的处理，如果作业量大，品种显著增多，作业方面要求的速度化、小批量化、多频率化等被迫降低。对于这种情况，装卸搬运合理化成为越来越重要的问题。装卸搬运机械因为涉及分拣、分类，分拣、分类设备在后边还要详细叙述，所以在此仅分析货物装车有关的设备。在配送中心的物流设施中，小批量、多品种作业时，大多设计高站台；对于大批量、少品种作业时，大多是低站台。不管是高站台还是低站台，储存货物搬运作业相关的几乎都是托盘装载，采用叉车装卸的方法。所以要求在叉车、托盘、集装箱、平板车等设备选定时，将标准化、单元化、省力化及安全性、弹性等作为原则。

设计配送中心时，在选定设备前用 IQ 曲线进行 ABC 分析，以图 3－27 的 IQ 曲线为例，分为 A、B、C 三个区段。A 区段是少品种大批量发货的区段；B 区段是品种和

发货批量适中，也是比较多的种类的区段；C区段是多品种小批量发货的区段。如果是少品种大批量发货时，使用托盘储存在立体仓库，作业机械选用叉车；品种、批量适中选用叉车及旋转货架；如果再少量选用一般货架。

因此机械设备沿IQ曲线Ⅰ进行分类。但是，与此相对的是IQ曲线Ⅱ，绝对量少，最好是该用A机械设备的用B机械设备，该用B机械设备的用C机械设备，这种选定方法适合ABC分析法的特性。IQ曲线与机械设备如图3－27所示。

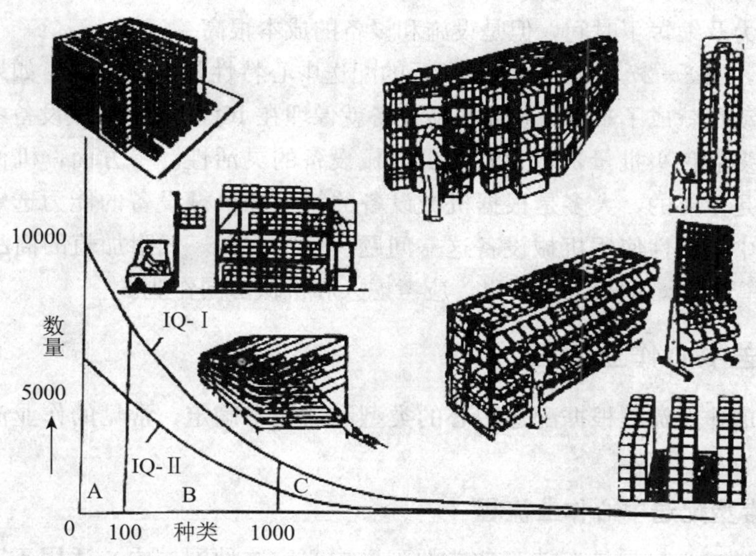

图3－27　IQ曲线与机械设备

在多品种小批量时代，货物的流程变得复杂了，增加了将货物按顾客不同、运输方向不同进行分类，所有领域中都有必要适应新的变化。机械分类的代表是自动分类输送机，当然不限于自动分类输送机，例如，利用无轨道无人操作台车，有轨道无人操作台车，托盘等分类的方法。自动分拣机的选定需要考虑的事项很多，最基本的事项列举如下并加以说明。

（1）物品。物品的底面状态是平面则可以使用自动分类的皮带输送机，软底、凹凸不平的底面最好用货箱和皮带输送机进行分类，注意必须使用托辊式皮带输送机。

（2）外形尺寸。注意最大、最小尺寸，特别是最小尺寸。

（3）品质。由于自动分类输送机存在货物破损的问题，可以利用水平旋转，将物品进行分类。

（4）种类。因自动分类和转动时放置的物品分类地点与方向不同，即使是相同的分类指示信息，作业效率也不一样。

（5）分类能力。分类能力是一项很重要的问题。

$$分类能力=\frac{搬运速度（m/min）}{搬运次数}（个/分）\tag{3-24}$$

对于自动传动带式输送系列，最大分类能力为70～80个/分钟。

4. 流通加工设施与设备的选定

流通加工设施是进行产品简单的加工、组装、粘贴价格、粘贴标记符号、小包装作业的设施，现在增加了在配送中心内进行的装箱作业。大多是在配送中心统一流程中某一区段的设施内进行作业。为了提高作业效率，使用自动粘贴价格机、自动粘贴符号机、自动的简易包装机、自动封口机等省力设备。配送中心内作业管理等方面最大的问题是验货，即使采用了传动带输送机自动检验系列（如利用条码扫描方式），提高精确度、省力及缩短了时间，但是设施和设备的成本很高。

综上所述，图3-27中的IQ曲线所示的配送中心特性是广泛范围，如果仅是多品种、小批量自动化就成了难点。物流机械设备就像埋在IQ曲线的机械设备中那样，横向展开就成了多品种小批量，包含着缺少机械设备的灵活性。一方面，机械设备选定和组合的知识是重要的，大多是根据机械设备的特征和机械设备的能力选定，而很少存在依据配送中心特性使用机械设备这一问题；另一方面，低附加值的商品设备费用高，自动化、智能化难度较大，所以，应考虑人和机械协同作业。

二、配送中心作业流程

配送中心的作业流程根据配送中心的类型和功能来确定，常见的作业流程有以下几种。

（一）储存型配送中心作业流程

一般的配送中心都是具有储存功能的配送中心，这种配送中心适用于以中、小件杂货为主的商品配送，例如，固体化工产品、保质期较长的食品等。配送中心内需要有一定的储存量。储存型配送中心作业流程如图3-28所示。

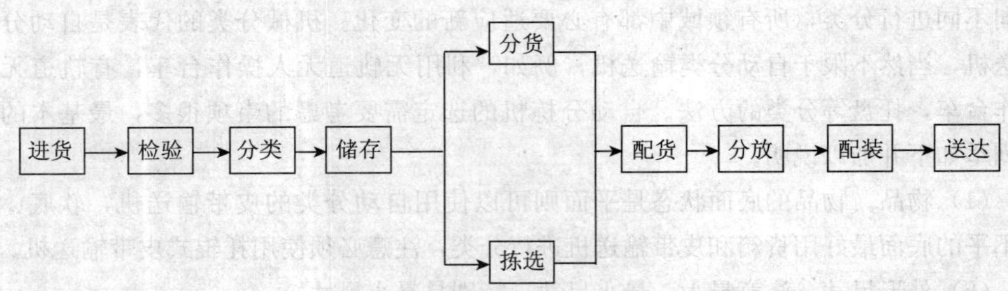

图3-28 储存型配送中心作业流程

（二）流通型配送中心作业流程

这种配送中心不具备库存，商品在配送中心的理货区短暂存放，不设储存区，这是一种运营管理非常严密的配送中心，配送中心的理货及配货区面积较大。流通型配送中心作业流程如图3-29所示。

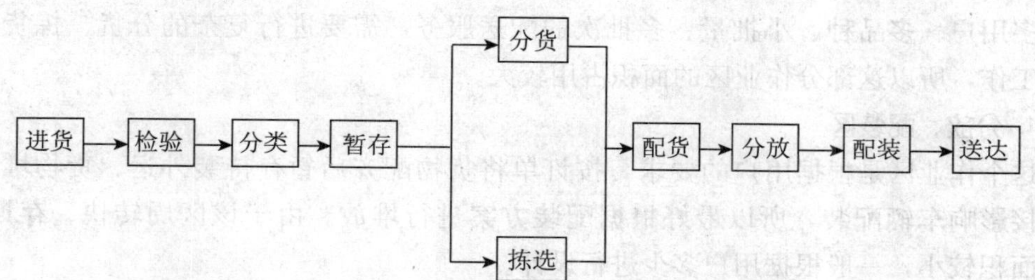

图 3－29　流通型配送中心作业流程

（三）流通加工型配送中心作业流程

流通加工型配送中心具有流通加工功能，其作业流程如图 3－30 所示。

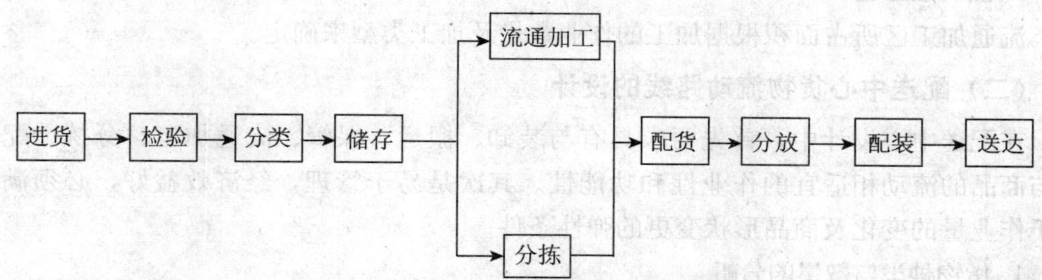

图 3－30　流通加工型配送中心作业流程

第八节　配送中心各作业区的规划与设计

一、配送中心各作业区的规划与设计

（一）配送中心各作业区设施与设备的配置

1. 进货区

这个作业区主要完成货物进配送中心到入库前的工作，主要作业内容有接货、卸货、检验、分类、入库准备等。

主要设施有：①进货火车专用线或卡车停车场；②卸货站台；③分类、验收区及暂存区。

2. 储存区

该区域为静态区域，主要是保管有一定储存时间的货物，主要设置在储存型配送中心内。储存区的建筑面积为配送中心建筑面积的 1/3～1/2。

主要设施有：①普通商品储存区；②特殊商品储存区。

3. 理货、备货区

在这个区域内进行分货、配货作业，该区面积根据配送服务水平有较大的差异，对于多用户、多品种、小批量、多批次的配送服务，需要进行复杂的分货、拣货、配货等工作，所以这部分作业区的面积占用较大。

4. 分放、配装区

这个作业区是根据用户的要求，按订单将货物配齐后暂存待装外运。货物堆放形式直接影响车辆配装，所以最好根据配装方案进行堆放。由于该区周转快、存期短、所占面积较小，一般根据用户多少进行设计。

5. 发货区

在这个作业区内按订单配齐的货物装车运送，主要设施是站台、停车场等。很多配送中心不单独设置分放、配装区。将该作业区与发货区合在一起，分拣的货物直接堆放在发货区，发货区的面积根据同时停靠配送车辆的数量及发货量来确定。

6. 流通加工区

流通加工区所占面积根据加工的作业数量及加工类型来确定。

（二）配送中心货物流动路线的设计

在配送中心设计中，首先要求具有与装卸、搬运、保管、流通加工、分拣、配货等与商品的流动相适宜的作业性和功能性。其次是易于管理，经济效益好，必须满足对于作业量的变化及商品形状变更的弹性条件。

1. 货物种类与数量的分析

在配送中心设计各作业区及货物流动路线时，将有什么种类的商品（Product），有多大的作业量（Quantity）作为首要分析对象，而且是前提条件。若不是以此为目标就会失败。分析这些数据时，仅仅是平均数值还不行，必须预测繁忙期等变动因素，为此一般用下列顺序进行分析。

首先，将所处理商品的种类按出入库批次顺序进行整理，并根据运营时的作业进行分类。

其次，设定所分类的每种商品的作业量。

最后，对于商品的种类和作业，用横坐标表示种类 P，纵坐标表示数量 Q，按处理量的大小顺序排列成为曲线，并绘制成图。$P-Q$ 曲线如图 3-31 所示。

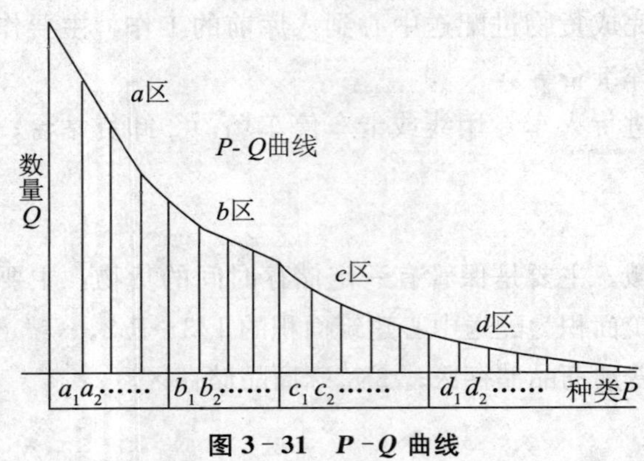

图 3-31　$P-Q$ 曲线

图中 $P-Q$ 曲线急剧下降的 a 区商品，显然是少品种多批量的商品，b 区、c 区次之，$P-Q$ 曲线下降缓慢的 d 区是多品种少批量的商品群。

另外，在进行商品种类及数量调查和分析的基础上，必须对以下所述的问题进行精确预测。①配送中心计划运营年数（寿命）；②各类商品每年增长率；③各类商品每月销售量的预测；④各类商品库存天数；⑤流通加工、发货等作业高峰系数；⑥预测处理商品种类的增加；⑦预测顾客数量的增加。

特别是高峰系数的判断，它涉及流通过剩或设备过剩，因此是重要问题。如果一年中只有几天的高峰期，为了不造成设备过多而闲置，可以采取加班、备用车辆、招聘临时工等措施来完成。

2. 货物流动路线的分析

一般新建的配送中心，按以下的流程进行业务活动，接收货物—检验货物—进货分类—储存—按订单分拣—配货—捆包—分类—发货场暂存—发货。

在配送中心首先接收大量的多品种的商品，检查核对各种商品的数量和质量，对照发货单等进行相应的作业和储存。对于储存的要求是根据大多数需求者的订货，维持最小限量。另一种方式是接受发货订单之后，立即进行分拣，按照每个需求者所订商品进行配货、捆包，按配送方向不同进行分类、发货配送。另外，伴随着这些业务活动还有流通加工、信息处理等业务。

配送中心内货物流动路线类型如图 3－32 所示，这是在配送中心内经由作业场的产品流动最基本的形式。

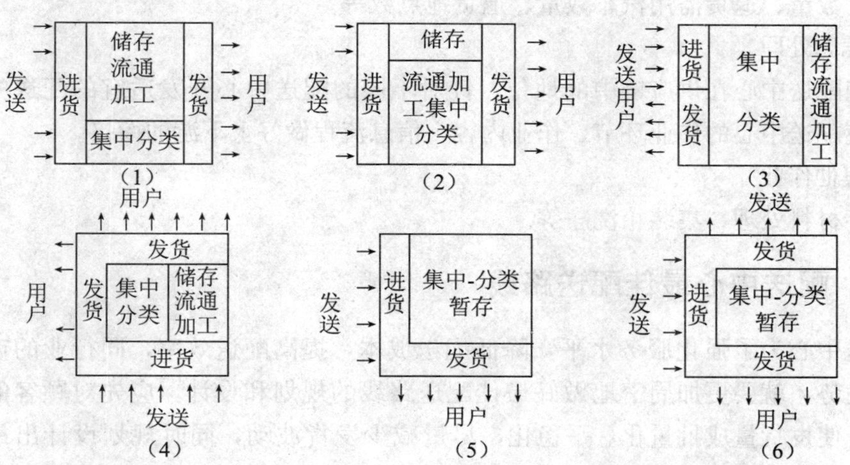

图 3－32　配送中心内货物流动路线类型

（三）配送中心作业区设计时的注意事项

根据商品特性，确定每平方米场地可以处理多少箱货物，配送点有多少家，进货频率和配送频率，需要多少辆汽车；根据散货进货及装箱进货等进货形态的变化，确定分拣场地、发货的捆包场地、货物检验场地。因此，在设计配送中心作业区时须注意以下事项。

1. 进货

进货车辆数和车种类型，进货数量（吨数、箱数、托盘数等）和各商品部门的品种数，不同单位的交货点数。

2. 检验

货单张数，每张货单商品种类数和箱数，缺货数及出错率。

3. 入库保管

不同保管条件（温度和商品特性）所保管的量（箱数和单品保管数）和商品的品种数。

4. 分拣

每月订货件数，每周顾客数，每天订货截止时间，每时间段中的货箱分拣和计件分拣，每张订单品种及件数。

5. 流通加工

不同季节中注明商品个数、必要的顾客数，按商品分组注明品种数、不同店铺组套的个数，按进货店铺数进行分类。

6. 捆包、发货

发货托盘数、发货的箱数、装箱发货数、单品发货数、发货方向数、发货汽车辆数及路线等。

7. 退货

退货数量、退货需用汽车数量、退货地点数等。

8. 信息处理

明确配送中心在供应链中的地位，针对不同的配送中心开发适宜的配送中心信息系统，使配送中心的作业环节、作业内容、信息流程做好上下游的衔接。

9. 其他作业

废弃材料处理、集装箱洗净等。

二、配送中心最佳配送路线

配送中心为了强化服务水平，降低配送成本，提高配送效率，同行业的市场竞争中占据优势，就要更加周密地做好最佳配送路线的规划和设计。应先对顾客的订单进行整理，使发货量成批量化、平稳化，尽量减少发货波动，同时规划设计出最佳标准配送路线。例如，将众多的客户按地区和订货量分为不同层次，按照客户层次规划出交货时间，在此基础上设计出高效的配送路线。沿着这一配送路线巡回服务，按照规划的交货时刻表，货物准时配送给客户，这种配送方式被称为定时定路线配送。

配送中心最佳配送路线的规划方法，大部分企业使用的是车辆调度程序（VSP，Vehicle Scheduling Program）规划法，这是国际商用机器公司（IBM）最初开发的计算机软件。当从若干个配送节点向众多的客户配送货物时，所需车辆数、所需时间、运距、配送量等这些是做规划时必需的数据。最佳配送路线应是车辆高效率运行而且

所需车辆最少、运距最短、所需时间最少、配送成本最低，除此之外，还应满足下列条件。①满足所有顾客的需求；②各配送路线的货物量不得超过车辆的限载量；③必须按配送计划所制订的时刻表进行配送，不得超过规定时间。

（一）VSP 规划法的基本思路

配送中心配送路线的选择如图 3－33 所示。VSP 规划法的基本思路如图 3－33（1）所示，P 为配送中心所在地，A 和 B 为客户所在地，相互之间道路距离分别为 a、b、c。最简单的配送方法是利用两辆车分别为 A、B 客户配送，此时，如图 3－33（2）所示车辆运行距离为 $2a+2b$。然而，若如图 3－33（3）所示改用一辆车巡回配送，运行距离为 $a+b+c$，如果道路没有什么特殊情况，可以节省车辆运行距离为（$2a+2b$）－（$a+b+c$）$=a+b-c>0$，也被称为“节约行程”。

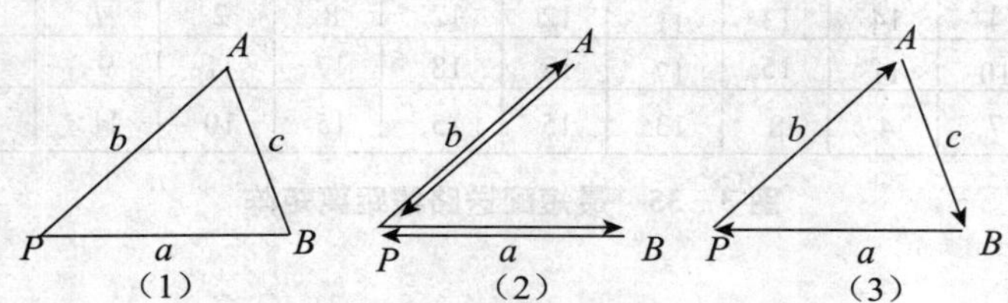

图 3－33 配送中心配送路线的选择

实际上如果给数十家、数百家客户配送，应首先计算包括配送中心在内的相互之间的最短距离，然后计算各客户之间的可节约运行距离，按照节约运行距离的大小顺序连接各配送地并规划出配送路线。但是，VSP 规划法所求出的配送路线并不一定都是最适解，有时也有近似解，对于客户多、规模大的情况，比人工计算要快得多。为了更好地掌握和运用 VSP 规划法，现举一例进行计算说明。

图 3－34 所示为一配送中心的配送网络，P 为配送中心所在地，A～J 为客户所在地，括号内的数字为配送量，单位为吨（t），路线上的数字为道路距离，单位为千米（km）。

为了尽量缩短车辆运行距离，必须求出最佳配送路线。现有可以利用的车辆是装载量为 2 吨和 4 吨的两种厢式货车，根据合理运行时间和经济运行里程，限制车辆一次运行距离在 30 千米以内。

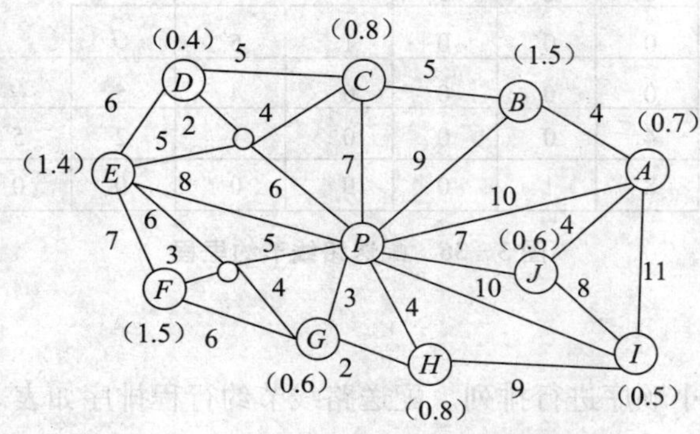

图 3－34 配送中心的配送网络

1. 第一步

计算相互之间最短距离，根据图 3－34 中配送中心至各用户之间、用户与用户之间的距离，得出最短配送路线距离矩阵，如图 3－35 所示。

	P									
A	10	A								
B	9	4	B							
C	7	9	5	C						
D	8	14	10	5	D					
E	8	18	14	9	6	E				
F	8	18	17	15	13	7	F			
G	3	13	12	10	11	10	6	G		
H	4	14	13	11	12	12	8	2	H	
I	10	11	15	17	18	18	17	11	9	I
J	7	4	8	13	15	15	15	10	11	8

图 3－35　最短配送路线距离矩阵

2. 第二步

从最短距离矩阵中，计算出各用户之间的节约行程。配送路线节约里程如图 3－36 所示。例如，计算 $A \sim B$ 的节约里程。

$P \sim A$ 的距离：$a=10$

$P \sim B$ 的距离：$b=9$

$A \sim B$ 的距离：$c=4$

$a+b-c=10+9-4=15$

	A								
B	15	B							
C	8	11	C						
D	4	7	10	D					
E	0	3	6	10	E				
F	0	0	0	3	9	F			
G	0	0	0	0	1	5	G		
H	0	0	0	0	0	4	5	H	
I	9	4	0	0	0	1	2	5	I
J	13	8	1	0	0	0	0	0	9

图 3－36　配送路线节约里程

3. 第三步

对节约行程按大小顺序进行排列。配送路线节约行程排序如表 3－30 所示。

表 3-30 配送路线节约行程排序

序号	连接点	节约行程	序号	连接点	节省行程
1	$A\sim B$	15	13	$F\sim G$	5
2	$A\sim J$	13	13	$G\sim H$	5
3	$B\sim C$	11	13	$H\sim I$	5
4	$C\sim D$	10	16	$A\sim D$	4
4	$D\sim E$	10	16	$B\sim I$	4
6	$A\sim I$	9	16	$F\sim H$	4
6	$E\sim F$	9	19	$B\sim E$	3
6	$I\sim J$	9	19	$D\sim F$	3
9	$A\sim C$	8	21	$G\sim I$	2
9	$B\sim J$	8	22	$C\sim J$	1
11	$B\sim D$	7	22	$E\sim G$	1
12	$C\sim E$	6	22	$F\sim I$	1

4. 第四步

按照节约行程排列顺序表 3-30，组合成配送路线图。

（1）初始解。初始解如图 3-37 所示，从配送中心 P 向各个用户配送。配送路线 10 条，总运行距离为 148 千米，需要 2 吨汽车 10 辆。

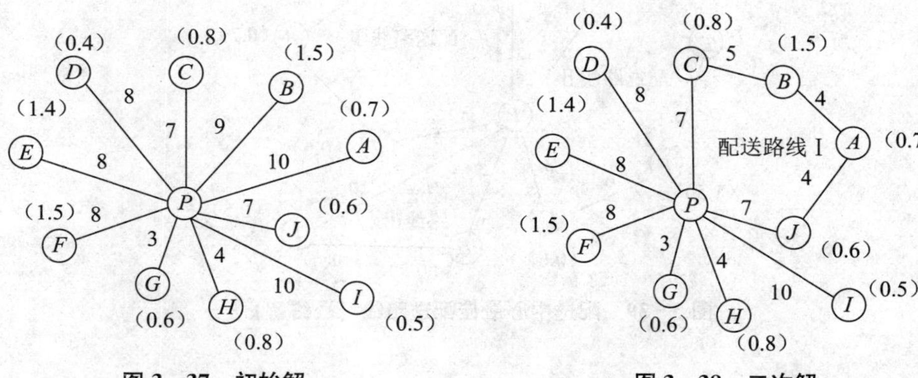

图 3-37 初始解　　　图 3-38 二次解

（2）二次解。按照节约行程的大小顺序连接 $A\sim B$、$A\sim J$、$B\sim C$，二次解如图 3-38所示，配送路线 7 条，总运行距离为 109 千米，需要 2 吨汽车 6 辆，4 吨汽车 1 辆。从图中可以看出，规划的配送路线 I，装载量为 3.6 吨，运行距离 27 千米。

（3）三次解。按照节约行程大小顺序，应该是 $C\sim D$ 和 $D\sim E$，$C\sim D$ 和 $D\sim E$ 都有可能连接到二次解的配送路线Ⅰ中，但是由于受车辆装载量和每次运行距离这两个条件的限制，配送路线Ⅰ不能再增加用户，为此不再连接 $C\sim D$，连接 $D\sim E$，组成配送路线Ⅱ，该路线装载量为 1.8 吨，运行距离 22 千米。此时，配送路线共 6 条，总运行距离 99 千米，需要 2 吨汽车 5 辆，4 吨汽车 1 辆。

（4）四次解。接下来的顺序是 $A \sim I$，$E \sim F$，由于将用户 A 组合到配送路线Ⅰ中，而且该路线不能扩充用户，所以不再连接 $A \sim I$，连接 $E \sim F$ 并入到配送路线Ⅱ中，配送路线Ⅱ装载量为 3.3 吨，运行路线为 29 千米，此时，配送路线共有 5 条，运行距离 90 千米，需 2 吨汽车 2 辆，4 吨汽车 2 辆。

（5）五次解。按节约行程顺序排列接下来应该是 $I \sim J$，$A \sim C$，$B \sim J$，$B \sim D$，$C \sim E$，但是，这些连接均由于包含在已组合的配送路线中，不能再组成新的配送路线。接下来可以将 $F \sim G$ 组合在配送路线Ⅱ中，这样配送路线Ⅱ装载量为 3.9 吨，运行距离为 30 千米，均未超出限制条件，此时，配送路线只 4 条，运行距离 85 千米，需要 2 吨汽车 2 辆，4 吨汽车 2 辆。

（6）最终解。接下来的节约行程大小顺序为 $G \sim H$，由于受装载量及运行距离限制，不能再组合到配送路线Ⅱ内，所以不再连接 $G \sim H$，连接 $H \sim I$ 组成新的配送路线Ⅲ。配送中心最佳配送路线如图 3－39 所示。

到此为止，完成了全部的配送路线的规划设计，共有 3 条配送路线，运行距离为 80 千米。需要 2 吨汽车 1 辆，4 吨汽车 2 辆。其中配送路线Ⅰ：4 吨汽车 1 辆，运行距离 27 千米，装载量为 3.6 吨；配送路线Ⅱ：4 吨汽车 1 辆，运行距离 30 千米，装载量为 3.9 吨；配送路线Ⅲ：2 吨汽车 1 辆，运行距离为 23 千米，装载量为 1.3 吨。

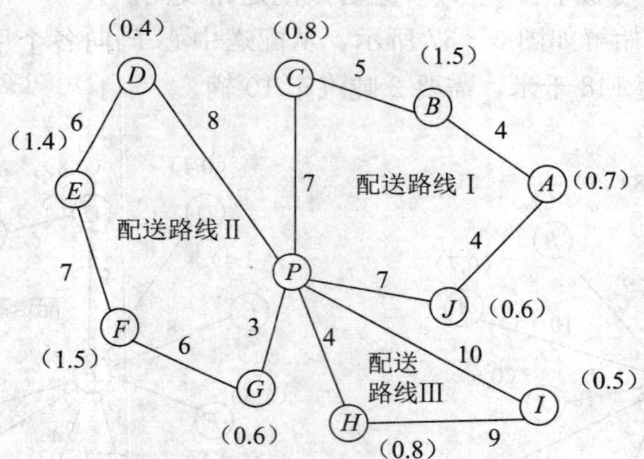

图 3－39 配送中心最佳配送路线（最终解）

（二）使用 VSP 规划法注意事项

（1）适用于顾客需求稳定的配送中心。

（2）对于需求不固定的顾客，采用其他途径配送，或并入到有余量的配送路线中去。

（3）最终确定的配送路线要充分听取司机及现场工作人员的意见。

（4）各配送路线的负荷量尽量调整平衡。

（5）要充分考虑道路运输状况。

(6) 预测需求的变化及发展。

(7) 不可忽视在送达用户后停留的时间。

(8) 要考虑到司机的作息时间及指定的交货时间。

(9) 因为交通状况和需求的变化影响到配送路线，最好利用仿真模拟研究对策及实施措施。

(10) 对于VSP规划法，几乎所有的计算机应用程序软件包都比较完备，特别是规模较大的配送网络应利用计算机进行规划设计。

三、配送中心设计方案的优化

(一) 系统优化技术

配送中心的设计与规划，实际上也属于系统工程的设计与规划，系统优化技术同样适用于配送中心的设计方案。

最优化技术是一门较新的数学分支，20世纪80年代之后，其发展迅速，应用范围越来越广，优化方法越来越成熟，能够解决的实际问题也越来越多。所谓最优化，就是在一定的约束条件下，求出使目标函数为最大或最小的解，求解最优化问题的方法称为最优化法。系统优化问题，是系统设计的重要内容之一。一般情况下，最优化技术所研究的问题是对众多方案进行研究，并从中选择一个最优的方案。一个系统包含有许多参数，受外部环境影响较大，有些参数属于不可控因素。因此，优化问题是在不可控参数发生变化的情况下，根据系统的目标，有效地确定可控参数的数值，使整个系统经常处于最优化状态。

物流系统所包含的参数绝大多数属于不可控因素，因为它们相互制约，互为条件。在外界环境条件的约束下，如何处理好物流系统众多因素之间的关系，只有采用系统优化技术才能得到满意的结果。物流系统工程的基本思想是整体优化的思想，对所研究的对象主要采用定量的模型优化技术。经过多次测算相比较，求好选优，统筹安排，其目标是整体最优而不是局部优化。

系统优化的方法很多，是系统工程中最具理论性的领域，也是最具有实用性的部分，绝大部分是以数学模型处理一般问题。例如，合理运输路线的选择，最佳配送路线的确定，最小物流费用，物流据点的合理分布，库存优化策略等模型。

建立优化数学模型时，应先根据系统性质确定目标函数及其相应的约束条件，不同的系统有着不同的目标函数和约束条件，配送中心系统的目标函数是物流成本最低、顾客服务水平最高。约束条件包括作业环境、配送距离、网点布局等。另外，系统优化的手段和方法，应根据系统的特性，对目标函数和约束条件等合理选择。

常用的物流系统优化方法有数字规划法（包括静态优化和动态优化的规划法，主要运用线性规划解决运输合理化的问题；运用整数规划法选择工厂或仓库地址及配送中心位置；运用扫描法对配送路线进行扫描求优）、动态规划法、探索法和分割法。

另外，运筹学中的博弈论和统计决策也是较好的优化方法。

上述方法中除了分割法外，都只能用于规模较小的系统优化。对大型系统优化问题，特别是物流系统的目标函数是在一定的条件下，达到物流总费用最省、顾客服务水平最高，是社会、经济效益最高的综合目标，由于物流系统包含多个约束条件和多重变量的影响，难以求优。解决的办法是巧妙地把大的问题分解成多个小问题，对于各问题可使用现有的优化法和计算机求解，系统最优化方法是物流系统工程方法论中的重要组成部分。

（二）方案比较法

方案比较法是在一定的范围内选择 3～4 个比较理想的设计方案进行详细调查、勘探、比较分析，列出不同方案的技术参数、建设费用、经营费等加以选优，选出技术条件好、费用省的最优方案。在方案过多时，可以先用直观方法进行一次筛选，将显而易见没有价值的方案除去，只保留少数看来有价值的方案。然后按下述步骤进行。

1. 建立方案

根据每一个方案地理位置的约束条件，如面积大小、交通情况、允许建筑高度、周围建筑类型、道路每天允许通过能力等，确定在该地区建配送中心的方案，其主要项目为以下几种。①配送中心日吞吐量，必须是将小于道路交叉口允许通过最低数量，减去其他单位分配到的通过量，为分配到该配送中心的通过量。②配送中心进出车辆最大载重吨位，受道路及所经由的桥梁等条件的限载制约。另外，还要受噪声等级的限制，大型车辆噪声较大。车辆载重吨位决定配送中心进发货设施的设计及造型，也决定运输及配送车辆的选择。③配送中心的占地面积，只有先决定占地面积，才能决定配送中心的平面布置，进而规划配送中心的作业能力。④配送中心的建筑高度，根据所在地的规划许可建筑高度来设计。⑤配送中心结构形式，根据配送中心的功能及环境条件规划建筑结构类型。⑥配送中心的技术装备及工艺流程，根据任务、技术现状以及上述的许可条件来确定。

2. 计算各方案的经济效果

为了使各方案在经济效益方面具有可比性，需对各方案的经济性进行量化，量化指标有以下几项：投资回收期，投资收益率，投资总额，单位固定资产生产能力，利润率，成本，配送中心寿命期，配送中心至各用户的运费及吨·公里总和等。

3. 确定主要比较项目

对各个方案进行全面比较，首先需要选定几个项目作为比较基准，这些项目应具有典型性、可比性和代表性。例如，某配送中心对设计方案进行比较时，选定了以下几个比较项目：①综合经济性，即综合第二点中所列举的各项经济指标或者选择其中某一个比较重要的经济指标（如投资收益率）作为代表；②配送中心作业能力；③社会效益评价；④配送中心发展能力；⑤技术先进性，建设难易程度；⑥劳力资源状况及费用；⑦交通运输的便利性；⑧土地与气候；⑨建筑结构设计等。

4. 分级评分法

分级评分法又称分级排队加权法，主要决定各比较项目的重要程度，在所选定的

比较项目中，每一项对整体的重要性是有区别的，因此可采用打分加权方法确定每一项的重要程度，打分时可采用投票打分及强制性对比打分等方法。例如，对第三点中所选的项目进行强制性对比打分的结果为：①项 5 分；②项 4 分；③项 2 分；④项 1 分；⑤项 3 分；⑥项 0 分；⑦项 3 分；⑧项 1 分；⑨项 0 分。将打分结果填入表 3－31 的“权重”栏内。

5. 将各方案对评价项目满足程度进行比较

对各配送中心设计方案就第三点中所述项目进行比较时，可以采用投票方法或打分方法，每一个项目进行一次各设计方案满足程度的比较，并决定各方案满足程度的分值。配送中心设计方案分级评分法如表 3－31 所示。将分值填入表 3－31 的“评分”栏内。

表 3－31　　配送中心设计方案分级评分法

序号	影响因素	权重	设计方案							
			A		B		C		D	
			评分	加权得分	评分	加权得分	评分	加权得分	评分	加权得分
1	经济性	5	3	15	1	5	2	10	4	20
2	作业能力	4	1	4	3	12	4	16	2	8
3	社会效益	2	2	4	1	2	4	8	3	6
4	发展能力	1	3	3	4	4	1	1	2	2
5	技术先进性	3	2	6	3	9	1	3	4	12
6	劳力资源	0	3	0	2	0	4	0	1	0
7	交通运输	3	1	3	3	9	2	6	3	9
8	土地与气候	1	2	2	3	3	4	4	2	2
9	建筑结构	0	4	0	2	0	2	0	4	0
合计			37		44		48		59	

6. 综合评价结果

将评价每个项目重要程度的加权分乘以评价满足程度的分值，所得结果填入表 3－31“加权得分”栏内，再将每个方案的加权得分相加，得出总分数，总分数最高的为最优方案。如表 3－31 所示，总分数最高的为 D 方案，为建设配送中心的入选方案。

第九节　案例分析

案例一　超市配送中心规划设计相关资料采集与分析

某超市配送中心针对区域内的多家连锁门店进行配送服务，由于其选址位于城市中心区，有悖于城市对配送中心等物流设施的规划要求，为了改善日常物流作业管理，并为配送中心将来的迁址重建做好准备，需要对其订单数据进行 EIQ 分析。（本例中已对订单数据进行了简化处理，仅选取其一天上百份订单中较有代表性的 30 份订单的 16 个品项进行分析）将订单进行编号，依次为 E_1，E_2，E_3，…，E_{30}。订单的 16 个出货品项编号为 I_1，I_2，I_3，…，I_{16}，每个编号对应代表一种配送商品。将以上品项数按顺序写在订单上，最后将订单资料依次填入出货 EIQ 表。将各行相加可得每份订单的发货数量，每行的非零个数即为每份订单发货品项数；将各列相加可得每品项的发货数量，每列的非零个数即为每个品项的发货次数。最后可得表 3－32 所示的出货 EIQ 表（单日）。

表 3－32　　出货 EIQ 表（单日）

出货订单	出货品项																订单出货数量	订单出货品项
	I_1	I_2	I_3	I_4	I_5	I_6	I_7	I_8	I_9	I_{10}	I_{11}	I_{12}	I_{13}	I_{14}	I_{15}	I_{16}		
E_1	12	3	0	2	4	6	1	27	2	1	14	9	3	13	4	4	105	15
E_2	10	8	0	3	3	2	0	14	1	1	0	6	1	5	2	2	58	13
E_3	13	17	3	4	4	6	12	30	4	3	0	4	2	2	3	3	110	15
E_4	12	11	2	4	4	4	5	30	4	1	7	4	2	8	3	3	104	16
E_5	11	8	1	6	6	5	4	25	2	2	7	7	2	8	4	4	102	16
E_6	9	1	1	3	3	3	1	6	1	0	6	3	1	7	1	1	47	15
E_7	12	8	2	5	5	5	2	25	2	2	7	5	4	11	3	3	101	16
E_8	23	11	0	11	11	10	14	27	3	0	9	5	2	12	5	5	148	14
E_9	20	9	1	6	6	7	3	30	2	0	4	18	6	12	3	3	130	15
E_{10}	13	9	0	6	6	6	2	29	3	1	0	5	1	9	2	2	94	14
E_{11}	6	5	1	2	2	2	5	14	1	0	4	4	1	3	0	0	50	13
E_{12}	14	9	1	14	14	7	5	23	8	4	9	10	4	10	9	9	150	16
E_{13}	59	9	3	25	25	16	12	44	5	3	13	15	7	17	6	6	265	16
E_{14}	20	6	1	9	9	11	5	13	2	2	5	12	4	3	9	9	120	16
E_{15}	5	3	1	6	6	8	2	12	4	1	8	4	4	2	0	0	66	14
E_{16}	12	11	1	4	4	12	4	24	4	3	11	6	1	7	4	4	112	16
E_{17}	16	7	0	5	5	6	3	14	1	1	7	11	3	6	3	3	91	15
E_{18}	8	5	2	2	2	6	9	11	3	0	0	9	2	4	3	3	69	14
E_{19}	13	6	0	6	6	5	5	14	3	0	5	4	3	2	2	2	76	14
E_{20}	23	14	3	9	9	11	2	35	5	3	14	19	6	16	6	6	181	16
E_{21}	9	8	1	8	9	1	5	29	3	3	12	16	6	19	0	0	129	14

续 表

出货订单	出货品项																订单出货数量	订单出货品项
	I_1	I_2	I_3	I_4	I_5	I_6	I_7	I_8	I_9	I_{10}	I_{11}	I_{12}	I_{13}	I_{14}	I_{15}	I_{16}		
E_{22}	8	3	0	2	2	3	0	7	0	0	0	5	2	4	1	1	38	11
E_{23}	5	0	0	0	0	6	3	13	1	0	9	5	5	12	2	2	63	11
E_{24}	19	10	1	9	9	9	8	28	5	0	8	7	4	16	7	7	147	15
E_{25}	166	12	3	46	46	57	10	84	25	8	15	37	12	44	20	20	605	16
E_{26}	13	7	1	7	7	9	9	24	3	0	2	10	4	10	3	3	112	15
E_{27}	18	3	1	8	8	7	14	18	4	2	2	14	6	3	5	5	118	16
E_{28}	8	5	1	3	3	3	2	11	2	0	5	4	3	5	3	3	61	15
E_{29}	24	11	2	13	13	10	9	25	5	2	9	12	4	10	2	2	153	16
E_{30}	24	6	1	12	12	11	6	25	3	2	4	12	5	6	4	4	137	16
单品出货量	605	225	34	240	243	254	162	711	111	45	196	282	110	286	119	119	3742	444
单品出货次数	30	29	22	29	29	30	28	30	29	19	25	30	30	30	27	27	444	—

资料来源：https：//wenku. baidu. com/view/9ed7f31210a6f524ccbf854d. html？from＝search

分析：

根据获得的EIQ表对EQ、EN、IQ、IK进行分析统计，分别做出柏拉图，并对柏拉图的内容进行解读（柏拉图中的累积出货量曲线也可由累积出货百分比曲线代替，这种作图方法更便于对订单进行ABC分类）。

案例二　钢材配送中心布局规划设计

钢材配送中心是钢材供应链中非常重要的一个环节，主要功能包括仓储、倒装、装卸搬运、拣选配货、钢材维护、流通加工、配送及信息管理等。假设某地拟建一钢材配送中心，该配送中心的设计总吞吐量为200万吨/年，总流动量为100万吨/年，具体涉及的钢材品种及设计能力参数如表3－33所示，钢材的平均额定堆放量如表3－34所示。

表3－33　钢材配送中心钢材品种及设计能力参数

类别	钢材品种	储存要求	流动量（万吨）	储量（万吨）	流通加工量（万吨）
建筑钢材	线材	钢材堆场	49	2.72	4.90
	螺纹钢		14	0.78	
	其他		7	0.39	
	总计		70	3.89	4.90

续 表

类别	钢材品种	储存要求	流动量（万吨）	储量（万吨）	流通加工量（万吨）
工业用材	薄板	钢材库区	18	1.50	2.70
	中厚板		1.5	0.13	0.23
	型材	钢材堆场	7.5	0.63	1.13
	棒材		1.5	0.13	0.23
	其他		1.5	0.13	0.23
	总计		30	2.52	4.52
总量			100	6.41	9.42

表 3-34　　钢材平均额定堆放量

类别	钢材品种	储存要求	额定堆放量（吨/平方米）
建筑钢材	线材	钢材堆场	2.5
	螺纹钢		3
	其他		按 2 计算
工业用材	薄板	钢材库区	4～6
	中厚板		4
	型材	钢材堆场	3
	棒材		2.5
	其他		按 2 计算

该配送中心的主作业流程如图 3-40 所示，据此将该配送中心大致划分为接货区、检验区、钢材库区、钢材堆场、流通加工区、发货区、管理区七个主功能区，并依次以 1～7 编号，其中管理区不发生直接的物流活动。

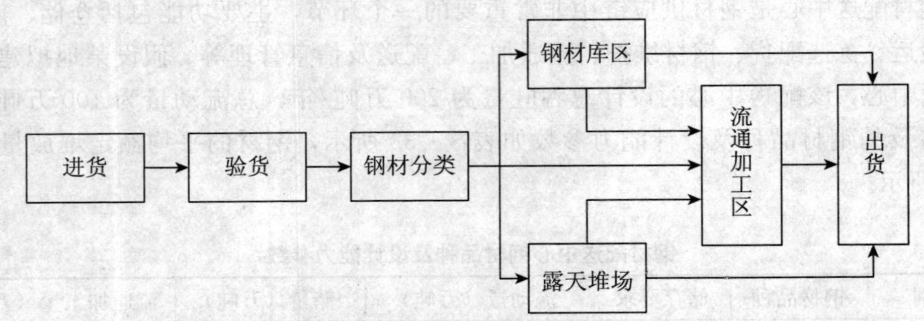

图 3-40　某钢材配送中心的主作业流程

借鉴规模相近的同类配送中心的实际运作数据，物流功能区中接货区、检验区、钢材库区、钢材堆场、流通加工区和发货区之间的物流量分布如图 3-41 所示。

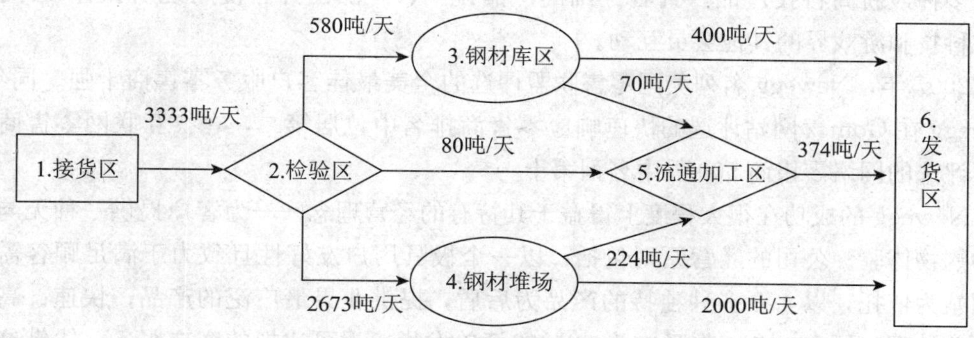

图 3-41 钢材配送中心功能区间物流量分布示意

资料来源：https：//wenku. baidu. com/view/9ed7f31210a6f524ccbf854d. html？from＝search

分析：

（1）配送中心提供的服务功能。

（2）确定相应的服务流程和作业流程。

（3）根据服务流程和作业流程确定分区个数以及各区功能划分。

（4）根据业务量（年钢材销售量、日库存量、加工量等）、机械作业能力、人员工作效率，运用相关面积计算公式确定各功能分区规模大小。

（5）根据相关资料数据分析该钢材配送中心的物流相关性、活动相关性和综合相关性，选择合适的物流动线形式（如直线型、U 型等）。

案例三 新蛋网——领先网络零售商构建世界级配送中心

美国领先的网络零售商新蛋网（Newegg. com）位于新泽西州埃迪逊市的新配送中心，采用了堪称业界最为高效的物料处理系统，其中包括节能型传送带、带有电子标签的分区传递拣选系统、上跃式分拣机以及产品全程追踪系统。

对美国第二大专营网络零售商 Newegg 公司来说，丰富的商品种类、订单履行准确率和订单处理速度是维持其市场地位的关键。2007 年，Newegg 实现净销售收入 121. 6 亿元，其客户满意度评级在业界名列前茅。为了向美国东部客户提供更好的服务，Newegg 决定在新泽西州埃迪逊市建设一座配送中心，综合采用当时最新的自动化物料处理技术。该配送中心投入使用后，不但完全符合 Newegg 对海量商品、订单准确率和订单处理速度的要求，而且树立了网络零售配送的典范。

（一）公司概况

Newegg 公司成立于 2001 年，总部位于加利福尼亚州工业城。目前，Newegg 已成为当之无愧的一流在线电子商务零售商，拥有 870 多万注册用户，其中包括信息技术（IT）专业人士、电脑组装爱好者、在线游戏发烧友、学生、中小型企业、经销商等，每天平均有近 60 万人次的网站访问量。作为排名美国访问量前 400 强的网站，Newegg 拥有一个巨大的 IT 和消费电子产品目录，可提供 4 万多种计算机软硬件、消费电子产品和通信产品。登录其网站后，消费者可以在业界最齐全的产品库中精挑细选，可以比较多种最新高科技产品，查看详细的产品说明、产品图片、使用说明和客户评论，并与科技和游戏界的其他会员互动。

2007 年，Newegg 名列美国零售联盟评选的全美最佳客户服务零售商十强。同年，Newegg 在 Gomez 网站评选的快速响应零售商排名中位居第二，在《互联网零售商杂志》评选的网络零售商 500 强中名列第十。

Newegg 的成功在很大程度上得益于其特有的经营理念——为客户提供一种无与伦比的购物体验。公司的经营原则包括：以一个极具用户友好性且致力于满足顾客需求的网站为依托，以 4 万多种独特的产品为后盾，提供业界最广泛的产品；快速、高效的订单处理，可在一个工作日内为 98%的订单发货；无可比拟的客户服务。凭借这三大优势，超过 800 万的注册顾客将 Newegg 评为全球最佳在线零售商之一。

Newegg 在美国拥有三个配送中心，分别位于加利福尼亚州工业城、田纳西州孟菲斯市、新泽西州埃迪逊市。在美国本土之外，Newegg 还拥有五个配送中心，分别位于中国的上海、北京、广州、武汉和成都。

（二）新建配送中心的目的

Newegg 公司最新建立的配送中心位于新泽西州埃迪逊市，面积达 3.47 万平方米，于 2007 年年初动工，同年 9 月竣工并投入使用。该配送中心的建成，使 Newegg 99%的客户可以在发货后 3 个工作日内收到所订货物。

谈到 Newegg 为什么投资兴建新泽西配送中心，Newegg 物流事务部副总裁 Bob Zelis 表示："公司之所以建设新泽西配送中心，是为了将小规模配送设施整合成一个大型的自动化设施，以便为美国东部地区庞大的客户群提供更好的服务。在过去两三年里，公司的业务量迅猛增长，因此，修建一个新配送中心以适应业务发展的需要势在必行。"

据介绍，Newegg 在全美三个地点设置了配送中心，以便优化订单履行。新泽西配送中心的产品种类与 Newegg 的其他两个配送中心相类似。该配送中心在当地时间下午 3 点前收到的订单当天即可处理，这样，客户就可以在 3 个工作日内收到所订购商品。Newegg 希望通过在加利福尼亚州、田纳西州和新泽西州设立的三大配送中心，能够以最低的运输成本，为遍布全美国的所有客户提供优质的服务。

考虑到公司的实际需求，在对多家物流系统供应商进行了全面考察之后，Newegg 最终选择了德马泰克公司，由其负责完成新泽西配送中心所需物料处理系统的规划设计与集成工作。Newegg 希望在新泽西配送中心采用最新的技术，以充分利用速度快、效率高的物流系统的优势，快速完成客户订单处理。德马泰克公司为新泽西配送中心提供了整套自动化解决方案，涵盖了从收货、拣选到发货的全部操作。

（三）作业流程与技术亮点

1. 超大数量品规带来多种到货方式

Newegg 网站之所以能够吸引几百万消费者频繁光顾的一大原因就是引入大量超小型供应商，以丰富商品种类。这样，顾客访问公司网站时，即可选择多种不同的商品。

而供应商数量庞大，使新泽西配送中心的商品到货方式多种多样。主要包括集装箱、小包裹投递和厢式货车等。

与其他配送中心一样，新泽西配送中心以计算机产品为主，其中包括组装电脑所需要的全部产品，此外还有游戏机和消费电子产品，如数码相机、音乐播放器、音箱、手机和电视机等。收货时，除了大件货物（如电视机）以外，全部货物均通过传送带系统进入配送中心。由于配送中心每天需要处理大量货物，因此，能否节省时间和资源对 Newegg 来说至关重要。

产品经过验收后，有两种处理方式。多数产品进入拣选系统中的主拣选站；而有些产品是批量购买的，会进入托盘区进行存储。Newegg 的产品销售基于实时库存状况，不接受延期订单。一旦某种产品售罄，公司立即将其从网站上撤下来。

配送中心可以对公司销售的商品进行全程追踪。如果客户在购买某产品后提起投诉，Newegg 可以对该产品的物流处理过程进行逆向追查，可回溯至接收订单时。

2. 电子标签和分区优化拣选系统

在整个系统中，订单同样受到密切追踪。Newegg 的所有订单都由公司位于加利福尼亚州的主服务器接收，然后传递至离收货地址最近的配送中心。订单到达新泽西配送中心后，被自动分配给一个贴有条码的料箱，进入拣选流程。料箱通过德马泰克公司开发的自动数字分区优化拣选系统，该系统与电子标签配合使用以帮助操作人员轻松完成拣选作业。拣选区域占据了配送中心大约一半的面积。

在电子标签拣选系统中，操作员扫描料箱上的条码标签。位于各拣选货箱前面的数字显示器告诉操作员需拣选的商品及数量。对于像 Newegg 这样拥有成千上万个品规的配送中心，电子标签系统不失为一种提高拣选作业效率、降低差错率的切实可行的选择。

3. 高效率、低噪声输送

料箱的传送也是自动进行的。配送中心采用了德马泰克公司的新型 C－L100 系列输送机，这种产品不但减少了噪声和维护要求，而且降低了对润滑剂和压缩空气的依赖性。这使得传送带更节能，使 Newegg 能够在提高吞吐量的同时尽量做到环保。

这种传送带还具有在不需要时自动关闭的功能，这是一项卓越的节能功能。与常规输送系统相比，这种传送带最多可降低 30％的功耗、减少 20％的劳动力，而且能输送多种产品。

来自德马泰克公司的技术人员斯图尔特·雷斯尼克（Stewart Resnick）表示：“Newegg 非常注重配送中心工作人员的舒适度。环境噪声是个问题，不过与常规系统相比，C－L100 传送带非常安静。模块化设计、零件互换性、维护便利性和低功耗，这些附加特点深受 Newegg 青睐。C－L100 传送带是优化输送的不二选择。”

此外，德马泰克公司还提供了两台上跃式导轮分拣机，用于订单货物出库前的集合、分拣。

4. 带图像系统监控的仓库控制系统

新泽西配送中心的仓库控制系统（WCS）采用了与 Newegg 专有仓储管理系统集

成的德马泰克 SortDirector 软件。该系统可为整个输送、分区传递拣选和分拣过程提供一流的图像监控功能，使操作员可以准确、实时地掌握产品的移动情况并向系统进行报告，还可以轻松地监控物流设备的运行状况，及时发现并诊断设备出现的问题。

（四）为公司发展奠定基础

新泽西配送中心的建成，无疑为 Newegg 公司网上销售业务的进一步发展提供了强有力的支撑。

配送中心运行几个月以后，物流作业效率大幅提高。据介绍，在新泽西配送中心，处理一个订单所需时间平均为 20 分钟。较快的处理速度意味着更多的订单可以在第一时间发货，这对 Newegg 的客户来说更为有益。另外，系统采用大容量、高能力设计，这意味着可以在一个班次中处理订单，正如 Newegg 目前所做的那样，而不是跨越两个班次。随着订单处理量的增加，这种设计即可显现出巨大的扩展空间。

另外，Newegg 最关注的是向客户提供优质的服务，这是公司网上销售业务模式取得成功的核心要素。而配备了最尖端的自动化系统的新泽西配送中心将使 Newegg 公司在打造其独一无二的品牌方面更加得心应手。

资料来源：http：//www. china wuliu. com. cn/xsyi/201006/23/142746. shtml

分析：

（1）美国网络零售商 Newegg 配送中心在设计上有何特点？

（2）美国网络零售商 Newegg 配送中心设计对我们有何启发？

案例四　自动化立体仓库建模仿真与优化

（一）建模背景

随着现代信息技术飞速发展，国内经济的不断进步，我国仓储行业生产技术不断提升，仓储行业发展迅速，逐步形成了有中国特色的多样化、多层次的消费市场。仓储是现代物流的重要组成部分，企业间的竞争愈演愈烈，致使仓库行业在近几年的市场走势及发展状况备受关注。为了保障仓储能够实现有效的产品整合，调节供应和需求，降低成本，优化整个物流系统，本案例以某配送中心一个自动化立体仓库为例，根据自动化立体仓库基本组成和作业流程，将自动化立体仓库剖析为入库、存取、出库三个部分。通过模拟自动化立体仓库物流系统，对仓库物流过程进行整体分析，并对其进行优化，结果显示优化后仓库作业效率得到提高。

（二）理论概述

FlexSim 模型，能够实时地监控系统在实际生产过程当中各个实体的运行状态，而且仿真系统能够直观地反映出系统中拥堵和瓶颈发生的位置及程度。可通过改变数据输入对系统实际运作过程中可能会遇到的状况进行模拟，并在仿真运行后得出系统对该输入条件的反映。本案例基于 FlexSim 的规划与仿真研究，不仅能够显著缩短立体仓库系统的规划设计周期，计算机仿真结果还为方案的优化提供了参考和依据，提高了设计的质量。在构建模型当中，本方案应用到的相关理论知识如下。

1. 入库管理

(1) 安排仓位。

(2) 核对单货、登记准确。

(3) 装卸规范、堆放标准。

2. 库房管理

(1) 定期检查成品、设备。

(2) 维护仓库清洁、安全。

(3) 各项运作规范、标准。

(4) 统计汇总、准确及时。

3. 出库流程

(1) 打包：订单、快递单打印并合并交单。拣货，检查货品质量，打包装箱。

(2) 验收：验收入库，填写入库单；出库，填写出库单，并建立出入库电子台账。

(3) 原则：账、卡、物相符；先进先出原则；库存更小化保障生产。

(三) 仿真模型内容——FlexSim 模型

1. 模型描述

(1) 布局如图 3-41，上下双层立体仓库，层高为 10 米，两层用颜色进行区分。

(2) 仓库第一层随机接收三种零件，到达服从默认指数分布；零件首先经过一个处理器进行贴标签，处理时间为 2 秒。然后按百分比（4：3：3）发送到三台处理器上进行加工，加工时间 uniform（20，30）s，加工完成后按产品类型通过叉车将产品放到三个货架上；叉车数量为 2 台。产品在货架上的最小停留时间为 5 秒。

(3) 仓库第二层产生订单，收到订单后，由叉车将第一层仓库货架上的产品转运到暂存区，通过升降机将产品运至二楼进行打包。每个订单分别由 3 个产品 1、3 个产品 2 和 3 个产品 3 组成。打包后通过传送带将货物运送到出库暂存区，由工人进行最后一道检测工序，检测合格后进入出库暂存区，等待出库；不合格则发送到不合格区，等待返修。不合格率约为 5%。

(4) 利用 dashboard 统计某些参数（自行设定），根据数据分析判断该模型的合理性及存在的问题，如是否存在瓶颈、浪费等。如需改进，给出改进方案，说服决策者采用方案；如无需改进，也请说明理由。

2. 模型布局

原布局模型如图 3-42 所示。

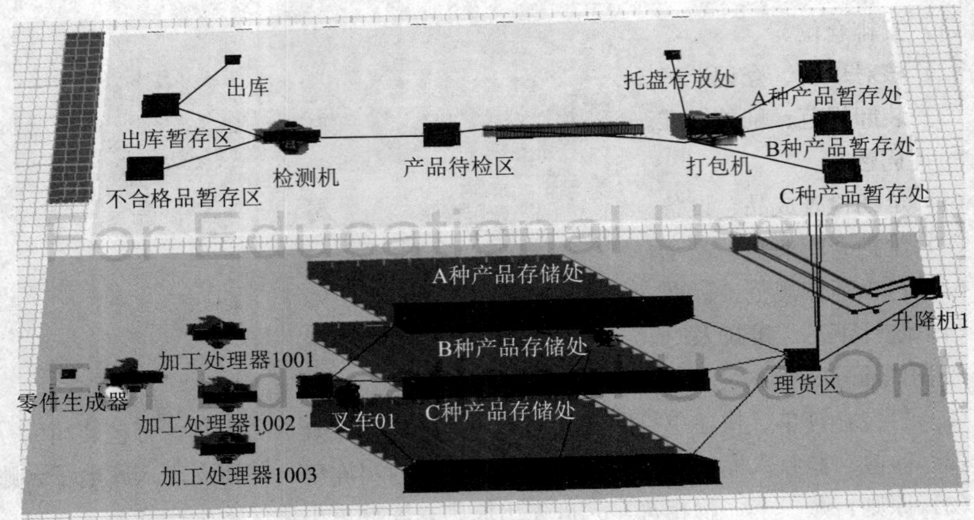

图 3-42　原布局模型

3. 功能实现和参数设定

（1）连接。

零件生成器与标签处理器——“A”连接；

标签处理器与加工处理器 1001、1002、1003——“A”连接；

加工处理器 1001、1002、1003 分别与产成品暂存区——“A”连接；

产成品暂存区与叉车 01——“S”连接；

产成品暂存区与产品存储处 A、B、C——“A”连接；

产品存储处 A、B、C 分别与理货区——“A”连接；

叉车 02 与产品存储处 A、B、C——“S”连接；

理货区与升降机——“S”连接；

理货区与产品暂存处 A、B、C——“A”连接；

产品暂存处 A、B、C 分别与产品打包机——“A”连接；

托盘生产器与打包机——“A”连接；

打包机与打包产品流通处——“A”连接；

打包产品流通处与待检区——“A”连接；

待检区与检测器——“A”连接；

检测器与出库暂存区、不合格产品暂存区——“A”连接；

出库暂存区与出库——“A”连接。

（2）参数设定。

①临时实体类型和颜色的实现。

a：双击打开“零件生成器”的属性窗口，点开“触发器”选项卡。

在“创建触发”下设置两个选项。

——设置临时实体的类型：

实体：item；

类型：duniform（1，3）s。

——设置临时实体颜色（也可使用数值）：

值：getitemtype（item）

Cases：

Case1：Color. red（item）；break；

Case2：Color. green（item）；break；

Case3：Color. blue（item）；break；

不关闭窗口，点击“应用”。零件生成器参数设定如图 3－43 所示。

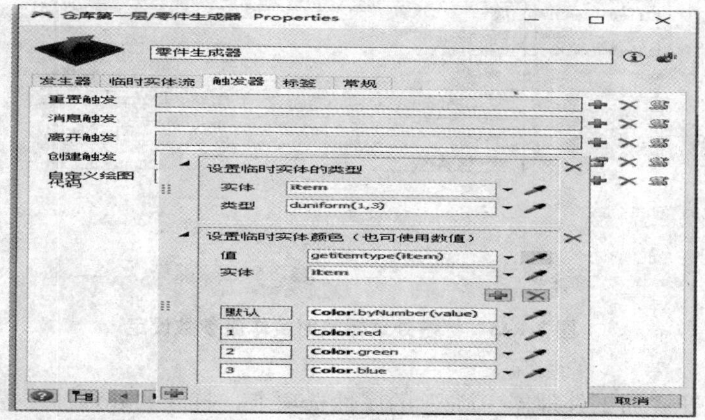

图 3－43 零件生成器参数设定

②产品加工的实现。

b：双击打开“标签处理器”的属性选项卡。打开“处理器”模块。

设加工时间为 2 秒，剩余标签处理器加工时间参数设定如图 3－44 所示。

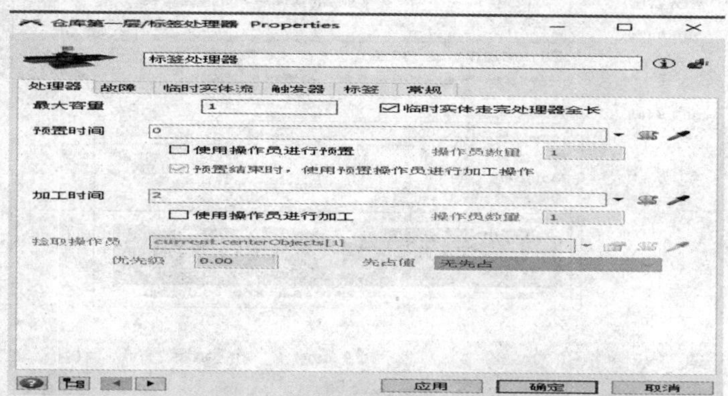

图 3－44 标签处理器加工时间参数设定

点开“临时实体流”选项卡。

在“输出——发送至端口”模块下设置如下参数。

指定如下百分比。

百分比：40　端口 1；

百分比：30　端口 2；

百分比：30　端口 3。

标签处理器临时实体流参数设定如图 3－45 所示。

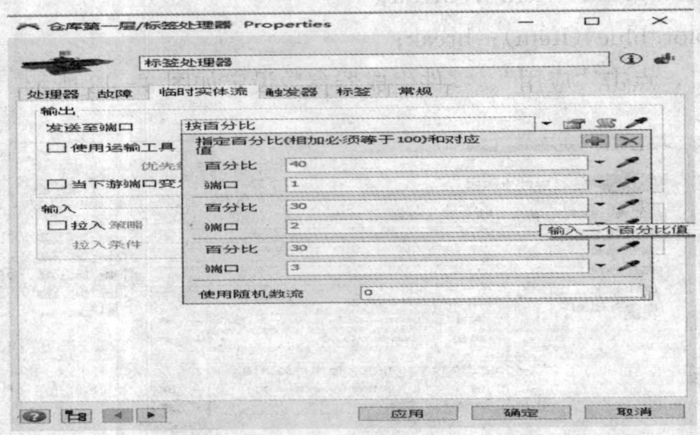

图 3－45　标签处理器临时实体流参数设定

c：双击打开“加工处理器 1002”的属性选项卡，打开“处理器”模块。

到达时间间隔服从 uniform（20，30，0）s。加工处理器 1002 加工时间参数设定如图 3－46 所示。

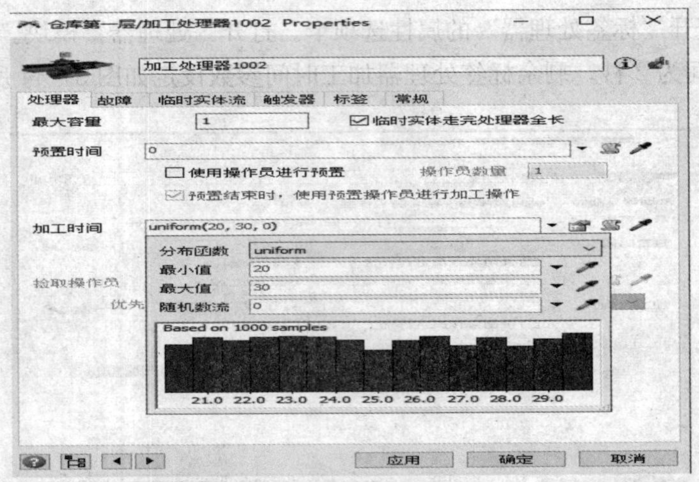

图 3－46　加工处理器 1002 加工时间参数设定

点击“确定”关闭窗口。

同理，对加工处理器 1001、1003 做同样的设置。

d：双击打开“A 种产品存储处”的属性窗口，打开“货架”模块。

产品在货架上停留的时间为 5 秒。并在“临时实体流”模块的“使用运输工具”前打“√”。A 产品存储处最小停留时间参数设定如图 3－47 所示。

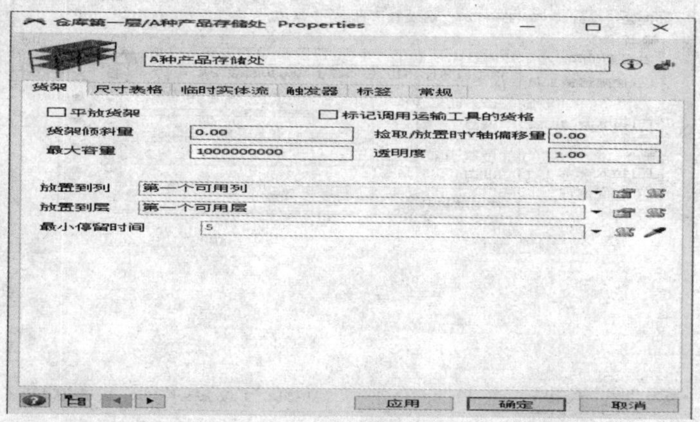

图 3－47　A 产品存储处最小停留时间参数设定

③货物打包的实现。

e：双击打开“打包机”的属性选项卡，打开“合成器”模块。

在“合成器—合成模式”下选择“打包”，数量为 9。打包机合成器参数设定如图 3－48 所示。

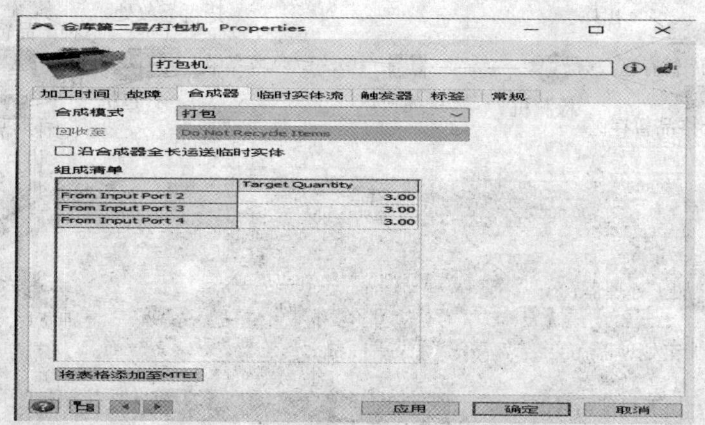

图 3－48　打包机合成器参数设定

④产品检验的实现。

f：双击打开“检测器”的属性选项卡，打开“临时实体流”模块。

在“输出—发送至端口”指定百分比如下参数。

合格产品百分比：95　端口 1；

不合格产品百分比：5　端口 2。

检测器参数设定如图 3-49 所示。

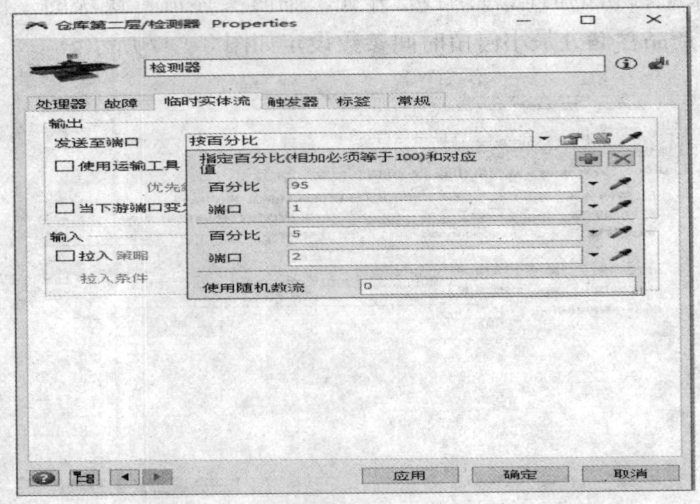

图 3-49　检测器参数设定

点击"确定"关闭窗口。

(四) 模型运行结果分析及方案优化

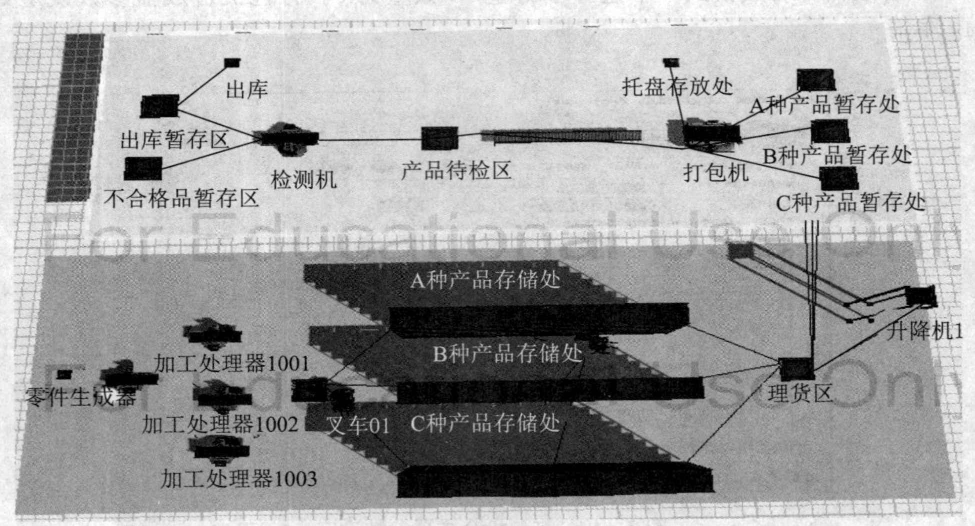

图 3-50　优化前模型运行

1. 运行结果分析

在试运行之后，优化前模型运行如图 3-50 所示；选择统计—汇总报告—生成报告，原模型运行数据报告如图 3-51 所示。

1	FlexSim Summary Report		初始									
2	Time:	28800										
3												
4	Object	Class	当前容量	最小容量	最大容量	平均容量	输入	输出	最短停留时间	最长停留时间	平均停留时间	当前状态
5	零件生成器	Source	0	0	0	0	0	1846	0	29.24557	5.828835	4
6	出库	Sink	1	0	1	0.974891	129	0	0	0	0	7
7	A种产品暂存处	Queue	9	0	26	5.361006	414	405	0	1959.814729	374.878132	8
8	B种产品暂存处	Queue	6	0	21	6.449929	411	405	0	1316.484966	454.627752	8
9	C种产品暂存处	Queue	0	0	26	9.247343	403	403	0	1953.669074	660.852324	6
10	升降机1	Elevator	1	0	1	0.300825	1229	1228	7.05	7.05	7.05	17
11	A种产品存储处	Rack	122	0	134	82.41039	538	416	100.697797	6920.086757	4631.660253	10
12	B种产品存储处	Rack	124	0	124	80.83011	535	411	14.233036	6918.692234	4669.198814	10
13	C种产品存储处	Rack	145	0	148	79.8934	548	403	31.588709	6926.268611	4494.638478	10
14	打包机	Combiner	1	0	2	0.999698	1348	1347	0	694.422736	21.334511	7
15	标签处理器	Processor	1	0	1	0.693008	1846	1845	2	29.954527	10.812945	4
16	加工处理器1001	Processor	1	0	1	0.668827	769	768	20.017168	29.985078	25.069373	2
17	加工处理器1002	Processor	1	0	1	0.477109	551	550	20.014239	29.991462	24.950358	2
18	加工处理器1003	Processor	1	0	1	0.455716	525	524	20.042177	29.971405	25.026119	2
19	产成品暂存区1	Queue	220	0	221	99.05538	1842	1622	2.288186	3455.775268	1531.936527	10
20	理货区	Queue	0	0	1	0.304305	1229	1229	6.994749	14.041528	7.130981	6
21	叉车01	Transport	1	0	1	0.530802	1622	1621	3.562738	14.583556	9.42976	15
22	叉车02	Transport	1	0	1	0.478573	1230	1229	4.918571	14.709269	11.212456	15
23	二层传送带	Conveyor	0	0	1	0.046528	134	134	10	10	10	6
24	产品待检区	Queue	0	0	1	0	134	134	0	0	0	6
25	检测机	Processor	0	0	1	0.046528	134	134	10	10	10	1
26	出库暂存区	Queue	0	0	1	0	129	129	0	0	0	6
27	不合格品暂存区	Queue	5	0	5	2.066601	5	0	0	0	0	8
28	托盘存放处	Source	0	0	0	0	0	135	0	694.045278	201.908769	4

图 3-51 原模型运行数据报告

通过对图 3-51 数据分析，经过粗略计算，可以得出：产品出库量占总输出的 62%；二楼产品暂存处的产品未完全输出；一楼产品存储处产品平均周转率约为 77%。

由以上运行结果和生成报告可以看出前模型存在以下问题。

(1) 一楼产成品暂存区、所有货架货物堆积严重。

(2) 二楼两种产品暂存区出现货物堆积，而第三种产品缺货。

(3) 部分端口的衔接没有运输工具。

(4) 升降机负载过大，运输效率低。

(5) 二楼不合格产品及托盘未能通过合理手段进行回收利用。

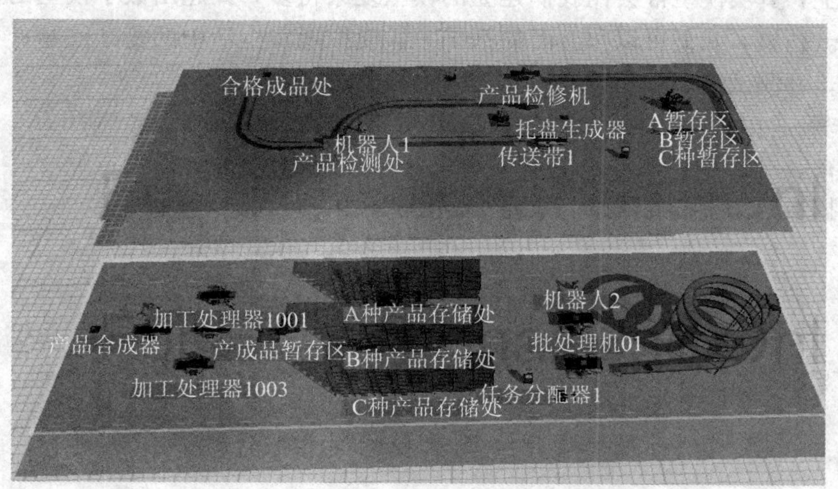

图 3-52 优化后模型运行

2. 方案优化

基于以上原模型出现的问题，进行以下优化。优化后模型运行如图 3 - 52 所示。优化后模型运行数据如图 3 - 53 所示。

	A	B	C	D	E	F	G	H	I	J	K	L
1	FlexSim Summary Report		优化后									
2	Time:	28800										
3												
4	Object	Class	当前容量	最小容量	最大容量	平均容量	输入	输出	最短停留时间	最短停留时间	平均停留时间	当前状态
5	零件生成器	Source	0	0	0	0	0	1797	0	31.33671	5.705217	5
6	出库	Sink	1	0	1	0.982058	180	0	0	0	0	7
7	A种产品暂存区	Queue	0	0	3	0.449831	594	594	9.634858	97.661593	21.809985	6
8	B种产品暂存区	Queue	7	0	8	1.798812	601	594	3.982114	454.480207	85.948324	8
9	C种产品暂存区	Queue	2	0	4	0.696326	596	594	2.320298	134.204282	33.645609	8
10	螺旋传送带	Conveyor	8	0	9	5.73424	1777	1769	93.141598	93.141598	93.141598	13
11	A种产品存储处	Rack	2	0	30	7.450315	596	594	8.063077	1265.195633	360.996456	1
12	B种产品存储处	Rack	3	0	26	4.616778	597	594	8.061853	1046.734312	223.341853	1
13	C种产品存储处	Rack	7	0	34	18.02111	601	594	7.725085	1576.197393	870.541132	1
14	打包机	Combiner	1	0	2	0.999698	1980	1979	0	447.162184	14.496994	2
15	产成品暂存区	Queue	0	0	5	0.479453	1794	1794	3.155449	58.86167	7.6969	6
16	叉车01	Transport	0	0	1	0.334676	1794	1794	2.69875	10.176978	5.372718	1
17	标签处理器	Processor	1	0	1	0.670527	1797	1796	2	37.098063	10.744199	4
18	加工处理器1001	Processor	0	0	1	0.660108	725	725	20.047867	38.976752	26.222239	1
19	加工处理器1002	Processor	1	0	1	0.487053	561	560	20.007105	29.962481	25.02111	2
20	加工处理器1003	Processor	0	0	1	0.46933	510	510	20.002795	38.657329	26.503332	1
21	任务分配器1	Dispatche	0	0	0	0	0	0	0	0	0	0
22	叉车03	Transport	1	0	1	0.180055	716	715	3.645125	8.260041	7.251243	15
23	叉车02	Transport	1	0	1	0.258098	1066	1065	2.97679	8.26228	6.978953	15
24	批处理机01	Combiner	1	0	3	1.557898	907	906	25.618829	370.298383	49.512653	7
25	批处理机02	Combiner	1	0	3	1.595237	873	872	25.626909	650.696258	52.655743	4
26	机器人	Robot	1	0	1	0.308556	1778	1777	5	5	5	17
27	机器人1	Robot	0	0	0	0	0	0	0	0	0	1
28	机器人3	Robot	1	0	1	0.214363	1235	1234	5	5	5	17
29	机器人4	Robot	0	0	1	0.097222	560	560	5	5	5	1

图 3 - 53　优化后模型运行数据

从上面的运行结果来看，方案优化后的模型显著地优于改进前的方案，各个实体处出现的问题都有所改进，说明此优化的方案是有效并且可行的。

实际上，真实模型常会比我们建立的模型复杂得多，并超出数学模型的范围。使用 FlexSim 仿真，我们可以和上面的例子一样模拟现实生活中的复杂问题，不断地尝试和改进，并测试结果。

资料来源：2017 年第三届郑州地方高校职业技能竞赛现代物流职业能力赛参赛作品。

分析：

请根据本案例模型的描述，分析其优化方案的可行性。

第十节　实习实训指导

实训一：某配送中心选址影响因素和选址方法分析

实训项目：某配送中心选址影响因素和选址方法分析

实训目的：了解该配送中心在选址前考虑的因素，并分析其所用的选址方法。

实训内容：分析该配送中心在选址决策时考虑的因素，并与生产企业选址因素进行比较，分析它们之间的差异；同时分析该配送中心在比较不同候选地址时，采用了哪些选址方法，其过程如何。

实训要求：

(1) 将班级学生以每6人一组进行分组；

(2) 各组成员自行联系，并调查当地的一家配送中心或从现有文献资料中找一个典型的配送中心选址的案例，了解该配送中心在选址决策时考虑的因素，并与生产企业选址因素进行比较，分析其差异；

(3) 分析该配送中心在比较不同候选地址时，采用了哪些选址方法，其选址的过程如何；

(4) 分析该配送中心选址对其自身发展的影响；

(5) 每个小组将上述调研和分析内容形成一个完成的调研报告或案例分析报告。

实训二：某配送中心物流设备应用情况调研

实训项目：某配送中心物流设备应用情况调研

实训目的：了解该配送中心物流设备的应用情况，分析物流设备的应用给企业带来的影响。

实训内容：实地调研当地的一家配送中心，了解该配送中心物流设备的应用情况。

实训要求：

(1) 学生以小组的方式开展工作；

(2) 各组成员可以借小组老师的资源或自行联系一家或多家配送中心，了解配送中心内部的物流设备应用情况；

(3) 分析物流设备的应用给配送中心带来的影响；

(4) 最后形成一个完整的调研分析报告。

实训三：典型配送中心存储设备实训

实训项目：典型配送中心存储设备实训

实训目的：了解移动存储货架、托盘式货架、重力式货架、旋转式货架、可折叠式货架及抽屉式货架的结构、功能和选用原则；掌握配送中心对存储系统的基本功能要求。

实训内容：通过实际操作熟悉不同种类典型配送中心存储设备的基本性能参数，在此基础上总结不同种类货架的适用性，能够根据实际需求进行存储设备的具体选型作业。

实训要求：

(1) 实训器材。

①移动存储货架、托盘式货架、重力式货架和旋转式货架各一套，秒表计时装置一个，不同种类的货架若干、托盘100个。

②移动货架单层存储空间长、宽、高尺寸分别为1米、0.6米和0.8米，单层最大存储重量为150千克，高度方向可以进行调整，共有450个货位，为15排、3层、10列。

③托盘式货架单层存储空间长、宽、高尺寸分别为1.2米、1米和0.8米，单层最大存储量为1000千克，高度方向可以进行调整，共有120个货位，托盘货架一共4排，两个巷道，每行3层、10列。

④重力式货架整体层存储空间长、宽、高尺寸分别为3米、2米和2米，单层最大存储重量为500千克，高度方向可以进行调整，单个重力式货架存储空间长、宽、高尺寸分别为3米、1米和1米。

⑤旋转式货架建议为小型旋转货架，可选择垂直旋转模式，高度建议为4米以下。

⑥可折叠式货架存储空间长、宽、高的尺寸分别为1.2米、1米和1米，单个货架额定承载量为500千克，共计6个。

⑦抽屉式货架存储空间长、宽、高尺寸分别为3米、0.8米和2米，单层最大存储重量为500千克，高度方向可以进行调整，单个重力式货架存储空间长、宽、高尺寸分别为1米、0.8米和1米。

（2）实训要求。

①进行移动式货架的实际操作，并总结其性能参数和使用特点。

②进行托盘式货架的实际操作，并总结其性能参数和使用特点。

③进行重力式货架的实际操作，并总结其性能参数和使用特点。

④进行旋转式货架的实际操作，并总结其性能参数和使用特点。

⑤进行可折叠式货架的实际操作，并总结其性能参数和使用特点。

⑥进行抽屉式货架的实际操作，并总结其性能参数和使用特点。

⑦根据给定的操作使用要求进行分析，进行存储设备的具体选型。

⑧以移动式货架为存储设备、表3－35所示的存储设备操作对象为例进行分析。

表3－35　存储设备操作对象

货物名称	单位	重量（千克）	几何尺寸（米×米×米）	数量	在库时间（天/月）	作业次数（次/月）	备注
A1	箱	20	0.5×0.5×0.35	10	8	10	
B1	箱	30	0.6×0.5×0.35	15	10	8	
C1	个	50	0.7×0.65×0.5	12	12	2	限一层
D1	箱	45	0.6×0.5×0.4	8	15	1	
E1	箱	56	0.5×0.5×0.5	9	18	5	
F1	箱	22	0.4×0.3×0.35	10	2	12	
G1	箱	2	0.2×0.15×0.2	22	6	5	
A2	箱	34	0.6×0.5×0.3	23	7	15	

续　表

货物名称	单位	重量（千克）	几何尺寸（米×米×米）	数量	在库时间（天/月）	作业次数（次/月）	备注
B2	个	50	0.5×0.5×0.4	34	12	12	限一层
C2	箱	30	0.6×0.55×0.35	56	3	9	
D2	箱	45	0.5×0.5×0.40	80	8	10	
E2	箱	34	0.6×0.5×0.40	20	10	30	
F2	箱	53	0.5×0.5×0.35	34	15	4	
G2	箱	23	0.6×0.5×0.45	56	18	3	
A3	箱	15	0.45×0.4×0.4	12	10	2	
B3	箱	18	0.6×0.5×0.45	6	7	1	
C3	箱	20	0.5×0.5×0.4	9	5	6	
D3	箱	46	0.6×0.5×0.4	12	2	8	
E3	箱	80	0.5×0.5×0.3	15	9	10	
F3	箱	34	0.6×0.5×0.25	12	10	6	
G3	箱	9	0.4×0.2×0.35	35	5	8	
A4	箱	64	0.6×0.5×0.65	6	6	10	

实训四：配送中心的配送方案设计

实训项目：配送中心的配送方案设计

实训目的：锻炼学生用量化的工具解决实际问题的能力；以该实训项目为平台，引导学生主动分析问题并能对实际问题进行设计和求解；培养学生对配送中心的配送方案进行设计的能力。

实训内容：设配送中心 P_0 向 7 个用户 P_j 配送货物，其配送路线网络、配送中心与用户的距离以及用户之间的距离如图 3-54 所示，图中括号内的数字表示客户的需求量（单位：吨），路线上的数字表示两节点之间的距离（单位：千米），现配送中心有 2 台 4 吨卡车和 2 台 6 吨卡车两种车辆可供使用。

（1）试用节约里程法制定最优的配送方案。

（2）设配送中心在向用户配送货物过程中，单位时间平均支出成本为 45 元，假定卡车行驶的平均速度为 25 千米/时，试比较优化后的方案与单独向各用户分送可节约多少费用？

（3）配送货物的运输量是多少？

（4）配送货物的周转量是多少？

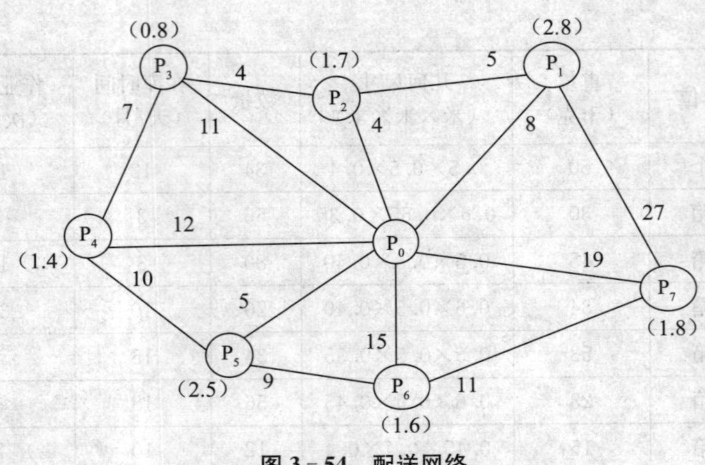

图 3-54　配送网络

实训五：配送中心的区域规划与设计

实训项目：配送中心的区域规划与设计。

实训目的：锻炼学生物流系统规划与设计的思维能力；以该实训项目为平台，引导学生主动查阅相关资料，对知识进行汇总，并能对实际问题进行设计和求解；培养学生对配送中心作业区域进行规划和设计的能力。

实训内容：主要包括通道的设计、收货暂存作业空间的设计、仓储作业空间的设计、拣货区作业空间的设计、集货区的设计等内容，其中应包含动线的设计、设备的选择、作业时序的安排等细节内容。

实训要求：

(1) 由指导教师给出配送中心空间规划的基础资料（3000 多组数据）；

(2) 要求每组同学在已经给出的配送中心空间规划资料的基础上，必须进行数据截取，即在给出的 3000 多组数据中，每组至少选出 100 组数据进行分析；

(3) 每组同学每人负责一部分的设计，最终整合成一个完整的报告；

(4) 规划方案中必须包括通道的设计、收货暂存作业空间的设计、仓储作业空间的设计、拣货区作业空间的设计、集货区的设计等内容，其中应包含动线的设计、设备的选择、作业时序的安排等细节内容，最终形成一个完整的规划设计方案；

(5) 本设计是一个综合性较强的规划设计方案。

实训六：现代物流配送中心仿真实训

实训项目：现代物流配送中心仿真实训。

实训目的：锻炼学生物流系统规划与设计的思维能力；以该实训项目为平台，引导学生主动查阅相关资料，对知识进行汇总，并能对实际问题进行设计和求解；培养学生对配送中心系统规划和设计的能力。

实训内容：判断系统中设备的配置是否合理；检验系统运行过程中是否畅通及货

物通过能力大小；评价和改进配送中心系统的设备配置。

实训要求：

（1）配送中心设计方案与作业流程。

该配送中心的系统流程需经过入库处理区、存储区、流通加工区、拣货区和发货区这5个区。配送中心根据空间属性和设备的物理位置，建立仓库的FlexSim三维模型。货物的到达和离开分别使用Source（发生器）和Sink（吸收器）模拟；自动分拣机用Conveyor（输送机）来模拟，各段Conveyor之间通过一定的逻辑连接，并在参数中设置使用操作员；码盘作业使用Combiner（合成器）模拟；对出入库托盘的处理使用Processor（处理器）模拟，模拟一段时间的延迟；出入库台用Queue（暂存区）模拟；拆分托盘用Separator（分解器）模拟，并使用Operator（操作员）；其他运输工具、操作员等均使用FlexSim实体资源中相应的模型来模拟。各模型建立后按照前述参数进行设置。

货物到达收货区以后，经过卸货、拆装、指示、验收等工作流程后入库。流通加工区从货物存储区或者拣货区取出货物，对货物进行贴价签、更换包装等二次加工后，将从存储区取出的货物送回存储区重新入库、拣货区取出的货物送到发货区直接出库。作业控制区发出发货命令后，配送中心把相应货物送到发货区等待装货。发货区的货物一部分来自货物存储区，另一部分来自拣货区。

（2）包装以及托盘方案尺寸。

三种产品在进入传送带主干线时，进行托盘装盘。库房托盘采用标准托盘，即800毫米×1000毫米尺寸的托盘。每类产品装载若干件。

（3）主要参数设计。

①收货：设置货物按一定的规律到达；

②不良货物率：指定合理的不良货物率；

③生成托盘：设置生成的托盘数量；

④合成器装盘：每个托盘装货量为固定值；

⑤流通加工区从货物存储区和拣货区取货；

⑥到达流通加工区的时候，用分解器去托盘；

⑦存储区对货架的数量、货物放置方式、最长存货时间等进行设置。

（4）建模仿真研究的问题。

仿真周期为10个小时，使用复演法做多次独立的仿真实验，然后通过观察、统计、分析实时状态图和导出的仿真实验数据，得到最终的仿真结果并解决以下问题。

①对堆垛机、运输小车、货架的仿真结果进行分析；

②找出并解决配送中心瓶颈，从而提高整个配送中心的效率；

③分析托盘数量是否合适，如果不合适则考虑如何进行优化。

（5）本实训在FlexSim系统平台上进行模拟设计，入库处理区FlexSim模型、存储区的FlexSim模型、流通加工区的FlexSim模型、拣货区的FlexSim模型、发货区的FlexSim模型等模型建立后，要运行结果分析和改进，对配送中心的方案进行优化，最后形成综合性的设计方案报告。

复习思考题

一、选择题

1. 配送中心选址时注意尽量不影响周边的居民生活，将环境污染等负面影响降到最低属于（　）。

A. 可持续发展原则　　B. 适应性原则

C. 协调性原则　　D. 经济性原则

2. 下列哪些属于物流作业区域设备（　）。

A. 储存设备　　B. 办公设施

C. 计算机与计算机外设设施　　D. 厂房建筑外围设施

3. 下列可以对商品及客户做 ABC 分级重点管理的规划资料分析方式是（　）。

A. 物品特性分析　　B. 物流与信息流分析

C. EIQ 分析　　D. 储运单位分析

4. 定时配送的典型形式是（　）。

A. 准时配送　　B. 即时配送

C. 日配　　D. 定时定路线配送

5. 下列不属于车辆配送的服务要点的有（　）。

A. 时效性　　B. 经济性

C. 可靠性　　D. 随意性

6. 下列不属于补货方式的有（　）。

A. 整箱补货　　B. 整托盘补货

C. 单个补货　　D. 货架间补货

7. 划分基本配送区的基本依据是（　）。

A. 客户分布情况　　B. 客户订单送货时间

C. 配送商品特性　　D. 交通情况

8. 配送中心选址的原则（　）。

A. 适应性原则　　B. 协调性原则

C. 距离最近原则　　D. 经济性原则

E. 可持续发展的原则

9. 一个完整的配送中心规划中的物流作业区域设备有（　）。

A. 容器设施　　B. 储存设备

C. 订单拣取设备　　D. 物流外围配合设备

E. 计算机与计算机外设设施

10. 出货检查的主要方式有（ ）。

A. 商品条码检查法　　B. 声音输入检查法

C. 重量计算检查法　　D. 人工检查

11. 货品编号的原则有（ ）。

A. 简易性　　B. 完全性

C. 易记性　　D. 一贯性

12. 理货作业所需的相关单据有（ ）。

A. 入库单　　B. 计数单

C. 采购单　　D. 送货单或交接清单

E. 现场记录

13. 传统的订货方式有（ ）。

A. 电话口头　　B. 传真

C. 业务员跑单接单　　D. 网络传输

E. 客户自行取货

14. 目前较为常见的新型拣货信息传输方式有（ ）。

A. 条码　　B. 电子标签

C. 无线电识别器（无线射频）　　D. 自动拣货系统

15. 以下属于配送中心总体规划阶段的有（ ）。

A. 选择配送中心地址　　B. 基础资料的分析

C. 明确配送中心的背景资料　　D. 区域布置规划

E. 设备与设施设计

16. 物流调查资料整理的目的是为预测和经营决策提供（ ）支持。

A. 时间　　B. 空间

C. 数据　　D. 服务

17. 下列哪项不是所有物流配送中心的目标任务（ ）。

A. 降低物流成本　　B. 协调生产计划

C. 提高物流效率　　D. 提升服务水平

18. 下列调研方法中，（ ）不适合物流配送中心规划基本资料的收集与调研。

A. 经理访谈　　B. 实验观察

C. 表单收集　　D. 电话访谈

19. 物流中心的设计原则之一是（ ）。

A. 硬件先进，软件适度　　B. 软件与硬件均先进

C. 软件先进，硬件适度　　D. 软件与硬件均适度

20. 根据软件先进、硬件适度的设计原则，在满足作业要求的前提下，规划设计时应更多选用（ ）的装备。

A. 机械化　　B. 智能化

C. 人工操作　　D. 自动化

21. 下列哪项不是基本规划资料定性分析的内容（　　）。

A. 作业时序分析　　B. 作业流程分析

C. 库存分类分析　　D. 事务流程分析

22. ABC 分析法将库存物品按重要程度一般分为特别重要级、（　　）和不重要级三个等级。

A. 一般重要级　　B. 非常重要级

C. 贵重物品级　　D. 急需物品级

23. 按 80/20 规则分类，特别重要供应商是指（　　）。

A. 数量 20%的占价值 20%

B. 数量 20%的占价值 80%

C. 数量 80%的占价值 20%

D. 数量 80%的占价值 80%

24. 按 80/20 规则分类，一般供应商是指（　　）。

A. 数量 20%的占价值 20%

B. 数量 20%的占价值 80%

C. 数量 80%的占价值 20%

D. 数量 80%的占价值 80%

25. 销售额变化趋势预测主要应用的分析方法是（　　）。

A. 判断分析分析法　　B. 因果关系分析法

C. 时间序列分析法　　D. 灰色预测分析法

26. 在分析季节变化对销售额趋势的影响时，分析过程的时间单位为（　　）。

A. 年　　B. 月　　C. 星期　　D. 日

27. 时间序列分析法比较适应于进行（　　）。

A. 库存预测　　B. 市场预测　　C. 计划预测　　D. 供货预测

28. 运用时间序列分析，首先要选模型参数，可以选（　　）作为预测物流配送中心销售额的模型参数。

A. 一次指数平滑　　B. 三角函数指数平滑

C. 放宽率指数平滑　　D. 自然对数指数平滑

29. 未来销售额变化为长期渐增趋势时，宜取峰值的（　　）为目标值，须考虑长期渐增需求，采用扩充弹性设备，分期投资。

A. 70%　　B. 80%　　C. 90%　　D. 100%

30. 对品项数量 IQ 所分析的结果，规划设计时主要用于（　　）的规划。

A. 发货系统　　B. 进货系统

C. 搬运系统　　D. 仓储系统

31. 物流网点是路线活动的（　　）。

A. 起点或终点　　B. 中转站点

C. 节点或结点　　D. 配送站点

32. 合并物流网点，虽然使得配送距离延长、运费增加，但却可减少（ ）。
A. 人工费、保管费和配送费　　B. 人工费、保管费和库存费
C. 人工费、库存费和配送费　　D. 保管费、库存费和配送费
33. 按照竞争性原则，物流配送中心的网点应尽量（ ）集中用户。
A. 远离　　B. 靠近　　C. 既不靠近，也不远离　　D. 不考虑
34.（ ）是选址的最主要考虑因素。
A. 储存成本　　B. 人工成本
C. 运输成本　　D. 拣选成本
35. 在直达供货与中转供货的比例中，直达供货的比例提高，说明（ ）。
A. 中转费用降低　　B. 中转费用提高
C. 对中转费用无影响　　D. 中转服务水平高
36. 下列哪个是按物流配送中心的设置数目分类的选址模型（ ）。
A. 单品种网点模型　　B. 定量模型
C. 静态模型　　D. 一元网点模型
37. 下列哪个是按物流配送中心中转物品种类分类的选址模型（ ）。
A. 单品种网点模型　　B. 定量模型
C. 静态模型　　D. 一元网点模型
38. 下列哪个是按物流配送中心建模思路分类的选址模型（ ）。
A. 单品种网点模型　　B. 定量模型
C. 多元网点模型　　D. 一元网点模型
39. 规模较大的广域物流中心应尽量选在地价便宜、交通便利且需求密度高的（ ）。
A. 大城市中心地区　　B. 小城镇中心地区
C. 小城镇周边地区　　D. 大城市周边地区
40. 物流配送中心内部规划包括总体规模、（ ）、事务流程等规划。
A. 功能流程、结构布局、公用工程　　B. 功能流程、结构布局、设备设施
C. 功能流程、公用工程、设备设施　　D. 结构布局、公用工程、设备设施
41. 从节约物流总费用来考虑，物流配送中心布局要（ ）高速公路或干线道路。
A. 接近　　B. 远离
C. 不接近，也不远离　　D. 距离与物流总费用无关
42. 在规划区域内，物流配送中心设置数目较多，物流服务网点分散，集散迅速，平均物流网点规模较小，节约投资成本，但（ ）一般较高。
A. 固定成本　　B. 变动成本
C. 物流成本　　D. 建设成本

43. 物流配送中心内部区域结构配置一般包括物流生产区、辅助生产区和办公生活区，而物流生产区可进一步分为进货理货区、储存保管区、（ ）、流通加工区、集货配送区、外运发货区等。

A. 拣选分拣区　　B. 道路管制区

C. 在库管理区　　D. 动力设施区

44. 仓库是重要的物流设施。一般仓库是指利用库房、货场、货棚等设施，按照作业计划进货、理货验收、（ ）、拣选分拣、流通加工、集货配送的场所。

A. 订单处理　　B. 物流决策

C. 车辆运输　　D. 储存保管

45. 合理布置设施各功能区块的相对位置，就是要有效利用空间、设备、人员和能源、最大限度减少物料搬运、（ ）、为职工提供方便、舒适、安全和卫生的工作环境。

A. 简化作业流程，缩短生产周期，力求投资最低

B. 简化作业流程，优化信息系统，缩短生产周期

C. 简化作业流程，优化信息系统，力求投资最低

D. 缩短生产周期，优化信息系统，力求投资最低

46. 物流配送中心作业流程可分为（ ）三大既相互依存，又相对独立的流程。

A. 拣货流程、进货流程和发货流程　　B. 拣货流程、进货流程和退货流程

C. 拣货流程、发货流程和退货流程　　D. 进货流程、发货流程和退货流程

47. 下列哪项不是区域功能规划的内容（ ）。

A. 作业项目　　B. 作业能力

C. 功能性质　　D. 规划区

48. 在批次拣货作业后，按集合或按批次将物品分类输送的作业称为（ ）。

A. 分拣作业　　B. 拣选作业

C. 发货作业　　D. 配送作业

49. 流通加工作业不能规划在下列哪个区域内作业（ ）。

A. 发货区　　B. 集货区

C. 分拣区　　D. 仓储区

50. 物品的周转次数就是该类物品每年在库循环多少周期，可表示为（ ）次/年。

A. 年发货量/年货物储存谷值　　B. 年运转量/年货物储存峰值

C. 年发货量/年货物储存峰值　　D. 年运转量/年货物平均储存量

51. 为了考虑仓库运转的弹性，以适应高峰期的高运转量要求，通常用"仓容量×（ ）"作为规划仓容量。

A. 周转次数　　B. 周转天数

C. 放宽比　　D. 峰值系数

52. 拣货区运转能力计算就是单日发货品所需拣货作业空间计算，其最主要考虑因素为（ ）。

A. 品项数和作业面　　B. 品项数和拣货设备

C. 作业面和拣货设备　　　　D. 品项数、作业面和拣货设备

53. 对于年发货量和平均日发货量均很大，发货天数在 200 天以上的物品，规划拣货区储存应选（　）。

A. 临时储位　　　　B. 固定储位

C. 弹性储位　　　　D. 共同储位

54. 物流量平衡分析是从进货到发货的每一项作业，物品所表现的（　）要保持平衡。

A. 托盘数　　　　B. 作业人员数

C. 重量　　　　D. 容积

55. 物流配送中心物流作业区域布置规划以（　）为主线。

A. 程序关系　　　　B. 组织关系

C. 功能关系　　　　D. 环境关系

56. 对于规模较小、作业流程相对简单、出入口在厂房相对面的物流配送中心，其作业区域物流动线形式应选择（　）。

A. 集中式　　　　B. 直线式

C. U 型　　　　D. 分流式

57. 物流设施与设备的尺寸基准是（　）。

A. 基础模数　　　　B. 物流模数

C. 集装尺寸　　　　D. 输送设备尺寸

58. 配合目前流行的国际集装箱标准而设计的托盘规格是（　）。

A. 800 毫米×1000 毫米　　　　B. 1000 毫米×1200 毫米

C. 1100 毫米×1100 毫米　　　　D. 800 毫米×1200 毫米

59. 根据物品尺寸大小和负载形式，决定搬运、储存单位，即决定托盘的材质、尺寸、堆放高度和载重量，是物流设施设备设计选用的（　）。

A. 简单化原则　　　　B. 机械化原则

C. 单元负载原则　　　　D. 空间利用原则

60. 箱式托盘多用于（　）的储存和运输。

A. 散件和散状物料　　　　B. 不规则物料

C. 长尺寸物料　　　　D. 箱装物料

61. 网箱托盘一般存放（　）的储存和运输。

A. 散件和散状物料　　　　B. 不规则物料

C. 长尺寸物料　　　　D. 箱装物料

62. 下列各项哪个不是托盘货架的优点（　）。

A. 刚性好、自重轻　　　　B. 层高可调节

C. 存取方便　　　　D. 可存放各种物品

63. 轻型货架适用储存（　）和散品等重量轻、体积小的物品。

A. 箱装品　　　　B. 托盘品

C. 长尺寸物品　　　　　　　　　　D. 钢材

64. 辊轮式货架属于“先进先出”存取模式，空间利用率高、运营成本低、不会发生漏拣，多运用于（　）。

A. 储存系统　　　　　　　　　　B. 进货系统

C. 拣选系统　　　　　　　　　　D. 发货系统

65. 按使用环境来分，自动化立体库可分为一般库、低温库、高温库和（　）等。

A. 原材料库　　　　　　　　　　B. 流通库

C. 周转库　　　　　　　　　　　D. 防爆库

66. 适用于散状物料输送的输送机是（　）。

A. 带式输送机　　　　　　　　　B. 辊子式输送机

C. 链式输送机　　　　　　　　　D. 巷道堆垛机

67. 目前一些先进的物流管理部门在信息采集时，使用射频技术，可以主动发射存储信息，并具有较大的信息存储空间，这种设备是（　）。

A. RFID　　　　B. GPS　　　　C. GSM　　　　D. GIS

68. 一般来说，凡日晒雨淋易变质损坏、而温湿度变化对其影响不大的物资可存放在（　）保管。

A. 露天货场　　　　　　　　　　B. 物料棚

C. 普通库房　　　　　　　　　　D. 专业库房

69. 集装箱的内容积不得小于（　）。

A. 1 立方米　　　　　　　　　　B. 10 立方米

C. 20 立方米　　　　　　　　　 D. 40 立方米

70. 自动化仓库的种类较多，整体式与分离式自动化仓库（　）进行分类。

A. 按仓库的作业方式　　　　　　B. 按仓库的高度不同

C. 按货架的结构　　　　　　　　D. 按仓库的建筑形式

71. 对于体积小、重量轻、要求保管条件比较高的物资，如仪器仪表、电子器件、电工器材等，应存放在（　）。

A. 楼库顶层　　　　　　　　　　B. 楼库底层

C. 楼库中间层　　　　　　　　　D. 楼库外的露天堆场

72. 为了满足多品种、少批量、多频度的配送要求，需要以托盘、箱或单品作为配送单位进行作业，下列（　）的情况主要考虑进行托盘配货。

A. 多品种、少批量　　　　　　　B. 中品种、多批量

C. 少品种、多批量　　　　　　　D. 少品种、少批量

73. 在生产物流装备的主要组成部分中，属于生产物流的基本单元是（　）。

A. 物流容器　　　　　　　　　　B. 叉车和拖车

C. 连续运输设备　　　　　　　　D. 包装线

74. 在生产物流装备的主要组成部分中起到连续跨越楼层的生产环节及作用的部分是（　）。

A. 物流容器　　B. 垂直运输机
C. 连续运输设备　　D. 集成仓库技术

75. 自动分拣系统一般由（　）和计算机控制系统构成。
A. 输送装置、分拣装置、分拣道口、控制装置
B. 验收装置、输送装置、分拣装置、分拣道口
C. 验收装置、分拣装置、分拣道口、控制装置
D. 验收装置、输送装置、分拣装置、控制装置

76. 一般来说，风吹、日晒、雨淋及温湿度变化对其无显著影响的物资都可放在（　）保管。
A. 露天货场　　B. 物料棚
C. 普通库房　　D. 专业库房

77. 量大的散装物料适宜选择（　）搬运。
A. 带式输送机　　B. 手推车
C. 链式输送机　　D. AGV

78. 下列哪项不是进货系统可供选用的设备（　）。
A. 叉车　　B. AGV
C. 托盘输送机　　D. 堆垛机

79. 下列哪项不属于厂房内的通道（　）。
A. 辅助通道　B. 参观通道　C. 安全通道　D. 通风道

80. 通道设计的顺序是（　）。
A. 首先设计辅助通道，然后设计其他通道，最后设计主要通道
B. 首先设计主要通道，然后设计其他通道，最后设计辅助通道
C. 首先设计主要通道，然后设计辅助通道，最后设计其他通道
D. 首先设计其他通道，然后设计主要通道，最后设计辅助通道

81. 主要通道的宽度一般不低于（　）。
A. 6 米　B. 4.5 米　C. 3.5 米　D. 3 米

82. 下列哪项不是影响叉车通道宽度的因素（　）。
A. 叉车形式　　B. 托盘尺寸
C. 叉车规格尺寸　　D. 平均行人身宽

83. 若托盘宽度为 $WP=1000$ 毫米，起重能力为 1 吨的叉车宽度 $WB=1070$ 毫米，叉车侧面余量尺寸 $C_0=300$ 毫米。则单行直线通道宽度为（　）。
A. 1670 毫米　　B. 1600 毫米
C. 1370 毫米　　D. 1300 毫米

84. 哪种进出货平台配置适用于厂房空间大、进出货容易相互影响的仓库（　）。
A. 进出货共用平台　　B. 进出货平台不共用，但两者相邻
C. 多个进出货平台　　D. 进出货平台不共用，也不相邻

85. 物流厂房进出货平台目前广泛使用的停车遮挡形式是（　）。

A. 内围式　　B. 开放式

C. 齐平式　　D. 锯齿式

86. 进出货平台选择高月台形式，其主要优点是（　）。

A. 利于人工装卸作业　　B. 造价较低

C. 方便大重物品装卸　　D. 可缩短装卸货时间

87. 托盘平置堆放一般适用于（　）的情况。

A. 大量进货　　B. 大量发货

C. 少量进货　　D. 少量发货

88. 下列哪项货态不适合流利货架拣货（　）。

A. 箱装品　　B. 托盘

C. 单品　　D. 长件物品

89. 在出库输送机两侧增设无动力拣货输送机适合于（　）的单品发货方式。

A. 多品种、小批量　　B. 多品种、大批量

C. 少品种、小批量　　D. 少品种、大批量

90. 若托盘长度 $Lp=800$ 毫米，通道宽度 $WL=2500$ 毫米，托盘货架间隙 $Cr=50$ 毫米，托盘货位列数 $N=2$，则按托盘长度计算的柱间距为（　）。

A. 6700 毫米　　B. 6800 毫米　　C. 7900 毫米　　D. 8300 毫米

91. 货架共 3 层，每层高度为 1.8 米，隔板尺寸为 0.4 米，梁下间隙尺寸为 0.5 米，则仓库梁下高度为（　）。

A. 5.8 米　　B. 6.3 米　　C. 5.9 米　　D. 5.4 米

三、判断题

1. 共同配送是为了提高配送效率，由多个企业联合组织实施的配送活动。（　）

2. 配送中心的网络体系只有多级、多层次的网络体系。（　）

3. IQ（品项数量）分析是指每个品项种类的受订/出货次数的分析。（　）

4. 常用的储存策略的类型包括定位存放、随机存放、分类存放、分类随机存放。（　）

5. 进货前的准备工作包括储位准备、人员储备、搬运工具准备、文件准备。（　）

6. 补货作业的目的是保证拣货区有货可拣。（　）

7. 车辆配载时，货与货之间、货与车辆之间不用留空隙。（　）

8. 根据我国的实际状况，对于配送中心的建设，应贯彻软件先进、硬件适度的原则。（　）

9. 对于物流配送中心的软件建设，要瞄准国际先进水平，采用通用标准，加强信息系统和控制软件开发，搭建与国际接轨的信息平台。（　）

10. 现行资料收集中，商品资料包括产品类型、品种规格、品项数、供货渠道、保管形式、收货时段与配送路线。（　）

11. ABC 分析法是一种从名目众多、错综复杂的客观事物或经济现象中，通过分

析，找出主次，分类排队，并根据其不同情况分别加以管理的方法。（　）

12. ABC分析法是根据库存物品的重要程度，进行分类排列，从而实现区别对待区别管理和控制的一种方法。（　）

13. ABC分析法也可以根据分析对象重要性分布特性，将物品分为四类。（　）

14. ABC分析法中C类是年度货币量最高的库存，这些品种可能只占库存总数的15％，但由于它们的库存成本却占到总数的60％～80％。（　）

15. 根据ABC管理方法，将存货物资分为A、B、C三类，将品项50％的物资占其总物资价值的60％～80％划分为A类物资。（　）

16. 在库存货物的ABC分类中，B类物品占库存总数的15％，库存成本占总数的70％～80％。（　）

17. 预测销售额未来发展趋势时，应以季度为时间单位。（　）

18. 时间序列分析法是根据某一事物的纵向历史资料，按时间进程组成动态数列，来进行分析、预测未来的方法。（　）

19. 用一次指数平滑预测销售额时，若初始值的较小，α 宜取大些。（　）

20. 根据不同的变化趋势，预测未来销售额变化情况，从而确定目标值，决定投资策略。（　）

21. 未来销售额变化为不规则变化趋势时，系统较难规划，宜采用专用设备。（　）

22. 企业配送中心要统一规划，统一运筹，重视环境保护，实现外部网点和内部区域的合理布局。（　）

23. 依照经济性原则，选址须考虑建设费用和经营费用，主要考虑建设费用。（　）

24. 劳动力条件可不在选址考虑因素之列。（　）

25. 物流配送中心选址必须考虑具备方便的交通运输条件。（　）

26. 配送是中转型送货，而工厂送货一般是直达型送货。（　）

27. 物流网络的建立，关键是确定各个物流中心的数目，以及据此确定具体物流中心的位置和规模。

28. 物流配送中心项目论证主要有物流配送中心的需求度，已有客户群和潜在客户群，市场竞争情况，价格状况，成本效益分析，投资回收率等综合项目。（　）

29. 在规划区域内，物流网点设置数目少，物流功能比较集中，物流成本较低，物流配送中心的规模较大才能满足物流要求。（　）

30. 仓库在进行总平面布置时，为充分利用装卸设施和节约用地，对于不同性质的仓库尽量合并，组建较大的仓库，这是仓库总平面布置原则之一。（　）

31. 位于物流网络末端的配送中心，大多以少品种、大批量货物的分销为主要任务。（　）

32. 事务流程规划要以信息系统为主要载体，贯彻软件先行原则，为物流作业的顺利进行提供信息保障，为企业决策提供信息咨询，为供应链其他节点提供信息服务。（　）

33. 合理化就是所规划的各项作业流程具备必要性和合理性。（　）

34. 机械化就是尽量采用机械化设备，力求达到减少人工成本、提高生产效率、降低人为出错的目的。（ ）

35. 调拨补充就是配合拣货作业将物品移至拣货区或调整储存位置。（ ）

36. 进行区域能力规划时，可以不将各项进出产品单元换算成标准单元。（ ）

37. 库存周转率数值越低则反映产品销售情况越好，库存占压资金越少。（ ）

38. 货物的周转天数（天/次）等于360/货物年周转次数。（ ）

39. 物流量分析就是在各项物流作业中，对从一作业区域到另一作业区域的物流量大小进行研究。（ ）

40. 物流配送中心作业区域布置的常用动线形式为U型和集中式。（ ）

41. 辅助作业区域平面布置必须考虑信息流和有关功能、组织和环境等方面相配合的区域。（ ）

42. 运达用户的物品应当大于其需求。（ ）

三、简答题

1. 简述配送中心规划与配送中心设计的区别。
2. 用图形描述配送中心规划与设计的步骤。
3. 简述重心法的基本原理。
4. 配送中心选址应注意哪些事项?
5. 简述物流中心的设计原则。
6. 基本规划资料的定量分析主要包括哪几个方面?
7. 简述对于ABC分类订货分布类型，EQ与IQ分析的应对策略。
8. 为什么要进行货态调查及储运单位分析?
9. 物流配送中心系统规划应做的工作是哪些?
10. 物流配送中心作业流程规划的要求是哪些?
11. 简述物流配送中心内部区域能力规划的思路。
12. 对于年发货量大、平均日发货量较小的货品，其拣货区储位方式应怎样规划?
13. 对于年发货量和平均日发货量均很大，发货天数高的物品，规划拣货区储存要求如何?
14. 简述仓储区规划需要考虑的因素。
15. 区域布置规划的原则是什么?

四、设计分析题

1. 某物流园区，每年需要从P_1地运来水果，从P_2地运来蔬菜，从P_3地运来乳制品，从P_4地运来日用百货，各地与某城市中心的距离和每年的材料运量如表3-36所示。根据表3-36中数据，用重心法确定分厂厂址。

表 3-36　各地与某城市中心的距离和每年的材料运量

产品供应地	P_1		P_2		P_3		P_4	
坐标	x_1	y_1	x_2	y_2	x_3	y_3	x_4	y_4
距离市中心坐标距离	30	80	70	70	30	30	60	30
年运输量	2200		1800		1500		2500	

2. 经收集资料和取样分析可知，订单 E、品项 I 的平均日发货箱数如表 3-37 所示，试求订单 E_3 的平均日发货箱数和发货品项数，品项 I_1 的平均日发货箱数和发货订单数。

表 3-37　订单 E 品项 I 统计分析

品项 / 订单	I_1	I_2	I_3
E_1	3000	2000	0
E_2	1500	750	2000
E_3	6000	0	3000

3. 某公司要投资建设一个配送中心，有如下三个备选投资方案，如表 3-38 所示。

表 3-38　备选投资方案

期间	A 方案		B 方案		C 方案	
	净收益	现金净流量	净收益	现金净流量	净收益	现金净流量
0		−20000		−9000		−12000
1	1800	11800	−1800	1200	600	4600
2	3240	13240	3000	6000	600	4600
3			3000	6000	600	4600
W	5040	5040	4200	4200	1800	1800

请根据以上信息确定最佳投资方案。

4. 某物流中心甲产品的年发货量为 20 万箱，每一标准托盘可堆放 10 箱该产品，周转次数为 12，放宽比为 20%；乙产品的年发货量为 50 万箱，每一标准托盘可堆放 8 箱该产品，周转次数为 20，放宽比为 15%。若甲、乙两种货物共同储存，试计算库容量为多少托盘。

5. 某物流中心甲产品的年发货量为 2 万箱，每一标准托盘可堆放 8 箱该产品，周转次数为 10，放宽比为 20%；乙产品的年发货量为 4000 箱，每一标准托盘可堆放 12 箱该产品，周转次数为 15，放宽比为 10%。若甲、乙两种货物共同储存，试计算库容量应为多少托盘。

6. 某自动化立体仓库共有 10 台堆垛机，每台堆垛机的平均复合能力（即进货和出货一次共所需的时间）为 140 秒，每天工作时间为 7.5 小时，试计算整个系统一天的进出货总数是多少？

7. 某配送中心的进发货区共用，则在进发货暂存区，一般应规划哪几种作业？

8. 某配送中心进货和出货在厂房的同侧，试设计物流动线形式，并论述各区域位置设计的步骤。

9. 某类商品物流作业的要求用台车取货搬运、箱货架储存、托盘发货，试设计此类商品的详细作业流程。

10. 某类物品箱进货后分为三条作业线，其中一部分物品采用 AGV 搬运直接箱出库；第二部分物品装托盘后，叉车搬运到拣选区；还有一部分物品用输送机搬运到自动仓库托盘储存，试设计此类物品的进货作业系统流程（用作业流程框图表示）。

11. 某配送中心的容器回收作业量较大，试对其容器回收功能进行规划。

12. 某配送中心对于箱装物品拣选设计为四列流动货架、两列出库输送机拣选，然后以合流的方式进行拣选作业，入库采用输送机作业。试画出该拣货方式的示意图。

第四章　配送中心作业管理系统

学习目标

知识目标

1. 熟悉各作业管理系统的作用及原则。
2. 熟练掌握配送中心的主要作业内容及流程。
3. 掌握各作业的管理、步骤和注意事项。
4. 掌握各作业管理系统易出现的问题及其优化方法。

能力目标

1. 能分析配送中心作业的运营情况。
2. 能够运用所学知识发现日常配送中心作业运行中的问题，并能提出优化方法。

导入案例

××超市是上海首家以连锁经营为特色的超市公司，我国较大的商业零售企业。××超市形成了大型综合大卖场、超级市场、便利店等多元化业态联动互补的竞争优势。××超市连续多年稳坐中国零售业翘楚之席，是消费者信赖的商业品牌。年销售规模达200多亿元，门店数近2600家。

××超市成立之初，就拥有了统一采购、统一配送等现代连锁商业的特征。但是与国际商业巨头相比，形似而神不似。比如，从门店订货到总部配送完全靠手工操作，手续相当复杂，效率低下。而世界零售业巨头沃尔玛已开始用卫星传输信息，跨国商品的调配就像在本地一样迅捷。这使公司认识到，必须建立现代化物流系统，降低物流成本，而配送中心在连锁超市物流中占据重要的地位，其储存、流通加工、配送等功能也越来越完善。

现代物流必须依靠配送中心来实现商品的集中储存和配送，从而在企业内形成一个稳定运行、完全受控的物流系统，满足超市对于商品多品种、多批次、低数量的即时配送的要求。这既有利于保证和保持良好的服务水平，又便于企业对超市物流各个环节的管理和监控。

××超市结合国际的先进经验，充分考虑集团的实际情况，建成了利用现有的建筑物改成的配送中心，采用仓储管理系统（WMS）实现整个配送中心的全计算机控制和管理；而在具体操作中实现半自动化，以货架形式来保管，并配以无线数据终端进行实时物流操作，以自动化流水线来输送，以数字拣选系统来拣选，基本上实现了物流功能条码化与配送过程无线化，具有“穿过式配送”能力；利用“虚拟配送中心”功能协助完成“店铺直送”，建立了“自动补货系统”，还包括强大的退货管理、例外管理以及配送调度安排、路线优化和跟踪等功能，形成了一套完整的解决方案。

同时，××超市的门店计算机管理系统和智能化物流配送系统，通过网络与总部相连接，加快了商流、物流、信息流的传递，管理人员都能通过网络随时随地了解企业的营运状况，成为目前国内连锁企业最先进的配送中心之一。

供应商送货到配送中心后，立即由 WMS 进行登记处理，能够入库的，在记录信息的同时生成入库指示单，之后工作人员用手动叉车将货物搬运至入库品运载装置处，由系统自动识别运输至相应位置存放并更新在库货位数。当门店的要货订单通过数据通信平台，实时传输到配送中心后，根据订单上各种商品的数量和相应的到货时间，开始进行商品配货拣选工作。

当根据订单进行配货时，WMS 会发出出库指示，各层平台上设置的激光打印机根据指示打印出库单。在出库单上，货物根据拣选路径依次打印。系统中的商店号码显示器显示出需要配送的商店号码，数据显示器显示出需要拣选的数量，工作人员在确认后，开始在操作系统上进行拣选工作。当全部区域拣选结束后，装有商品的笼车由笼车升降机送至一层。工作人员将不同商店分散在多台笼车上的商品归总分类，附上交货单，依照送货平台上显示器显示的商店号码将笼车送到等待中对应的运输车辆上。计算机配车系统将根据门店远近，合理安排配车路线。商品到门店后，由于数量的高度准确性，在门店验货时只要清点总的包装数量，完成交接手续即可，一般一个门店的配送商品交接只需要 5 分钟。

配送中心投入运行后，以其高效率、低差错率和人性化设计受到各界的好评。公司百货类配送，从门店发出要货指令到配货作业完毕，以前要 4 小时以上，现在只要 40 分钟。生鲜类配送，从门店在网上发出要货指令后，配送中心会根据每个门店的要货时间和地点远近，自动安排生产次序，自动加工，自动包装。

先进的配送中心在保证店铺正常运营、降低物流成本和商品损耗、加速周转等方面显示出巨大优势，这也成了××超市快速发展的重要保证。

资料来源：http：//wenku. baidu. com/link? url=Sty3gBlivVrefv _ xlVQp1ciZhFOOooQVyQsYFi2N3BOpSN _ cr0KtwDm8sdEAgWkH6drePno2DXriiXtPfnRJn _ yo7fpPHwzOiQkq073UnhK

思考：

××超市如何利用配送中心作业管理系统来实现高效配送？

第一节　配送中心进、发货作业管理系统

高效率的配送是由高效率运营的配送中心来完成的。在当今的市场竞争中，配送已不是简单地将货物送达收货人的活动，而需要不断降低成本，提高服务质量及作业效率，强化管理系统，以使企业获取最大利润，因此配送中心的各作业活动也必须是高效、合理地运作。

一、配送中心进货作业管理系统

货物到达配送中心的整个过程称为配送中心的进货系统，主要是进行核对进货单据、检查货物的数量及损伤情况、对货物进行分类、编码、标识，并将货物移送到指定储存场所或发货场所等接收货物时的必要作业。进货作业流程如图 4－1 所示。

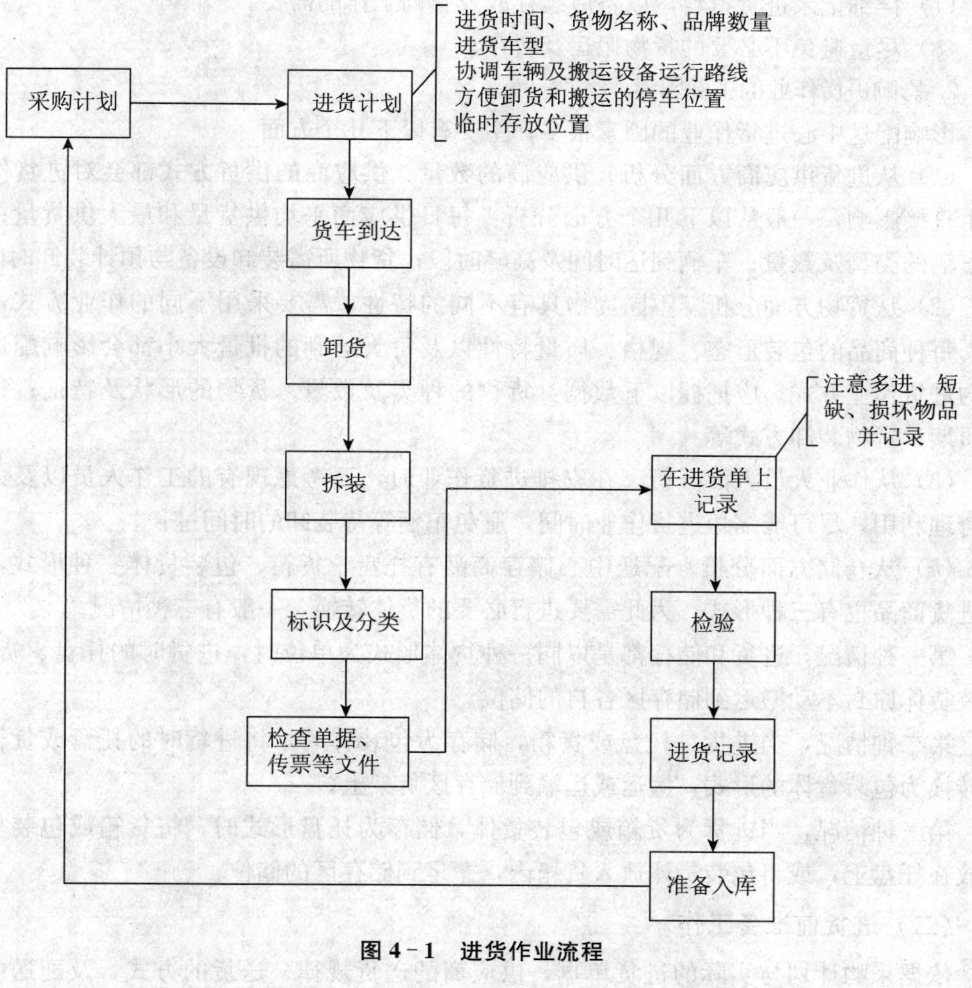

采购计划

进货计划

进货时间、货物名称、品牌数量
进货车型
协调车辆及搬运设备运行路线
方便卸货和搬运的停车位置
临时存放位置

货车到达

卸货

拆装

标识及分类

检查单据、传票等文件

在进货单上记录

注意多进、短缺、损坏物品并记录

检验

进货记录

准备入库

图 4－1　进货作业流程

（一）进货作业计划

1. 进货作业原则

进货作业作为配送中心后续作业的基础，及时、准确、安全、快速地组织货物入库成为其作业目标，在进行进货作业时应遵循以下原则。

（1）对即将入库货物品项、规格、数量与货物特性进行分析，提前做好卸货平台、入库作业和货架储位调度。

（2）依据各作业环节的相关作业顺序安排活动。

（3）尽可能在同一工作站进行多种作业活动，节省必要的空间。

（4）合理安排人力，保证在进货高峰期使货物维持正常速率移动。例如，利用配送司机卸货，以减少物流配送中心的作业人员，避免卸货作业的拖延。

（5）卸货平台到储存场所的路线尽量设计为直线流动，尽量使进货地点靠近商品存放点，避免商品进库过程倒流，提高作业效率。

（6）合理使用可流通的容器，尽量避免更换。

（7）详细记录进货资料，以备后续存取及查询工作的需要。

（8）尽量避免不必要的货物搬运及暂存。

2. 影响进货作业的主要因素

影响配送中心进货作业的因素很多，主要有以下几个方面。

（1）从进货供应商方面分析。供应商的数量、供应商的供货方式都会对进货作业产生直接影响，一般从以下几个方面分析：每日供应商平均供货量和最大供货量；送货车辆的类型及数量；车辆到达时间及高峰时段；货物所需装卸设备与预计装卸时间。

（2）从货物方面分析。不同货物具有不同的特性，需要采用不同的作业方式，因此，每种商品的包装形态、规格、质量特性以及每天运到的批量大小都会影响配送中心的进货作业方式。应把握以下数据：货物的种类及数量；货物的形状及特征；货物保质期；货物装卸方式等。

（3）从作业人员方面分析。在安排进货作业时，要考虑现有的工作人员以及人力的合理利用，尽可能缩短进货作业时间，避免车辆等待装卸的时间过长。

（4）从仓储方面分析。配送中心储存商品有托盘、货箱、包装货体三种形式，同样进货商品也有三种形式，为此需要进行必要的货体转换，一般有三种情况。

第一种情况，进货和储存都是以同一种货体形式为单位时，进货时的托盘、货箱、包装货体原封不动搬运到储存区各自的储位。

第二种情况，当进货是托盘或货箱，储存为包装体时，将进货时的托盘或货箱拆装转换为包装货体的形式，搬运或运输到储存区货架上。

第三种情况，当进货为货箱或包装货体，储存为托盘形式时，将货箱或包装货体堆放在托盘上，或将包装货体放入货箱内，搬运到储存区的储位。

（二）进货前准备工作

依据采购计划与实际的进货单据，供应商的送货规律、送货的方式，及配送中心

运输能力、方式等，制订配送中心的进货作业计划，以掌握商品到达的时间、品种、数量，尽可能准确预测到货时间，以尽早做出卸货、储位、人力、物力等方面的计划和安排。根据进货作业计划做好入库前的准备是保证商品入库稳中有序的重要条件，准备工作主要包括以下内容。

（1）作业设备。根据到货商品的性能及包装、单位重量、单位体积、到货数量等信息，确定检验、计量、卸货与搬运方法，准备好相应的检验设备、卸货及码货工具与设备，并安排好卸货站台空间。

（2）工作人员。依照到货时间和数量，预先计划并安排好卸货、检验、搬运、堆码的作业人员。

（3）储存场所。根据预计到货的商品特性、体积、质量、数量和到货时间等信息，结合商品分区、分类和储位管理的要求，预先确定商品的理货及储存场所。

（4）相关文件。仓库管理员应准备好商品入库所需的各种报表、单证和记账簿等，如入库记录、理货检验单、存卡和残损单等以备使用。

（三）货物分类与编码

1. 货物的分类

为了方便管理货物，使复杂的作业变得更有系统性，对货物正确分类是非常重要的。货物的分类必须遵循一定的原则。

（1）统一性。按统一标准、统一原则进行划分。

（2）适用性。应满足企业本身需要，选择适用的分类方式。

（3）系统性。有系统地展开、逐渐细分、层次分明。

（4）排他性。当某货物已归某类时，决不能再分至其他类。

（5）普遍性。分类应包含全面，使所有货物均能清楚归类。

（6）不变性。在一定时间、空间范围内，不能随便改变。

（7）可扩充性。为未来货物品种的扩展及货物规格的增加留有余地，使其可因需要而扩充，或随时从中插入。

2. 货物的编号

编号是将货物按其分类内容进行有序编排，并用简明的文字、符号或数字来代替货物的名称、类别及其他有关信息，以便利用计算机进行高效率和标准化的后续管理的一种方式。在进货阶段对货物做好清晰有效的编号，可以保证配送中心后续作业能够迅速准确进行，是一项必不可少的工作。货物编号的方法有以下几种。

（1）顺序编号法。将阿拉伯数字或英文字母按顺序往下编码的方法，常用于记账及票据编号。在品种少、批量多的配送中心可用此种货物编码方法，但为了使用方便，常与编码索引配合使用。

（2）分组编号法。这种编号法是按货物特性将其分成若干数字组，每个数字组代表货物的一种特性。例如，第一组数字代表货物分类，第二组数字代表货物形状，第三组数字代表货物供应商，第四组数字代表货物外形尺寸。这种编号方法使用较广泛。

例如：0806010123。其中，08代表类别，06代表形状，010代表供应商，123代表外形尺寸。

（3）四位编号法。实际上这种编号法同分组编号法类似，只是各组数字表示的内容不同。例如：07081228。其中，07代表货物储存货位，08代表货物储存货架，12代表货物储存分类，28代表货物供应商。

（4）暗示编号法。这是用数字和英文符号组合编号，暗示货物内容，此法易记忆又不易让外人知道。例如：By 09B07。其中，By代表自行车（bicycle），09代表车型，B代表黑色（black），07代表供应商。

（四）货物的验收

货物的验收主要是对货物数量、质量、品名、包装等进行验收的过程。即检查入库货物数量与订单资料或其他凭证是否相符合，规格、型号有无差异，货物质量是否符合规定的要求，包装能否符合货物储运和运输的需要。

货物的验收方式有全数检验和抽样检验两种。全数检验主要针对重要的货物及货物的数量、货物物理化学性能不稳定、货物抽检发现问题时进行。而对大批量到货包装整齐、生产技术和品牌信用较好的货物，多数采用抽样检验的方式进行检查。

针对货物数量和质量的验收，在实际工作中也有三种不同的形式。第一种情形是先行点收数量，再由质量检验部门办理质量检验。第二种情形是先由质量检验部门检验品质，认为完全合格后，再由仓储部门办理收货手续，填写收货单。第三种情形是由仓储部门直接负责质量和数量验收。

在进行货物验收时，企业可以选择以下几项条款作为验收的标准：采购合同或订单所规定的具体要求和条件；议价时的合格样品；各类产品的国家标准或国际标准。

1. 数量验收

货物按不同供应商或不同类型初步整理后，必须依据订货单和送货单的商品名称、规格、包装等对商品进行验收，以确保准确无误。数量验收的要点包括以下几个方面。

（1）按供需双方约定或供货合同约定的计量方法来进行验收。

（2）按重量供货的，过磅验收。

（3）以体积为计量单位，先检验尺寸，后求体积。

（4）以件供货，应点件验收。

具体采用的检验方法有以下几种。

（1）标记计件法。在大批量商品入库时，对每一定件数货物做标记；待全部清点完毕后，再按标记计算总数。

（2）分批清点法。在包装规则、批量不大的货物入库时，将货物按每行、列、层堆码，每行、列、层堆码件数相同，清点完毕后统一计算。

（3）定额装载法。清点包装规则、批量大的货物时，可以用托盘、平板车和其他装载工具实行定额装载，最后计算入库数量。

2. 质量验收

配送中心对货物进行质量检验的目的是查明入库货物的质量情况，发现问题，分

清责任，确保货物符合订货要求。质量验收有感官检验和理化检验等方法。

（1）感官检验。用“看”“闻”“听”“摇”“摸”等感官来进行货物质量检查，主要受作业员的经验、作业环境等因素的影响。例如，对于液体货物，应“看”包装外表有无污渍；对于玻璃制品要摇动细“听”声响；对于香水类的货物，要在箱子封口处“闻”。

（2）理化检验。利用试剂、仪器和设备对商品规格、成分、技术标准等进行物理和生化分析。

3. 包装验收

包装验收主要对包装是否安全牢靠、包装的标志和标识是否规范、包装材料的质量是否符合标准等方面进行检验。

4. 条码验收

条码验收主要包括检验货物是否为有送货预报的货物、货物的条码与商品数据库内已录入的资料是否相符。如果将货物打上条码，再用扫描仪进行扫描，货物条码就会被输入计算机，易于确认货单和数量，所以应该尽可能多地运用条码。

自动化程序较高的配送中心的进货检验系统将货物从汽车上卸到运输机上，在输送机上扫描货物的条码自动读取，核对计算机上配送单的信息并打出保管场所的条码，将价格自动附加在货物上，用输送机输送到储存场所。该系统从数量检验到入库指示全部都是自动化，其要点就是缩短进货检验时间，检验后直接向储存场所下达指示，并移往储存场所。

进货作业的信息处理，主要是核对订单和货单、确认已订货物全部进货并作为没有缺货的凭证。缺货和错进货物，必须迅速做出处理意见的报告。

二、配送中心发货作业管理系统

发货系统是指在补发货作业区，根据“先进先出，推陈储新”的原则，将拣选或分类的货物经过发货、检验、装入容器或捆包及包装，做好标识、记录及装车计划，进行装车配送的过程。

（一）选择货物发出形式

一般按照货物交接的方式的不同，可以将货物发出的形式分为多种，主要包括代运出库和自提出库。

代运出库是指货主委托配送中心代理其发货、完成配送运输业务。在代运业务进行之前，客户要和配送中心签订代运合同，明确双方的权利和义务。

自提出库是指由客户或其指定的人员到配送中心提取货物的作业方式。

（二）核对发货凭证

发出货物必须凭客户或配送中心有关部门开出的货物提单发放。作业人员必须仔细核对下列信息：对照货主留存的货物提单样张，防止假冒；对照货主留存的印签，查验提单上的印签与之是否相符，印签是否齐全；核对货物提单与所存货物是否相符；

超过提货期限的凭证不予发货。

(三) 分货作业

所谓分货作业就是将拣送的货物，按用户或配送路线分别暂时存放。分货作业一般有两种方式。

1. 人工分货作业

由人工根据用户订单或相关票据将各用户的货物分别放在事先准备好的货场或已贴好各用户标签的货箱内。

2. 自动分货作业

自动分货是利用计算机和识别系统对货物按用户订单或相关票据进行分类，这种分货作业准确、快速、效率高。自动分货系统由以下几部分组成。

(1) 搬运输送装置。主要有带式输送机、滚筒输送机、板式输送机、垂直输送机等。

(2) 移载装置。移载装置是将搬运来的货物及时移送到自动分类机上。直线型自动分类机的移载装置与分类装置成直线配置；环型分类机移载装置与分类装置成30°或45°或90°配置。

(3) 分类装置。分类装置的主要形式有推出式、浮起送出式、倾斜下滑式、带式输出式。

(4) 排出装置。尽快让分出的货物离开自动分类机，避免前后货物相撞击。

(5) 输入装置。货物进入分类机之前，将分类货物的信息输入控制系统的装置，其输入方式有：键入式、光学读取器、条码及激光扫描器、声音输入装置、反射记忆、体积测量器、重量器等。

(6) 控制装置。根据分类系统的设置，对分类机上的物品进行分类控制的装置，其控制方式有磁器记忆或脉冲发信式。

(四) 发货检验

按订单分拣之后，需检验发货的物品有没有错误，检验和分拣同属于比较费时间的作业。如果被检物品带有条码，用扫描器自动读取条码，并同计算机中的信息核对；也可采取用编码器读取物名、数量，再用计算机核对的方式。

发货检验是不管分拣是否有错，分拣结束都必须进行的作业，所以分拣结束必须仔细检验以免出错。为了不至于出现错误，在检验前先熟悉分拣方式是非常重要的。

发货检验必须根据用户信息和车次，对拣选物品进行商品号码和数量核实，以及品质检查。确定分拣作业是否有误的检查方法有以下几种。

(1) 条码检查法。因为条码随物品移动，检查时用条码扫描器阅读条码内容，计算机自动把信息与发货单核对，从而检查商品数量和号码是否有误。

(2) 声音输入检查法。当作业人员读出商品名称、代码和数量之后，计算机接收声音并自动判断，转变成资料信息，再与发货单进行核对，从而判断是否有误。

(3) 重量计算检查法。将货单上的物品重量自动相加起来，然后，称其发货品的

总重量。将两个重量相对比，检查发货是否正确。

（五）发货捆包

将分拣后的散货装入发货箱内的捆包作业必须有效率。由于客户订货量不相同，发货箱的大小也不相同，有的是根据数量选用，有的是利用计算机计算货物的容积、指定发货箱的大小。

通用箱用于分拣后直接发货，简化发货作业。使用通用箱时，必须考虑通用箱回收成本及破损、丢失、清扫成本。

（六）记账

货物发出后要及时进行账目登销，同时核对库存，避免因登错误或漏登造成账、卡、物不符。出库凭证记账完毕后，要按月份和发货时间的先后顺序装订保存和归档备查。

三、进、发货作业管理系统的优化

有效的进、发货系统是进行后续作业的基础和前提，进、发货系统的工作效率和水平直接影响到后续作业的质量。如何提高进、发货作业效率成为重中之重，现主要从以下几个方面进行分析。

（一）交叉作业

配送中心将从供应商处进来的货物按用户进行分类配送时，配送中心不具备库存，指定进货同时，向各用户进行分货的方法称为交叉作业。这种情况下，货物的包装全部带有物流条码，货物可自动分类，并投放到输送带上用计算机读取条码，与订货单、进货单进行核对后，将自动分类输送机的分类信息打印在包装箱上，自动读取并分类。

（二）进、发货系统的自动化

配送中心的进、发货作业，同按订单分拣一样较为耗费人力和时间，最好能实现自动化。但是，自动化是一个很困难的领域，进、发货自动化，主要是利用将托盘装到汽车上运送，以叉车装卸为主。货箱装卸主要依靠人力，也有采用人力同伸缩式输送机相结合的方法。货箱和集装箱的汽车自动装车，也可以利用计算机按照货物的类型，编制装车类型，然后利用机器人等进行装车。一旦实现配送中心进、发货系统自动化，则可以达到以下的效果。

1. 进、发货作业时间缩短

由于配送中心的自动化，进、发时间缩短，不仅提高了汽车行驶效率，而且配送中心内的作业时间缩短，提高了配送中心的作业效率。如果利用自动堆货设备能够从汽车上自动卸货，配送中心至少可以实现夜间无人自动卸货。

2. 货场利用效率提高

在配送中心，为了做好汽车到达前的准备工作，待发货物放在临时货场。进、发货时间缩短后，货场可以被有效利用。

3. 装车作业的效率化

进、发货作业中，装车作业也很重要，因为装车准备工作及装车耗费时间多，因此实现自动化、省力化的自动装车能够提高作业效率。

(三) 将"免检"作为高效率的目标

为了提高进、发货效率，在配送地的商品检验应尽可能简略或省略。同运行时间、装卸时间相比，商品检验时间较长，如果商品检验作业能够省略或缩短，可以最有效地进行配送。实现配送合理化是重要的一环。因此在分拣时，从一开始就要采取正确的作业方法。必须构筑计算机辅助分拣系统，由高素质的作业人员操作。

另外，在分拣路线终端利用条码、POS 检验系统和采用将价格、标识、用户名、标签从接受订货的信息中输出，核对标识、价格及标签数量、商品数量的标识检验系统，可以准确并迅速实现检验（见图 4-2）。

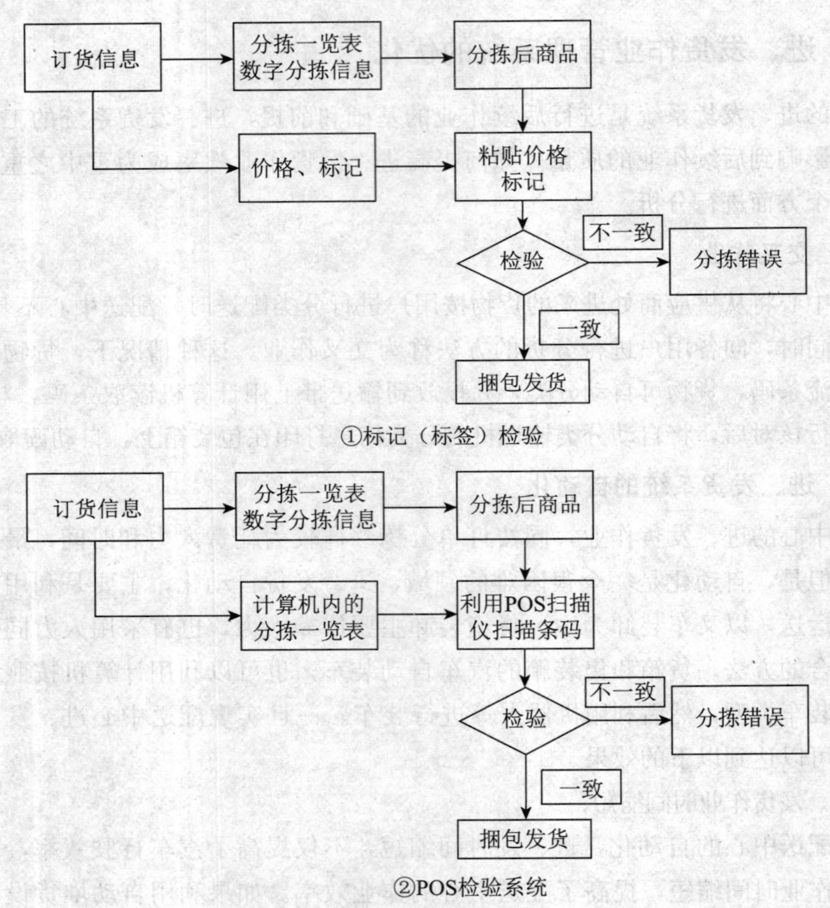

图 4-2 配送中心商品检验系统

系统化的分拣和商品检验作业，可以在简化商品检验的同时，提高作业效率，增加经济效益。

第二节 配送中心装卸搬运作业管理系统

国家标准《物流术语》(GB/T 18354—2006) 中对装卸搬运给予了明确定义，装卸 (Loading and unloading) 是指物品在指定地点以人力或机械载入或卸出运输工具的作业过程；搬运 (Handling carrying) 是指在同一场所内，对物品进行空间移动的过程作业。在实际操作中，装卸与搬运是密不可分的，两者是伴随在一起发生的。因此，在物流学中并不过分强调两者的差别，而是将其作为一种活动来对待。

高效率的装卸搬运作业可以加速物品移动，缩短运输距离，减少总作业时间，降低物流综合成本。良好的装卸搬运管理系统不仅能改善工作环境，而且能保证物品的安全和完好，降低保险费用。

一、配送中心装卸搬运作业

装卸搬运作业活动的基本内容包括装车（船）、卸车（船）、堆垛、入库、出库以及连接上述各项动作的短程输送，是随运输和仓储等活动而产生的必要活动，是物流各环节连接成一体的接口，是配送运输、仓储、包装等物流作业得以顺利实现的根本保证。

（一）装卸搬运的原则

(1) 安全性原则：在作业中，要确保人身和机械设备的安全。

(2) 文明性原则：作业过程中杜绝“野蛮装卸”。

(3) 有效性原则：制订合理的货物装卸搬运计划，减少或合并装卸搬运的环节和次数，消除无效作业。

(4) 集装化原则：将一定数量的商品汇集成一个单位后，再进行装卸搬运，既可避免损坏、消耗、丢失，又容易查点数量，也使得机械化装卸搬运成为可能。

(5) 系统化原则：在装卸搬运时，应该将整个采购供应、收货、储存、流通加工、检验、包装、装货、运输等物流活动视为一个整体，不仅要提高局部作业的效率，而且要达到整体作业效率最优化。

(6) 机械化原则：利用现代化的装卸搬运设备，可以降低人力成本，提高装卸搬运作业的效率及安全。

(7) 灵活性原则：一般用活性指数衡量物品堆放的灵活性，活性指数一般分为五个等级，散堆于地面上为0级；装入箱内为1级；装在托盘或垫板上为2级；装在车台上为3级；装在输送带上为4级。装卸搬运过程中应尽量提高货物堆放的灵活性。

(8) 连续性原则：在装卸搬运的过程中，将与其相关的作业进行有机组合，使各工序间紧密衔接，避免迂回和交叉。

利用装卸搬运设备，可以将工人从繁重的体力劳动中解放出来，从而大大提高装卸搬运作业效率，提高装卸搬运作业的安全性。在选择装卸搬运设备时，要考虑货物搬运的所有方面，如移动的物品、移动的方法以及移动的安全性等。

（二）装卸搬运的特点

1. 装卸搬运是附属性、伴生性的活动

每一项物流作业的开始和结束都伴随着装卸搬运活动，它是物流活动中必不可少的环节。甚至一部分人将其当作某项物流活动的一部分。

2. 装卸搬运是支持性、保障性的活动

装卸搬运的附属性不能被理解成是简单而被动的活动，实际上装卸搬运对其他物流活动具有一定的决定性作用。装卸搬运会对其他物流活动的速度和效率产生巨大影响。例如，装载不当可能造成运输效率的下降。

3. 装卸搬运是衔接性的活动

在任何其他物流活动相互过渡时，都必须以装卸搬运来进行衔接。因而，装卸搬运的组织有可能成为整个物流活动的加速器，它是物流各环节之间能否形成紧密衔接和有机联系的关键，也是整个物流系统的关键。

（三）装卸搬运作业的分类

根据装卸搬运作业场所的不同，可分为车船装卸搬运、港站装卸搬运、库场装卸搬运。

根据装卸搬运机械及其作业方式的不同，可分成“吊上吊下”“叉上叉下”“滚上滚下”“移上移下”及“散装散卸”等。

根据装卸搬运作业内容的不同，可分为堆码拆取作业、分拣配货作业和挪动移位作业（即狭义的装卸搬运作业）。

根据作业特点的不同，可分为连续装卸搬运与间歇装卸搬运。

根据装卸搬运对象的不同，可分为单件作业法、集装作业法、散装作业法。

根据被装物的主要运动方式不同，可分为垂直装卸和水平装卸。

（四）装卸搬运方法的确定

不同货物应根据其自身的特性，采用不同的装卸搬运方法。常用于确定装卸搬运方法的分析方法有以下几种。

1. 流程分析法（编制流程图表）

对物流活动进行一段时间的观察，并沿着其工艺过程收集资料。采用这种方法要对每种物品进行一次分析，适用于配送中心的货物品种单一或很少的情况。对于流量大、品种少的货物配送中心也可以采用这种方法，虽然准确度高，但流程图表法较为浪费时间。为了简化工作，在编制流程图表时，可以采用符号来描述物品在搬运过程中所发生的情况，这些代表符号应尽可能把主要情况都反映出来，也可以用印好的表格进行流程分析。

2. 起讫点分析（编制起讫点表）

起讫点分析法又分为两种不同的做法。一种是观察每项货物移动的起讫点，收集资料，这种做法只能分析一条路线。另一种做法是对一个区域进行观察，收集整个区域内的一切物品装卸搬运的资料和数据，这种方法适用于物品品种繁多的情况。编制起讫点也有多种不同的方法。一种是编制装卸搬运路线表，在装卸搬运路线数不多的情况下使用。另一种是编制区域图表，适应于路线数目繁多的情况。

3. 一览表分析

为了分析问题的方便，可以采用装卸搬运活动一览表分析法，将所有的资料都汇集到一览表内。对每项作业的重要性进行标定，并划分等级进行区分，对不同物流量数值进行分级分组。

（五）装卸搬运作业注意事项

作业人员在进行装卸搬运时，一定要遵守相关规定，在保证效率的同时，注重货物和人身的安全。

（1）严格遵守易燃、易爆及化学危险物品装卸搬运及运输的有关规定。例如，装卸搬运爆炸品和氧化剂时，要穿防护服、戴加厚口罩、风镜和手套；严禁摔、碰、滚、撞击、震动和摩擦，要轻装轻卸；严禁易燃易爆化学危险物品与其他货物混装等。

（2）工作前应认真检查所用工具是否完好可靠，不准超负荷使用。

（3）装卸时应做到轻装轻放，重不压轻，大不压小，堆放平稳，捆扎牢固。

（4）人工搬运、装卸物件应视物件轻重配备人员。随车人员要注意站立位置，车辆行驶时，不准站在物件和前栏板之间，车未停稳不准上下。

（5）堆放物件不可歪斜，高度要适当，对易滑动件要用木块垫塞。

（6）不准将物件堆放在安全通道内。

（7）用机动车辆装运货物时不得超载、超高、超长、超宽。

（8）装卸货物应规定挂吊点，起吊装箱件时应先检查箱体底脚是否牢固完好，按吊线标志吊挂，并经试吊确认稳妥后方能起吊。

二、配送中心装卸搬运作业管理系统

（一）装卸搬运作业管理系统的特征

配送中心装卸搬运作业管理系统是由物料、搬运设备设施、储存设施和作业人员等要素构成的一个集合体。装卸搬运作业管理系统是物流系统的一部分，它同配送中心的储存系统、配送系统、进发货系统等相互影响。设计或改进装卸搬运作业管理系统，必须考虑本系统和其他系统之间的联系，不能静止地、孤立地设计或改进装卸搬运作业管理系统。

装卸搬运作业管理系统具有以下四大特征。

（1）集合性。装卸搬运作业管理系统是由各要素按照系统所应具有的整体功能而形成的集合体，是功能要素的有机结合。评价一个装卸搬运作业管理系统的好坏，不

是看每一个要素是否完善，而是看整体的功能如何。一个合理的搬运系统应具有较高的负荷、较低的费用和一定的适应性。

（2）相关性。装卸搬运作业管理系统的各要素之间是有机联系、相互作用的，具有相互依赖、相互制约的特点。只有在它们之间按某种特定关系有机结合成一体后，才能显示出良好的性能。

（3）目的性。就是根据不同需要进行存放和移动物料。配送中心内的装卸搬运作业管理系统一般都以满足用户的需要，降低物流成本，减少装卸搬运量，减轻作业人员劳动强度，加快物流速度，减少商品损失，避免重复装卸搬运和降低流通费用为目的。单纯追求自动化、机械化，并不是装卸搬运作业管理系统的目的。

（4）环境的适应性。一个合理的装卸搬运作业管理系统必须具有灵活性、适应性，以适应系统环境的各种变化。这就要求装卸搬运作业管理系统所适用的设备尽可能系列化、通用化和标准化，作业环境布局合理化，从而提高整个系统的作业效率，一个合理的布局是规划一个合理装卸搬运作业管理系统的前提条件。

（二）装卸搬运作业管理系统的阶段划分

每个装卸搬运作业管理系统都可以划分成以下 5 个阶段，如图 4－3 所示。

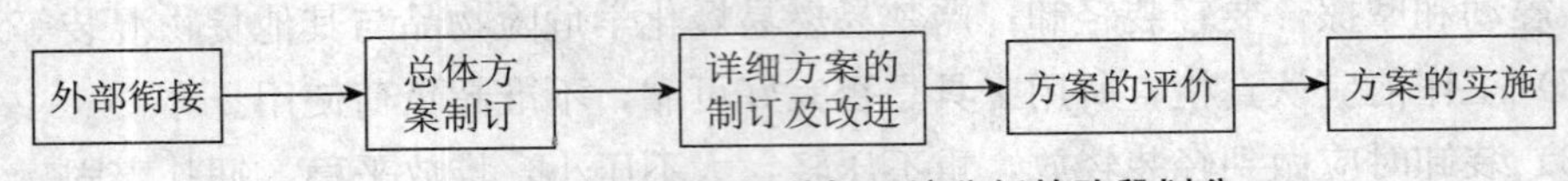

图 4－3　作业管理搬运装卸系统分析的阶段划分

1. 外部衔接

这一阶段主要是把具体的装卸搬运问题与相关的外部因素联系起来考虑。外部因素可以分为可以控制和不可控制两种。例如，将配送中心的装卸搬运同外部的铁路运输结合起来作为整体来考虑。

2. 总体方案制订

确定内部各主要区域之间的装卸搬运方法、基本路线、设备类型、作业单元和作业总体方案。

3. 详细方案的制订及改进

这一阶段实际是对上一阶段各项工作的具体化，主要考虑中心内部各作业点之间的物料装卸搬运，并对提出的详细方案进行分析、评价、改进，使方案更加的合理完整。方案必须做到以下几点。

（1）说明每一种物料的装卸方法和搬运方法。

（2）说明必须改进的情况。

（3）计算所需的装卸搬运设备及人员。

（4）计算所需直接费用和间接费用。

除此之外，方案要求有具体的说明书，说明它所具有的主要特点，并使人容易理解。

4. 方案的评价

配送中心一般会制订出多套方案，来进行综合评价，并从中选择最优。方案评价过程中一般包括两种不同的分析，即费用的比较和无形因素的比较。根据实际经验，一般在不同方案进行费用比较时，大多会选择资金回收期短、费用省的方案。

另外，每一个装卸搬运方案都包括一些无形因素，在方案费用比较到最后往往会停留在无形因素上，无形因素主要包括以下内容。

（1）对整个配送中心的总体性和作业能力的影响。

（2）装卸搬运方法的适应性、灵活性以及今后的拓展性。

（3）空间利用程度及对平面布置或建筑拓展的影响。

（4）作业人员的工作环境及作业条件。

（5）是否便于维修，对物品有无损害。

（6）装卸搬运组织的适应能力，物流速度是否适应配送中心的运行。

（7）外部运输条件的影响。

最后可以汲取多个方案的优点，得到一个综合方案。

5. 方案的实施

这个阶段主要是准备装卸搬运设备、组织人员、验证操作程序及搬运路线，对设施设备进行监控，使其正常运转。

（三）装卸搬运作业合理化

1. 防止和消除无效的装卸搬运作业

装卸搬运作业本身不会增加货物的价值，还会因破损、损坏等原因降低货物的价值，因此应尽量防止和消除不必要的装卸搬运作业，主要从以下几个方面来考虑。

（1）尽可能地减少装卸搬运的次数。装卸搬运的过程中往往伴随着货物的损毁和物流成本的增加，所以首先应分析各项装卸搬运作业的必要性，尽可能取消、合并作业的环节和次数，消灭重复无效、可有可无的作业。例如，车辆不经换装直接过境，门到门的集装箱联运等都可以大幅度减少装卸环节和次数。

（2）缩短装卸搬运作业的距离。在货物装卸、搬运当中，要实现水平和垂直两个方向的位移，选择最短的路线完成这一活动，尽可能地做到按流水线形式组织装卸作业，按路径最短和直行的形式组织搬运作业。

（3）尽可能满载。运载工具满载和库容的充分利用是提高运输、存储效益和效率的主要因素，所以在装卸搬运时，要根据货物的重量、体积、形状、物理化学性质以及货物的去向、存放期限等采用恰当的装卸方式，巧妙配装，使运载工具满载、库容得到充分利用，以提高运输、存储的效益和效率。

2. 充分利用重力

在进行装卸搬运作业时，应尽可能地消除重力的不利影响，但在条件允许的情况下，应尽可能利用重力进行装卸搬运以减轻劳动强度和其他能量的消耗。例如，将没有动力的小型运输带（板）斜放在货车、卡车或站台上进行搬运，使物料在倾斜的输送带（板）上自行移动，利用重力完成装卸搬运作业。重力式移动货架也是一种利用重力的装卸搬运方式。重力式移动货架的每一层、格均有一定的倾斜度，货箱或托盘可沿着倾斜的货架层板滑到输送机械上。光滑的货架表面，可以使货物滑动的阻力变小，如果在货架层上装上滚轮或者在承重货物的货箱或托盘下装上滚轮，变滑动摩擦为滚动摩擦，阻力将更小。

3. 合理组织装卸搬运设备

配送中心根据物流计划、经济合同、装卸次数、装卸车时限等，确定目标作业现场的具体装卸搬运作业量。由于作业量有一定的临时变动性，所以必须把计划任务量与实际装卸搬运作业量两者之间的差距尽量控制和缩小到可以接受的最低水平内。同时，还要对货物的数量、质量、规格、品种等指标以及搬运距离等事项尽可能地做出详细规划和安排，根据装卸搬运设备的生产率和装卸搬运任务的大小等因素，确定装卸搬运设备需用的数量和各项技术指标。

4. 合理安排装卸搬运作业过程

合理安排装卸搬运作业过程是指对整个装卸搬运作业的连续性进行合理安排，以缩短运输距离和减少装卸次数。装卸搬运作业现场的平面布置直接关系到装卸搬运距离这一关键因素。装卸搬运机械要与货场长度、货位面积等互相协调，要有足够的场地集结货物，并满足装卸搬运机械工作的要求，场内的道路布置要为装卸搬运创造良好的条件，有利于加速货位的周转，使装卸搬运距离达到最小平面布置是减少装卸搬运距离的最理想方法。

要提高装卸搬运作业的连续性，应做到作业现场装卸搬运设备合理衔接，不同的装卸搬运作业之间的搬运速率相等或接近，充分发挥装卸搬运调度人员的作用，一旦发生装卸搬运作业障碍或停滞的情况，要立即采取有力的补救措施。

5. 组合化装卸搬运

在装卸搬运作业过程中，应根据货物的种类、形状、性质、重量的不同来确定不同的装卸搬运作业方式。对于包装的货物，尽可能进行“集装处理”，实现单元化装卸搬运，充分利用机械进行操作。组合化装卸搬运具有以下几个优点：装卸搬运单位大、作业效率高，可大量节约装卸搬运时间和次数；能提高货物装卸搬运的灵活性；操作单元大小一致，易于实现标准化、机械化；不用手去触及各种货物，保护货物和工作人员。

6. 文明装卸搬运

在装卸搬运作业中，要采取合理的措施保证物料完好无损，保障作业人员人身安全，杜绝“野蛮装卸”。此外，要改变物料装卸搬运只是一种简单的体力劳动的过时观念，积极推行全面质量管理等现代化管理方法，使物料装卸搬运作业工作从经验管理上升到科学管理。

第三节　配送中心库存作业管理系统

配送中心库存作业管理系统是将入库、储存、出库管理综合化的系统。对于配送中心而言，最大限度地利用储存空间、良好地保护与管理货物，达到库存数量及环境条件最适化是提高效率、实现配送中心高速运转至关重要的一环。

一、配送中心的储存作业

（一）储存作业的原则、方法及形式

1. 储存原则

储存作业的目的是最有效地利用人力资源和设施设备资源，最经济和安全地保养和管理货物。储存作业应根据物品的特性设置储区和储位，大批量的货物选择大储区，小批量货物选择小储区；粗大笨重的货物选择坚固且靠近发货区的货架，轻小货物放在上层货架，相同及相似货物尽可能靠近储存；周转率低的货物储于远离进、发货区且货架上层位置，周转率高的货物储于靠近发货区且中低层货架位置。储存一般要遵循以下原则。

（1）周转率原则。周转率高的货物离出口近，周转率低的货物离出口远。

（2）相关性原则。相关性大的货物，同时采购，同时进货，并置于相邻储位。

（3）同一性原则。同一种货物存放在同一区位。

（4）货物类似原则。类似货物储存在相邻货位。

（5）相容性原则。相容性低的货物决不能储存在一起，以免损害商品品质，例如，香烟、香皂和茶不能放在一起。

（6）先进先出原则。即先入库的货物先出库，这一原则特别适用于寿命周期较短的商品。例如，生鲜、有挥发性的化学物质、药品等。

（7）利用空间原则。为了提高配送中心空间利用率，能用托盘堆高的货物尽量用托盘储存，按物品单位大小和相同物品的整批形状进行堆放货物，可以有效利用空间。

（8）便于识别原则。货物面对通道，便于识别条码、标记和名称。

（9）重量特性原则。重的物品置于地面或货架下层，轻的物品置于货架上层。

（10）产品特性原则。易燃易爆物品储于装有防火设备的空间，易腐物品储于冷冻空间，易污染的物品加以密封。

2. 储存方法

合理的储区及货位选择可以减少搬运距离，缩短作业时间，充分利用空间。常见的储存方法有以下几种。

（1）定位储存。每一种货物都有固定的货位，特别是冷冻及冷藏食品、易燃易爆物品、化学原料及药品等必须按照管理要求分开储存。定位储存易于管理，搬运时间

少，但需要较多的储存空间。

优点：每种货物都有固定储存位置，便于拣选；可根据货物的特性调整储位，使不同特性货物间的相互影响减至最小；货物的储位可按周转率或出货频率来安排，以缩短出入库搬运距离。

缺点：储位必须按各项货物的最大库存量设计，因此储区空间日常使用效率较低。

定位储存适用于库房空间大和储放的商品量少而品种多的情况。

(2) 随机储存。每一种货物的储存货位是不固定的、随机的。这种方法能够最大限度地提高储区空间利用率，但是货物出入库管理及盘点成本高、效率低。例如，周转率高的货物可能设在距发货区较远的货位，这无疑增加了搬运距离。但与定位储存相比可释放 30％的储存空间。

优点：随机存储能使货架空间得到最有效的利用，可减少储位数目；由于储位共用，因此只需按所有库存货物的最大库存量设计即可，储区空间的使用效率较高。

缺点：货物的出入库管理及盘点工作的难度较高；具有相互影响特性的货物可能相邻储放，造成货物损坏变质或发生危险；周转率高的货物可能被储放在离出入口较远的位置，增加了出入库的搬运距离。

随机储存适用于厂房空间有限，要求尽量利用存储空间，货品种类少或体积较大的情况。

(3) 分类储存。按照货物的相关性、流动性、外形尺寸、重量及其他特性来分类储存。每一类货物都有固定存放的位置，而同属一类的不同货物又按一定的规则来分配储位。

优点：同时具有定位储存和分类的各项优点；各分类的存储区域可根据货品特性再重新设计，有助于货品的在库管理。

缺点：储位必须按各项货品最大库存量设计，因此储区空间的平均利用效率低。

分类储存适用于产品相关性大、经常被同时订购、产品周转率差别大、产品尺寸相差大的货品。

(4) 分类随机储存。该情况下储区是固定的，货位是随机的，吸取分类的优点，节省储位，提高储区的利用率。

优点：具备分类储存的部分优点，又可节省储位数量，提高储区利用率。

缺点：货物出入库管理及盘点工作难度较高。

分类随机储存适用于品种数多，仓库面积相对不足的货品。

(5) 共同储存。按照各种货物进、发货时间，统一安排储位，不同货物可利用同一个货位。这种方法管理困难，但其减少储位空间，缩短搬运时间，有一定的经济性。

优点：节省空间，缩短搬运时间。

缺点：货物管理方面比较复杂。

共同储存适用于品种数较少，流转快速的货品。

3. 储存形式

按储存设备来分，储存形式有：地板堆积、货架、储物柜和自动化立体仓库储存

四种。

（1）地板堆积储存。即把货物放在托盘上，直接置于地板上的储存方式。货物堆积排列有整区堆积和行列堆积两种。整区堆积是指堆积的托盘每行、列之间不留通道；行列堆积就是在堆积的托盘之间留有一定的通道，以便于搬运。

（2）货架储存。指将货物置于货架上的储存方法。货架有两面开放式和单面开放式之分。两面开放式的货架前后两面均可进行储存和拣选作业，最适合先进先出的原则；单面开放式货架只有一面可供储存和拣选之用。

（3）储物柜储存。储物柜一般是背对背地安放或一排靠墙放置，一般用于储存形状不规则及长时间储存的物品。储物柜可拆装和搬运，用于调整储存空间。

（4）自动化立体仓库。集储存、拣选和在库管理为一体的现代化储存设备，具有效率高、出错率低、节约空间等特点。

按货物量的大小分类，储存形式有：大批储存、中批储存、小批储存和零星储存。

（1）大批储存是指在每次进货中，有 3 个托盘以上的存量。大批储存均以托盘运作、地板积存或自动仓库储存。

（2）中批储存是指货物有 1～3 个托盘的储存量，采用货架储存。

（3）小批储存是指小于 1 个托盘的存量，以箱为拣选单位的货物，采用棚架或储物柜储存。

（4）零星储存是指小于整包货物量的储存，在零星区或拣选区使用棚架储存。

（二）储存作业相关的评价指标

1. 储区面积率

储存型配送中心的储区面积率较大，流通型配送中心储区面积率较小。一般而言，储区面积率越小，配送中心货物周转率越高。

$$储区面积率=\frac{储区面积}{配送中心储区面积}\times 100\%$$

2. 库存面积率

库存面积率用于判断储位通道规划是否合理。

$$库存面积率=\frac{可库存面积}{储区面积}\times 100\%$$

3. 储位容积利用率

储位容积利用率可以判断储位规划及货架设置是否合理，是否充分有效地利用空间。

$$储位容积利用率=\frac{货位总体积}{储区总体积}\times 100\%$$

4. 平均每品项所占储位数

这一指标通过计算每品项的储位数，衡量配送中心储位管理水平。一般而言，平均每品种所占储位数在 0.5～2 之间是比较合理的，这样既不会造成储存、分拣作业人员找货的困难，也不会产生同一品种库存过多的问题。

$$平均每品项所占储位数=\frac{货位储位数}{总品项数}$$

5. 库存周转率

库存周转率越高，库存周转期越短，占用的资金额越少，效率就越高。

$$库存周转率=\frac{营业额}{平均库存金额}\times100\%$$

$$=\frac{发货量}{平均库存量}\times100\%$$

6. 物品库存率

该指标供库存管理参考，若库存率大于1，表示实际库存量超过原先预设的标准库存量。作业人员要对造成的原因进行详细分析。一般有两种情况：第一种情况是标准库存量太低；第二种情况是实际库存量太高，未能及时进行有效管理。

$$物品库存率=\frac{实际库存量}{标准库存量}\times100\%$$

7. 呆废料率

呆废料率主要评价物料库存损耗、库存积压和资金占压情况。

$$呆废料率=\frac{呆废料件数}{平均库存量}\times100\%$$

$$=\frac{呆废料占压资金额}{标准库存金额}\times100\%$$

(三) 库存管理

库存管理是把货物库存量控制在适当标准之内，既不造成积压或浪费空间、又能满足用户需求，达到降低成本提高服务水平的目的。

1. 库存管理的关键问题

库存管理要做到：减少过剩存货，维持合理库存量及库存结构；降低物流综合成本；防止配送延迟及缺货；减少因滞品、呆品造成的损失。为此，要处理好以下几个关键的问题。

（1）订货时间。订货过早会造成库存量增加，库存成本也会随之增加；反之会造成缺货，影响信誉，失去客户。当某一货物库存量降低到某一极限时，必须及时订货，按期补货。

（2）订货数量。订货数量过多，库存成本增加；反之则因缺货而脱销，不仅增加订货次数进而增加订货成本，也减少了营业额，影响经济效益。

（3）库存数量。库存数量必须保持在最高库存量与最低库存量之间。最高库存量和最低库存量实际上是内部管理的极限值，或者说是警戒指标。最高库存量是防止库存过多，资金浪费；最低库存量是为了防止货物脱销而制订的安全库存量。

根据配送中心的实际情况，还应设置理想的极限库存量。最高理想库存量低于实际最高库存量，它是停止订货的警示量，由于尚有订单未发货和存在在途货物，进货入库后库存量刚好达到或低于实际最高库存量；最低理想库存量，则高于实际最低库

存量，它是开始订货的警示量，由于发出订单供应商需要备货、发货及运输的时间，待入库后，库存量刚好达到或高于实际最低库存量。

2. 库存控制

所谓库存控制是在保障供应的前提下，为使库存物品数量最少，所进行有效管理的技术经济措施。库存控制的主要依据是货物需求状况以及采购性质等。在市场经济环境下有三种需求情况：稳定需求，对未来的需求是已知的固定需求；风险需求，对未来的需求是大致预测；不确定需求，对未来的需求无法预测。对于需求量不明确的情况下，切勿过多采购进货，这样易造成滞销呆存，占压流动资金，影响资金周转。在整个库存作业管理系统中，影响库存控制的主要因素，如图 4－4 所示。

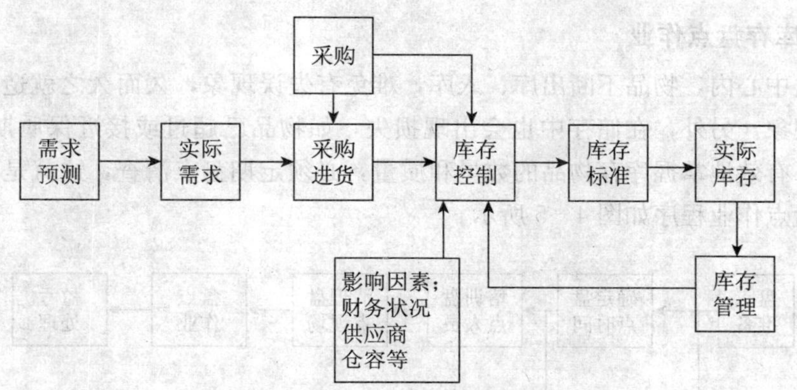

图 4－4　影响库存控制

3. 经济订货批量

所谓经济订货批量是通过平衡采购进货成本最低的最佳订货量。其在需求量前置时间和相关成本为已知的前提下，求出“一次订货最经济的批量”和“最经济的订货周期”。也就是说，求出订货成本和储存成本的总和为最低值时的“一次订货量”和“订货周期”。订货成本和储存成本总和的计算公式如下：

$$T=\frac{C_2D}{Q}+\frac{C_1Q}{2} \tag{4－1}$$

式中：

T——全年的订货和储存总成本（元）；

C_1——存货的年单位储存成本（元）；

C_2——每次的订货成本（元）；

D——全年需求量；

Q——每次订货存货量；

$\frac{C_2D}{Q}$——全年总订货成本；

$\frac{C_1Q}{2}$——全年总储存成本。

由式（4—1）可以看出，假设物品价格不变，当订货数量增加时，单位订货费用、单位运输费等相对降低，而且可以享受优惠折价待遇。若这个折价和订货运输降低的费用低于储存及其他物流费用增加值时，则应减少订货批量。

对式（4－1）进行微分求极限，可以推导出在订货和储存总成本为最低条件下的经济订货批量、金额、次数和周期：

$$经济订货批量\ Q^* = \sqrt{2C_2D/C_1} \quad (4-2)$$

$$经济订货金额\ T = \sqrt{2C_1C_2D} \quad (4-3)$$

$$经济订货次数\ N = D/Q^* = \sqrt{DC_1/2C_2} \quad (4-4)$$

$$经济订货周期\ t = 360/N = \sqrt{2C_2/DC_1} \quad (4-5)$$

（四）库存盘点作业

在配送中心内，物品不断出库、入库，难免有失误现象，久而久之就造成账、卡、物不相符现象。另外，在储存中也会出现损失，如物品已超过或接近保质期仍未能出库等。为了有效地掌握库存物品的数量和质量，必须定期盘点清查，这就是盘点作业。配送中心盘点作业程序如图 4－5 所示。

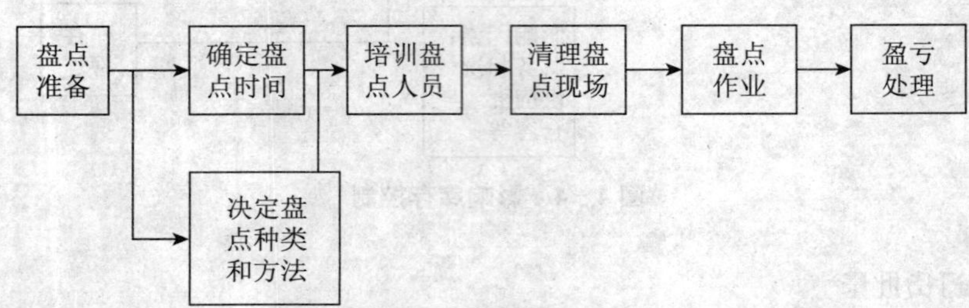

图 4－5 配送中心盘点作业程序

（1）盘点准备。盘点作业之前应做好的准备工作如下：确定盘点程序和方法；确定参与盘点、重盘及监盘的人员组成，将盘点人员合理分工，其中应包含相应的会计人员；备好盘点所需表格及其他资料；备好盘点所需设备及工具。

（2）盘点时间的确定。为了使账、卡、物相符，盘点次数越多越好，但是每进行一次盘点，都会带来人、财、物的巨大耗损，所以，一定要科学确定货物的盘点时间。既要防止长时间不盘点而造成经济损失，又要防止频繁盘点增加库存成本，因此需要根据 ABC 分析法进行盘点。对于 A 类物品 1～7 天进行一次盘点，B 类物品 2～3 周盘点一次，C 类物品每月盘点一次。具体盘点时间应选在财务决算前或进、发货淡季。

（3）盘点的种类与方法。盘点一般分为账面盘点和实物盘点两种。账面盘点就是将入库物品的数量和单价输入电脑或记录账本上，每天如此，不断累计，并算出账面上的库存量和库存金额。它适合于量少而且单价高的物品。实物盘点就是实际清查核对库存量和库存金额。它又分期末盘点和循环盘点两种方法，期末盘点是指某期间最后一起清点，循环盘点是每天或每周循环进行一次盘点。

（4）盘点人员培训。盘点是一项繁杂的工作，需要大量人力，故各部门都要支持

盘点。盘点人员存在业务熟练的问题，所以上岗前必须进行培训，每一位盘点人员必须对盘点程序、表格填写、商品知识等充分了解后才能上岗。

(5) 清理现场与盘点作业。在正式盘点前，对账、卡、单据及其他资料整理清楚，以备清查核对。盘点作业单调、乏味，为了保证盘点准确性，必须仔细认真。

(6) 差异因素分析及盈亏处理。盘点中的差异因素主要有记录或账目处理失误，盘点计数计量有误、漏盘、重盘及错盘等。要分析差异的主要原因，制订解决问题的方案，对于呆废品、不良品视为亏损。如果出现价格的变化，可以经主管部门批准，利用盘点盈亏和价目增减表格更正过来。

(7) 盘点结果。盘点主要落实各种物品实际库存量和账面库存量相差多少，这些误差所造成的损失，盘点结果用以下公式计算：

$$\text{数量误差}=\text{实际库存数量}-\text{账面库存数量}$$

$$\text{数量误差率}=\frac{\text{盘点数量误差}}{\text{实际库存数量}}\times 100\%$$

$$\text{品项误差率}=\frac{\text{盘点数量品项数}}{\text{盘点实际品项数}}\times 100\%$$

$$\text{平均每件盘差品金额}=\frac{\text{盘点误差金额}}{\text{盘点误差件数}}$$

$$\text{盘点次数比率}=\frac{\text{盘点误差次数}}{\text{盘点执行次数}}$$

$$\text{平均每品项盘差次数率}=\frac{\text{盘点次数}}{\text{盘点品项数}}$$

二、配送中心库存作业管理系统

(一) 库存作业管理系统

库存管理的目的之一是准确掌握各保管场所的库存量，并及时提供准确的库存信息。根据顾客的需求保持一定的库存量，既不浪费库存，又能够降低成本，防止商品陈腐化。但是，库存商品多种多样，不容易准确掌握，因此在库存管理中易出现理论库存数≠实际库存的问题。如何有效避免这种差异的产生是配送中心库存作业管理系统需要解决的问题。一般情况下会出现两种误差。

第一，库存管理是先进行理论数据的管理，库存管理的公式为：

$$\text{库存量}=\text{余量}+\text{入库量}-\text{出库量}$$

但实际上，在入库中或出库中的同时，库存量也在变化。所以，实际库存的掌握应该在当日库存作业后进行确认，即：

$$\text{当日库存}=\text{前一天的余量}+\text{当天入库量}-\text{当天出库量}$$

第二，因为库存管理同进货管理、销售管理多是作为系统进行，大多数是进货、订货阶段作为库存，销售、发货阶段作为商品出库被记录下来。因此，发货期的商品跨越第二天，发货的时候同库存台账的数值不同。

因此，实际库存数无论同什么进行比较，所产生的误差均要清晰明了，并进行详细说明。

（二）库存管理相关费用

在库存中，运用规划管理掌握所有费用是非常重要的，要通过比较各种管理方式寻找出最佳方案。由于管理方式不同，最好是只限定在受影响的费用上，最佳管理方式是以最小的费用提供较好的服务。因此，费用是最重要的内容。

掌握项目费用已成为重要的工作。简单地从会计记录中提取出来，难以按品种进行分离。跨部门的机会费用按比例进行分配，需要用实验的方法和统计手段进行推算。费用由于管理方式不同而经常变化，如不包括不受管理方式影响的固定的劳务费和现有设备的折旧费，但是包括由于管理方式不同而产生的加班费和增加从业人员的劳务费。一般情况下，包括与订货相关的费用、与保管相关的费用、库存调查费用、缺货费用等。

另外，仓储费比率是在一定的时间内，例如 1 年，相对库存金额同仓储相关的费用所占比例，也称为相对于库存商品购入价格的基本金额，伴随仓储所发生费用的所占比例，用以下公式计算：

$$\text{仓储费比率}=\frac{\text{仓储费}}{\text{库存商品的价值评价额}}$$

$$=\frac{\text{仓储费}}{\text{库存品平均单价}\times\text{平均库存}}$$

（三）EIQ 分析

EIQ 分析是对客户订货的票据（或出库票据）进行的分析，这些数据可以根据需要分别按 1 天、1 个月、1 年等进行，因为配送中心的出库作业每天都在进行，首先最好用一天的订货数据来进行分析，EIQ 表如表 4－1 所示。

（1）横看 EIQ 表。表示各客户（E）订了多少种类（I）的货物，订货种类数（EN），各自的数量（Q），合计订货量（EQ），全部客户的合计种类（GEN）及合计数量（GEQ）。

（2）竖看 EIQ 表。表示各种类（I）物品中多少家客户订货，重复多少次（IK），各自的数量（Q），合计订货数量（IQ），所有顾客订货的合计重复数（GIK）及出库的全部发货量（GIQ）。

（3）订货规模。各客户的各自订货数量（Q）称为订货规模。各客户订货量（Q）为 5 个、10 个单位或 500 个、1000 个大批量订货。

（4）订货模型。将表 4－1 的订货规模作为整体称为订货模型。

订货模型是指具体订货规模的顾客是怎样分布的，即大批量订货占全部订货的 20%，小批量订货的客户占 80%；还是大批量订货占 80%；小批量占 20%。

表 4－1 EIQ 表

		种类						客户订货数量	订货种类数
		I_1	I_2	I_3	I_4	I_5	I_6	*EQ*	*EN*
客户订货票据	E_1	3	5	0	1	2	3	14	5
	E_2	2	0	4	6	7	0	19	4
	E_3	4	0	0	0	0	8	12	2
	E_4	2	8	0	3	5	2	20	5
								GEQ 65	*GEN* 16
每一种类的数量	*IQ*	11	13	4	10	14	13	*GIQ* 65	
种类的重复数	*IK*	4	2	1	3	3	3		*GIK* 16

E——订货票据　*I*——种类　*Q*——数量（表中数字仅作为示例）

注：①EIQ 表中的 *E*、*I*、*Q* 分别表示一天或一个月的订货单数、订货种类、每一种类的数量。

②EIQ 表填入订货票据的数据即可作成，这些数据订货票据中全部都有，当数量大时，将 *E* 的内容相似的分为 A、B、C 三个组，每个组选出几张最有代表性的票据填入表内。

③订货内容中的形状、尺寸、重量悬殊较大时，将其大致分类后，分别填入 EIQ 表中。

④订货票据首先是一个月中发货量最多的一天填入表中，然后是一个月中平均每天或一个月的数据填入。

⑤EIQ 表中的 *EQ* 是表示每个客户订货数量的合计，*EN* 表示每一个订单货物的种类。

⑥EIQ 表中的 *IQ* 表示每个种类的订货数量的合计，*IK* 表示多家客户同类商品订货的重复数。

⑦根据订货票据，制成 EIQ 表，再计算出 *EQ*、*EN*、*IQ*、*IK*。

⑧$\sum EQ$、$\sum IQ$、$\sum EN$、$\sum IK$ 分别表示累计数。

⑨*GEQ*、*GIQ*、*GEN*、*GIK* 分别表示合计数。

EIQ 表中可分析出各客户订货量 *EQ*、各客户订货件数 *EN*、各种货物发货量 *IQ*、各种货物的重复订货数 *IK*、订货规模和订货模型 6 个关键因素。一般进行的 ABC 分析仅是 EIQ 表中的一部分，是各类货物的出库量 *IQ* 的一个关键因素。POS 数据同 *IQ* 数据相同。因为 EIQ 能够分析 6 个关键因素，所以具有 POS 数据的信息量，不仅能够详细分析信息，还能够进行详细的研讨。

对于各关键因素的分析方法，一般最好采用统计分析法。如果通过 ABC 分析法分析各关键因素，基本上是充分的，必要时最好进行偏差值或相关分析。

分析结果可用于配送中心的规划、货物的配置、储存方法、仓库布局。怎样运行才能提高仓库的作业效率、所需人员的核算等都需这些分析数据，除此之外，即使作为发货预测数据也是有价值的。但是，从另一方面来看，必须提高库存管理水平。特别是库存型配送中心系统仍然是以库存作业管理系统为中心，为了便于操作，包括文件设计等都必须进行充分研讨。

在配送中心库存作业管理系统中，实际上是以库存管理台账为中心，其台账样式如表 4－2 所示。确认当天不同商品的库存数量是在收到各种商品的库存报告后，填入台账的当日余量一栏内。

表 4－2　　库存管理台账（例）　　年　月　日

品名		前一日余量			当日进货		当日发货		当日余量		
商品编码	商品名	实际余量	进货订单累计余量	发货订单累计余量	当日进货订单数量	当日进货数量	当日发货订单数量	当日发货数量	当日实际余量	进货订单累计余量	发货订单累计余量
		(a)	(b)	(c)	(d)	(e)	(f)	(g)	(h)	(i)	(j)

注：① $(h)=(a)+(e)-(g)$，$(i)=(b)+(d)-(e)$，$(j)=(c)+(f)-(g)$

②当日的 (h) →第二天的 (a)，当日的 (i) →第二天的 (b)，当日的 (j) →第二天的 (c)

为了进一步充分说明库存状况这一问题，作为辅助表的表 4－3 进货订单余量明细表和表 4－4 发货订单余量明细表，使库存状况更加清楚明了。

表 4－3　　进货订单余量明细（例）

进货订单 NO.	品名		订单余量累计		当日订单数量	当日进货数量	订单余量
	商品编码	商品名	接受订单月日	数量	—	—	—
				(a)	(b)	(c)	(d)

注：① $(d)=(a)+(b)-(c)$

②当日的 (d) →第二天的 (a)

表 4－4　　发货订单余量明细（例）

发货订单 NO.	品名		订单余量累计		当日订单数量	当日发货数量	订单余量
	商品编码	商品名	接受订单月日	数量			
				(a)	(b)	(c)	(d)

注：① $(d)=(a)+(b)-(c)$

②当日的 (d) →第二天的 (a)

三、配送中心库存优化

库存作业管理系统的优化，即通过库存作业管理系统来实现库存数量及环境条件的最优化，确定适宜的库存量。

（一）ABC 分类管理法

在配送中心内需要处理很多种类的商品，了解货物的需求、价格、形状、补充方式、管理方式，掌握每一个管理单位的需要量、管理费、服务水平及库存补充供货期间，并将商品配送给数万个用户，因此分类管理是很有必要的。分类方法有很多种，其中 ABC 分析法被广为采用。

1. ABC 分析法具体步骤

（1）计算各种商品出库金额。调查各种库存商品的出库单价和年间平均出库量，两者相乘计算出各种商品的出库金额。

（2）按照出库金额多少的顺序，累计出库品种数和出库金额。按照出库金额大小顺序列出库存商品种类，计算出每一品种库存数量的累计值和出库金额的累计值。

（3）计算库存品种数和出库金额的构成比率。将库存品种总数和出库金额的累计值设为各自 100，算出各库存品种和出库金额的构成比率。

（4）ABC 分类图表的制作。将等间隔刻度的正方形纵轴作为出库金额的构成比率，将横轴作为库存品种数的构成比率，把（3）中求得的结果用图表表示。

（5）ABC 库存分类。将 ABC 分类图的曲线（见图 4－6）根据以下标准区分为 A、B、C 三个库存种类。表 4－5 是一家小型配送中心的库存台账顺序一览表，根据实际数据可将库存的商品大体分为 A、B、C 共 3 个类别，各类库存商品具有各自的特性。

A 类库存：占总库存品种数 10％的货物，占总出库金额的 70％左右。

B 类库存：占总库存品种数 20％的货物，占总出库金额的 20％。

C 类库存：占总库存品种数 70％的货物，仅占总出库金额的 10％左右。

ABC 分析法是库存管理中常用的分析方法，它的应用可以获得以下成效：压缩总库存量；减少了库存占压资金；库存结构合理化；节约管理费用。

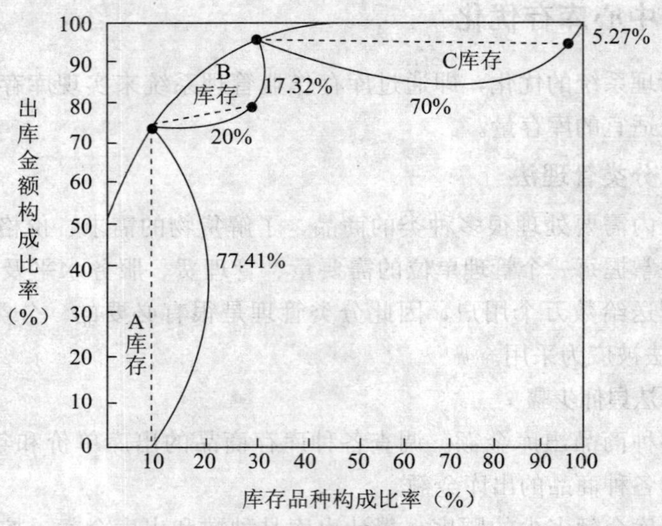

图 4-6 ABC 分类

表 4-5 **库存台账顺序一览**

库存品种数量比率累计（%）	库存品种数	出库金额（元）	出库金额比率累计（%）	商品分类
5	141	4729573	64.48	A
10	283	5677909	77.41	
15	424	6194850	84.49	B
20	565	6534328	89.08	
25	706	6778398	92.41	
30	846	6948536	94.73	
35	989	7065526	96.33	C
40	1130	7149083	97.47	
50	1413	7252632	98.88	
60	1695	7305277	99.59	
70	1987	7327231	99.89	
80	2260	7334056	99.99	
100	2825	7335000	100.00	

2. ABC 分类管理

ABC 分类的结果，只是明确了管理的重点，但 ABC 分类的主要目的在于减少库存，降低成本，提高服务水平。因此，必须按 ABC 分类结果，权衡管理力量与经济效益，对三类商品进行有区别的管理。ABC 分析法的重点管理如表 4-6 所示。

表 4-6　　ABC分析法的重点管理

分类	储存管理要求	商品养护要求
A类	精心管理，信息传递迅速，将库存压缩到最低水平	采用现代化技术措施，加强养护，保证质量
B类	较好的管理，按照出库频率适当堆码摆放，有适宜的库存	进行一般养护，防止商品变质
C类	进行一般管理，维持适当储存	注意养护、防水、防火、防霉变等

（二）需求预测与顾客服务

实现库存最优化，需求预测是前提。不同的商品种类，决定不同的预测方式、预测期间、预测间隔以及具体的预测计算。

预测方式：重要的商品，例如A类商品要重视提高预测精确度；一般货物，例如C类商品可以采用简洁的预测作业方式。

预测期间：一般必须要有全年预测和需要补充库存期间（供应期间）的预测，这两个预测期间，不需变更的品种最好以单位时间（如一个月）作为预测需求量的期间。

预测值与实现值完全一致是极为少见的，但是应尽可能使其接近。

服务率是对于一定的期间内，例如一年、半年的需求，库存商品满足供应而不缺货的比例，服务率一般用缺货率来衡量。缺货率是衡量缺货程度及其影响的指标，用缺货次数与客户订货次数的比率表示。如果提高服务率，必须具有较多的库存，库存量需要根据企业的经营战略按照商品的重要程度来决定。作为衡量尺度有以下三种方法，至于采用哪一种方法最好根据企业的经营方针来决定。

对于某一期间（例如一年、半年等）内的需求：

a——库存服务率；

b——缺货率。

（1）按照顾客的数量计算。

$$b_1=\frac{\text{发生缺货的顾客数}}{\text{总顾客数}}$$

$$a_1=1-b_1$$

（2）按照商品的数量计算。

$$b_2=\frac{\text{缺货数量}}{\text{总需求量}}$$

$$a_2=1-b_2$$

（3）按照商品价格计算。

$$b_3=\frac{\text{缺货商品金额}}{\text{总需求金额}}$$

$$a_3=1-b_3$$

（三）订货周期

根据中华人民共和国国家标准《物流术语》（GB/T 18354—2006），订货周期是指从客户发出订货到客户收到货物的时间。订货周期越长，需要库存越多。计算公式如下。

$$订货周期=\frac{一次订货量}{单位期间需求量}$$

（四）订货点与订货量

1. 订货点

订货点又称库存警戒线，是指应当开始实施订货的库存水平。当库存低于此水平时会发生缺货，影响正常的生产经营。发出订货单时仓库的库存量应满足订货物品在进货之前这段时间的需要。

（1）当需求量及供应期间没有变动时

订货点＝单位时间的需要量×供应期间

（2）当需求量及供应期间发生变动时

订货点＝单位时间内的需要量×供应期间＋安全库存

下面是运用订货点方式的实际计算公式：

$$K=\bar{D}\times T+\alpha\sqrt{T}\times\delta_D$$

$$K=\bar{D}\times T+\alpha\sqrt{T}\times(X-D)$$

简便算法是用 $X-D$ 替代 δ_D。式中 X 为月间最大需求量。

当供应期间有误差时：

$$K=\bar{D}\times(T_0+\alpha\times\delta_T)+\alpha\times\sqrt{T_0+\alpha\times\delta_T\times\delta_D}$$

其中：

K——订货点（以月为单位）；

$\bar{D}$——每月平均需求量；

T——最大供应期间（以月为单位）；

α——安全系数；

δ_D——月间需求量的误差；

δ_T——供应期间的误差；

T_0——平均供应期间（以月为单位）。

2. 订货量

所谓订货量是指向库存补充的货源方每次所发订货单的量。例如，将一年的需要量分为若干次进行订货的每次订货量。一年之内订货次数少，订货周期时间长，订货批量大，库存量也增大；与此相反，如果订货次数多，订货批量小，库存量也相应减少。另外，订货量即使是自定计划，也会由于以下因素的影响而发生变化。

（1）交易价格便宜，集中采购。

（2）由于生产方的工艺变动，无法得到更多的交易。

（3）由于供求变动，补充供货方有缺货的危险，为了确保安全，集中购货。

（五）维持最佳库存水平系统

配送中心为了防止用户的商品脱销或缺货，适时、适质、适量、适地将商品配送给用户。从全国的工厂等供应地采购的货物，利用直达单元化运输作为基本的运输方式，选择各种运输模式（公路、铁路、水路运输等）运至配送中心。为了维持适当的库存水平，需要不断地补充库存商品。为了使配送中心的库存始终处于最佳状态，必须时刻掌握配送中心的库存量。

利用电子订货系统（EOS）和销售公司推销员携带的小型计算机（Handy Dermal），或者利用电话和传真机接受从零售业传递的订货信息，经由总部的主机进行传递，使用计算机设定最佳配送路线，根据这些将被加工处理的分拣作业指示信息传达到配送中心，经过分拣后将商品向用户发货。实际上，这个发货信息也等于销售信息，每天都被传递到总部，将各种信息经加工处理后灵活利用，其中最重要的是掌握全国配送中心的库存状况，据此加工处理从供货方向配送中心发出的库存补充指示的信息。从前一日库存量中减去发货量即为今日的库存量。这个信息的灵活利用能够形成并保持最佳的库存系统。日本的花王配送中心，为了维持配送中心的最佳库存水平，将自动补库系统称为联机供应系统。该系统的特点如下所述。

（1）从向各连锁经营店铺发货的信息中，可以计算出实际库存量的信息。

（2）根据不同的配送中心，不同的商品种类设计出适当的库存基准（根据供货地的距离，订货周期进行设计）。

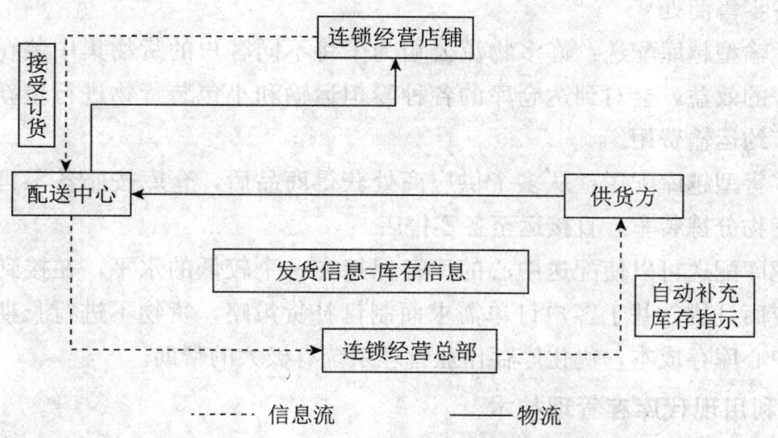

图 4－7　日本花王配送中心联机供应系统

（3）根据周计划中的月间销售预订量，利用计算机计算出从供应商到配送中心商品补充的必要量。向供货商自动发出发货指示，将配送中心的库存维持在正常时最佳的水平。日本花王配送中心联机供应系统如图 4－7 所示，该系统在信息方面、物流方面各自缩短一天，缺货和过剩库存的问题都不存在。

四、配送中心库存作业管理系统的优化

（一）减少临时储存，增加越库配送比例

根据中华人民共和国国家标准《物流术语》（GB/T 18354—2006），越库配送是指物品在物流环节中，不经过中间仓库或站点存储，直接从一个运输工具换载到另一个运输工具的物流衔接方式。在配送中心接收来自各家供给商的整车货件后，依顾客需求加以拆解、分类、堆放，不进入存储场所而直接运至顾客交货点。在采用越库配送作业后，配送中心将成为一个编组场所，而非储存场所。货物到达后经过简短的交叉分装后，省去了仓储等其他内部操作，直接将货物发送至供应链下一节点。越库配送作业之所以引起广泛关注，其主要原因有以下几点。

（1）对较大、较稳定的需求，并不需要每次都采取订购模式来运作，这将给供应链各环节（尤其是供货商或分销商）带来不必要的库存。

（2）对稳定而小批量的需求，采用越库配送技术来代替零担运输，可大大降低运输成本。

（3）节省昂贵的库存费用。

（4）满足商品本身对时间上的要求，如快递、保鲜食品等。

越库配送作业按照企业类型的不同可以分为以下 4 种。

（1）制造型越库配送：接收及整合入货供给是为实现准时制造。

（2）销售型越库配送：整合不同供货商送往同一客户的货物，进行分拣、打包后直接运至各零售商处。

（3）运输型越库配送：许多物流公司为了将不同客户的货物集中装在一起，以获得规模经济的效益，会对到达仓库的各种零担运输和小包装货物进行重新打包，便于一车装运节约运输费用。

（4）零售型越库配送：从多个供应商处获得商品后，仓库按照各零售店预先送到的订单将货物分拣装车，直接运至各零售店。

采用越库配送可以使配送中心的库存保持在一个较低的水平，在接到客户订单后向上级供应商订货，基于客户订单需求而制订补货策略，货物不进行长期储存。这对降低配送中心库存成本，优化库存作业管理系统有极大的帮助。

（二）利用现代库存管理技术

随着库存管理概念的变化和通信技术的发展，出现了许多能降低库存水平、提高顾客服务标准的管理方法和管理技术。

1. JIT（准时制）技术

JIT 是 Just In Time 的缩写，其意思为：在精确测定生产各工艺环节作业效率的前提下，按订单准确计划，以消除一切无效作业与浪费的一种管理模式。

（1）JIT 技术的基本概念。

JIT 的基本概念是 1953 年首先由日本丰田汽车工业公司提出，JIT 的基本思想是：

只有在需要的时候，根据需要的数量和质量供应所需要的产品，也就是追求无库存或库存达到最小化的库存作业管理系统。

（2）JIT 技术实施条件。

①精确的需求预测。

②同供应商是“双赢”的战略伙伴关系。

③具有现代化的物流系统及技术。

④全员培训。实施准时制管理方式，必须将所有员工进行培训，使企业目标与员工目标保持一致。

2. DRP（配送需求计划）技术

根据中华人民共和国国家标准《物流术语》（GB/T 18354—2006），配送需求计划（DRP）是指一种既保证有效地满足市场需求，又使得物流资源配置费用最省的计划方法，是物料需求计划（MRP）原理与方法在物品配送中的运用。MRP 的出现不仅仅是能有效地解决生产库存问题，更主要的是提出了一种新的管理思维：按照未来需求组织生产与流通。

（1）DRP 技术的输入内容。

①顾客需求量。企业 DRP 必须对配送中心内每一种商品的需求做出精准的市场预测。该预测数据是供应链上节点企业订货的基础。如果预测误差较大，将会影响整个供应链的正常运营。

②准确的订货周期。企业实施 DRP 技术的核心是订货数量和订货时间，这就需要掌握从发出订单到进货接收所需求的时间，即订货周期，以便在恰当的时间发出订单。由于运输及其他因素的影响，订货周期的变化也会影响 DRP 技术的应用效果。

③销售网络结构。企业在实施 DRP 技术时，必须将整个销售网络分层次输入。连锁经营企业的销售网络层次如图 4-8 所示。

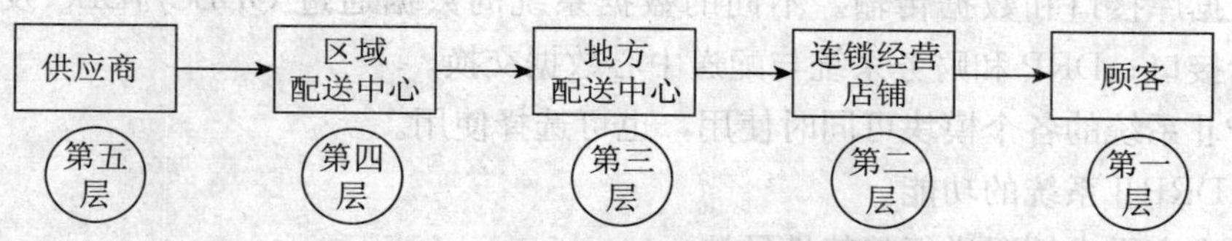

图 4-8　连锁经营企业的销售网络层次

④库存状况。库存商品进、发、存货状况，主要指每种商品的订货批量、订货周期及其他有关商品特征的资料。DRP 技术是根据商品的需求量、商品销售网络结构、订货周期等库存状况来确定每一层次的订货量。

（2）DRP 技术的输出内容。

DRP 技术是通过对顾客需求的预测，按照销售网络结构确定每一层次的商品需求量，然后根据库存状况，扣除可用库存量后得到净需求。商品需求时间是依据每种商品订货周期来确定的，因此 DRP 技术的输出内容主要是每种商品的订货数量和订货时间。

3. 配送资源计划（DRPⅡ）系统

根据国家标准《物流术语》（GB/T 18354—2006），配送资源计划（DRPⅡ）是在配送需求计划（DRP）的基础上提高配送各环节的物流能力，达到系统优化运行的目的的企业内物品配送计划管理方法。它对 DRP 的功能进行扩充，增加了配送车辆管理功能、储存管理功能、成本核算功能，能够进行物流能力平衡，制订出物流能力计划。配送中心可以通过 DRPⅡ系统实现对成本、库存、作业等功能的有效控制，进而达到减少运营费用，提高顾客满意度的良好效果。

（1）DRPⅡ系统的构成。

①库存管理。保证物品供应和保持较低的库存水平，包括交互的库存量查询、货位控制、周期盘点、各种物品库存、出入库记录、退货管理。

②质量控制。包括质量标准、质量信息跟踪、不合格品停止发货、质量统计报告及质量记录与分析。

③预测仿真。通过对原始数据的回归分析和时间序列分析，对库存、订单等进行预测，并可以交互仿真查询。

④运输管理。建立承运商数据库，优选承运商，待发货自动制作货运单和发货通知，分类制作货运费用报告，到货准时率报告；发出和接收货物跟踪记录，报告记录和分析。

⑤采购管理。建立供应商数据库，按计划和临时缺货报告下达订货、订单跟踪和采购物品监控。

⑥计划管理。根据实际订单情况和对客户需求的预测，制成供应计划和资源（人、设备、设施等）年度和月计划，并在此基础上每周进行实施安排。

⑦订单管理。对不同的客户、不同的订单进行记录、追踪、查询和分析，无论是正常订单、赔货订单还是退货订单都能做好记录、退踪和查询。

⑧数据库接口和数据传输。不同的数据系统的数据通过 ODBC/JDBC 及 SHELL 语言进行接口；DRP 和财务系统与配送中心数据交换。

DRPⅡ系统的各个模块可同时使用，也可选择使用。

（2）DRPⅡ系统的功能。

①对客户需求情况进行趋势性预测。

②对订单执行情况进行有效跟踪并写出分析报告。

③通过对退货分析，建立结构合理的库存系统。

④实时查询各类库存，并对不良品、超保质期的库存处理提供报告。

⑤优化配送策略，节省配送成本，缩短配送时间。

⑥提供需求报告。

DRPⅡ的应用，可以帮助降低配送中心的营运费用，改善配送中心与供应商的关系，有效降低存货水平。美国一家连锁经营企业在实施 DRPⅡ之后，优化了计划管理、配送方案和库存控制，提高了商品配送速度，在销售量增加 45％的情况下，库存仅增加 12％，市场占有率提高了 10％。

4. 快速反应（QR）技术

快速反应（Quick Response，QR）技术是指物流企业面对多品种、小批量的买方市场，不是储备了“产品”，而是准备了各种要素，在客户提出要求时，能以最快速度抽取要素，及时“组装”，提供所需要的服务或产品。QR技术是20世纪80年代在美国的服装行业发展起来的。通过建立快速反应系统，可以实现销售额的提高、顾客服务最优化、库存量和商品缺货最小化，并减少经营风险。

（1）QR技术的基本内容。

根据中华人民共和国国家标准《物流术语》（GB/T 18354—2006），快速反应（QR）是指供应链成员企业之间建立战略合作伙伴关系，利用电子数据交换（EDI）等信息技术进行信息交换与信息共享，用高频率小数量配送方式补货，以实现缩短交货周期，减少库存，提高顾客服务水平和企业竞争力为目的的一种供应链管理策略。QR技术主要是通过信息技术的应用，增强企业对市场的反应能力，以达到增加销售额、降低库存和经营成本的目的。

①店铺通过EDI系统将企业的销售数据传送给商品的供应商，供应商及时了解商品情况，并及时调整各店铺的销售数据，了解商品销售情况，掌握商品需求情况并及时调整计划。

②供应商利用EDI系统在发货前向配送中心传送预先发货清单。配送中心接到清单后，马上做好进货准备工作。

③配送中心在接收商品时，用扫描器读取包装上的物流条码，并将读取的信息与预先存在计算机中的信息进行清单核对，从而简化检验工作。

④企业财务部门利用电子支付手段向供应商支付货款。同时配送中心只要将预先发货清单与商品销售清单进行比较，就可以迅速了解商品库存信息。

（2）QR技术实施条件。

①企业必须与供应商建立战略伙伴关系，并建立分工和协作关系，以达到降低库存水平、增加销售额的目的。

②企业必须将商品销售数据、库存信息、成本资料等与合作方共享，双方共同分析问题、解决问题。

③连锁经营企业必须采用先进的信息处理技术，例如，物流条码技术，电子订货系统（EOS），时点销售系统（POS），电子数据交换系统（EDI），预先发货清单（ASN）系统，电子支付系统（EFT）等现代信息技术。

④供应商必须是高频度、小批量配送，以降低配送中心的库存水平。

5. 供应商管理库存（VMI）技术

根据中华人民共和国国家标准《物流术语》（GB/T 18354—2006），供应商管理库存（Vendor Managed Inventory，VMI）是指按照双方达成的协议，由供应链的上游企业根据下游企业的物料需求计划、销售信息和库存量，主动对下游企业的库存进行管理和控制的库存管理方式。

（1）VMI的基本思想。

长期以来，流通领域的各企业都是自己管理自己的库存，供应链的各环节也都有各自的库存系统，其结果是各企业的库存水平较高，整个供应链库存水平也很高，这是由于需求的放大作用，通常称为“牛鞭效应”。牛鞭效应是指供应链的下游至上游库存水平不断放大的现象。

在VMI系统中，供应商决定每一种商品的恰当库存水平，以及维持这些库存水平的恰当策略。但在实施的初期阶段，必须得到库存拥有者的认可。

（2）实施VMI的成功条件。

①供应商和企业必须拥有先进的信息系统。比如，在连锁经营企业实施VMI的过程中，连锁经营各店铺通过时点销售系统（POS）将销售情况传递到总部，通过EDI将销售信息传送给上游供应商，上游供应商再通过EDI将配送信息传递给连锁经营企业，同时采用条码技术和扫描技术确保数据的准确性。另外，库存管理、计划系统等都必须运用高效的信息处理技术。供应商或者连锁经营企业，任何一方没有完善的信息系统，VMI就无法实施。

②供应商和下游企业必须建立战略伙伴的关系。因为实施VMI需要供应商完全掌握下游企业内部的商品销售信息、库存信息等商业机密。

③企业高层管理者的理解和支持。很多原来只有高层管理者才能知道的商业机密，实施VMI之后，必须与供应商共享。这种战略伙伴关系的建立也必须得到高层管理者的理解、协调和配合。

④供应商与下游企业必须签订合同。合同的各项条款是建立在信任基础上的，这些条款主要是指商品所有权转移的时间、信用条件、订货责任、绩效指标等。

第四节　配送中心分拣作业管理系统

分拣是将物品按品种、出入库先后顺序进行分门别类堆放的作业，是物流配送中心的心脏，是不同配送中心在配送时进行竞争和提高自身经济效益的必然延伸。分拣的目的在于正确而迅速地把用户所需商品集中起来，为发货作业做好前期准备工作。有效的分拣作业，使物流配送服务水平得到极大提高。

一、配送中心订单处理

（一）订单处理在分拣系统中的地位

订单处理就是从接到用户订单开始一直到分拣作业为止的工作，包括有关用户和订单的资料、库存查询和单据处理等内容。订单处理在配送中心占有重要地位，它是分拣作业的核心和配送服务质量的保障。

订单处理有人工和计算机两种形式。目前主要是用计算机处理，其速度快、效率

高、成本低。用户需要货物时，先向配送中心提交订货单，配送中心将订单按商品品种、规格、数量及货位等进行分类汇总处理。

随着科学技术及信息传输手段的不断发展和应用，订单传输的方式也发生了很大变化，如采用电子数据交换系统传输，以及通过电子扫描器和条码将订货信息传输给配送中心。

（二）订单处理的流程

配送中心订单处理流程如下。

（1）确认订单。包括：订货信息是否准确、可靠；商品名称、数量及配送日期；用户的信誉；商品价格、流通加工形式、包装方式等。

（2）订单汇总。设定订单号码，进行分类并建立用户档案。

（3）库存查询。由库存管理部门确认订货库存状况，并发出分拣指示。

（4）订单移送。打印订单分拣清单，列出分拣商品名称、编码、数量、货位，并按照货位排列顺序，将其中的一联交分拣人员，另一联交库存管理部门。

（5）分拣。分拣人员接到分拣通知及订单分拣清单后，进行拣选商品、包装、贴标签，并将分拣的商品搬运到发货区临时堆放。

（6）财会部门记账。库存管理部门调整库存记录，配送部门向顾客寄发交货单，配送部门组配装车，安排配送。

二、配送中心分拣作业管理系统

（一）分拣作业流程

根据用户的订单，将不同种类、数量的商品由储存区或临时存放区的货位上取出，再按照配送方向或顾客需求进行配货。分拣作业一般程序如图 4－9 所示。

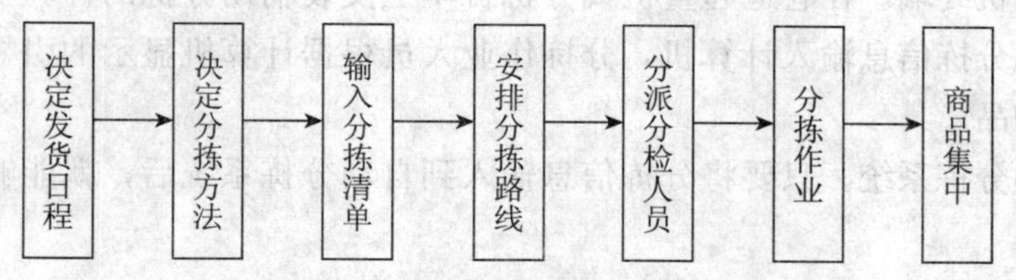

图 4－9　分拣作业一般程序

（二）分拣作业的单位

分拣作业的单位简称拣货单位，拣货单位分成托盘、货箱和单品 3 种形式。托盘、货箱、单品分别用 P、C、B 来表示，按订单分拣出库类型如表 4－7 所示。

表 4－7　按订单分拣出库类型

类型	仓储单位	拣货单位	代号
1	托盘	托盘	P→P

续 表

类型	仓储单位	拣货单位	代号
2	托盘	托盘＋货箱	P→P+C
3	托盘	货箱	P→C
4	货箱	货箱	C→C
5	货箱	货箱＋单品	C→C+B
6	货箱	单品	C→B
7	单品	单品	B→B

（三）分拣作业信息传递方式

经常采用的分拣作业信息传递方式主要有以下几种。

（1）订货传票。直接利用订单或配送中心的交货单作为分拣指示依据，适应于品种不多、业务量不大的小型配送中心。

（2）分拣清单。把用户订单输入计算机进行排序、分类等处理，打印出分拣清单，其优点在于按货位编号进行分拣，分拣效率高。

（3）条码。通过条码扫描器读取商品名称、编号、应取数量、寻找货位等。

（4）显示方式。在货架上安装液晶显示器，可显示应该拣取的商品数量。

（5）无线电识别器。将无线电识别器安装在移动设备上，同时把接收和发射电波的 ID 卡或标签等信息反映器安装在货位或物品上。当无线电识别器接近物品时，立即读取物品或货位指示器上的信息，通过识别电路传给计算机。

（6）无线通信。在巷道起重机上安装无线电通信设备，将拣选物品的信息传递给分拣人员，这种方式适于人工分拣。

（7）计算机终端。在巷道起重机或分拣台车上安装辅助分拣的计算机终端，在分拣作业之前把分拣信息输入计算机，分拣作业人员根据计算机显示的引导，能迅速而准确地拣选物品。

（8）自动分拣系统。只要将分拣信息输入到自动分拣系统后，就能够自动完成分拣作业。

（四）分拣模式

1. 订单拣货模式

该拣选模式是根据每一张订单，将各个存储点客户所订购的商品取出，完成货物配备的一种方式，是较传统的拣货方式。

（1）优点：①作业方法单纯；②订单处理前置时间短，针对紧急需求可快速拣选；③导入容易且弹性大，对机械化、自动化没有严格要求；④作业人员责任明确，派工容易、公平；⑤拣货后不必再进行分拣作业，适用于大量、少品种订单的处理。

（2）缺点：①拣货区域大时，搬运系统设计困难；②商品品种多时，拣货行走路径加长，拣货效率降低。

(3) 适用情况如下。

①用户不稳定，波动性较大。此时，不能建立相对稳定的用户分货货位，难以建立稳定的分货线，在这种情况下，宜采用灵活机动的拣选式工艺。用户少时或用户很多时都可采取这种拣选方式。

②用户间缺乏共同的需求。用户之间的需求差异很大，在这种情况下，将共同需求一次取出再分给各用户的办法无法实行，采取其他配货方式容易出现差错，而采取一票一拣方式更为准确、快捷。

③用户所需商品种类多。用户需求的种类太多，增加统计和共同取货的难度，采取其他方式配货时间太长，而利用订单拣选式配货能起到简化作用。

④时间不统一。用户配送时间要求不一，采用订单拣选式工艺可有效调整拣选配货顺序，满足不同用户的需求，尤其对于紧急的即时需求更为有效。

⑤一般仓库改造成配送中心时，可作为一种过渡性的办法。

(4) 订单拣货模式的装备。

根据不同配送中心的装备水平及用户要求，以及业务量的大小，可将配送中心拣选式工艺分为以下几种形式。

①人力拣选＋手推作业车拣选。分拣作业人员推着无机动性能的手推车一次巡回或分散巡回于货架之间，与普通货架配合，也可与重力式货架配合，按单拣货，直到配齐。

②机动作业车拣选。拣选员操作拣选车为一个用户或几个用户拣选，车辆上分装拣选容器，拣选的货物直接装入容器，在拣选过程中就进行了货物装箱或装托盘的处理。由于利用了机动车，拣选路线长。

③传送带拣选。拣选员固定在各货位面前，不进行巡回拣选，只在附近的几个货位之间进行拣选操作。在传送带运动过程中，拣选员按指令将货物取出放在传送带上，或置于传送带上的容器中，传送带运动到终点时便配货完毕。

④旋转式货架拣选。拣货员站在固定的拣货位置上，按用户的配送单操纵旋转货架，待需要的货位回转至拣货员面前时，则所需的货物已拣出。这种方式介于订单拣选模式和批量拣选模式之间，但主要是按订单拣选，其适用领域较窄，只适用于旋转货架货格中能放入的货物。由于旋转货架动力消耗大，一般只适合仪表零件、电子零件、药材、化妆品等小件物品的拣选。

2. 批量拣货模式

批量拣货模式是指将多张订单集合成一批，按照商品类别将数量分别加总后再按客户的订单做分类处理的拣选作业模式。

(1) 优点：①可以缩短拣货时行走搬运的距离，增加单位时间的拣货量；②适用于订单数量庞大的系统。

(2) 缺点：①对订单无法快速反应，必须等订单累积到一定数量时才能做一次处理，因此容易出现停滞现象。所以只能根据订单到达的情况做等候时间分析，决定适当的批量大小，从而减少停滞时间。②批量拣选后还需要进行再分配，因而容易出现错误。

(3) 批量拣货的订单分批方法。

①计算机分批法。是指订单汇总后，由计算机按预先设计的程序，将拣取路线相近的订单集中处理，求得最佳的订单分批，这样可大大缩短拣货和搬运距离。采用计算机分批法时，配送中心通常将前一天的订单汇总后经过计算机处理，在当日下班前产生明日的拣货单，所以当发生紧急加单时，处理作业较为困难。

此种方法考虑了订单的相似性及拣货路径的顺序，使拣货效率进一步提高，但对所需计算机软件的技术要求较高，数据处理时间较长。

②总量分批法。在拣货作业前，将所有累积订单中的商品按品种类别合计总量，再根据总量进行拣货的方式。这种方法适合固定的周期性配送。

其优点是一次拣出所有商品，可使平均拣货距离最短，但是必须经过功能较强的分类系统完成分类作业，订单数量不可过多。

③定量分批法。订单分批按先进先出（FIFO）的基本原则，当订单累积到某一预设的固定数量时，开始进行拣货作业。这种方法可保持稳定的拣货效率，使自动化的拣货、分类设备发挥最大功效，但是订单的商品总量变化不宜太大，否则会造成分类作业的成本上升。

④定时分批法。当订单到出货时间非常紧迫时，可利用分批方式定时分拣，如5分钟或10分钟，再将此时间内到达的订单作为一个批次处理，比较适合密集频繁的订单和满足紧急插单的要求。

(4) 批量拣选模式适用的情况。

①用户稳定。企业内部的配送中心，用户都是自营的商店，用户稳定且数量较多。

②需求共性。用户的需求具有很强的共同性，货物的种类相同，需求差异较小，为了配合批次作业，可以要求商店按品类和货架商品群定期向配送中心补货。

③所需品种少。用户需求的种类有限，易于统计，且分拣时间不至于太长。

④时间充裕。用户对配送时间没有严格要求。

⑤适合对效率和作业成本有较高要求的配送中心。

⑥专业性强的配送中心，容易形成稳定的用户和需求，货物种类有限，适合采用批量拣选工艺。

(5) 批量拣选模式的装备。

①人力＋手推车作业。配货员将手推车推至一个存货点，将各用户共同需要的某种货物集中取出，利用手推车的机动性可在较大范围内巡回分放，这种方式是人工取放与半机械化搬运相结合。存货一般采用普通货架、重力式货架、回转货架或其他人工拣选式货架。所分货物一般是小包装或拆零货物。适合人力分货的有药品、钟表、仪表、零部件、化妆品、小百货等。

②机动作业车分货。用台车、平板作业车、堆高机、巷道起重机以单元装载方式一次取出数量较多、体积和重量较大的货物，然后由配货人员驾驶车辆巡回分放。

③传送带＋人力分货。传送带的一端与货物存储点相接，另一端的传送带主体分

别与各用户的集货点相接。在传送带运行过程中，由存储点一端集中取出各用户共同需要的货物置于传送带上，各配货员从传送带上取下该位置用户所需的货物，反复进行直至配货完成。采用这种分货方式，传送带的取货端往往选择重力流动式货架，以减少传送带的安装长度。

④分货机自动拣货。这是高技术分货作业的方式，目前高水平的配送中心一般都安装有自动分拣机。分拣机在一端集中取出共同需要的货物，随着传送带的运行，按计算机预先设定的指令，通过自动装置送入用户集货终点货位。

3. 其他拣货模式

(1) 分类式拣货。一次处理多张订单，并且在拣取各种商品的同时，各商品按照客户订单分开放置的一种方式。如一次拣取五六张订单时，每次拣货用台车或笼车带五六家客户的篮子，边拣取边按不同客户区分摆放。该模式适用于每张订单量不大的情况。

(2) 复合拣货。复合拣货是按订单拣货及批量拣货的组合，可以根据订单上的品种数量决定采用其中的哪一种。

(3) 分区、不分区拣货。不论是按订单拣货还是按批量拣货，为了提高作业效率都可以配合采用分区或不分区的作业策略。所谓分区作业就是指各拣货作业场地做区域划分，每一个作业员只负责拣取指定区域内的商品。而分区方式又可分为拣货单位分区、拣货方式分区及工作分区。但做拣货分区时也要考虑到储存分区的部分，必须先针对储存分区进行了解、规划，才能使系统整体的配合趋于完善。

(4) 订单分割拣货。当一张订单所订购的商品品种较多时，为了提高拣货效率，缩短拣货处理周期，可以将订单分割为若干个子订单，交由不同的拣货人员同时进行拣选作业。订单分割策略必须与分区策略配合运用才能产生较好的效果。

(5) 接力拣货。这种方法与分区拣货相类似，在确定拣货员各自负责的商品品种或货架的责任范围后，各个拣货员只拣选拣货单中自己负责的部分，然后以接力方式交给下一位拣货员。采用这种分工合作的方式，可缩短整体的拣货路线，减少人员及设备移动的距离，提高拣货效率，但单据的格式必须明确标识范围。

三、配送中心分拣作业管理系统的效率分析

(一) 分拣作业管理系统的重要性

分拣是配送中心的核心业务，作业速度、效率及出错率直接影响配送中心的效率及顾客的满意程度。

分拣作业管理系统是根据用户订单，将其需要的商品从库存中挑选出来的发货业务，是接受订货活动的重要一环，分拣作业要投入仓库一半以上的作业人员，至少要占配送中心全部作业时间的30%～40%，是配送中心生产率能否提高的重要作业环节。

另外，高效率的分拣作业使得从接受订货到发货之间周期缩短，不仅改善了作业效率，也提高了服务水平。分拣系统的运行好坏不仅对配送中心生产效率有着直接影

响，而且对其他功能也起到支撑的作用。

（二）分拣作业管理系统效率分析

1. 分拣作业人员

配送中心分拣作业人员的专业化水平直接影响分拣作业效率和准确性。一般情况下，分拣作业人员分为两部分：一部分负责分拣计划，另一部分是分拣作业具体操作人员。

（1）分拣计划人员的作业内容。

①制订每月分拣作业计划。

②制订每天分拣作业计划。包括：自动仓库（含补货）、托盘货架、地面堆垛、通用货箱、流动货架、旋转式货架等。

③制订分拣作业时间表。

④制订向供货商订货作业计划。

⑤制订进、发货批次计划。

⑥分拣作业成本管理。

（2）实际操作人员的作业内容。

①操作巷道式起重机、叉车等分拣作业设备。

②自动仓库拣选出库作业。主要负责自动仓库的出库作业、托盘货架堆货作业、重力式货架及旋转式货架的出库拣选作业。

③掌握发货实绩并及时报告。

④盘点存货作业准备。

⑤对 A 类商品每天进行盘点。

⑥检查保养分拣设备，出现故障及时向维修人员报告。

⑦分拣作业安全管理。

⑧经过流通加工后的物品分拣配货作业。

（3）分拣作业效率评价指标。

为了更好地做好分拣作业人员的配置和加强对作业人员计划及作业人员的管理，对作业人员的效率用下述指标进行评价。

①单位时间内人均拣选能力。因为配送中心作业性质不同，拣选能力也不同，故用以下两个指标进行评价。

$$\text{平均每人时拣取品种数}=\frac{\text{拣选单累计品种总数}}{\text{拣选人数}\times\text{每日拣选时数}\times\text{工作天数}}$$

$$\text{平均每人时拣取件数}=\frac{\text{拣选单累计总件数}}{\text{拣选人数}\times\text{每日拣选时数}\times\text{工作天数}}$$

②分拣能力。

$$\text{分拣能力}=\frac{\text{订单数量}}{\text{一日目标分拣订单数}\times\text{工作天数}}$$

③分拣责任品种数。

$$分拣责任品种数=\frac{品种总数}{分拣区域数}$$

当分拣责任品种数较大时，表示每位分拣作业人员所负责分拣的品种多，这样会影响分拣效率，为了提高效率，应减少品种数。

④拣取品种移动距离。

$$拣取品种移动距离=\frac{拣取行走总距离}{订单上总品种数}$$

这个指标用来评价分拣规划是否符合分拣作业效率，并且检验分拣区设施、设备布置是否合理。指标的数值大表示分拣作业人员行走距离长，耗费太多的时间和体力，影响整体效率。

2. 分拣作业设备的评价

分拣作业所用设备的优劣直接影响分拣效率和效益，主要采用以下指标评价分拣设备。

（1）分拣人员装备率。

$$分拣人员装备率=\frac{分拣设备成本}{分拣作业人员数}\times 100\%$$

（2）分拣设备投产比。

$$分拣设备投产比=\frac{发货的总金额}{分拣设备成本}$$

（3）单位时间内每人分拣金额数。

$$每人时分拣金额数=\frac{发货品金额数}{分拣人数\times 每天分拣时数\times 工作天数}$$

上述三个指标可评价投资的合理化程度和分拣作业效率。分拣人员装备率代表设备投资程度，分拣设备投入与产出表示已投资设备的分拣效果。

3. 分拣作业方案的评价

（1）每批订单数。

$$每批订单数=\frac{订单总数量}{分拣批次数}$$

（2）每批品种数。

$$每批品种数=\frac{订单总品种数}{分拣批次数}$$

（3）每批处理量。

$$每批处理量=\frac{发货货箱数}{分拣批次数}$$

（4）每批拣选体积。

$$每批拣选体积=\frac{发货物品总体积}{分拣批次数}$$

(5) 平均每批分拣时间。

$$平均每批分拣时间=\frac{分拣作业人数\times每天作业时间\times工作天数}{分拣批次数}$$

4. 分拣作业时间的评价

分拣作业时间直接反映分拣能力的大小，其评价指标如下。

(1) 单位时间处理订单数。

$$单位时间处理订单数=\frac{订单总数}{每天分拣作业时间\times工作天数}$$

(2) 单位时间处理品种数。

$$单位时间处理品种数=\frac{订单总数\times每件订单平均品种数}{每天分拣作业时间\times工作天数}$$

(3) 单位时间处理件数。

$$单位时间处理件数=\frac{分拣清单累计总件数}{每天分拣作业时间\times工作天数}$$

(4) 单位时间拣选物品体积。

$$单位时间拣选物品体积=\frac{发货物品体积数}{每天分拣作业时间\times工作天数}$$

5. 分拣作业成本的评价

在配送中心内，分拣作业是成本较大的作业系统，所以必须特别重视削减成本。分拣作业的成本主要由以下几项组成：直接或间接参与分拣作业的人工成本；分拣作业设备折旧成本与分拣作业相关的设施设备（储存、搬运、信息处理等）折旧费；信息处理成本、耗材费用、管理、电费、培训等分摊成本。

对于各项成本的评价一般采用以下公式计算。

(1) 每份订单分拣作业成本。

$$每份订单分拣作业成本=\frac{分拣作业投入成本}{订单总数}$$

(2) 每一分拣品种作业成本。

$$每一分拣品种作业成本=\frac{分拣作业投入成本}{订单总品种数}$$

(3) 每一分拣单位作业成本。

$$每一分拣单位作业成本=\frac{分拣作业投入成本}{分拣单位累计总件数}$$

(4) 单位体积投入成本。

$$单位体积投入成本=\frac{分拣投入成本}{发货物品的体积总额}$$

6. 分拣作业质量分析

分拣作业质量好坏将影响配送中心的后续工作，配送中心分拣作业质量分析如表 4-8 所示。

表 4－8　　配送中心分拣作业质量分析

<table>
<tr><th colspan="2">结果</th><th colspan="3">原因</th><th colspan="2">对象</th></tr>
<tr><td rowspan="14">分拣准确度降低</td><td rowspan="2">分拣指示发生错误</td><td rowspan="2">货位指示错误</td><td>系统错误</td><td rowspan="2">作业者判断错误</td><td rowspan="2">信息处理迅速化</td><td rowspan="2">改正计算机货位代码</td></tr>
<tr><td>物品放错</td></tr>
<tr><td rowspan="6">商品拣取错误</td><td>拣取数量错误</td><td>视觉误差</td><td>照明不够
液晶屏显示不清
视觉问题</td><td>执行物品管理
更换显示器</td><td>光电管表示器
显示器应有箭头表示</td></tr>
<tr><td colspan="2">商品不易辨别</td><td>代码接近
形状相似</td><td rowspan="2">使商品容易辨别</td><td>注意易出错商品的陈列
注意相似货箱颜色管理
相似货箱贴上标示</td></tr>
<tr><td colspan="2">看错商品</td><td>包装外形相似</td><td>决定商品交货形态</td></tr>
<tr><td colspan="2">作业人员工作状态不佳</td><td>作业时间长
噪声大
身体不适</td><td>改良作业环境</td><td>增加照明度
适当的休息
分拣作业人员轮换</td></tr>
<tr><td colspan="2">货位拣取错误</td><td>显示问题</td><td rowspan="2">集中精力工作</td><td>参观后续工作
表示出作业标准时间</td></tr>
<tr><td colspan="2">作业人员无责任感</td><td>分拣意识不强</td><td>作业活泼化</td></tr>
<tr><td rowspan="2">放置错误</td><td colspan="2">空间不够</td><td>淘汰品未清除</td><td rowspan="2">库存量正确化</td><td>库存确认与补充</td></tr>
<tr><td colspan="2">货位不清</td><td>作业不熟</td><td>设置异常品货位</td></tr>
<tr><td>库存资料不正确</td><td colspan="2">随便带出商品
未更新输入的
退货资料</td><td>出库资料
输入麻烦
处理规则
未定</td><td>实施确认作业</td><td>拣取结束按下按钮
读取货架条码
贴上确认标签</td></tr>
<tr><td rowspan="3">传票错误</td><td colspan="2">印刷不清</td><td rowspan="3">印刷不鲜明</td><td rowspan="3"></td><td>加强计算机管理</td></tr>
<tr><td colspan="2">未确认拣取记录</td><td>适当分类信号处理</td></tr>
<tr><td colspan="2">传票混在一起</td><td>选择最优分类顺序</td></tr>
</table>

第五节 配送中心流通加工作业管理系统

中华人民共和国国家标准《物流术语》(GB/T 18354—2006)中对流通加工给予了明确的定义，流通加工(Distribution Processing)是指根据顾客的需要，在流通过程中对产品实施的简单加工作业活动(如包装、分割、计量、分拣、刷标志、拴标签、组装等)的总称。

流通加工是物流各功能中唯一增加价值的功能。货物进入流通领域，须按用户的要求进行加工，从而增加商品的总体价值。流通加工有利于促进销售、维护产品质量、实现整个物流体系的高效率运行。

一、配送中心流通加工作业概述

(一) 流通加工产生的原因

1. 现代生产方式的改变

现代生产方式具有规模化、专业化、现代化特点，依靠单品种、大批量的生产方法降低生产成本，获取规模经济效益。这样就出现了生产相对集中的趋势。这种规模的大型化、生产的专业化程度越高，生产相对集中的程度也就越高。

生产的集中化进一步引起产需之间的分离，产需分离的表现是生产及消费不在同一个地点，而是有一定的空间距离；生产及消费在时间上不能同步，而是存在着一定的"时间差"。尽管"用户第一"等口号成了许多生产者的主导思想，但是，生产毕竟有规律，尤其在强调大生产的工业化社会，大生产的特点之一就是"少品种、大批量、专业化"，产品的功能(规格、品种、性能)往往不能和消费需要密切衔接。弥补这一分离的方法就是流通加工，所以，流通加工的诞生实际是现代生产方式改变的一种必然结果。

2. 适应多样化的客户需求

流通加工的出现与现代社会消费有着紧密联系。随着消费者需求多样化、个性化的比例不断增加，集中式的大批量生产与分散的个性化消费需求之间的矛盾越来越突出。流通加工作为连接生产者和消费者之间的纽带，是社会分工的必然结果，起着承上启下、提高客户整体服务水平的作用。

3. 流通作用观念转变的产物

在社会再生产过程中，生产过程是典型的加工制造过程，是形成产品价值及使用价值的主要过程，而流通过程只是实现商品价值及使用价值的转移而已。

流通加工的出现使流通过程明显地具有某种"生产性"，改变了长期以来形成的"价值及使用价值转移"的旧观念，这就从理论上明确了：流通过程从价值观念来看是可以主动创造价值及使用价值的，而不单是被动地"保持"和"转移"的过程。因此，

人们必须研究流通过程中孕育着多少创造价值的潜在能力，这种观念的转变，促进了流通加工的发展。

4. 效益观念的树立促使流通加工形式得以发展

20 世纪 70 年代初，第一次石油危机的发生证实了效益的重要性，使人们牢牢树立了效益观念，流通加工可以少量的投入获得极大的效益，是一种高效益的加工方式，自然得到了重视。所以，流通加工从技术上来讲，可能不需要采用什么先进技术，但这种方式是现代观念的反映，在现代的社会再生产过程中起着重要作用。

（二）流通加工与生产加工的区别

与生产加工相比较，流通加工具有以下特点。

（1）流通加工的对象是进入流通领域的商品，具有商品的属性；而生产加工的对象不是最终产品，而是原材料、零配件或半成品。

（2）流通加工大多是简单的加工，而生产加工是比较复杂的加工。流通加工只是对生产加工的一种辅助及补充，绝不是对生产加工的取消或代替。

（3）生产加工的目的在于创造商品的内在价值及使用价值，而流通加工则在于完善其使用价值，提高其内在价值。

（4）流通加工是为了消费或再生产进行的加工，这与生产加工是相同的，但流通加工有时候是以流通自身为目的，纯粹为流通创造条件。

（5）生产加工作业范围广，工艺和设备复杂，而且形成流水线作业，系列化加工；流通加工工艺和设备都比较简单，大多是单机加工，加工深度和广度也远不及生产加工。

（三）流通加工的作用

1. 弥补生产加工的不足

由于生产的高度社会化、专业化，生产加工往往不能恰如其分地满足消费者需要。而流通加工则是一种较为理想的方式，配送中心往往对生产领域的物品供应情况和消费领域的物品需求情况最为了解，这为流通加工满足消费者需要打下良好的基础。

2. 提高设备利用率

建立集中加工点，可以采用效率高、技术先进、加工量大的专门机具和设备，加工费用低，商品质量高，经济效益好。

3. 保存商品

合理的流通加工可使商品的使用价值得到妥善保管，延长商品的可利用时间。如肉制品、水产品的保鲜，丝、棉、麻的防虫、防霉等。

4. 为配送中心创造价值

流通加工使配送中心不仅可以获得生产企业转移利润，而且能够创造新的价值，获取更大的利润。

5. 为配送作业创造条件

配送是配送中心一系列活动的集合，配送活动依赖于流通加工，流通加工是配送的前提。经过流通加工的商品方便短距离运输，有利于配送中心的配送合理化。

二、配送中心流通加工的方法与技术

（一）流通加工的分类

根据流通加工技术、方法和目的的不同，不同产品、不同流通形式的流通加工存在着一定的差别，根据这些差别，流通加工可以分为以下几种类型。

1. 弥补生产加工不足的流通加工

高效率、大批量的生产加工，由于存在许多限制因素不能完全实现最终产品的加工，加工出来的产品也并不一定能够满足消费者多样化的消费需求。配送中心的流通加工实际是生产的延续，是生产加工的深化，对弥补生产领域加工不足有重要意义。

2. 保护商品的流通加工

在物流过程中，防止产品在运输、储存、装卸、搬运、包装等过程中遭到损失，使商品的使用价值能顺利实现的流通加工。

3. 促进销售的流通加工

流通加工可以从若干方面起到促进销售的作用，如将大包装或散装物品分装为适应消费者需求的小包装；在产品出厂包装的基础上进行销售包装；将蔬菜洗净，将肉、鱼类分割切块等，既方便运输，又促进销售。

4. 提高物流效率的流通加工

有些商品在物流作业中存在很多困难，进行流通加工可以使物流配送环节作业方便，提高物流效率。例如，冷冻鲜鱼、气体液化等。

5. 提高加工效率的流通加工

许多生产企业的初级加工由于数量有限，加工工效不高，难以投入先进的科学技术，而流通加工以集中加工形式，解决了单个企业加工效率不高的弊病。即由配送中心集中替代多家生产企业进行加工作业。

6. 提高原材料利用率的流通加工

配送中心利用自身的综合性、多用户的特点，可以实行合理规划、合理套裁、集中下料等综合利用的办法，可以有效地提高原材料的利用率，减少浪费和损失。

7. 衔接不同运输方式的流通加工

由于现代社会生产的相对集中和消费的相对分散，流通过程中衔接生产的大批量、高效率的运输与消费者多品种、少批量、多用户的运输之间，存在着很大的矛盾，而流通加工可以较为有效地解决这一矛盾。从生产商到配送中心，可以形成大批量、高效率的定点运输，经过流通加工之后，从配送中心到客户则可以形成多品种、多批次、多客户、小批量的灵活运输或配送。

8. 提高配送中心经济效益的流通加工

流通加工是现代物流所有功能中唯一增值的功能，可以在满足生产和消费要求的基础上取得利润，同时在市场和利润引导下使流通加工在各种领域中能有效发展。

9. 生产、流通一体化的流通加工

生产企业涉足流通企业或流通企业涉足生产企业，使生产加工与流通加工进行合理分配、合理规划、合理组织，统筹进行生产与流通加工的安排，这种生产、流通一体化的流通加工可以促成产品结构、产业结构的调整，充分发挥企业集团或供应链管理的经济技术优势，是目前生产加工和流通加工的发展趋势。

（二）流通加工的方法与技术

1. 钢材的流通加工

钢材包括型材、板材、管材和钢丝四大类。钢材在使用前，一般都要根据情况进行延伸性的加工。这种流通加工需要采用先进的技术和专用设备来进行，其加工内容有以下几项：①圆钢、角钢、扁钢、方钢、钢管的切割，线材的冷拉及切割；②薄钢板的剪切加工和带钢的平展、裁切加工；③专用钢管的涂油和油漆加工。

钢材的流通加工需要以下装备：剪床（用于钢板的剪切加工）；专用的切割设备（用于小型型材加工）；冷拉设备（用于小型型材加工）。

钢材的流通加工一般都要有共用设备将大规模的钢材切割或剪切成小尺寸适合用户要求的商品，满足用户多样化需求，有利于材料的综合利用。钢材的流通加工一般设置在消费地区的配送中心或物流中心。

2. 木材的流通加工

（1）磨制木屑，压缩运输。例如，用于造纸的木材原料，在林木生产基地将原木磨成木屑，压缩成为体积小、易装运的形状，再运至造纸厂，这样可以提高原木利用率、出材率，也可以提高运输效率，具有相当可观的经济效益。

（2）集中下料，进行综合利用。流通加工可以将原料锯裁成各种型材，同时将碎木、碎屑集中加工成各种规格的板材，避免资源严重浪费。进行集中下料后，原木利用率可以由原来不足50％提高到95％，出材率由原来的40％提高到72％左右。

3. 水泥的流通加工

（1）水泥熟料的流通加工。

在经济发达国家，长途运输的不是成品水泥，而是水泥熟料，需要在需求地进行流通加工，根据当地实际情况及用户的用途加入混合材料及添加剂，加工成不同品种和标号的水泥。

长途运输水泥熟料具有以下优点：节省运力、降低运费；可根据实际需要添加混合材料；以较低的费用实现大批量、高效率的运输；由于水泥熟料具有抗潮湿的稳定性，可降低水泥物流中的损失；更好地衔接产需，方便顾客。

（2）混凝土的集中加工。

在配送中心或物流中心集中加工混凝土，根据各建筑工地的要求和用途按规定比例，将水泥、大砂、石子及水进行混合搅拌，然后再运到目的地。这种混凝土集中加工方式，减少城市环境污染，提高设备利用率，降低运输成本，保证施工质量。

（3）水泥预制产品的集中加工。

在配送中心或物流中心集中加工楼板、墙壁等预制板配送到工地进行拼装，可以提高建筑工地的功效，缩短工程建设期。

4. 煤炭的流通加工

（1）煤炭除矸加工。煤炭除矸加工主要目的是提高产品纯度，减少产品的杂质，在煤炭产地除矸流通加工可以减少无效运输，提高物流效率，降低物流成本。

（2）煤浆加工。原煤在物流过程中损失浪费较大，易发生火灾，污染环境。在流通的起始环节将煤炭磨成细粉，再用水调和成浆状使其具备一定的流动性，可以像其他液体一样进行管道输送。这种方式输送连续、稳定而且快速，是一种经济的运输方法。

（3）配煤加工。使用地进行配煤的流通加工。将各种煤炭及其他发热物质，按一定的科学配方进行均匀混合，生产出各种不同发热量的燃料和其他原料。配煤流通加工可以根据用户的实际需要供应一定发热量的燃料，防止热能浪费。工业用煤经过配煤加工还可以起到便于计量控制、稳定生产过程的作用，在经济及技术上都有价值。

（4）天然气、石油气等气体的液化加工。由于气体输送、保存都比较困难，故可在其产地将天然气或石油气压缩到临界压力之上，使之由气体变成液体，用容器装运。

5. 食品的流通加工

（1）冷冻加工。为了保鲜、保质及便于物流活动的作业，将鲜鱼、鲜肉等食品储存在冷库等低温设施内冷冻的流通加工。

（2）分选加工。针对农副产品的规格、质量离散性较大的特点，为获取规格、质量一致的产品而采取人工或分选设备进行分级拣选的流通加工。

（3）精加工。在配送中心内将农牧渔等产品去除没有食用价值及不卫生的部分，进行切分、洗净、包装等加工。

（4）深加工。在配送中心内将蔬菜、鱼、肉等产品，加工成半成品或成品（熟食品），以节省厨房内工作时间，提高作业效率为主要目的的流通加工。

（5）分装加工。在配送中心按照消费者的需求，以零售包装为起点，将大包装或散装的农产品及食品进行新的包装，无包装变为有包装，物流包装变成销售包装，以满足消费者对不同包装规格的需求，从而达到促销的目的。

6. 平板玻璃的流通加工

配送中心或物流中心按用户要求将平板玻璃利用先进的专用设备进行集中套裁开片后，直接配送给用户进行安装。采取这种方式，平板玻璃的利用率可以由原来的62%～65%提高到90%～95%，从而对其进行大规模集装运输时，节省运费、包装费，减少其在物流过程中的损失。

7. 机电产品的流通加工

由于机电产品体积较大，不易进行包装，流动损失较为严重。但机电产品具有易组装、组装后无须进行复杂的检测及调试的特点，所以，可以采用半成品大容量包装出厂，在消费地配送中心或物流中心进行拆箱组装等流通加工活动。

8. 贴付标记、标签、条码、价格的流通加工

配送中心或物流中心内，为了规范经营、方便顾客、促进销售，在商品的外包装

贴付标记、标签、条码、价格等。这种流通加工较为简单。

9. 礼品的流通加工

在配送中心内将相关商品进行组合、精包装或捆扎，并作为串亲访友的礼品，配送到零售店进行销售。特别是节假日，这种流通加工作业量特别大。

三、配送中心流通加工作业管理系统优化

流通加工有很多优点和作用，但片面追求其优越性，增加多余流通环节，会导致物流整体效益下降，因此对流通加工必须进行严格管理使其合理化。

（一）几种不合理的流通加工形式

1. 流通加工位置布局不合理

一般情况下，为衔接单品种、大批量生产与多样化需求的流通加工，配送中心设在需求地才能实现大批量的干线运输与多品种末端配送的物流优势。如果设在生产地区，多样化、小批量由产地向需求地长距离运输是不合理的。另外，在生产地增加一个加工环节，同时也会增加近距离运输、储存、装卸搬运等一系列物流活动。所以，在这种情况下，不如由原生产单位完成这种加工而无须设置专门的流通加工环节。

没有流通加工功能的配送中心在地域范围内的正确选址问题也是很重要的，如果处理不当，仍然会出现不合理的流通加工。如交通不便，流通加工与生产企业或用户之间距离较远，加工点周围的社会环境条件不好等。

2. 流通加工方式选择不合理

流通加工方式选择不合理是指在流通加工对象、流通加工工艺与设备、流通加工技术、流通加工精度与深度等方面选择不合理。流通加工不是生产加工的替代而是补充与完善。生产加工可以轻易解决的都不应该进行流通加工，更不能与生产加工争夺效益较好的最终生产环节，使生产加工变成初级加工。同时，应由流通加工完成的也不应该由生产加工完成。如果流通加工方式选择不合理，就会出现与生产加工企业争夺市场、争夺利润的恶性竞争。

3. 流通加工成为多余的环节

流通加工的盲目进行、过分简单未能解决品种、规格、质量、分装及方便消费者等问题，增加不必要的环节，这也是不合理的流通加工。

4. 高成市低效益的流通加工

流通加工之所以有生命力，其主要优势是具有较高的投入产出比。如果流通加工的绩效不能体现这一优势，应视为不合理。

（二）实现流通加工合理化的形式

1. 流通加工与配送结合

在配送中心设置流通加工功能，一方面按配送的需要进行流通加工，另一方面流通加工又是配送业务中的一个环节。生产加工后的产品可以直接进行配货、发货作业，无须单独设置流通加工，使流通加工有别于生产加工，又与中转流通巧妙地结合在一

起。同时，由于配送之前有必要的加工，可以使配送服务水平大大提高。

2. 流通加工与配套结合

“配套”是指对使用上有联系的用品集合成套地供应给用户使用。现实中，配套的主体来自各个生产单位，但如果仅仅依靠生产企业来实现完全配套是有一定难度的，配送中心进行适当加工，可以有效促成配套，实现一体化集成作业。

3. 流通加工与运输合理化结合

流通加工的作用之一是衔接干线运输与支线运输，促进两种运输的合理化，无论是支线运输转干线运输还是干线运输转支线运输，按合理运输要求进行适当的流通加工，可以提高运输及其转载水平。

4. 流通加工与商流相结合

流通加工有效促进销售，使商流合理化。例如，通过流通加工，提高配送水平，强化消费；改善包装，方便顾客，增加销售量等。此外，流通加工还可以拓展商品流通渠道，开拓市场，提高商品市场占有率。

5. 流通加工与降低成本相结合

通过流通加工节约流通费用，节约能源，节约人力资源，节约损耗，进而达到降低综合成本的目的。

6. 发展绿色流通加工

流通加工具有较强的生产性，合理选择流通加工形式可以有效促进环境保护。进行绿色流通加工可以从两个方面来实现：一方面变消费品分散加工为专业集中加工，以规模作业方式提高资源利用效率，减少环境污染；另一方面是集中处理消费品加工中产生的边角废料，以减少消费者分散加工所造成的废弃物污染。如流通部门对蔬菜的集中加工，减少了居民分散丢放垃圾及相应的环境治理问题。

对于流通加工合理化的最终判断是社会效益和经济效益，如果两个效益都取得最优，说明流通加工形式合理。但是如果为了追求最优的经济效益，不顾其社会效益，则是不可取的。

第六节　配送中心的配送作业管理系统

配送作业是指利用配送工具把客户订购的货物从配送中心送到客户手中的作业。在进行配送作业的过程中会受到诸多因素的影响，所以需要在配送之前制订配送计划，选择配送路线等。并且，配送中心的物流费用中，配送费用比例相对较高，合理组织配送作业，降低配送费用对提高配送中心的经济效益起着重大的作用。

一、配送中心的配送作业

（一）配送作业特点

(1) 时效性。配送车辆在双方规定的时间送达交货。

(2) 可靠性。完好无损地将货物送给用户。

(3) 服务态度。配送工作人员代表着配送中心的形象，是最直接、最频繁地同用户交往的人，因此，必须以最佳的服务态度对待用户，从而维护配送中心的信誉。

(4) 便利性。为了方便用户，要按照用户需求配送，如果用户有紧急配送时，在配送中心不承受较大经济损失的前提下尽量满足用户的要求。

(5) 经济性。在满足用户要求的前提下，杜绝假、冒、伪、劣商品，价格合理，通过配送中心的运作，使用户成本降低，获得实惠。

(二) 配送作业成本的影响因素

配送中心的成本费用包括：仓储费、人工费（含职工奖金、福利等）、车检费、保险费、事故费、车辆税收、燃料费、修理费（含大修、轮胎更换等）、固定资产折旧费和其他费用分摊等。这些费用与配送频率、配送时间、用户和配送中心的距离、车辆的磨损状况有关。因此，必须通过严格管理来降低成本，如提高车辆利用率、装载率，优化配送路线，采用合理的、高效的配货方式等。影响配送费用的主要因素如图 4 - 10 所示。

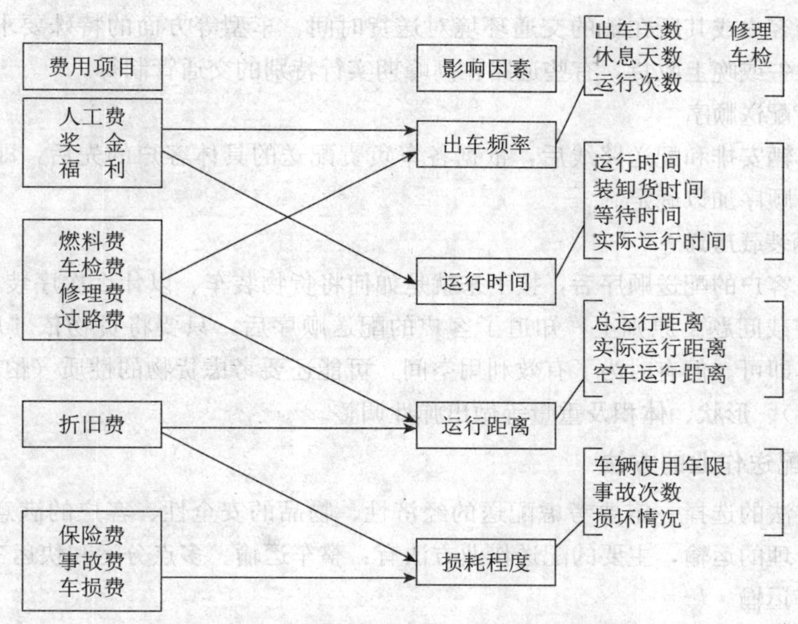

图 4 - 10 影响配送费用的主要因素

(三) 配送作业的流程

1. 基本配送区域的划分

将所有客户的具体位置进行系统统计，并将作业区域进行整体划分，将每一客户划分在不同的基本配送区域之中，以作为下一步决策的基本参考，如按行政区域或依交通条件划分不同的配送区域。

2. 配送批次的决定

由于配送货物品种、特性各异，为确保货物质量，提高配送效率，在接到订单后，必须将货物依特性进行分类，然后确定具体的配送批次。

3. 配送顺序的暂定

根据客户订单要求的送货时间按配送的先后进行排序，这样既有效地保证送货时间，又尽可能地提高运作效率。

4. 车辆调度

车辆调度要解决的问题是安排什么类型、吨位的车辆进行配送的问题。一般企业自有车辆数量有限，当公司车辆无法满足要求时，便需要外雇车辆。在保证配送质量的前提下，是组建自营车队，还是以外雇车辆为主，则须视企业的经营成本而定。但无论是自有车辆还是外雇车辆，都必须事先掌握车辆的容量和额定载重是否满足要求。此外，安排车辆之前，还必须分析订单上货物的信息，如体积、重量、数量、特性等对于配送的特别要求，综合考虑各方面因素的影响，做出最合适的车辆安排。

确定每辆车负责配送的具体客户后，如何以最快的速度完成对这些货物的配送，这需根据客户的具体位置、沿途的交通情况等做出优先选择和判断。除此之外，还必须考虑有些客户或其所在地的交通环境对送货时间、车型等方面的特殊要求，如有些客户不在中午或晚上收货，有些道路在高峰期实行特别的交通管制等。

5. 决定配送顺序

做好车辆安排和配送路线后，依据各车负责配送的具体客户的先后，即可将客户的最终派送顺序加以确定。

6. 车辆装载方式

明确了客户的配送顺序后，接下来就是如何将货物装车、以什么次序装车的问题，即车辆的装载问题。原则上，知道了客户的配送顺序后，只要将货物依“后送先装”的顺序装车即可。但有时为了有效利用空间，可能还要考虑货物的性质（怕震、怕压、怕撞、怕湿）、形状、体积及重量等做出弹性调整。

（四）配送作业的方法

配送方法的选择一定要考虑配送的经济性、物品的安全性、客户的满意度，尽可能避免不合理的运输，主要的配送作业方法有：整车运输、多点分运和快运三种形式。

1. 整车运输

整车运输是指按整车办理承托手续，组织运送和计费的货物运输。同一收货人、需要一次性到达同一站点，且适合配送装运 3 吨以上的货物运输；或者货物重量在 3 吨以下，但其性质、体积、形状需要一辆 3 吨以上车辆一次或多次运输到目的地的运输。

整车运输具有中间环节较少、送达速度快、运输成本较低等特点，通常以整车为基本单位订立运输合同，以便充分体现整车运输的可靠、快速、方便、经济等特性。配送中心配送作业规划决策示意如图 4－11 所示。

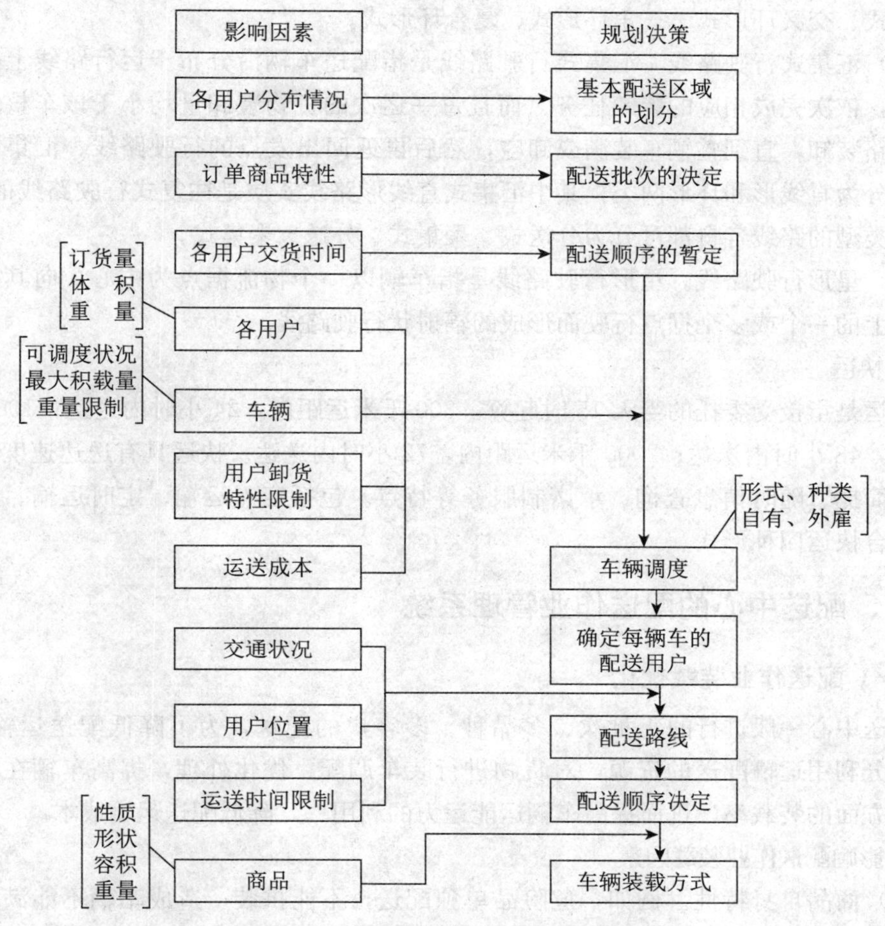

图 4-11 配送中心配送作业规划决策示意

整车运输过程是一个多工种的联合作业系统，是配送中心重要的配送形式。这一过程是货物运输的工作人员借助于运输路线、运输车辆、装卸设备、站场等设施，通过各个作业环节，将货物从配送地点运送到客户地点的全过程。

2. 多点分运

多点分运是在保证满足客户要求的前提下，对多个客户的货物进行搭配装载、统一配送，以充分利用运能、运力，降低配送成本，提高配送效率。

（1）往复式行驶路线。一般是指由一个供应点对一个客户的专门送货。其基本条件是客户的需求量接近或大于车辆的核定载重量，需专门派一辆或多辆车一次或多次进行配送。可以说往复式行驶路线是指配送车辆在两个物流据点间往复行驶的路线。根据运载情况，具体可分为三种形式：单程有载往复式路线、回程有载往复式路线、双程有载往复式路线。

（2）环形行驶路线。环形行驶路线是指配送车辆在由若干物流据点间组成的封闭回路上，进行连续单向运行的行驶路线。车辆行驶一周，至少应完成两个运送任务。由于不同运送任务的装卸作业点的位置分布不同，环形行驶路线可分为四种形式：简单环形式、交叉环形式、三角环形式、复合环形式。

（3）汇集式行驶路线。汇集式行驶路线是指配送车辆沿分布于运行路线上各物流据点间，依次完成相应的装卸任务，而且每一运次的货物装卸量均小于该车核定载重量，沿路装卸，直到整辆车装满或卸空，然后再返回出发点的行驶路线。汇集式行驶路线可分为直线形和环形两类，其中汇集式直线形路线实质是往复式行驶路线的变形。这两种类型的路线各自都可分为分送式、聚集式、分送－聚集式。

（4）星形行驶路线。星形行驶路线是指车辆以一个物流据点为中心，向其周围多个方向上的一个或多个据点行驶而形成的辐射状行驶路线。

3. 快运

快运是指接受委托的当天15时起算，300千米运距内，24小时内送达；1000千米运距内，48小时内送达；2000千米运距内，72小时内送达。快运具有送达速度快、配装手续简捷、随时信息查询、承诺制服务等特点。包括定点运输、定时运输、特快运输、联合快运四种形式。

二、配送中心的配送作业管理系统

（一）配送作业装载优化

配送中心一般进行的小批次、多品种、多客户的配送，为了降低配送运输成本，需要充分利用运输配送的资源，对货物进行装车调配、优化处理，提高车辆在容积和载重两方面的装载率，进而提高车辆运能运力的利用率，降低配送运输成本。

1. 影响配送作业装载因素

（1）商品自身特性。例如，危险品单独配送，不能拼装，造成车辆不能满载；轻泡货物，由于车辆容积的限制和运行限制（主要是超高），而无法满足吨位，造成吨位利用率降低等。

（2）货物包装情况。如货物包装容器的尺寸与车厢内廓尺寸不成整倍数关系，则无法装满车厢。

（3）不能拼装运输。应尽量选派核定吨位与所配送的货物重量接近的车辆进行运输，或按有关规定而必须减载运行，如有些危险品必须减载运送才能保证安全。

（4）装载技术。由于装载技术的限制，造成不能装足吨位。

2. 配送作业装载优化

（1）研究各类车厢的装载标准，根据不同货物和不同包装体积的要求，合理安排装载顺序，努力提高装载技术和操作水平，力求装足车辆核定吨位。

（2）根据客户所需要的货物品种和数量，并根据商品自身的特性，调派适宜的车型承运。

（3）尽可能进行拼装运输，但要注意防止出错。

（二）配送作业路线优化

配送路线的选择直接关系到配送的距离、配送的时间和费用等。如何选择最佳的

配送路线、缩短配送作业的时间和距离、降低配送作业的费用，是配送中心进行配送作业时亟待解决的问题。

1. 直送式配送路线的优化

直送式配送作业是指由一个供应点对一个客户进行专门送货，即一对一的配送模式。从物流优化的角度看，只有需求量接近或大于所用车辆的额定，需专门派一辆或多辆车一次或多次送货的客户才适用于这种配送方式。在进行直送式配送作业的时候，货物的配送追求的是多装快跑，选择最短的配送路线，以节约时间、费用，提高配送效率。因此，直送式配送路线的优化是寻找物流网络中的最短路线问题，从而实现高效率的配送，达到快速、经济配送的经营目的。

所谓最短路径问题是指从配送路线图的顶点 V_0 出发（见图 4－12），经过图中的路径到达另一顶点 V_7 时路径不止一条，找到一条路径，使沿此路径上各边的权值之和最小，即为最短路径。

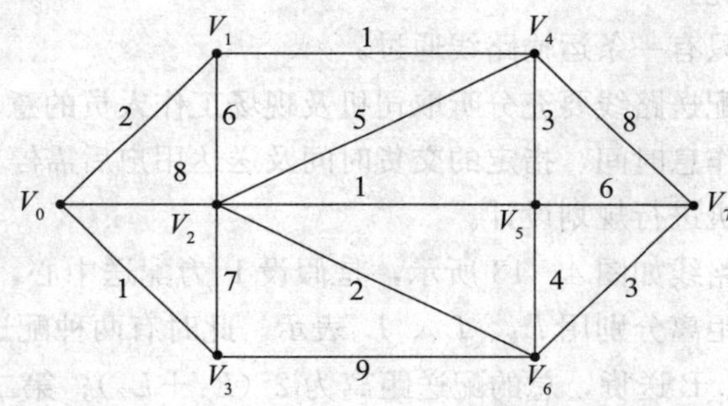

图 4－12　配送路线

迪杰斯特拉（Dijkstra）算法是用于求解任意指定两点之间的最短路径的方法，它也可以用于求解指定点到其余所有节点之间的最短路径。

该算法的基本思路是：求解从节点 V_0 到 V_n 的最短路径时，首先求出从 V_0 出发的一条最短路径，再参照它求出一条次短的路径，以此类推，直到求出从顶点 V_0 到顶点 V_n 的最短路径，即顶点 V_n 被加入到路径中。

最初，只有起点是已解的节点，所有的节点都没有经过求解，也就是说没有通过各个节点的明确路线。需要通过 n 次迭代，才能找到最短路径。具体步骤见下。

（1）将各个据点划分成已决点和未决点。

（2）每次从未决点中找出距离已决点集合最近的点，选距离初始点最近的点加入已决点集合，重新计算借助此点后，起始点到各点的距离。

（3）循环步骤（2），直至找到终止点。

2. 分送式配送路线的优化

分送式配送路线是指由一个供应配送点对多个客户货物接收点的共同配送，所以，又称为一对多配送模式。其基本条件是同一条路线上所有客户的需求量总和不大于一辆车的额定载重量，即送货时，由一辆车装着多个客户的货物，沿着一条经过计算选择出的最佳路线依次将货物送到各个客户的货物接收点，这样既节约了里程、车辆和费用，又保证按时按量将客户需要的货物及时送到。既缓解了交通紧张的压力，又减少了交通运输对环境造成的污染。

这种分送式配送路线的优化主要采用节约里程法。即根据配送中心的运输能力、到达客户距离和各客户之间的相对距离来制订，使配送车辆总的周转量达到或接近最小的配送方案。

采用节约里程法应考虑以下因素。

(1) 适用于顾客需求稳定的配送中心。

(2) 配送的是同一种或相类似的货物，即货物之间不存在相斥性。

(3) 各配送路线的负荷要尽量均衡。

(4) 用户的需求量已知，对于需求不固定的顾客，采用其他途径配送，或并入列有富裕的配送路线中去。

(5) 考虑交通状况。

(6) 每个用户都只有一条运输路线通过。

(7) 最终确定的配送路线要充分听取司机及现场工作人员的意见。

(8) 考虑司机的作息时间、指定的交货时间及送达用户后需停留的时间。

(9) 应利用计算机进行规划设计。

节约里程法配送路线如图 4-13 所示，是假设 P 为配送中心，A 和 B 为客户接货点，各点相互的道路距离分别用 L_1、L_2、L_3表示。此时有两种配送方案，第一种是派两辆车分别为客户 A、B 送货，总的配送距离为 2 (L_1+L_2)；第二种是派一辆车同时为 A、B 客户送货，采用巡回配送方式，总的配送距离为 $L_1+L_2+L_3$。在不考虑其他因素的情况下，按照三角形两边之和大于第三边的原理，第二种方法比第一种的配送距离更短，节约里程法就是按照上述原理对配送网络的运输路线进行优化计算。

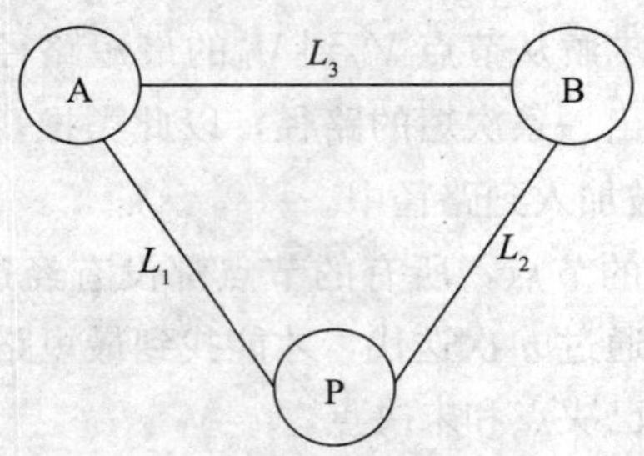

图 4-13 节约里程法配送路线

如果给数十家、数百家客户配送，应首先计算包括配送中心在内的客户相互之间的最短距离，然后计算各客户之间的可节约运行距离，按照节约运行距离的大小顺序联结各配送地并规划出配送路线。但是，节约里程法所求出的配送路线并不一定都是最适解，也有可能是近似解。对于客户多、规模大的情况，它比人工计算要快得多。

第七节 配送中心信息管理系统

现代化的配送中心除具备自动化和省力化的物流技术及物流设备之外，还应具备现代化的信息管理系统，以降低配货差错、简化作业过程、降低运营成本、提高服务水平，实现最高的效率和最大的效益。

一、配送中心信息管理系统概述

(一) 配送中心信息管理系统的发展历程

伴随着配送中心作业方式的不同，配送中心信息管理系统的发展历程大致可划分为4个阶段，即人工作业阶段、计算机管理阶段、自动化信息整合阶段、智能化信息整合阶段。

1. 人工作业阶段

该阶段仓储、拣选作业均以手工为主，因此各项事务管理作业均由经营管理者根据紧迫程度要求而设定，没有固定的文档、报表格式及固定的作业流程。

2. 计算机管理阶段

随着客户需求的多样化，配送中心的各项作业逐渐暴露作业方式的混乱、无效率，因此在经营管理中需要较准确的信息作为有效管理的依据，故各配送中心开始引进计算机来消除人工作业所产生的进度缓慢及统计数字失真等问题。作业流程开始规范化，作业人员开始利用计算机来进行数据统计，但是各计算机信息系统之间相互独立，形成“信息孤岛”。

3. 自动化信息整合阶段

由于自动化设备的使用，如自动仓储系统、自动搬运系统、自动拣货设备等，使得作业数据的处理量和处理速度成为整个系统运行的瓶颈，因此如何处理自动化设备的输入、输出数据及如何连接这些系统至关重要。自动化信息整合阶段信息系统具有以下几方面的特点。

(1) 计算机软硬件相整合。

(2) 建立数据库管理系统。

(3) 不同的作业系统与信息系统自动转账。

(4) 对数据进行一定的统计分析并辅助制订各种决策。

4. 智能化信息整合阶段

进入智能化信息整合阶段，配送中心的信息系统已由作业管理的自动化转向经营决策自动化，经营管理者可参考各项作业数据统计结果，利用信息系统完成数据查询、排序、分类等功能，使信息得以快速处理，并引进人工智能技术以减少人工作业的错误，增加系统运行效率。

（二）配送中心信息管理系统的特点

1. 时效性

信息的价值在于它能够帮助管理者进行监督、调节、控制经营活动，以获取最佳经济效益。其效用是有时间限制的，即信息只有在特定的时间区域内才起作用，时间一过，就丧失了作用。如连锁经营店铺销售情况数据就要求必须及时传送给总部与配送中心，这样才能保证商品的及时订货和配送。

2. 连续流动性

企业的信息在商品流通的循环中不停流动，源源不断地产生和变化。因此，信息系统应及时收集、积累、利用新的信息，并且不断地更新、淘汰过时的信息，注意保持信息的连续性。

3. 重复性和再生性

信息不是易耗品，使用不会引起信息的损耗和消失。它可以在经营管理活动中被多次、重复使用。信息在流通和应用中，其价值也可以不断挖掘和增加。例如，客户传至配送中心的数据，经过整理、加工后得到基本信息，再经过分析、演绎得出一些结论，产生出有价值的信息；将历史和现状联系起来，预测发展趋势，产生三次信息即升华信息。这样利用信息的重复性和再生性，可不断挖掘其价值。

4. 渗透性

信息可以借助传播渠道的多样性，迅速扩散、渗透到各个方面。可以利用这一特征促进企业内、外信息的广泛交流，达到提高经济效益和改变社会服务的目的。

5. 共享性

配送中心信息系统内的数据、资料和服务功能，不仅在本配送中心内可以共用，企业总部和客户都能共享，因此可以提高整个供应链的管理效率。

（三）配送中心信息管理系统的作用及功能

建立物流配送中心的根本目的在于提高服务水平和营业额、降低成本和增加效益。为了实现这一目的，就要从配送中心的供货时间、缺货情况、错误率、畅销与滞销品信息，以及新品信息和样品提供等方面进行调查、研究和分析。

现代化的配送中心信息管理系统的作用主要有以下几点：缩短订单处理周期；订、发货简便、精准；保持最适库存量；提高仓储、分拣、配送等作业效率；提高顾客的服务水平等。但在运用信息管理系统时，一定要注重各项作业间的协调，避免出现“效率背反”使总成本增加。

配送中心信息管理系统的主要功能表现为以下几点。

（1）业务信息管理功能。包括发货管理、退货管理、残损商品管理等。

（2）查询统计功能。按照入库单号、单品名称、供应商等信息对进货商品、发货商品、退货商品、返库商品、残损商品、库存商品进行查询或统计。

（3）库存结构分析功能。对库存商品的入库、出库、返库、退货、残损等分别进行统计分析。

(4) 库存商品管理功能。对库存数量高于库存控制上限的商品、低于库存控制下限的商品、库存为负数的商品等均做出信息提示。

(5) 保质期报警功能。对快到保质期的库存商品给予信息提示，同时还可查询保质期。

(6) 货位管理功能。对库存商品的货位号进行调整，对调整后的货位号按照时间段进行查询，对库存商品按照货位进行统计。

(7) 账目管理功能。分类商品及全部商品明细账。

(8) 条码打印功能。通过条码打印机，打印商品原有条码、商品自编条码等。

(四) 配送中心信息管理系统的构成

现代化的配送中心必须具备现代化的信息管理系统，一般具有采购进货信息管理、发货出库信息管理、财务会计信息管理及运营绩效信息管理四大主要的信息管理系统。每一个主要管理系统之下又含有若干子系统，每一个子系统又有许多功能，正是因为这些信息管理功能和先进的物流设备相结合，才能实现现代化配送中心高效、有序的运营。配送中心信息管理系统的构成如表 4-9 所示。

表 4-9 配送中心信息管理系统的构成

主系统	子系统	功能
采购进货管理系统	进货、入库作业处理系统	预定进货、入库资料处理
		进货资料处理
		进货检验作业
		入库上架作业
		直接发货作业
		退货入库作业
	库存作业管理系统	物品分类
		经济批量及采购时间的确定
		库存管理及存货追踪
		盘点作业系统
	采购管理系统	采购的数量、时间及品名
		供应商报价资料管理系统
		打印采购单并向供应商订货
	账款管理系统	应付账单核定
		收支登记及建档
		已付款统计表
		收支状况一览表

续 表

主系统	子系统	功能
发货出库管理系统	订单资料处理系统	订单的自动接收和转换
		用户信息调查
		报价系统
		存货数量查询
		分拣能力查询
		包装状况查询
		搬运设备查询
		配送人力查询
		配送车辆查询
		订单及其他资料建档
		退货信息处理
	销售分析与预测	销售分析
		销售预测
		商品管理
	分拣计划系统	分拣批次计划
		打印分拣表
		补货计划及补货顺序
		分拣资料建档
	包装、流通加工计划系统	包装、流通加工批次计划
		打印包装、流通加工顺序表
		包装、流通加工资料建档
		同自动包装设备的信息转换及运输
	装车计划系统	发货装车计划
		装车顺序（含人、车、设备、站台规划）
		装车批次顺序
		装车资料建档
	发货配送系统	发货文件印刷
		配送路线优化系统
		配送物品追踪系统
		配送途中意外状况处理
		发货配送资料建档

续 表

主系统	子系统	功能
发货出库管理系统	仓储管理系统	站台使用计划及顺序
		仓库规划及布局
		分拣区规划
		包装区管理规划
		仓储区规划
		储存管理系统
		托盘管理系统
		车辆维护保养系统
		易耗品（含燃料）管理系统
	应收账款系统	应收账单及发票开出
		收支登记及建档
		收款统计表
		收支状况一览表
财务会计系统	一般会计系统	会计总账
		财务报表
		现金管理
		发票管理
		银行自动转账系统
	人事工资管理系统	人事资料管理
		工资报表
		打印工资单
		银行工资转账系统
		人力资源管理
运营绩效管理系统	配送资源规划系统	配送中心选址规划系统
		多仓库存控制
		多仓设备规划系统
		多仓人力资源计划
		多仓商品组合计划
		配送网络规划与协调

续 表

主系统	子系统	功能
运营绩效管理系统	运营管理系统	车辆及设备租用、采购计划
		销售策略与战略规划
		运费控制系统
		配送成本分析系统
		租用车辆管理系统
		业务人员管理系统
		用户管理系统
		订单处理系统
		库存周转率评价表
		缺货损伤管理
		分拣绩效分析与报表
		包装绩效分析与报表
		进货作业绩效评估与报表
		装车作业绩效评估与报表
		车辆利用率评估表
		站台利用率评估表
		设备利用率评估表
		仓库利用率评估表
		货物保管分析
		无差错服务水平评估与报表

二、信息技术在配送中心信息系统中的应用

(一) 地理信息系统

地理信息系统（Geographic Information System，GIS）是 20 世纪 60 年代中期开始发展的新技术，最初用来解决地理问题。它是由计算机软硬件环境、地理空间数据、系统维护和使用人员四部分组成的空间信息系统，可对整个或部分地球表层（包括大气层）空间中有关地理分布数据进行采集、储存、管理、运算、分析显示和描述。

GIS 技术在配送中心信息管理系统中的应用主要有以下几点。

（1）移动车辆的电子地图显示。在指挥、调度中心屏幕的电子地图上，用图标形式直观显示移动车辆的实时位置。

（2）调度功能。调度员可以在显示屏的电子地图上，找到被监控车辆的具体位置，还可根据货运情况对司机进行调度，让他们就近运送货物，以减少车辆的空载率，降低货运成本。

（3）报警功能。在被盗、遇劫等情况下，电子地图弹出报警窗口并发出报警声，监控中心进入出事车辆监控程序。除了实时监控出事车辆的情况外，还可以记录车辆位置、方向、速度和记录行车轨迹供事后回放。

（4）信息查询功能。授权用户可以向监控中心查询相关车辆实时位置信息或所保存的历史信息。

（5）分析功能。完善的GIS物流分析软件包括车辆路线模型、最短路线模型、网络物流模型、分配集合模型和设施定位模型等。

（二）全球定位系统

全球定位系统（Global Positioning System，GPS），是美国为满足军事部门和民用部门对连续实时、高动态、高精度导航定位的要求所产生的。其是由美国建设和控制的一组卫星所组成，可24小时提供高精确度的全球范围定位和导航信息的系统。目前我国正在用国产的北斗导航系统逐步替代。

配送中心利用GPS技术，主要实现车辆定位和货物跟踪等功能。

（1）车辆监控，是将GPS技术、地理信息技术和现代通信技术综合在一起的高科技系统，其主要功能是将任何装有GPS接收器的移动目标的动态位置（经度、纬度、高度）、时间、状态等信息，实时地通过无线通信网传至监控中心，并在电子地图上进行移动目标运动轨迹的显示，对车辆的位置、速度、运动方向等客户感兴趣的参数进行监控和查询，以确保车辆的安全，方便调度管理，提高运营效率。

（2）车辆导航。通过GPS接收机实时获得车辆的位置信息，在电子地图上显示出车辆的运动轨迹，进行特殊路段语音提示、最佳行进路线选择、路线偏离报警等，使司机可以在任何路线上迅速抵达目的地。

（3）货物跟踪管理。货物跟踪管理是利用GPS和其他技术及时获取有关货物运输状态的信息，如货物品种、数量、货物在途情况、交货期间、发货地和到达地、货主、送货责任车辆和人员等，以提高物流运输服务。

（三）射频识别与物联网技术

射频识别（Radio Frequency Identification，RFID）是通过射频信号识别目标对象获取相关数据信息的一种非接触式的自动识别技术。它适用于物料跟踪、运载工具和货架识别等要求非接触的数据采集和交换的场所。在配送中心中，它可以对运动和静止的标签进行不接触的识别，通过磁波射频扫描，将货物标签上的相关信息进行直接读写，并运用计算机网络进行信息传输。识别距离比光学系统远，射频识别卡具有读写功能，可携带大量数据，并且一旦进行编程，就成为不可更改的永久信息，难以伪造，且在使用期内无须维护。

物联网就是通过RFID、红外感应器、GPS、激光扫描器等信息传感设备，按约定的协议，把任何物品与互联网连接起来，进行信息交换和通信，以实现智能化识别、定位、跟踪、监控和管理的一种网络。它的结构体系分为三个层次，即感知层、网络层、应用层。感知层依照应用层的需求，对现实世界进行自动化、信息化认知；网络层负责感知层与应用层之间的信息交换传输；应用层将感知层获得的数据进行分析处理，实现广泛的物物互联的应用解决方案。物联网技术可以从根本上提高配送中心在进发货、仓储、分拣、流通加工、配送等作业环节对物品流动监控和动态协调的管理水平，从而实现从供应商到消费者整个供应链之间资源的调度、管理和平衡。

（四）电子数据交换

电子数据交换（Electronic Data Interchange，EDI），是指采用标准化的格式，利用计算机网络进行业务数据的传输和处理。最初是由美国企业应用在企业间订货的一种技术方式，其后 EDI 的应用范围向其他业务扩展，如 POS 销售信息传递业务、库存管理业务、发货送货信息和支付信息的传送业务等。这些年来 EDI 在物流中得到了广泛的应用。参与单位由货主、承运业主、实际运送物品的交通运输企业、协助单位和其他物流相关单位组成。配送中心与供应商之间的信息交换采用电子数据交换系统，能及时准确地将企业间的业务信息进行传输处理。

EDI 的优点在于供应链上的各节点企业基于标准化的信息格式和处理方法，通过 EDI 共同分享信息，以提高物流效率，降低物流综合成本。配送中心应用 EDI 系统可以降低进货及发货作业的差错率，节省商品检验的时间和成本。

（五）智能交通信息系统

智能交通信息系统（Intelligent Transportation System，ITS），是指综合利用信息技术、数据通信传输技术、电子控制技术以及计算机处理技术对传统的运输系统进行改造而形成的新型运输系统。是为提高车辆装载率，实现对驾驶员的动态管理，提高物流服务水平，建立的一种具有反映道路状况，提供道路运输信息的道路交通信息系统。ITS 是一类技术的统称，主要包括的信息技术有以下几种。

(1) 交通信息服务系统（ATIS）。该系统实时提供道路交通信息、公共交通信息、中转信息、气象信息、停车场信息等。

(2) 交通管理系统（ATMS）。主要对交通状况、交通事故、气象状况、交通环境进行实时监视，并根据信息对交通进行控制。

(3) 公共交通系统（APIS）。该系统主要是改善公共交通的效率，提供便捷、经济、大运量的公交系统。

(4) 货运管理系统（FTMS）。以高速公路网和信息管理系统为基础，利用现代物流理论进行智能化的物流管理，综合利用卫星定位、地理信息、物流信息及网络等技术有效组织货物运输，提高货运效率。

（六）云计算

随着科学技术的不断发展，大多数配送中心都已经形成了以信息技术为核心，以运输技术、配送技术、装卸搬运技术、自动化仓储技术等专业技术为支撑的现代化配送中心。但是，在实际的运营过程中仍然存在很多的问题。例如，自建信息平台成本较高、系统维护与升级频繁、资源利用率仍然很低等。在这样的背景下，为了进一步推进配送中心的快速发展，利用云计算来提升物流信息系统的效率势在必行。

云计算简单来讲就是计算机集群构成的超级计算能力。配送中心可以不用投入大量资金配置软硬件，转而租赁网络中提供的云计算服务，对配送中心的复杂问题进行求解。云计算具有快速部署资源或获取服务、按需扩展使用、按使用量付费、通过物联网提供等特点。

云计算在配送中心信息中的应用包括以下几点。

(1) 特定应用与服务。即利用经过分析处理的数据，通过 Web 浏览器为用户提供丰富的特定应用与服务，包括监控型服务、查询型服务、控制型服务、扫描型服务等。

(2) 数据存储功能。为配送中心提供数据的海量存储、查询、分析、挖掘、理解以及基于数据的决策和行为。以业务平台的服务为中心，资源完全共享、资源自动部署、分配和动态调整。

在得到充分发展后，云计算在信息技术的支持下，会为各个作业系统提供信息，把各个作业系统中的信息集中起来，进行全方位、大范围的物流信息共享，并反作用于物流运行的控制与指挥，成为物流系统的中枢神经。

第八节 案例分析

神户生活协会组合（COOP，以下简称“神户生协”）是日本消费者合作社中规模最大的连锁商业企业。在规划建设配送中心时，他们认为，首先应有利于提高对客户（商场）的服务水平。根据商品多品种、小批量、多批次的特点，配送中心能在指定的时间里，将客户需要的商品按所需数量送到客户的手里，从而提高销售额、削减商场库存、提高商店作业效率，减少流通过程的物流成本，增强企业的竞争力。

一、多功能的供货枢纽

鸣尾浜配送中心具有以下重要功能。

（一）根据物流集约化原则

神户生协在规划鸣尾浜配送中心时，强调了强化供货枢纽的战略功能。

(1) 商品出货单位要小，以满足商场越来越强烈的拆零要求。

(2) 将原来由商场承担的工作量大、耗时多的贴标签、改包装等流通加工作业，放到配送中心里完成，以满足小型超市商场运营的需要。

(3) 扩大库存商品的品种，以强化配送中心的供货能力，降低商品的缺货率；特别是采用了与时点销售系统（POS）联网的电子订货系统（EOS）来处理连锁店的订货，并根据库存信息，预测总订货量，向供应商发出订货单。

(4) 扩大分拣功能，根据对中转型商品的集约化作业，改善零售店收货和搬运作业。

(5) 除一部分特殊商品（如日配品）外，畅销商品全部由配送中心送货，为实现向商场配送的计划奠定基础。

(6) 满足无店铺定点销售物流的需求。

(7) 开发支撑配送中心高效运转的信息处理系统。

(二) 抑制物流成本

配送中心使用许多先进的物流设备和设施，为了保证正常运转，必须做好日常的维修保养工作，以降低物流成本，包括加强人事管理、配送中心运营费用的预算和外托合同企业（如运输公司）的联系等。

(三) 增加配送中心的应变能力

配送中心的物流量随经营规模的发展而不断扩大，因此，配送中心必须确保在一段较长的时间内能满足企业发展的需要。配送中心在设计时，以 10 年的周、日处理量的变化作为最大值、平均值，故具有满足此后数年的处理能力。另外，还要保留今后扩建的余地。

二、现代化的物流设计

配送中心的选址是一项至关重要的工作。神户生协把配送中心选在神户西宫市鸣尾浜地区。其理由是：第一，日本关西商业经营的重心在大阪，配送中心必须能迅速调运商品；第二，根据神户生协连锁超市发展区域点多面广，尽可能利用附近的 43 号国道和大阪海岸公路；第三，大量车辆出入配送中心，产生较大的噪声，必须在准工业地域择地。

鸣尾浜地区全部是填海造地而成，配送中心基地面积 38000 平方米，宽 190 米、长 200 米，呈长方形；四周为宽 12 米和 20 米的公路。

配送中心的建筑呈 L 形，大部分建筑为 2 层，仅南端生活办公用房为 3 层。总建设面积 33805 平方米，其中，用于配送作业面积为 27907 平方米。

为了更合理组织车流，基地设两个出入大门，东门出、西门进，各宽 15 米。建筑东西两翼各有一条卡车坡道，宽 6.5 米（包括 1 米宽人行道），坡度为 15%。卡车由西坡道下楼，单向行驶。

配送中心是现浇钢筋混凝土结构的建筑物，柱网尺寸为 12 米×9 米，底层高 7.5 米，二层为 6 米；屋盖为钢结构、衔架梁、金属瓦楞屋面。

建筑物底层为分拣系统及发货场地、站台、储存货架及拣货作业场。上下两层站台总长 460 米，拥有停靠车位 147 个（其中收货 58 个、发货 89 个）。

三、合理的物流流程和运作

配送中心根据经营商品进销的不同情况和商品 ABC 分析，将物流分成 3 条路线。

路线 1（库存型物流）：进销频繁的商品，整批采购、保管，经过拣选、配货、分拣、配送到门店无店铺销售的送货点。

路线 2（中转型物流）：通过计算机系统和商品信息订购的商品，整批采购、不经储存。

路线 3（直送型物流）：商品从供货单位，不经过配送中心，直接组织货源送往销售店。

鸣尾浜配送中心的作业情况如下。

1. 进货

供货商将商品送至配送中心二楼进货站台，人工卸车，包装均为统一规格系列的纸箱。整批商品由人工堆码托盘、叉车搬运；其余商品由人工卸至输送机，进行验收，再经合流后送入 3 条主输送带。

2. 储存、搬运

大部分商品储存在二楼，路线 1 整批商品以托盘为储存单元，由叉车送入普通货架；需要开箱拆零的商品，再从储存货架上取出、搬入轻型重力式货架、人工拣选。

普通货架和轻型重力式货架相对平行布置，货架分上下两层，每层 3 格，高 4.5 米。货架的走道中间设置以胶带输送机为主体的传递搬运系统，总长 5200 米。进发货频繁的商品则以托盘为单元，存入底层站台。配送中心全部储存容量为 3500 托盘、17 万箱。

3. 拣选

鸣尾浜配送中心在建设过程中，反复研究总结了日本不少配送中心成功与失败的经验，结合超市销售量大、利润薄的特点，认为对于小批量而进发货频繁的商品，不宜采用立体仓库、巷道起重机，故配送中心决定采用普通货架、人工拣选的方式，以适应多种销售形式。

对于整箱销售的商品，以托盘为单位在货架存放。发货时由工人按订货单，从货架搬入两侧的输送带传送系统。

路线 2 的商品属于中转商品，在配送中心进行的是越库配送。进货后暂存输送机上，经人工粘贴发货条码后，直接送主输送带，进入分拣系统。

开箱拆零商品，以纸箱为单元，存入轻型重力式货架。发货时由人工开箱拆零拣货，另行组配拼箱，送入传送系统，拼箱用的空纸箱则利用回收的旧纸箱，由悬吊式链条输送机（置于胶带输送机的上方）传递。对于特别零星的商品，则采用计算机控制的数字显示拣选系统。

4. 分拣系统

全部发运商品的纸箱上均被粘贴印有条码的发运标签（内容包括：门店名称、商品名称、数量等），该标签由计算机打印。这些商品从各拣选渠道汇集到 3 条主输送带，从二楼传入一楼，最后合流至分拣系统。

由激光扫描器读取纸箱上的条码信息，分拣机进行自动分拣。分拣系统采用高速胶带传动斜轮分拣机，分拣作业线总长 160 米，分拣道口 41 条，道口间距 3 米，传送速度 100 米/分，分拣能力为每小时 6000 箱。分拣的纸箱允许的最大长度为 0.9 米、最大重量 25 千克，超重时分拣机自动停止运转。

5. 配送

从分拣道口斜滑道下来的商品，由人工装入笼车等集装单元化运载工具，并送至发货站台待运。然后，商品按编排的配送路线，分别装入各辆厢式货车，配送到各超市连锁店。笼车回空时可折叠起来，节省车容。

由于采用了笼车，大大减少了中间的装卸环节，有效地改善了从配送中心的储存货架到商场里的商品陈列货架的整个物流过程的装卸搬运作业，加快了运输车辆的周转。配送中心只需一名司机，兼做装卸搬运工，便可完成全部装卸搬运作业。

鸣尾滨配送中心建成后，充分发挥了促进和扩大商品流通的作用。它配合零售店，辅助供应工作，提供各种服务，如拆零发货、代贴价格标签、采用计算机联网订货、记账结算等。

由于采用了计算机库存管理，大大降低了缺货率，缩短了订货期；提高了发货效率，原来每周订货 2 次，现在做到当天订货、当天或隔天即可送到零售门店，大大压缩了商场的库存，加速了商品的周转，给企业带来了极为可观的经济效益。

资料来源：http：//www. zhihu. com/question/24019249

思考：

1. 配送中心选址时需要考虑的非技术因素应包括哪些内容？
2. 鸣尾浜配送中心在供货枢纽和物流设施方面的特点有哪些？
3. 配送中心作业管理对物流成本控制有何影响？

第九节　实习实训指导

一、实训目的

（1）使学生了解配送中心作业管理系统的基本流程及各个作业的操作要求。

（2）通过实训，发现物流配送中心存在的不足，并能够运用所学知识进行分析，提出解决方案。

（3）提高学生的实践能力。

二、实训内容及方式

由任课老师组织学生到配送中心主要岗位进行实习。主要岗位包括备货、储存、分拣、装配、配送、流通加工等。学生分组轮岗实习，每组 5～6 人，选出组长协作校内外指导老师组织本小组成员参与实习活动。同时，从实习单位各相关岗位中聘请多位实践经验丰富的物流从业人员作为各小组的校外指导老师，学生在校外指导老师的带领和指导下，完成具体的配送作业实习活动。

三、实训操作要点

（1）实训准备及要求。实训前学生应收集和熟悉实训所需的相关资料，并按照校外指导老师的要求按时到达指定地点，积极参与实训活动，不得无故旷工。

（2）实训纪律及安全。严格遵守实习单位的各项规章制度和实习纪律，注意安全。

（3）知识准备。要求学生提前回顾本章所学内容，掌握相关知识点。

（4）实训开展。认真细心地进行相关操作，特别注意容易出现错误的地方，掌握相关配送作业的基本操作流程，并在此基础上提出合理化的改进措施。

（5）课后作业。实训结束后，学生应按指导教师的要求全面总结，认真完成实训报告，并做成 PPT 向全班同学展示本小组在实训活动中的工作成果，相互交流实习过程中的体会，要求图文并茂。

四、考核评定

任课教师应结合学生的课堂讲演、实训态度、实训表现，根据学生实训报告的撰写质量，公平公正地对学生本次的实训成绩给予评定。实训成绩满分 100 分，其中课堂讲演占 20%，实训态度及表现（可根据学生遵纪守法、学习态度等）占 40%，实训报告质量占 40%。以上三项累加后，按优秀（90～100 分）；良好（80～89 分）；中等（70～79 分）；及格（60～69 分）和不及格（59 分及以下），分五个等级评定。

复习思考题

一、名词解释

1. 货物验收
2. 流通加工
3. 库存控制
4. 经济订货批量
5. 订货点
6. JIT
7. DRP
8. DRPⅡ
9. QR
10. VMI
11. RFID
12. EDI

二、选择题

1. 影响配送中心进货作业的主要因素有（ ）。

A. 进货供应商及送货方式　　B. 商品种类、特性与数量

C. 作业人员数量　　D. 与仓储作业的配合方式

2. 配送中心搬运合理化的原则是（ ）。

A. 集装化原则　　B. 单一性原则

C. 文明性原则　　D. 机械化原则

3. 配送中心商品储存的方法有（ ）。

A. 定位储存　　B. 分类储存

C. 随机储存　　D. 分类随机储存

三、填空题

1. 配送中心装卸搬运的方法：________、________、________。

2. 配送中心装卸搬运作业管理系统特征：________、________、________、________。

3. 配送中心装卸搬运作业管理系统的阶段划分：________、________、________、________、________。

4. 配送中心储存的形式：________、________、________、________。

5. 配送中心库存管理的关键问题：________、________、________。

6. 配送中心越库作业按照企业类型的不同可分为：________、________、________、________。

7. 现代库存管理技术有：________、________、________、________、________。

8. 配送中心信息管理系统的特点：________、________、________、________、________。

四、简答题

1. 完整的配送中心包含哪几个作业内容？
2. 配送中心进货作业的原则及其影响因素。
3. 配送中心货物的分类及其编码原则。
4. 配送中心发货作业的步骤。
5. 配送中心自动分货系统由哪几部分组成？
6. 配送中心进发货作业管理系统的优化方法及其内容。
7. 配送中心装卸搬运作业的原则、特点和分类。
8. 配送中心装卸搬运作业的注意事项。
9. 配送中心装卸搬运作业合理化内容。
10. 配送中心储存的方法及其优缺点。

11. 配送中心 ABC 分类管理法内容。
12. 配送中心分拣模式的种类及其内容。
13. 配送中心流通加工与生产加工的区别。
14. 配送中心流通加工的作用及分类。
15. 不合理的流通加工方式有哪几种？
16. 实现流通加工合理化的方式。
17. 配送中心信息管理系统的作用及功能。

第五章　提高配送中心运营效率

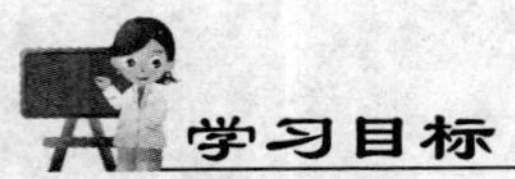

知识目标

1. 理解掌握提高配送中心运营效率的有效途径。

2. 了解配送中心内部控制的相关问题，包括人力资源问题、物品采购问题、进货问题、现场作业问题等。

3. 理解配送中心的运营及服务特点。

4. 掌握配送中心市场调研和预测的方法。

5. 理解配送中心的绩效评价指标体系。

技能目标

1. 掌握配送中心运营效率的分析方法。

2. 掌握配送中心的人力资源、物品采购、进货、现场作业等内部问题进行控制措施。

3. 根据配送中心的实际运营业务，分析预测配送业务的需求和供应，能制订、修正配送中心的运营方案。

4. 针对具体的配送中心，建立适宜该配送中心的绩效评价体系。

探访××电器物流配送中心　看物联网技术怎样“武装”物流配送

××电器物流配送中心，是一个物联网应用的典型案例，在行业内知名度颇高。通过记者探访发现，物联网技术在其中的应用，使这里有了不同于传统物流配送中心的崭新运转方式。

1. 系统“指挥”人，人成了“机器”

一位部门主管通过对配送中心整套运作流程的解读，解密了物联网技术在这个中心的实际应用情况。“简单说，整个配送中心就是在物联网核心技术 RFID 基础上，构建起来的一个物物相联、物网相联的信息化系统。”中心 4 万多平方米的仓储运作，完全听从系统“指挥”，人只是拿着手持 RFID 终端，照着显示屏上系统发出的指令，进

行入库、移库、出库操作的“机器”。所有作业操作不能和系统指令有一点不符，否则整个配送中心就可能出错。据介绍，在这个日配送量达 1.1 万～1.2 万台、可支撑每年 130 亿～140 亿元销售的配送中心，所有的工作人员加起来还不到 300 名。

2. 每件入库商品都“有名有姓”

在这个配送中心，每件入库商品必须有能被 RFID 系统识别的“姓名”，这个“姓名”，就是商品外包装上的电子标签。记者发现，配送中心每个工人手上都有一台价值 1 万多元的 RFID 手持终端，每件商品每移动一次，都要用手持终端扫描一次电子标签，将其在库内的最新动态“告诉”系统。从商品入库的第一个环节开始，这个“姓名”就被 RFID 手持终端扫描记入了系统，它什么时候移动、移到哪儿，全听系统安排。理论上讲，物联网中“物”的“姓名”，应该是存储在电子标签上的电子产品编码（EPC），这种编码可全球识别。但是，目前配送中心使用的还是另一套电子编码，只能被上下游供应链系统识别。再建配送中心，可进行 EPC 电子产品编码试点。在物联网系统成熟之后，这种能够全球识别的商品“姓名”，就大有用武之地了。比如，当身处东半球的你，从冰箱里取出一罐可乐准备饮用时，智能化的冰箱会自动读取可乐罐上的电子产品编码，并即时通过物联网传送到西半球的配送中心和生产厂家。从无数条这样的信息中，厂家、商家可以立即知道，某类产品在某个地方、某家商场卖了多少，还剩多少，是否热销，需不需要补货。

3. 开着“宝马”上货、下货

所有运作流程信息化的背后，还有高度的机械化。这里没有传统物流仓储的手工操作和人工装卸。一辆辆被称为“宝马”的高位叉车，承担了所有的“重体力活”。在“宝马”的驾驶室里，除了有手持 RFID 射频识别终端，还有一台视频监视器。驾驶员通过监视器操控叉杆，轻轻松松就从 20 米高的货架上搬下来一托盘冰箱。货架上的所有商品都拼装在这种物流托盘上。如果没有“宝马”叉车这样的机械搬运工具，仅靠传统人力，是无法将大型货物搬上货架的。这种作业模式比传统仓储人工装卸效率提高了好几倍。“传统仓储日配送量也就几百台，最多一两千台，而全信息化、机械化的物联网物流仓储，日配送量最少也要上万台，其对市场销售效益的提升可达 40%以上。”这个配送中心库存周转率比传统物流仓储提高了 60%，资金占用率下降 40%，不仅缩短了商品市场流通周期，还大幅度降低了商品运送的出错率。

思考：

1. 物联网技术对提升配送中心服务功能的影响有哪些？
2. 如何建立面向物联网技术应用的绩效评价指标体系？

资料来源：南京日报　韦铭　2010－04－06。

第一节　配送中心运营效率

配送中心的效率化是指实现多品种、小批量、多批次和即时配送所实施的战略、策略、人才和技术方面的措施，提高其组织效率、信息效率、作业效率及管理效率的相关方法和手段。

提高配送中心的效率化，必须对相关内容进行调查和分析，找出影响配送中心效率化的主要因素，以综合物流成本最低、服务水平最高为宗旨构建其高效率、高效益运营模型。各种各样的影响因素是配送中心现实运作中不得不充分考虑的问题。例如：由过去的分散店铺进货改为集中配送；过去的商流、物流合一变为商物分离模式；配送中心的选择、建设及运营等。必须根据配送中心的业态、规模、店铺数、配送量、商品组合等方面的不同来进行配送中心的效率化设计，改建及改造的配送中心也应该认真研究这些影响因素。总之，从配送中心设计和建设开始就需要综合系统地分析考虑人、物、资金、信息、时间等方面因素。

一、提高配送中心运营效率的主要内容

提高配送中心的运营效率，所要分析和解决的问题主要有以下几个方面。

（一）物流管理

对配送中心管理体制与组织，物流服务质量管理，物流成本管理，多品种、小批量配送的要点及对应措施，对于采购、库存和配送等关键环节进行综合性效率分析，对相应的供应商、进货点等进行综合的物流效率化分析。

（二）物流规划

正确选择配送中心的地址及设施、设备的配置；对法律法规等条件进行分析研究，规划配送中心建筑物的设计和建设，选定内部设备，以及施工、完工验收和经营；自有仓库、委托或租赁仓库及物流子公司的设立和经营等内容。

（三）配送商品特性

需要考虑商品的品种数、装卸搬运等条件，年配送量，各时间段的吞吐量（日、星期、月、季度、节日等），破损和其他损失的可能性，新商品的开发、品种数、总量和配送频度，淘汰商品的品种数、总量和配送频度，以及其他与物流相关的商品特性。

（四）物流设备与设施

主要有自动化仓库、冷藏与冷冻仓库，装卸搬运设备、储存设备、配货设备，以及流通加工、计量、贴标签、包装和捆包机械设备，分拣系统以及其他自动化、机械化设备、信息处理设备，货场及站，托盘、集装箱、货箱等器具。另外还有空调，安全防护等设备。要提高对设施、器具和材料的有效利用率。

（五）库存控制

与控制商品库存量及库存结构相关的战略及策略、库存管理政策，以及接受订货和向供应商订货的方法、补充订货系统和盘点等方面的有效管理和控制。

（六）物流作业

对于配送中心中的入库、检验、包装、计量、流通加工，分拣、装卸搬运、配送

等物流作业，必须遵循工作合理化和省力化原则，消除无效物流作业环节，方法得当、适宜，无浪费时间及费用现象，提高物流作业效率。

（七）物流信息平台

不断完善配送中心的信息设施与设备，健全物流信息网络体系，建设物流信息平台，配送中心积极融入公共信息平台，实现物流信息资源共享。

（八）物流成本控制

计算不同形态、不同功能等情况下的物流成本并进行比较分析。制订统一的计算标准，研究切实有效的控制方法。

上述内容不可能包含提高配送中心运营效率的全部内容，特别是商流和物流两方面的协调，只有两者有机地结合才能使配送中心的高效率、高效益得以实现。

二、提高配送中心运营效率的主要途径

为了实现配送中心的高效率，首先要有一个强有力的指挥系统，还要有具体优化系统的管理人员，并且尽可能应用现代化的管理方法和管理技术。

（一）作业方法的改善

在配送中心内，只有对形态、时间、频度、票据、品种数、数量和配货方法等进行充分调查与研究之后，才能有效改善作业方法，或是建立新的配送体系，或是对原有的传统作业进行全面改革。

调研的成果取决于调研人员所花费的时间、知识结构、实践经验，这项工作可以交给企业总部的研究发展中心或相关部门承担，也可委托外部咨询公司协助完成。

为了改善其作业效率有必要对配送中心的各项作业进行测定，并对其进行深入研究。在调研和测定的基础上制订改善方案并进行模拟，测定模拟作业效果，再与现行作业的测定结果进行比较分析。特别是对各类单据、商品的流动与停滞、到货时间、配送时间、配送中心内部人、物、设备流动路线必须进行周密翔实的调查和分析，找出问题所在，掌握准确的改善方向，正确决定改善、改良或重新设计规划，使整个作业省力、省资源，提高配送中心作业效率。

（二）“时间”就是效率

对于配送中心来说，设定作业的标准时间就是提高效率，否则就无法掌握每日的作业量和所需要的作业人员数量。如果仅凭经验盲目地设定作业标准时间，同样会影响效率，造成窝工或成本增加的现象且不易被发现。特别是在商品入库、配货、流通加工、计量、包装、分拣等一系列作业机械化、自动化的情况下，为了使人与机械系统达到最适化，导入自动输送系统后的作业协调高效，研究作业时间和作业方法显得非常重要。另外，为了提高作业效率，对作业人员的操作习惯，作业设备的匹配和组合的研究也是非常必要的。对于作业时间的研究，大多采用的是传统的计量法来测定时间，当然还可以采用即定时间法（PIS 法）、作业抽样法等。许多情况下没有必要对

时间进行详细测定，但是，至少应该掌握大概的时间值。对于逐渐实现机械化、自动化的配送中心，可以在像工厂对出入库商品进行分析、作业工程进行分析、多重活动进行分析（作业人员与机械设备或班组作业人员与机械设备的关系）等分析的基础上，利用作业抽样等方法进行研究，制订出高效的作业方法。

（三）规范的作业动作

在配送中心中，特别是中、小型配送中心，相当一部分作业必须依赖人工完成，因此对于多品种、小批量配送来说，人工作业效率化已成为提高配送中心作业效率和效益的关键。

根据人类基本的动作要素总结规范的作业动作，对于人工作业合理化、效率化长时间起到重要的作用。它对于提高生产率，降低作业强度，排除作业难度，消除浪费、窝工、效率低下等因素，改良、开发工具、机械设备和产品等具有非常重要的价值，并向着新型的人体工程学的方向发展。配送中心里的许多动作都可以规范作业。例如：为了提高配货效率，将出库频率高的商品货位设在靠近配货输送带或电梯附近的货架上的高度易于存取的货格内；用于补充的商品放置在货架高处或最下方，可以经常很方便地进行补充；采用贯通式货架存放的商品很自然地形成先进先出，货架前部取货，后部补充货物。同时，对每一岗位作业人员的作业动作也需要标准化、规范化。

（四）标准化、单纯化、专门化（3S）作业

尽管实现配送中心作业的标准化有较多困难，但是，经济发达国家还是在标准化方面取得了较大的成果。如果不进行作业标准化，人员与机械系统、计算机系统的自动化、机械化、智能化就不能实现。例如，没有包装外形尺寸、条码、配货作业、检验方法、流通加工、配送路线等方面的标准化和规范化，就不可能推进合理系统的实施。

对于单纯化问题，如前所述通过对作业效率的测定及研究，作业时间的设定，作业方法的分析等，基本上能够使信息传递、账簿处理、入库、检验、配货、装卸搬运、流通加工、分拣等作业变得单纯化。例如，采用一体化配送可以省去一次检验和装卸搬运；利用条码，手持式终端输入数据优化库存控制，迅速订货和盘点；还可以利用声音和条码进行自动分拣等。这些现代化的作业方式涉及人们的思维和智慧，代替人工作业的机械设备更加专业化。

（五）ABC 分析法的应用

ABC 分析法是质量管理、销售管理、客户管理中经常应用的法则。在流通领域，ABC 分析法广泛应用。大型企业也有将产品或商品分为 6 个层次（A～F）者，在多品种、小批量物流中，单品数量较多时有必要将商品分成更多的层次进行分析。

根据 ABC 分析法分析的结果，可以将出库频率高的商品货位设置在配货输送带附近的货架上，可以缩短配送车辆的运动距离，同一类型的商品统一配置货位，A 类商品最好采用贯通式重力货架。当然畅销商品货位也应经常变动，因为有的新商品市场生命周期较短，也有的商品随季节性变化，所以设计规划并应用能够适应这些变化做

出及时调整的系统是非常重要的。

（六）具有适应性和灵活性的规划

在激烈竞争的市场经济时代，商品的销售状况随时都可能发生变化，这些变化与商品的生命周期、季节性及社会经济的变化等有着密切的关系。配送中心商品货位也应根据商品市场的变化而变化。商品位置的调整，可以使商品储存和配货等作业达到高效率的目的。现在大部分新建配送中心都采用了先进的计算机管理系统，计算机软件也要进行完善，应在分析有利因素和不利因素的基础上对规划进行适时调整。有的配送中心是按供应商或商品部门固定其货位且始终不变，这样不利于提高配货作业的效率。

（七）班组研讨与提案

班组研讨与提案是日本企业的经验。在日本，作业改善小组和提案制度十分流行，开始只是在生产企业实行并普及，现在已经推广到流通领域，特别是物流企业的全面质量管理（Total Quality Control，TQC）取得了很好的效果。班组研讨的目的首先是培养大家的兴趣，其次是提高参加和提案意识，最后是推动行动。班组人员少则两个职工、多则十几人在一起通过研讨，提出改善方案，企业往往会收到一些意想不到的改善方案和系统的提案，企业根据方案价值给予相应的奖励。

（八）作业能力全面化

配送中心的作业基本上属于被动作业。也就是说，如果没有订单就不可能有商品发货，受商品的保质期、天气、季节和节假日等因素的影响，可能有许多“等待”时间。但是，要想提高配送中心的作业效率必须变被动为主动，可以根据分析过去的实际情况及具体数据，利用闲暇时间进行入库准备作业和商品货位变动作业。也可以进行包装作业、流通加工作业、票据整理、退货处理、修订计划及盘点等作业，这就要求在配送中心内的每位员工都应该做到作业能力全面化。配送中心的工作人员的作业不能有局限性，要做到能够胜任不同岗位的作业。

第二节　配送中心内部控制

配送中心在经营管理中存在很多问题，但是要想经营管理好一个配送中心，并在激烈的市场竞争中立于不败之地，良好的内部控制是必不可少的。

一、配送中心人力资源的控制

人力资源的控制实际上是研究组织人的调整、人与事的配合、充分开发人力资源，根据人的潜力调动其积极性，提高工作效率。主要是“选人、育人、评人”三个方面。

（一）配送中心职员招聘——选人

现代化配送中心功能齐全，运作复杂，因此对管理人员、操作人员的素质要求较高。配送中心常配人员及业务功能如表 5－1 所示。

表 5－1　　配送中心常配人员及业务功能

序号	配备人员	业务功能
1	高级管理者	负责协调运转，对公司和顾客负责，进行危机处理，制定发展战略及规划
2	现场管理者	对作业流程监督控制，对配送中心现场作业负责调度，并对应急故障负责排除
3	信息管理员	负责信息的接收、处理及信息设备的维护
4	计划人员	负责短期作业计划活动
5	操作人员	分拣、理货人员，机动车辆驾驶人员，仓储保管人员，流通加工、包装等活动的作业人员

除上述表中所列人员之外，扩充机构还应包括市场开发人员、财务管理人员以及安保人员等。

对各机构人员有效控制的一般原则是：分工协调、权力有限、权责一致、统一指挥及集分权相结合。所有管理人员及一般职员应精干高效，岗位相对稳定，各部门的人员素质具有一定的均衡性等。

对于新职员的挑选一般应采取招聘的方式，其步骤如下。

首先，发布招聘广告及宣传活动，或直接到大专院校及人才市场招聘。

其次，由人事部门对应聘者的基本资料整理汇总归类，并进行资格审查及初选。

再次，对于通过审查和初选者进行笔试、面试等考核。

最后，依据考察情况及候选人的其他条件，做出试用、录用决定，并书面通知候选人。

（二）配送中心职员培训——育人

1. 培训内容

（1）基本知识培训。通过对职员基本知识的培训，使职工具备完成本职工作的基本知识，让职工了解配送中心的基本情况、发展战略、经营方针、规章制度等。

（2）职业道德培训。增强职工的主人翁精神，让配送中心的职工之间相互信任，培养职工对配送中心的忠诚度。另外，还需培训新职工应具备的心理素质和工作态度等必要条件。

（3）作业技能培训。使职工掌握完成本职工作所必备的技能，如谈判技能、操作技能、人际交往技能等，并以此开发职工的潜在能力。另外，还需培训新职工必须掌握的撰写报告、采访接待、接听电话等方面的综合技能。

2. 培训方法

（1）在职培训。为了使下级具备有效完成工作所需的知识、技能和工作态度，在

工作中要有计划地对下级进行教育培训。

（2）脱产培训。离开生产现场，由配送中心外聘人员进行必要的基础知识、技能、综合素质及新的知识技能培训。可以举办培训班、开办讲座对职工培训，也可让职工到大、中专院校及其他培训机构接受短期培训。

（3）参与式培训。是主要通过会议、案例研究、模拟训练、参观访问等方式，使职工从中获取新知识、新技能的培训方法。

（三）工作实绩评估——评人

工作实绩评估是收集、分析、评价和传递有关某个职工在其工作岗位上的工作行为表现和工作结果等方面的信息。

1. 工作实绩评估原则

（1）客观公开原则。对职工进行考核时应定性、定量相结合，建立科学适用的考核指标体系和考核标准。

（2）全方位考核原则。在实际工作中，可综合运用上级考核、同级评定、下级评定、专家鉴定、职工自评等多种形式。

（3）责、权、利相结合的原则。

（4）评估经常化、制度化的原则。

2. 工作实绩评估程序

（1）明确任务目标标准。在每一个考评周期开始，上级向下级下达的任务目标作为考核评估的标准。

（2）进行自我评估。

（3）综合考核、评估。

（4）确定考评等级及评语。

在经济发达国家的配送中心内，都有一套定性与定量相结合的较为科学完善的工作实绩评估体系，我国配送中心所建的评估制度繁简不同，但是考评的原则和程序大体上如上所述。

二、配送中心现场作业控制

现场作业控制涉及材料、人员、作业方法、设备管理等方面，在这里仅对流行的6S作业管理及合理化作业等方面简要说明。

（一）6S作业管理

6S管理是一种管理模式，是5S管理的升级，6S即整理（Seiri）、整顿（Seiton）、清扫（Seiso）、清洁（Seiketsu）、素养（Shitsuke）、安全（Security），6S和5S管理一样兴起于日本企业。因其内容的日文罗马注音单词都以“S”开头，所以简称6S作业现场管理。6S作业管理是指作业现场中对材料、设备、人员等生产要素进行相应的6项管理活动，6S作业管理引入到配送中心对作业效率及作业环境都有很大的改善。

整理（Seiri）——将工作场所的所有物品分为有必要和没有必要的，除了有必要的留下来，其他的都消除掉。目的：腾出空间，空间活用，防止误用，塑造清爽的工作场所。

整顿（Seiton）——把留下来的必要的物品依规定位置摆放，并放置整齐加以标识。目的：物品位置一目了然，消除寻找物品的时间，工作环境整洁，消除过多的积压物品。

清扫（Seiso）——将工作场所内看得见与看不见的地方清扫干净，保持干净、亮丽的工作环境。目的：稳定品质，减少工业伤害。

清洁（Seiketsu）——将整理、整顿、清扫进行到底并且制度化，保持环境经常处在美观的状态。目的：创造明朗现场，维持上面3S成果。

素养（Shitsuke）——每位员工养成良好的习惯并遵守规则做事，培养积极主动的精神（也称习惯性）。目的：培养良好习惯、遵守规则的员工，营造团队精神。

安全（Security）——重视成员安全教育，作业现场以安全为第一要素，排除一切不安全因素，防患于未然。目的：建立起安全生产的环境，所有的工作应建立在安全的前提下。

6S之间彼此关联，整理、整顿、清扫是具体内容；清洁是指将上面的3S实施的做法制度化、规范化并贯彻执行及维持结果；素养是指培养每位员工养成良好的习惯，并遵守规则做事，开展6S容易，但长时间的维持必须靠素养的提升；安全是基础，要尊重生命，杜绝违章。

5S管理

5S现场管理法，现代企业管理模式，5S即整理（Seiri）、整顿（Seiton）、清扫（Seiso）、清洁（Seiketsu）、素养（Shitsuke），又被称为“五常法则”。7S现场管理法：整理、整顿、清扫、清洁、素养、安全、节约。8S现场管理法是在7S基础上加上“学习”。

5S起源于日本，是指在生产现场中对人员、机器、材料、方法等生产要素进行有效管理，这是日本企业独特的一种管理办法。1955年，日本的5S的宣传口号为“安全始于整理，终于整顿”。当时只推行了前两个S，其目的仅为了确保作业空间的充足和安全。到了1986年，日本关于5S的著作逐渐问世，从而对整个现场管理模式起到了冲击的作用，并由此掀起了5S的热潮。

日本企业将5S作为管理工作的基础，推行各种品质的管理方法，第二次世界大战后，日本企业产品品质得以迅速提升。而在丰田公司的倡导推行下，5S对于塑造企业的形象、降低成本、准时交货、安全生产、高度的标准化、创造令人愉快的工作场所、现场改善等方面发挥了巨大作用，逐渐被各国的管理界认识。随着世界经济的发展，5S已经成为工厂管理的一股新潮流。5S广泛应用于制造业、服务业等改善现场环境的

质量和员工的思维方法，使企业能有效迈向全面质量管理。5S 主要是针对制造业在生产现场，对材料、设备、人员等生产要素开展相应活动。根据企业进一步发展的需要，有的企业在 5S 的基础上增加了安全（Safety），形成了“6S”；有的企业甚至推行“12S”，但是万变不离其宗，都是从“5S”衍生出来的。若在整理中要求清除无用的东西或物品，这在某些意义上来说涉及节约和安全，例如置于安全通道中无用的垃圾，这就是安全应该关注的内容。

（二）配送作业控制

配送作业是通过进货、储存、分类、配货、配装、送货等一系列活动来实现的，各种作业活动又称为配送的功能要素，配送作业管理是通过对配送各功能要素进行合理化作业管理来寻求高效率的运营效果。

具体的管理过程又分为信息接收与反馈、配送计划、作业流程、配货等作业管理过程。这些过程紧紧围绕配送合理化展开。配送合理化是在一定的保障能力的基础上，加快物流速度，尽量减少资金占用，把低成本、高效率、优质服务作为合理化作业的目标，实施现场合理化作业管理的措施。

1. 明确配送目标

配送中心开始运营时，各工位根据自己的任务准确高效地完成作业，并向下一个作业环节推进，不管是人工作业还是自动化作业，整个流程协调一致形成一个有机整体，共同完成配送任务。由于配送目标明确，配送中心的整体反应能力和速度都大为提高，并取得了目标的一致性，保证了良性运营。

2. 加强配送的计划性

配送作业有时是连续性作业，加强配送的计划性能使整个配送作业有条不紊、减少差错，并合理控制库存，保障供应及较快的资金周转率。

3. 配送组织的灵活性

配送作业既要考虑及时送达，多品种、小批量进行配送，又要减少库存、节约物流费用。配送中心内的“效益背反”现象经常存在，所以应利用信息系统及时准确地进行预测，在组织配送时采取适当灵活性，在满足顾客要求的前提下，实现效益最大化。

（三）派车及发货的控制

商品经过拣选、包装、流通加工后即可集中在发货区准备装车配送。此作业阶段包括商品集中、配货、装车、配送及配送途中的跟踪管理等作业。该控制中的关键点如下。

（1）根据服务与成本的关系，选择最佳配送路线、最佳配送时间、最佳配送工具。提高车辆的满载率，在成本相近的情况下选择最高服务水平的运输方式。

（2）派车系统中司机及随车人员的调派要考虑他们的工作能力及体力、以往工作量及配送区域的范围，以便更有效地安排配送人员。

（3）车辆配送中遇到困难以及不能完成任务的时候，应返回配送中心进行原因分析，以避免下次车辆调派错误重复出现。

(4) 车辆调派系统应预测所需车辆的种类、台数、功能，并建立数据库，以便能随时与第三方物流公司联系，利用第三方物流（3PL）来完成配送工作。

(5) 由于配送的用户较多，而配送商品批数量少、品种多、用户分布范围广，故需具备较强的数据处理能力。

(四) 配送中心信息管理系统的控制

配送中心的物流信息不仅对物流活动具有支持保障的功能，而且具有连接整个供应链和使整个供应链活动效率化的功能。建立物流信息系统，提供迅速、准确、及时、全面的物流信息是配送中心提升运营效率、提高服务水平、降低成本、获得连续正常运作的关键一环。配送中心信息管理系统主要功能如图 5-1 所示。

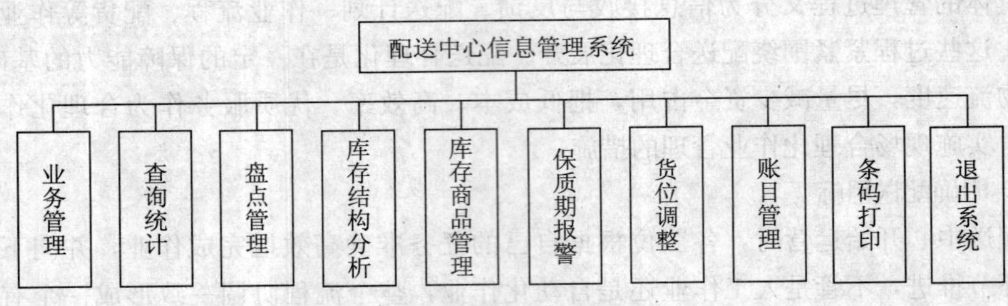

图 5-1 配送中心信息管理系统

1. 业务管理

入库、出库、退货、残损商品管理，输入进、发货商品数量，打印商品单据，便于仓库保管人员正确进行商品的确认。

2. 查询统计

入库、出库、退货、残损商品及库存信息的查询统计。可按相应的商品编号、分类、供应商、用户进行查询和统计。

3. 盘点管理

盘点清单制成、盘点清单打印、盘点数据输入或手持电脑输入、盘点商品确认、盘点结束确认、盘点损益统计、盘点商品的查询、浏览和统计。

4. 库存结构分析

库存结构分析指库存商品的入库、出库、退货、残损的统计及各种商品库存量，品种结构等。

5. 库存商品管理

库存商品上下限报警，指对库存商品数量高于库存上限或低于下限的商品信息提示。库存商品负数报警，指对库存商品数量为负数的商品进行信息提示。库存停滞商品报警，指对某一段时间内有入库但没有出库的商品进行信息提示。商品及时出库报警，指对在入库时库存商品为零但又未及时出库的商品进行信息提示。

6. 保质期报警

已逾保质期的商品的报警，指对本日已超过保质截止期的库存商品进行信息提示。将逾保质期的商品报警，指对库存商品的保质期在本日后某一时间段内到期的商品进行信息提示。商品保质期查询，指对库存商品的保质截止期在某一时间段内到期的商品进行查询。

7. 货位调整

库存货位调整，指对库存商品的货位号进行调整。货位调整查询，指对库存商品调整过的货位号按时间段进行查询。库存货位统计，指对库存商品按货位号进行统计。

8. 账目管理

统计某一时间段的单一商品明细账目。

9. 条码打印

商品自编条码打印、商品原有条码打印、收银台密码条码打印等。

（五）行车人员管理

行车人员可以分为驾驶员和随车送货员，一般称为装卸工。由于行车人员是影响车辆运行的关键因素，而且行车时常常会面临环境变化的情况，承担着安全运送商品的责任，所以对行车人员的管理有别于对配送中心内部人员的管理。配送中心行车人员管理规范，如表 5-2 所示。

表 5-2　　配送中心行车人员管理规范

条目	内容
行车人员的选用	①在要求人性化管理的今天，对于司机和装卸工，应该有符合其作业内涵的称呼，将“司机”称为“配送员”，将“装卸工”称为“配送助理”等，以提升他们的社会地位，并与物流配送作业的内涵吻合。 ②在选用司机时，应选用有驾照、驾龄长且有高中以上学历、品行端正、反应灵敏的人。由于司机有时要担负长途驾驶任务，因此，体格健壮、精力充沛也是选用时的必要条件。 ③在选用随车人员时，因为他们是辅助司机工作的，是司机的助手，所以要注意两者的配合。随车人员应选用有高中学历、体格健壮的人员，并要求其考取职业驾驶执照，作为储备司机之用
行车人员的培训	对行车人员进行培训是为了让他们了解不同于传统运输的现代物流的内涵、各项作业流程车辆相关的操作与维护知识、搬运装卸要领、紧急事件处理的原则和方法等，但是最重要的还是强化其遵守交通法规和服务客户的理念，强化他们的职业道德

续 表

条目	内容
行车人员的管理和控制	①车辆行驶管理已可以通过现代化的车辆通信系统实现，这种科技方法的应用，消除了车辆运行管理的盲点。然而，不能忽视对行车人员的家庭生活的关心，适当做家访，加强与行车人员的沟通。做好思想工作可以稳定他们的工作情绪，提高忠诚度，调动积极性，保障行车安全。 ②在实际工作中，对行车人员实施有效激励比管理控制更重要。可以通过具有目标导向的薪资制度、工作绩效竞赛制度、提供内部创业机会、第二职业技能的训练等措施进行激励
车辆事故处理	车辆运行在外，难免会发生车祸、货物遗失或损坏等情况，这些都会对企业造成重大影响。一定要事先制订相应的处理办法，以避免发生类似事故时引起纠纷。 ①车辆发生交通事故时：通知保险公司（提供保险卡、告知公司名称、车号、保险单号码和现场情况等）；向公安交通管理部门报案，维持现场；立即通知公司把伤者送往医院。 ②驾驶员预判现场责任，做适当处理。 ③财物损失必须要准备以下资料：相片（整体物、损坏部分、车号和现场状况等）；估价单（提出收据正本）。 ④人员伤亡时要准备的资料：医院诊断书正本、医院收据正本、继续治疗费、死亡证明书。 ⑤预先垫付和解款项时，需取得详细记载支付内容、出事地点、时间、双方车号、对方名称、领款人身份证号、详细地址和带有签名盖章的收据。 ⑥准备和解书。 ⑦现场与保险公司交涉时的技巧：理赔时必须先行认错，不要过分争执；一般财物损失请保险公司相关人员直接处理；未立案事件，双方车辆开到保险公司找保险公司相关人员处理。 ⑧其他注意事项：出事时，应该详细记录对方的姓名、车号、公司行号、地址、电话、车辆厂牌和财务损失初步估计等内容；驾驶员回公司后应立即填写事故报告书，以此向保险公司理赔；责任一方不是本公司驾驶员时，行驶证和驾驶证切勿任意被扣留；在做现场图及警局笔录时，应该积极争取有利地位，并详阅所记载事项以免损害本身权益；单纯事故案，驾驶员可以根据实际情况做最有利的处理；道义上的理赔可以适当范围内进行

（六）车辆养护管理

车辆、人和货物是运输配送活动中最主要的构成要素，因此车辆保持良好的使用状态，对整个配送工作的顺利进行起决定性作用。当然，配送中心也可以将运输配送任务委托给货运公司处理，免去车辆养护的麻烦，但缺点是受制于人，主动性差。因而，自身的车辆养护管理还是必不可少的。具体内容如表 5－3 所示。

表 5－3 车辆养护管理规范

条目	内容
车辆种类的选定	货物车辆种类繁多，要根据用途及所载货物的种类来进行选择。一般常见的分类有根据载重量分为3.5吨以下的小货车，3.5吨以上的大货车；根据车厢的形式分为柜式车和厢式车；根据燃油种类分为汽油车和柴油车等。 ①一般配送中心均为市区内配送，而市区内对车辆通行都有载重的限制，因此，市区内配送一般以小货车为主。 ②近年来，出现了大宗货物栈板化运输趋势，致使长途行驶的车辆逐渐采用联结车和拽引车，以节省物流成本。 ③柜式货车载装容量虽然较多，装卸货速度较快，但需要覆盖并捆绑帆布，对物品的保护性较差。 ④厢式货车虽然装载容量相对较小，但可装载多样品项，不用捆绑，能够保护商品，节省人力。 ⑤选用何种车辆，经营者可以根据业务需求量，审慎衡量，以免评估错误，造成损失与浪费
车辆机具的检查	①驾驶员每日在使用车辆、机具前，应对传动、润滑、冷却和转向等系统按顺序进行检查，并于“每日行车前检查表”内详细记载实际状况。凡有杂音、漏油和松动情况时，应立即填具检修单送请维修厂检修。 ②运输管理人员应每月定期检查车辆状况，作为对驾驶员考核的参考
车辆机具的保养	①驾驶员除每日使用前对机具进行例外性检查外，对车容、配件也需勤清洗维护。 ②车辆机具应定期进行保养。 ③车辆机具保养期间，调派人员应加以记录，以掌握情况
车辆机具的维修管理	配送中心的车辆要定期进行维修作业，主要步骤如下所示。 ①一般维修程序。驾驶员填写请修单；调派管理人员根据经验和具体状况核定请修单；维修期间所更换的零件和配件，必须按照公司规定领用；维修完成后，驾驶员要试车，在确定维修妥善后，才可以再度加入运营行列。 ②专门维修。驾驶员因操作不慎或使用不当致使所配属车辆机具发生故障，应填具车辆机具故障书和事故报告书。 ③途中维修。车辆在长途出行任务途中发生故障时，若维修费用在公司规定的范围内，携带维修鉴定记录卡，准予报销可自行送请维修。前项车辆返回公司后，必须将发生状况做记录。途中故障维修费用超过公司规定标准时，驾驶员应向运输单位联络，就近请公司维修人员支援，由公司派维修人员修理；情况严重者，派车拖回维修。若未经运输单位主管同意就地委托他人维修者，必须在返回公司后，立即填写车辆故障报告书，并经核定后提交报审申请单。当车辆在途中因故障无法迅速维修时，如果载有货物，则必须立即与公司联络，以其他车辆支援将货物准时运至客户指定的地点。 ④车辆定期报检。依车辆购置年份及申领牌照日期确定报检时间。车辆行政管理人员在定期检查前一个月，预先告知车辆调派管理人员，并请转告驾驶员依通知单所载项目进行预检工作。如有不符合标准的，应立即送修

三、配送中心常见问题的控制

配送中心在正式运营之后，经常会出现各种问题，如果不能及时解决，将会影响配送中心的作业效率、作业成本及服务。配送中心常见问题的原因及对策如表 5 - 4 所示。

表 5 - 4　　配送中心常见问题的原因及对策

常见问题	原因	对策
送货时间太长	送货路程太远；运输工具速度太慢；配送作业流程不合理；送货路线规划不合理；承诺的送货时间过短	将承诺的送货时间适当延长，但要有竞争力；重新规划送货路线；调整配送作业流程；选择小型送货车辆；与其他配送中心进行共同配送
送货不及时，往往延迟	送货时间估计不准确；配送时限管理不严；送货车辆和人员调度不当	重新测算送货所需时间；严格执行配送管理制度；送货车辆和人员合理调度，也可以将送货任务外包出去
因为缺货，所订货无法配送	需求预测不准；与畅销商品的供应商关系不稳定；供应商没有保证供货；主页上商品目录更新缓慢；对脱销商品没有及时说明	完善需求信息收集系统；建立快速反应的销售和配送体系；改革需求预测方法；与畅销商品供应商建立战略伙伴关系；及时更新主页，根据供货、需求及库存信息，及时提供订货指导
送货时间不稳定	配送管理无章可循；配送作业流程不规范；配送车辆维护差；配送人员业务素质不稳定；配送作业波动大	制定严格的配送管理规章制度和作业规范；严格配送车辆的检修和保养制度；加强配送人员培训；合理安排配送资源，降低配送需求波动对配送作业的影响；重新规划送货路线
用户订货后无法得知送货的具体信息	缺乏配送跟踪信息系统；缺乏规范的查询信息	在主页中提供商品目录的同时提供查询系统界面；向消费者公布查询的标准信息；建立覆盖整个配送的信息网络，并实时更新配送信息
不知向谁反映配送中出现的问题	配送中心岗位责任不清；有关人员没有尽职尽责	严格配送中心岗位责任制；严格配送人员的管理；在主页中公布客户服务电话和人员名单及投诉处理程序；设置投诉电话

第三节 配送中心市场调研及预测

配送中心市场调研及预测是现代物流配送中心项目管理的基础工作，是提高配送中心效率及效益的前期重要工作，调研和预测结果的精确度直接影响到配送中心的成败及绩效。无论是项目可行性研究报告、制订配送中心改造与改善方案、制定发展战略，还是配送中心发展规划，都离不开对配送中心市场调研及预测，而调研和预测主要围绕流量、流向、流速、流体、载体、流程这六大要素进行。

一、配送中心市场调研与资料整理

配送中心市场调研的主要内容有：物流供应和需求的调查、调查结果分析、物流市场供需预测及综合分析研究。通过调研配送中心供应需求的现状及其变化规律，为配送中心制定发展战略、市场战略、竞争战略及改革方案等提供信息支持。它是提升配送中心核心竞争力的前提基础。

（一）配送中心市场调研

1. 配送中心市场调研的主要步骤

（1）物流市场调研立项。

由配送中心或物流部门负责人提出立项申请，报送总部批准，并下达调研任务书。

（2）制订调研计划。

由项目组确定调研范围、调查对象、调查内容、调查方法、项目组人员组成、调研进度及费用预算。根据这些主要内容形成调研计划，并由配送中心或物流部门负责人批准。

（3）调研计划实施。

实施调研计划主要有以下步骤。

①组织调查小组；

②培训调查人员；

③根据计划中规定的任务、日程安排，开展调查活动；

④对整个调查活动进行管理、协调和控制。

（4）调查资料整理分析。

调查数据必须完整、真实、可靠，如发现异常需要进行补充调查，直到确保所得数据真实可靠为止。

（5）撰写调查报告。

2. 配送中心市场调研方法

根据不同的分类标准，配送中心市场调研的方法有：根据抽样方式不同分为普查和抽样调查；根据调查媒介不同分为询问调查、通信（电话、传真等）调查、文字调查（包括问卷调查和调查表调查）和利用互联网的方式进行调查；根据与被调查者接触方式分为直接调查和间接调查。间接调查的主要渠道有政府机关统计资料、企业档案资料；报刊杂志的报道性资料；相关企业和部门提供的数据材料。

（二）配送中心市场调研资料整理分析

资料整理分析的主要任务是将所收集的资料集中起来，统一进行整理、统计和分析，形成统一的、完整的、全面的、可靠的空间时间序列数据资料，为预测和经营决策提供数据支持。调研资料整理一般按以下步骤进行。

1. 对象空间结构整理

①将所有调查资料输入计算机，汇总后进行分类；

②录入调查对象名称及主要属性项目；

③建立被调查对象的空间结构框架；

④根据配送中心供应商和需求客户空间结构框架对所有资料进行编码；

⑤利用计算机建立数据库并对调查资料进行排队。

2. 数据时间结构整理

通过资料整理形成对象数据的时间结构序列。

3. 对象的数据时间结构统计

利用加权统计平均法，求出一组统一的统计平均值，把这一组数值作为这一调查对象的唯一的一组统一调查数据。

4. 所有对象的空间时间数据结构统计

5. 增长趋势分析

（三）配送中心市场调查报告

通过撰写调查报告，把调查过程和调查成果进行系统化、逻辑化整理，形成系统的有价值的总结汇报。配送中心物流市场调查报告的主要内容如下。

1. 调查项目的产生和过程概况

2. 调查过程

包括具体阶段、步骤、人员、组织、计划、调查对象、调查内容、调查方法、速度、控制措施、实际工作情况等。

3. 调查结果

包括原始数据说明、原始资料分析、整理后的对象资料的空间时间结构和变化规律说明等。

4. 分析和建议

主要对数据资料的空间时间结构、变化规律、发展趋势等进行分析。可以根据数据资料画成图表，进行数字分析计算，得出结论。而根据结论，结合配送中心的实际情况进行分析评价，找出问题，提出改进的方法、方案等方面的建议。

5. 其他说明

6. 附录

将有关文件、原始资料作为附录，附在报告后面。

二、配送中心市场预测

预测是任何一个企业在管理中的一个非常重要的管理基本工具。预测作为一门独立学科，其原理和方法具有普遍适用性。这里主要讨论针对配送中心物流市场预测的方法。

（一）常用的配送中心市场预测方法

物流市场预测主要是时间序列预测法，时间序列分析预测主要有以下几种方法。

1. 简单平均法

这是一种简单的时间序列预测方法，它的基本思路是把前几个月（或日、周、月、季、年等）的数值平均值，作为后一个月的预测值。用下式求得预测值。

$$Y_{t+1}=\frac{X_t+X_{t-1}+\cdots+X_{t-N+1}}{N}\quad(t\geqslant N)$$

式中：

X_t——第 t 月的发生值。$t=1, 2, \cdots, n$；

N——平均相连的发生值的个数，又称组距。

组距长短的选择很重要，其直接影响预测值的大小。一般组距越长，平滑的效果越强，预测值越接近数值序列的总平均值。

这种预测主要适用于变化比较稳定的对象，其每月的发生值大体差不多。主要特点有两点，一是只能够预测一个月的值，而且必须是紧接着的后一个月的值；二是在求预测值时，把组距中的几个数平等看待，不考虑随时间的发展变化趋势。

2. 加权平均法

加权平均法是对于组距中的 N 个数，根据各自对于预测值的重要程度分别设置重要度权数，然后把它们加权平均，求得预测值。组距中 N 个发生值的权数分别为 W_1，W_2，W_3，…，W_N 用下式求得预测值：

$$Y_{t+1}=\frac{W_1X_1+W_2X_2+\cdots+W_NX_{t-N+1}}{W_1+W_2+\cdots+W_N}$$

权数的大小可以由主观确定，也可以由客观确定，可以互相相同，也可以互相不同。加权平均法适用于变化稳定均匀的数列，也可以用于递增或递减数列，它只能由前 N 个月的数值求出后面一个月的预测值。

3. 移动平均法

移动平均法使用最近时期的平均数，包括一次、二次、三次及更高次移动平均法和加权移动平均法。

在分析所给历史数据资料时，可利用散点图，横轴表示时间，纵轴表示数值。若资料数据单纯围绕某一水平作随机跳动，宜采用一次移动平均预测；若资料数据具有持续的线性增长（或下降）趋势时，宜采用二次移动平均预测：若资料数据具有持续的曲线增长（或下降）趋势时，宜采用三次或更高次移动平均预测。

尽管移动平均数很容易计算，但它们对变化的反应比较迟钝或行动迟缓，并且必须持续更新大量的历史数据来进行预测。除了基本成分，移动平均数不考虑早先讨论的预测数据。为了部分地克服这些缺陷，一种更精确的加权移动平均预测法就被引入。

(1) 一次移动平均预测模型

一次移动平均预测步骤如下。

①确定移动平均时所取数据段内的数据点个数 N（称作移动跨距）。

②依次计算各数据段中 N 项观察值的平均值 M_t（称作一次移动平均值）。

③计算第 $t+T$ 期预测值：在第 t 期要计算第 $t+T$ 期预测值时，就将第 t 期的移动平均值 M_t 直接作为第 $t+T$ 期的预测值 Y_{t+T}。其公式如下。

$$Y_{t+T} \approx M_t$$

$$M_t = \frac{X_t + X_{t-1} + \cdots + X_{t-N+1}}{N} = M_{t-1} + \frac{X_t - X_{t-N}}{N}$$

(2) 二次移动平均预测模型

二次移动平均预测步骤如下。

①确定移动平均时所取数据段内的数据点个数 N（称作移动跨距）。

②利用一次移动平均求 $M_t^{(1)}$。

③利用二次移动平均求 $M_t^{(2)}$。其公式如下。

$$M_t^{(2)} = \frac{M_t^{(1)} + M_{t-1}^{(1)} + \cdots + M_{t-N+1}^{(1)}}{N} = M_{t-1}^{(2)} + \frac{M_t^{(1)} - M_{t-N}^{(1)}}{N}$$

④建立平滑模型。

实际数据点呈线性变化趋势，因此，在用 t 期的实际数据点值 X_t，估计第 $t+T$ 期的预测值 Y_{t+T} 时，可定义

$$Y_{t+T} \approx a_t + b_t T$$

式中，a_t 是预测的起始数据，近似等于 X_t，即 $a_t = 2M_t^{(1)} - M_t^{(2)} \approx X_t$；$b_t$ 是预测线的斜率，且 $b_t = \frac{2}{N-1}(M_t^{(1)} - M_t^{(2)})$；$T$ 是由目前时刻 t 到预测 $t+T$ 期的时间间隔；Y_{t+T} 是 $t+T$ 期的预测值。

(3) 加权移动平均法

此法与一次、二次移动平均法相类似，所不同的是在移动平均数的基础上，对统计数据按其重要程度，分别给予不同的权数，赋权原则是近期数据权重大，远期数据权重小。公式如下。

$$Y_{t+T} \approx M_t$$

$$M_t = \sum_{i=1}^{N-1} a_{t-1} X_{t-i}$$

4. 指数平滑法

指数平滑法是以之前实际水平和预测水平的加权平均数所估算的未来业务量为基础的，新的预测函数是根据老的预测值与实际水平之间的差别而形成的老预测值的函

数，引入参数 S_t 。

指数平滑法包括一次指数平滑、二次指数平滑和三次及更高次指数平滑，选择原则同移动平均法。

（1）一次指数平滑

当时间序列观察值的发展趋势单纯围绕某一水平随机跳动，可采用一次指数平滑法。一次指数平滑预测模型如下。

$$Y_{t+T} \approx S_t^{(1)}$$
$$S_t^{(1)} = \alpha X_t + (1-\alpha) S_t^{(1)}$$

式中，$S_t^{(1)}$ 为第 t 期的一次指数平滑值；X_t 为第 t 期的实际观察值；α（$0 \leqslant \alpha \leqslant 1$）为权系数；$Y_{t+T}$ 是 $t+T$ 期的预测值。

（2）二次指数平滑法

当时间序列观察值的发展趋势包含某种线性持续增长或下降趋势时，则宜采用二次平滑法进行预测。二次指数平滑预测模型如下。

$$Y_{t+T} \approx \alpha_t + b_t T$$
$$\alpha_t = 2S_t^{(1)} - S_t^{(2)}$$
$$b_t = \frac{\alpha}{1-\alpha}(S_t^{(1)} - S_t^{(2)})$$
$$S_t^{(1)} = \alpha X_t + (1-\alpha) S_{t-1}^{(1)}$$
$$S_t^{(2)} = \alpha S_t^{(2)} + (1-\alpha) S_{t-1}^{(2)}$$

式中，α_t、b_t 为平滑系数；$S_t^{(1)}$ 为第 t 期的一次指数平滑值，$S_t^{(2)}$ 为第 t 期的二次指数平滑值；X_t 为第 t 期的实际观察值；α（$0 \leqslant \alpha \leqslant 1$）为权系数；$Y_{t+T}$ 是 $t+T$ 期的预测值。

5. 季节指数法

季节指数法是要求出各月（或季）的季节指数，根据呈现季节变动的时间序列资料，用求算术平均值方法直接计算各月或各季的季节指数，据此达到预测目的的一种方法。所谓季节指数是该月实际发生值与该年中的月平均发生值的比值，一般用下式表示。

$$a_i = \frac{X_i}{X} \times 100\%$$

式中：

a_i ——月季节指数；

X ——月平均发生值；

X_i —— 第 i 月的发生值。

季节指数法预测值一般由下式求得：

$$Y_j = \frac{a_j}{a_i} \times X_i$$

式中：

Y_j—— 第 j 月的预测值；

X_i —— 所要预测的月份 j 的季节指数。

（二）其他物流市场预测方法

1. 判断分析预测法

主要依靠主观判断得出预测结果的方法，在找不到市场规律而无法用数学表达式的情况下，组织具有知识和经验的专家根据间接资料主观判断分析进行预测。

2. 因果关系分析预测法

因果关系分析预测法与时间序列预测法的共同特点是利用针对对象发展变化规律的数学表达式进行预测，根据直接数据资料建立起某种数学函数关系。但是，因果关系分析预测法其预测对象的发展变化规律总可以表示成一种因果关系的函数关系，其中有一个或几个原因变量（自变量），有一个结果变量（因变量）。如果自变量只有一个，而且是时间 t，就变成了时间序列预测法。

3. 灰色预测法

对象变化规律不能表示成一个明确的数学表达式，而是一个不可知的“黑箱”。根据输入“黑箱”的数值、由“黑箱”输出的数值之间的变化关系，预测在给定输入情况下输出的数值大小，从而得出预测结果。

三、物流市场综合分析和物流方案的制订

（一）物流市场综合分析

按照配送中心物流市场调研资料的空间时间性质，综合分析可分成空间结构分析、时间结构分析和空间时间结构分析三大类。

1. 空间结构分析

空间结构分析主要按市场、职能、行业、专业、企业、业务、品种等方面进行分析研究。目的是发现市场、开拓市场、改进工作，寻找机遇。

（1）市场分析。市场分析包括需求市场分析、供应市场分析、行业市场分析、专业市场分析、产品市场分析等。需求市场直接取决于经济发展和人们生活水平。经济水平越高，人们生活水平越高；商品流通量越大，范围越广，有利于企业规模扩张；销量增加，物流需求量就越大。同时，还可开拓潜在市场、潜在业务和客户。供应市场是指物流服务提供商的市场，社会上有很多综合性和专业性物流提供商。它们都会分担物流需求市场的物流需求量。物流供应市场分析的主要目的是掌握社会上物流供应能力的余缺和分布情况，为连锁经营配送中心发展物流能力和物流能力分布提供依据。特别是在分析供应商竞争时，仔细分析每一个供应商的竞争性指标，如区位优势、技术优势、服务水平等。

（2）物流业务结构分析。物流业务包括运输、储存、配送、装卸搬运、包装、流通加工、信息及咨询等。物流业务结构分析，主要分析在物流市场中有哪些物流业务，

各自所占份额。根据分析结果，配送中心可以确定自己的功能定位及发展方向，寻找物流市场的缝隙及发展机遇。通过分析可找出高收入、高投资、高成本、劳动密集型的业务提高经营效率与效益的措施和途径；而对于低投资、低成本、高利润及知识密集型业务可以挖掘潜力，不断提高效率及效益。

2. 时间结构分析

时间结构分析主要研究配送中心现代物流的发展规律、进程及趋势。时间结构分析最常见的是增长率分析，它可以反映变化规律和发展趋势。时间结构分析的基本方法是分析对象在各时间段的业绩，找出发展变化规律，根据这个规律，预测未来的发展趋势，并制订相应对策。

3. 空间时间结构分析

空间时间结构分析是将空间结构和时间结构结合起来进行分析，也称为综合分析。通过综合分析，得到各个层次各个对象的发展规律、发展速度和相对发展水平，这些数据资料能够对企业进行物流经营、制订物流战略方案提供有力的依据。并且可以发现问题，改进工作，发展市场，寻找机遇，制定企业物流发展战略。

（二）配送中心物流方案的制订

1. 配送中心物流方案的主要内容

物流方案包括物流发展战略方案和物流发展战术方案。物流发展战略方案是对物流未来发展问题的解决方案。它是未来的、长远的、方向性的、纲要性的方案，对物流发展具有指导性作用。物流发展战略方案对于配送中心的物流发展起着非常重要的作用。

物流发展战术方案是配送中心关于物流实施方面问题的解决方案，一般是具体的、详细的、可操作性的、实时性的方案，是对配送中心的物流工作带有计划性、指导性作用的方案。它是发展战略方案近期实施的具体化，具体规定和指导企业相关人员。

2. 配送中心物流方案的制订

配送中心（集团）按服务项目、发展方向、战略行为和战略重点等方面制订物流方案，配送中心物流发展战略类型的基本划分如表 5－5 所示。

表 5－5　　配送中心物流发展战略类型的基本划分

分类依据	物流发展战略类型
服务项目	准时配送战略、IT 供应战略、共同配送战略、一体化配送战略、区域物流市场开拓战略、国际物流市场开拓战略等
发展方向	物流服务导向战略、市场需求导向战略、专业技术导向战略、规模经营导向战略、资源优化导向战略、实时响应导向战略等
战略行为	扩张型物流发展战略、稳定型物流发展战略、收缩型物流发展战略、关系型物流发展战略等
战略重点	物流系统战略、物流经营战略、物流发展战略等

按功能整合度和服务范围的经营战略分类如图 5 - 2 所示。

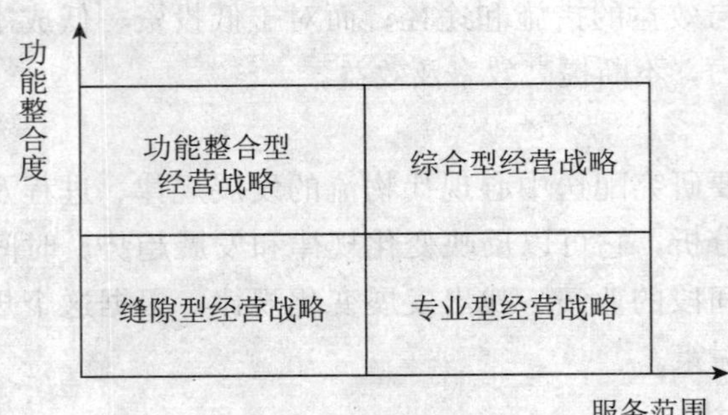

图 5 - 2　按功能整合度和服务范围的经营战略分类

(1) 综合型经营战略。这种经营战略，功能整合程度高，物流服务范围广，综合服务能力强。一般是综合性物流企业，其业务范围往往是全国或世界，是做大做强具有竞争力的超大型物流企业，具有从事国际物流的能力。

(2) 功能整合型经营战略。这种经营战略功能整合度高，物流服务范围较窄，专业或行业性较强，对某一专业或行业领域提供全面系统的物流服务。可选择目标市场，实行专业化经营，在这个专业化特定市场，其他物流企业难以参与竞争。

(3) 专业型经营战略。这种经营战略物流服务范围广，功能整合度低，但专业化服务功能齐全，为供需双方提供专业化全功能的物流服务，适合于大范围专业型物流企业。

(4) 缝隙型经营战略。这种经营战略功能整合度低，物流服务范围窄，功能单一，只能在局部范围内为客户提供某种专业、某个功能的物流服务。但仅限于差异化、低成本物流服务，采用拾遗补缺、细分市场策略。

制订物流方案，必须做两方面的工作。一是外部环境分析，主要包括物流需求客户市场和物流供应市场分析。客户市场主要分析需求量、需求分布、需求发展趋势、需求竞争态势、市场的政治经济条件及管理水平；供应市场主要分析物流供应能力、供应水平、供应商分布、供应竞争态势、市场的政治经济条件和管理水平等。通过外部环境分析，明确由外部环境引发的风险和机遇。二是内部条件的分析，其目的是明确企业自身所具有的优势和劣势。根据对配送中心外部环境和内部条件分析结果，制定配送中心的具体物流发展战略。

第四节　配送中心绩效评价

配送中心有一个好的绩效评价体系，可使高层管理者及时发现需要控制的领域，有效配置资源。配送中心绩效评价体系应有明确的目的、周密的计划、完整的程序。通过

对配送中心作业的事前计划与控制及事后的分析与评估，衡量配送中心系统和配送活动全过程的投入与产出状况，通过科学实施配送中心绩效管理，提高配送中心绩效。

一、配送中心绩效评价概述

（一）相关概念

1. 绩效与企业绩效评价

到目前为止，对绩效的认识有两种观点。一种观点认为“绩效是结果”，主要与职责、目的、结果、产量、任务等概念相关。另一种观点认为“绩效是行为”，主要包括任务绩效和关系绩效。任务绩效是指所规定的行为或与特定的熟练工作有关的行为，而关系绩效则是指自发的行为或与非特定熟练工作有关的行为。绩效管理是指各级管理者和员工为了达到组织目标共同参与的绩效计划制订、绩效辅导沟通、绩效考核评价、绩效结果应用、绩效目标提升的持续循环过程，绩效管理的目的是持续提升个人、部门和组织的绩效。

据财政部统计评价司的阐述，所谓企业绩效评价是指运用数理统计和运筹学原理，特定指标体系，对照统一的标准，按照一定的程序，通过定量定性对比分析，对企业一定经营期间的经营效益和经营者业绩做出客观、公正和准确的综合评判。

绩效管理系统是专门用于对组织和员工绩效进行界定、评价和考核的信息系统。在实际应用中可作为管理系统的纽带，也用来验证管理系统的运作效果。其核心是将结果管理过渡为行为过程管理，最终将两者有机结合，并与企业长期的发展战略融为一体。

2. 物流绩效与物流绩效评价

物流绩效通常是指物流活动中一种定量的劳动消耗和劳动占用与符合社会需要的劳动成果的对比关系，即投入与产出的比较。对于商业企业来说，物流绩效应包括结果和行为两个方面。企业物流绩效既是物流行为及其过程的表现，同时也是企业实现物流价值和经营效益的结果。

物流绩效评价是对物流价值的一种事前计划与控制以及事后的分析与评价，是衡量配送中心等物流运作系统和活动过程中投入与产出状况的分析技术与方法。物流绩效评价依托现代信息技术和分析工具，成为一个不断分析、控制和修正的动态过程。物流绩效指标是企业评价物流绩效的衡量标准，主要包括物流业务收入、物流费用、销售盈利率、应收账款周转率、存货周转率、空驶率、订单处理周期等指标。

3. 配送中心绩效与配送中心绩效评价

配送中心绩效是指配送中心依据顾客的物流需求，在组织物流运作过程中的劳动消耗和劳动占用与所创造的物流价值的对比关系，或者是物流运作过程中配送中心投入的物流资源与创造的物流价值对比。

配送中心绩效评价是对物流价值的事前计划与控制及事后的分析与评估，以衡量配送中心配送系统和配送活动过程中投入与产出状况的分析技术与方法。

（二）配送中心绩效评价的作用

从配送中心物流运作管理出发，物流绩效评价的目标就是对物流运作管理的监督、控制和指挥。因此，配送中心绩效评价有以下作用。

（1）提出和追踪配送中心运作目标已完成状况，并进行不同层次和角度的分析和评价，实现对物流活动的事先控制。

（2）通过物流绩效评价，判断配送中心运营目标的可行性和完成程度，及时调整目标。

（3）进行配送中心绩效评价，按新的管理与控制目标进一步改善工作，提升物流绩效。

（4）物流绩效评价是配送中心内部监控的有效工具和方法。

（5）通过物流绩效评价，分析和评估配送中心资源素质和能力，确定配送中心发展战略。

二、配送中心绩效评价

（一）配送中心绩效评价标准

1. 计划标准

以计划标准为尺度，将配送中心实际达到的绩效水平同计划指标比较，在一定程度上反映配送中心的经营水平。

2. 历史标准

以历史标准为尺度，将配送中心实际达到的绩效水平同历史同期最好水平相比较。这种纵向对比能够反映出配送中心绩效指标的发展动态和方向，为进一步提升其绩效提供决策依据。

3. 行业标准

将国内外同行业的先进水平作为评价尺度。这种横向的对比，便于观察和表明配送中心本身所处的位置，便于发现差距，可作为配送中心制定物流发展战略的基础。

4. 顾客标准

用客户对配送中心物流运作服务的满意程度等作为评价标准，客户满意程度是配送中心服务水平的关键要素，是配送中心改进和提高物流服务水平的依据。

（二）配送中心绩效评价指标

1. 进出货作业

（1）进货。

进货作业包括接收商品、装卸搬运、码托盘、核对该商品的数量及质量（主要是外表质量）和签单，然后将有关信息书面化等一系列工作。

（2）出货。

将拣选、分拣完的商品，做好复核检查，并根据各辆卡车或配送路径将商品搬运到理货区，然后装车配送的物流活动。

（3）配送中心管理人员需研究的问题。

①进出货作业人员的工作量安排是否合理？

②进出货装卸设备利用率如何？

③站台停车泊位利用率如何？

④供应商进货时间的控制如何？

⑤客户门店要求交货的时间集中度控制如何？

（4）进出货作业效率评估指标。

①空间利用率。

考察站台的使用情况，是否因数量不足或规划不佳造成拥挤或低效。

站台使用率＝进出货车次装卸货停留总时间/（站台泊位数×工作天数×每天工作时数）

若采用进出货站台分开的配送中心，则用以下方式计算：

进货站台使用率＝进货车次装卸货停留总时间/（进货站台泊位数×工作天数×每天工作时数）

出货站台使用率＝出货车次装卸货停留总时间/（出货站台泊位数×工作天数×每天工作时数）

②站台高峰率。

站台高峰率＝高峰车数/站台泊位数

若站台使用率偏高，表示站台停车泊位数量不足，造成交通拥挤，可采取下列改善措施。

A. 增加停车泊位数。

B. 做好时段管理，让进出配送中心的车辆能有序行驶、停靠、装卸货作业。

C. 增加进出货人员，加快作业速度，减少每辆车装卸停留时间。

若站台使用率低，站台高峰率高，停靠站台时间平均不高，站台停车泊位数量仍有余量，但在高峰时间进出货仍存在拥挤现象，此种情况主要是没有控制好进出货时间。要将进出和车辆的到达作业时间分开，可采取以下措施。

A. 要求供应商依照计划准时送货，规划对客户交货的出车时间，尽量降低高峰时间的作业量。

B. 若无法与供应商和客户达成共识分散高峰期流量，则应特别安排人力在高峰时间以保持商品快速装卸搬运。

③人员负担和时间耗用。

考核进出货人员工作分配及作业速度，以及目前的进出货时间是否合理。

每人每小时处理进货量＝进货量/（进货人员数×每日进货时间×工作天数）

每人每小时处理出货量＝出货量/（出货人员数×每日出货时间×工作天数）

进货时间率＝每日进货时间/每日工作时数

出货时间率＝每日出货时间/每日工作时数

如果进出货人员共用，则以上指标应将进出货量、时间合并加总。

每人每小时进出货量＝（进货量＋出货量）/（进出货人员数×每日进出货时间×工作天数）

进出货时间率＝（每日进货时间＋每日出货时间）/每日工作时数

若每人每小时处理进出货量高，且进出货时间率也高，表示进出货人员平均每天的负荷较重。原因在于配送中心目前的业务量过大，可以考虑增加进出货人员，以减轻每人的工作负荷。

若每人每小时处理进出货量低，但进出货时间率高，表示虽然配送中心一日内的进出货时间长，但每位人员进出货负担却很轻。原因是进出货作业人员过多和商品进出货处理比较繁杂、进出货人员作业效率较低，可采取以下措施。

A. 考虑缩减进出货人员。

B. 对于工效差的问题，应随时督促、培训，同时应想办法减少劳力及装卸次数（如托盘化）。

若每人每小时进出货量高，但进出货时间率低。表示上游进货和下游出货的时间可能集中于某一时段，以致作业人员必须在此段时间承受较高的作业量。可考虑平衡人员的劳动强度和避免造成车辆太多、站台泊位拥挤，采取分散进出货作业时间的措施。

④设备移动率。

评估每台进出货设备承担的工作量是否合理、达标。

每台进出货设备每天装卸量＝（出货量＋进货量）/（装卸设备数×工作天数）

每台进出货设备每小时装卸量＝（出货量＋进货量）/（装卸设备数×工作天数×每日进出货时数）

若此指标数值较低，表示设备利用率差，资产过于闲置。应采取积极开拓业务，增加进出货量；如果业务工作量不可能扩大，则考虑将部分装卸设备移至他用（出租等）。

2. 储存作业

储存作业是指对存货或物品进行妥善管理，充分利用仓库空间，注重库存控制，减少资金占用，降低储存成本，减少积压、过期、变质物品的物流活动。

在管理方面要求善于利用仓库空间，有效利用配送中心每单位面积；加强存货管理，保障存货的可得性，降低存货的缺货率；防止存货多而占用资源和资金。衡量储存作业的指标主要有以下几种。

（1）设备空间利用率。

储区面积率＝储区面积/配送中心建筑面积

可使用保管面积率＝可保管面积/储区面积

储位容积使用率＝存货总体积/储位总容积

单位面积库存量＝平均库存量/可库存面积

平均每品项所占存储位＝货架储位数/总品项数

平均每品项所占储位数若能规划为0.5～2，即使无明确的储位编号，也能迅速存

取商品，不至于造成存储、拣货人员作业困难，也不会产生同一品项库存过多的问题。

(2) 库存周转率。

库存周转率是用来考核配送中心货品库存量是否适当、经营绩效的重要指标。

库存周转率＝出货量/平均库存量

＝营业额/平均库存金额

周转率越高，库存周转期越短，这就表示用较少的库存完成了同样的工作，使积压、占用在库存上的资金减少，也就是说，资金的使用率高。企业利润也随货品周转率的提高而增高。

通常可以采取以下方法来提高库存周转率。

①缩减库存量，通过配送中心自行决定采购、补货的时机及存货量。

②建立预测系统。

③增加出货量。

(3) 存货管理费率。

存货管理费率用来衡量配送中心每单位存货的库存管理费用。

存货管理费率＝库存管理费用/平均库存量

应对存货管理费用的内容逐一检查分析，寻找问题予以改进。一般库存管理费包括以下几种。

①仓库租金。

②仓库管理费。用于出库验收、盘点等的人事费、警卫费、仓库照明费、空调费、建筑费、设备及器具的维修费等。

③保险费。

④损耗费。货品变质、破坏、盘损等费用。

⑤货品淘汰费用。流行商品过时、季节性商品换季等造成的费用。

⑥资金费用。货品变价损失、机会成本损失等。

可采取尽可能少量、多次订货等方式，以减少库存管理费用。

(4) 呆废货品率。

呆废货品率用来测定配送中心货品损耗影响资金积压的状况。

呆废货品率＝呆废货品件数/平均库存量

＝呆废货品金额/平均库存金额

改善对策有以下几点。①验收时力求严格把关，防止不合格货品混入。②检查储存方式、设备与养护条件，防止货品变质，特别是对货品的有效期管理更应重视。③随时掌握库存水平，特别是滞销品的处理，减少呆废货品资金积压和占用库存。

3. 盘点作业

进行盘点的主要目的是通过经常定期或不定期的盘点库存，及早发现问题，以免造成日后更大的损失。在盘点作业中，以盘点过程中发现的库存数量与账目不符的情况作为评估重点，评价指标主要有以下几种。

（1）盘点质量。

盘点数量误差率＝盘点误差量/盘点总量

盘点品项误差率＝盘点误差品项数/实际盘点品项数

（2）平均盘差商品的金额。

平均盘差商品的金额＝盘点误差金额/盘点误差量

4. 订单处理作业

订单处理是指接到客户订货开始到准备着手拣货之间的作业阶段，它主要包括接单、确认客户的资料、存货查询、单据处理等。主要评价指标有以下几种。

（1）订单分析。

通过对日均受理订单处理、订单平均订货数量和平均订货单价的分析，观察每天订单变化的情况，以制订客户管理策略及业务发展计划。

日均受理订单数＝订单数量/工作天数

订单平均订货数量＝出货量/订单数量

日均商品单价＝营业额/订单数量

（2）订单延迟率。

订单延迟率主要是衡量交货的延迟状况。

订单延迟率＝延迟交货订单数/订单数量

改善对策有以下几点。①找出作业瓶颈并加以解决。②研究物流系统前后作业能否相互支持或同时进行，谋求作业的均衡性。③掌握库存情况，防止缺货。④合理安排配送时间。

（3）订单货件延迟率。

订单货件延迟率是用来衡量是否需要实施客户重点管理，使有限的人力、物力得到有效利用的指标。

订单货件延迟率＝延迟交货订单数/订单数量

在这里，需要考虑实施客户 ABC 分析，以确定客户的重要程度，是否需要采取重点管理。例如，根据订单资料，按客户的购买量占配送中心营业额的百分比进行客户 ABC 分析，尽可能减少重要客户延迟交货的次数，以提高服务水平。

（4）紧急订单响应率。

紧急订单响应率是用来分析配送中心快递订单处理能力和紧急插单业务的需求情况。改善对策为制订快递作业处理流程，调整订购点及订单量的标准。

（5）缺货率。

缺货率主要衡量存货控制决策是否合理，确定是否调整订购点及订购量的基准。

缺货率＝接单缺货数/出货量

改善对策为加强库存管理，分析存货异常情况，掌握采购、补货时机，督促供应商送货的准时性。

（6）短缺率。

短缺率＝出货短缺数/出货量

改善对策为注重每位员工的每次作业质量，做好每一作业环节的复核工作。

5. 拣货作业

拣货作业是配送作业的中心环节，是依据客户的订货要求或配送中心的作业计划，准确、迅速地将商品从其储位或其他区域拣取出来的作业过程，拣货时间、拣货策略及拣货的精确度影响出货品质。大部分客户订单至少包含一项以上的商品，而将这些不同种类数量的商品从配送中心取出集中在一起，即称为拣货作业。拣货作业大多数依靠人工配合简单机械化设备，是劳动力密集型的作业，因此，必须重视对拣货人员的负荷及效率的评估。拣货时间及拣货策略往往是影响接单出货时间长短最主要的决定性因素，而拣货的精确度更是影响出货质量的重要环节。拣货是配送中心最复杂的作业，且耗费成本比例不小，因此，拣货成本也是管理人员关心的重点。

拣货作业效率的评估要素包括以下几种。

（1）人均作业能力。

衡量拣货的作业效率，以便找出在作业方法及管理方式上存在的问题。

人均每小时拣货品项数＝订单总笔数/（拣货人员数×每天拣货时间×工作天数）

提升拣货效率的方法包括：拣货路径的合理规划；储位的合理配置；确定高效的拣货方式；拣货人员数量及工况的安排；拣货的机械化、电子化。

（2）批量拣货时间。

衡量每批次平均拣货所需的时间，可供日后制订分批策略时参考。

批量拣货时间＝每日拣货时数×工作天数/拣货分批次数

批量拣货时间短，表示拣货的反应时间快，即订单进入拣货作业系统乃至完成拣取所费的时间很短，这特别有利于处理紧急订货。

（3）每订单投入拣货成本。

每订单投入拣货成本＝拣货投入成本/订单数量

每件商品投入拣货成本＝拣货投入成本/拣货单位累计件数

（4）拣误率。

衡量拣货作业质量的指标。

拣误率＝拣选错误订单数/订单总数

降低拣误率的主要措施包括：选择最合理的拣货方式；加强拣货人员的培训；引进条码、拣货标签或电脑辅助系统等自动化技术，以提升拣货精确度；改善现场照明度；检查拣货的速度。

6. 配送作业

主要研究如何有效地进行配送。即用适当的配送人员、适当的配送车辆及每趟车最佳运行路径来配送，以提高配送量和装载率。人员、车辆和配送时间及规划方式都是配送中心管理人员在配送方面应该重点考虑的问题。因配送造成的成本费用支出和因配送路途耽搁引起的交货延迟，也是必须注意的因素。配送效率主要包括以下评估指标。

(1) 人均作业量。

人均作业量主要是评估配送人员工作能力及作业绩效。

平均每人的配送量＝出货量/配送人员数

平均每人的配送距离＝配送总距离/配送人员数

平均每人的配送重量＝配送总重量/配送人员数

平均每人的配送车次＝配送总车次/配送人员数

(2) 车辆平均作业量。

车辆平均作业量主要是衡量车辆的利用率。

平均每辆车的配送量＝配送总件数/（自车数量＋外车数量）

平均每辆车的配送吨·公里数＝配送总距离×配送总量/（自车数量＋外车数量）

平均每辆车的配送距离＝配送总距离/（自车数量＋外车数量）

平均每辆车的配送重量＝配送总重量/（自车数量＋外车数量）

(3) 空驶率。

空驶率是用来衡量车辆的空间利用率。

空驶率＝空车行驶距离/配送总距离

要减少空驶率，关键是要做好回程顺载工作，可从回收物流着手，如容器的回收（啤酒瓶、牛奶瓶等），托盘、笼车、拣货周转箱的回收，原材料的再生利用（如废纸板箱）及退货处理等。

(4) 车辆运行状况。

配送车移动率＝配送总次数/（自车数量＋外车数量）×工作天数

平均每车次配送吨·公里数＝（配送总距离＋配送总重量）×配送总车次

(5) 评估外车数量是否合理。

外车比例＝外车数量/（自行数量＋外车数量）

一般使用外雇车辆是为了应付季节性商品和节假日商品等旺季供货状况的需求。如果季节性商品的比例较高，表示配送中心淡旺季的出货量差别很大，应尽量考虑多雇用外车、减少自车的数量；如果季节性商品的比例很低，表示配送中心的淡旺季出货量差别不大，应选择使用自车来提高配送效率。

(6) 配送成本。

配送成本考核的指标说明如表 5-6 所示。如果单独配送的配送成本偏高，应考虑采用共同配送策略，以降低较远距离、较少出货而造成的高配送成本。

表 5-6 配送成本考核的指标说明

指标	指标计算公式	应用说明
配送成本比率	$\frac{\text{自车配送成本}+\text{外车配送成本}}{\text{配送总费用}}$	配送成本包括自行车辆配送成本及联系委托外车配送成本，而一般租车的运费计算方式包括：①以配送重量计算；②以配送量计算；③以配送车次计算；④以距离（客户点）计算；⑤以物品价值计算。可以由每吨重、每立方米配送体积、每车次、每千米距离的配送成本，来探求配送成本花费过高的原因
每吨配送成本	$\frac{\text{自车配送成本}+\text{外车配送成本}}{\text{配送总重量}}$	
每立方米配送成本	$\frac{\text{自车配送成本}+\text{外车配送成本}}{\text{出货品总体积数}}$	
每单元配送成本	$\frac{\text{自车配送成本}+\text{外车配送成本}}{\text{出货品总单元数}}$	
每车次配送成本	$\frac{\text{自车配送成本}+\text{外车配送成本}}{\text{配送总车次}}$	
每千米配送成本	$\frac{\text{自车配送成本}+\text{外车配送成本}}{\text{配送总距离}}$	
配送延迟率	$\frac{\text{配送延迟车次}}{\text{配送总车次}}$	掌握交货时间，尽量减少配送延迟情况，以确保公司信用度

（7）配送延迟率。

配送延迟率是考核配送到客户的时间是否准确。

配送延迟率＝配送延迟车次/配送总车次

往往造成配送延迟率过高的原因是车辆、设备故障，路况不佳，供应商供货延迟、缺货及拣货作业延迟。

7. 采购作业

由于出货使得库存数量减少，当库存降低到某一定点即订货点时，要立即采购补充商品。采用何种采购方式、供应商信用、货品品质是进货作业应重点考虑的问题，以防进货发生延迟、短缺，造成整个后续作业无法正常进行。采购作业效率具有以下评估指标。

（1）出货品成本占营业额比率。

出货品成本占营业额比率主要是用来衡量成本的合理性。

出货品成本占营业额比率＝出货品采购成本/营业额

改善对策：采取集中采购的方式，可以因一次采购量大而获得折扣，还可以减少采购的手续费。

（2）货品采购及管理总费用。

货品采购及管理总费用主要是衡量采购与库存政策的合理性。

货品采购及管理总费用＝采购作业费用＋库存管理费用

改善对策：对于单价比较高的货品，其采购次数较多时费用较少；单价较低的货品，一次大量采购较为划算。

(3) 进货数量误差率、次品率和延迟率。

进货数量误差率、次品率和延迟率可以衡量进货准确度和有效率，以配合调整安全库存。

进货数量误差率＝进货误差数量/进货量

进货次品率＝进货不合格数量/进货量

进货延迟率＝延迟进货数量/进货量

8. 配送中心经营管理综合指标

对于配送中心经营的整体评估方面，重点是配送中心资产营运、财务效益、人员等的评估。

(1) 配送中心评效。

配送中心评效是衡量配送中心单位面积的营业收入产值。

配送中心评效＝营业额产值/建筑物建筑面积

(2) 直间工比率。

直间工比率是衡量配送中心作业人员和管理人员的比率是否合理的指标。

直间工比率＝一线作业人数/(配送中心总人数－一线作业人数)

(3) 人员作业能力。

人员作业能力是用来衡量配送中心的人员单产水平。

人员作业量＝出货量/配送中心总人数

人员作业能力＝营业额/配送中心总人数

改善对策：有效地利用物流机械设备，减少配送中心从业人员，尤其是当直间工比率不高时，首先考虑削减间接人员。

(4) 固定资产周转率。

固定资产周转率是用来衡量配送中心固定资产的运营绩效，评估所投资的资产是否充分发挥效用。

固定资产周转率＝产值/固定资产总额

(5) 产出与投入平衡率。

产出与投入平衡率主要判断是否维持低库存量，以及与库存的差距多大。

产出与投入平衡率＝出货量/进货量

产出与投入平衡率是指进出货件数的比率，如果想以低库存作为最终目标，且不会发生缺货现象，则产出与投入平衡率最好控制在1左右，实现整个目标的关键是要切实做好销售预测。

(三) 配送中心总体绩效评价方法

配送中心绩效评价，其实质是对配送中心的服务能力、竞争能力、发展能力的评价。物流活动总体绩效评价可以分成内部评价和外部评价。

1. 内部评价

内部评价是配送中心物流资源与能力的一种基础性评价。根据内部评价可以确认

物流服务水平、服务能力和满足服务客户要求的最大限度。将整个物流系统进行投入产出分析，可以确认物流系统总体能力、水平和有效性。

2. 外部评价

外部评价是对配送中心物流运作外部环境、物流服务形象与能力的系统评价。主要方法有以下两种。

(1) 顾客满意度评价。一般采用调查问卷、专家评审、顾客座谈会等方式进行。

(2)“标杆”评价法。通过选定先进标准作为参照的“标杆”，全面比照分析和评价连锁经营配送中心运作的总体绩效。

三、配送中心的绩效管理

(一) 配送中心绩效管理原则

1. 追求物流绩效与满足顾客需求的统一

配送中心绩效是在满足顾客需求的前提下产生的。顾客需求是物流服务的基础，直接决定和影响着配送中心的物流绩效。物流服务必须满足服务方和被服务方都能降低成本，并提高经营管理水平的需求，从而建立伙伴关系，实现利益“双赢”。

2. 近期物流绩效和远期物流绩效的统一

采用现代物流技术需要较大的一次性投资，而作用是渐进的、长期的。配送中心与客户之间建立的是一种长期的、专业化的物流服务伙伴关系，配送中心需要将近期的物流绩效与远期物流绩效进行统一协调。

3. 物流绩效与社会效益的统一

配送中心的物流活动，不仅要考虑经济效益，还要考虑社会效益。要充分考虑对环境的影响，减少对环境的破坏和污染，实现物流绩效与社会效益的统一。

(二) 配送中心物流绩效管理合理化

1. 提升物流服务能力，创造更多的物流价值

在配送中心发展过程中，合理的物流绩效通过物流服务创新，提高物流服务水平，扩大市场业务量，改变配送中心原有物流服务的构成，以更优质的服务创造更多的物流价值。

2. 创造物流管理方式，有效降低物流成市

配送中心由多个环节组成，在维持和改进物流服务的状况下，通过创新物流管理的制度、方式和方法，科学地解析物流成本构成情况，有针对性地采取管理手段，有效降低物流成本，实现配送中心绩效管理的合理化。

第五节 案例分析

总部设立在美国南部得克萨斯州休斯敦的史得奇服装零售店集团公司（以下简称

“史得奇服装”）(Stage Stores Inc，STGS）经营批发零售男女老少服装，经营范围主要在美国东部诸州和全国各地。

史得奇服装每天都得向其在美国 656 家服装商店做配送，配送中心的信息系统发挥重大作用。

（一）农村包围城市的物流网络体系

史得奇服装原本是一家开设在美国乡镇的家庭服装零售店，在赢得城乡广大消费者衷心爱戴，并聚集相当强大实力后，逐步以农村包围城市方式向美国各地大、中型城市进发，获得巨大成功。在史得奇服装获得巨大成功的背后，是确保物流始终畅通的配送中心及其物流系统强有力支持，将零售店与供应链保持紧密联系，即使偏远地区市场和小型夫妻服装店也不例外。

史得奇服装把服装零售商店开设在美国各地城乡不同层次市场。例如，在不到 5 万人的乡镇或者距离闹市区大约 30 分钟路程的郊区往往能够见到史得奇服装零售分店，截至 2007 年 4 月底在美国各地共开设 656 家，除了挂牌史得奇服装零售店，还以“Palais Royal”“Bealls”“Peebles”等店牌名称开设服装店，销售名牌服装的同时也销售鞋子、首饰、化妆品、礼品等商品。

必须指出，目标定位在非市中心客户的零售行业开发决策本身既是市场机遇又是严峻挑战。一方面与市中心的距离确实能够减少来自市中心大型商店或者商场的直接竞争，另一方面开设在非市中心或者小型乡镇的零售商店在货物配送方面增加难度。再加上服装型号、品种和式样年年有变，甚至一年多变，而成功服装零售商的关键就是在第一时间掌控服装市场变化态势，能够准确分析和认清哪些是热销品种，哪些是淘汰式样，哪些服装在纽约市特别热门，而哪些服装应该及时转移到热衷于美国服装过时货的海外商店。总而言之，必须让服装随着不同地区市场热点的出现和消逝及时转移，不断提高整体市场服装销售量和服装销售额，尽可能避免服装市场销售冷门。而要精确掌控整个服装市场供应链的正常运转，不仅涉及信息全面汇集和同步分享，而且与运输渠道关系密切。对于史得奇服装来讲，其本身就是一个严峻挑战，因为史得奇服装零售业大多分散在市中心以外的郊区，甚至在比较偏僻的农村，于是服装配送中心的重大意义脱颖而出。

（二）高效的配送中心

史得奇服装物流部高级副总裁戈夫·格拉布斯（Gough Grubbs）最近指出，目前史得奇服装零售在美国各地拥有 656 家服装商店，其中 5 个州各有 53 家，几乎每天必须向各个服装商店送货，根据零售店规模和销售量，每次至少要提供 6～40 只卡通（纸板）箱服饰和其他相关商品。这些纸箱装服饰都是用集装箱从配送中心运到商店仓库，有的直接上商店货架准备销售。大部分服装平均两天就销售一空，需要立即补充供应或者更新项目品种。

为了确保服装供应快速畅通，史得奇服装设立两套配送系统（DCS)，一套在得克萨斯州的杰克逊维尔，拥有面积为 3.07 万平方米和 9.94 千平方米的两大配送仓库，

总共面积达到 40.60 千平方米，可以日均发送 22000 只卡通箱服装等产品；另外一套在弗吉尼亚州的南希尔，有面积 1.51 万平方米仓库一座。两地配送中心仓库设施全部采用仓储管理系统软件（WMS），货物进库、分拣、鉴别、包装、存放和出库全部用皮带输送机和自动轨道车操作；两地配送中心之间经常进行交叉配送，越库转运，最大限度降低运输成本和提高配送效率，每年配送业务量超过 900 万卡通箱。

而实现高速配送物流背后的秘密就是准确的信息、严密规划和充分的储运准备。根据史得奇服装销售经营规划，所有的供货商必须根据事先签署协议，在服装等货物抵达配送中心之前完成一系列增值服务，其中包括服装上面挂品牌标签，所有品牌服装必须配载在挂衣箱，凡是服装等商品上货架或者送到商店仓库之前的全部包装、整理、清点和审计等工作一律由供应商完成。为了促使物流供应链畅通运转，史得奇服装要求各家供应商按照规定操作，供应链上下线必须相互密切合作。例如，供应商必须事先及时通报货物抵达配送中心或者直接送达相关零售商店的确切日期和时间，以便配送中心和服装零售店做好准备，避免增加存货或者发生商品断档，也为个别临时更改日期留有足够空间。史得奇服装配送中心也积极与第三方运输服务商合作，让他们承包服装等商品的运输任务，把应急用的公司自营运输车队运力减少到最低限度，从而大幅度降低运输成本。

（三）功能强大的物流信息系统

可以说，史得奇服装配送和物流获得巨大成功的背后就是积极引进和充分运用信息系统软件，这些软件的主要供应商根据史得奇服装配送和物流的具体需求、量身定做、设计制造合适软件，帮助史得奇服装配送和物流最大化提高物流速度，减少供应链运营风险，把运输成本降低到最低限度。而作为软件供应商的“托运人共同体公司”（Shippers Commonwealth）也与专门销售仓储管理系统软件的 Oracle 集团下属的 Retek 电子软件供应商保持密切联系，双方密切合作为史得奇服装配送和物流提供最佳服务，把软件功能从货物接收和运输一直扩大到订货、财务、生产率管理、日常工作安排和劳务考核管理等项目需求。

资料来源：中大网校 http：//www. wangxiao. cn/wl/72007200539. html

分析：

1. 史得奇服装为什么能取得巨大成功？
2. 史得奇服装采取了哪些配送方法？它是如何实现高效配送的？
3. 你认为史得奇服装还可以采取哪些配送方法提高配送效率？

第六节　实习实训指导

一、实训目的

通过本项目的实训，使学生熟悉配送企业绩效评价现状，锻炼学生实际分析问题的能力，培养团队合作精神。

二、实训内容

调查当地一家企业，了解他们的绩效评价体系。

三、实训要求

1. 学生以小组为单位，每个小组设一名组长。
2. 对配送中心进行实地调查，分小组讨论配送中心主要绩效管理的内容，深入理解教学内容。
3. 实训指导老师现场讲解，接受学生询问并监管讨论过程。
4. 学生完成实训报告。
5. 实训指导老师审核学生的实训报告并提出修改意见。

四、评价标准

评价标准如表 5-7 所示。

表 5-7　评价标准

专业				
考评地点	多媒体教室、物流实训室			
组别				
考评内容	配送企业绩效评价体系分析			
考评标准	分值	得分	本组自评	教师评价
1. 参与活动的积极性、主动性	15			
2. 完成任务的及时性	15			
3. 是否充分利用图标、数据	10			
4. 内容的完整性和准确性	20			
5. 方法使用的合理性	20			
6. 书面表达是否清晰、美观	10			
7. 口头表达能力	10			
合计	100			

复习思考题

一、选择题

1. 下列不属于提高配送中心运营效率的途径是（　　）。
A. 作业方法的改善
B. ABC 分析法的应用
C. 作业能力全面化
D. 物流成本控制
2. 下列不属于配送中心职工培训内容的是（　　）。
A. 基本知识培训
B. 职业道德培训
C. 作业技能培训
D. 参与式培训
3. 下列不属于工作绩效评估原则的是（　　）。
A. 客观公开原则
B. 全方位考核原则
C. 责、权、利相结合的原则
D. 效用最大化
4. 下列不属于 6S 作业方法的是（　　）。
A. 整理、整顿
B. 清扫、清洁
C. 素养、安全
D. 学习、节约
5. 下列不属于配送中心市场预测方法的是（　　）。
A. 指数平滑法
B. 加权平均法
C. 移动平均法
D. 随机抽样
6. 进货数量误差率的计算方法是（　　）。
A. 进货数量误差率＝配送延迟车次/配送总车次
B. 进货数量误差率＝进货误差数量/进货量
C. 进货数量误差率＝进货不合格数量/进货量
D. 进货数量误差率＝延迟进货数量/进货量

7. 下列属于配送中心（集团）的物流功能整合度和服务范围的经营战略分类的是（　　）。

A. 综合型经营战略

B. 垂直一体化战略

C. 水平一体化战略

D. 多角化战略

二、判断题

1. 绩效管理强调的是对过程的监控。（　　）

2. 配送中心绩效评价主要是对事后的分析与评估。（　　）

3. 设备利用率主要是衡量资产设备有无发挥最大产能。（　　）

4. 质量水平主要是衡量配送中心服务质量是否达到企业规定的水准。（　　）

5. 空间利用率主要是考虑站台是否因数量不足或规划不佳造成拥挤或低效。（　　）

6. 储存作业要求善于利用仓库空间，有效利用配送中心每单位面积。（　　）

7. 库存周转率越高，表示用较少的库存完成了同样的工作，使积压、占用在库存上的资金减少。（　　）

8. 待废品率主要是由于验收时把关不严造成的。（　　）

9. 盘点的目的是通过经常定期和不定期盘点库存，掌握库存的数量和品种。（　　）

10. 拣货是配送中心中最简单的作业。（　　）

三、简答题

1. 简述配送中心绩效评价的目标。

2. 简述配送中心绩效评价的作用。

3. 选择评价指标的原则有哪些？

4. 简述配送中心作业绩效评价的指标。

5. 简述配送中心市场调查的主要步骤。

四、计算题

某物流企业2017年度某种物资市场价格统计预测如表5－8所示，试用一次平滑指数法对该年11、12月此物资的市场价格进行预测，取$\alpha=0.9$。

表5－8　某物资市场价格统计预测　单位：元/吨

月份	市场价格	预测值	月份	市场价格	预测值
1	200	—	7	155	—
2	135	—	8	130	—

续　表

月份	市场价格	预测值	月份	市场价格	预测值
3	195	—	9	220	—
4	197	—	10	277	—
5	310	—	11	—	—
6	175	—	12	—	—

第六章　特殊配送中心的规划及运营

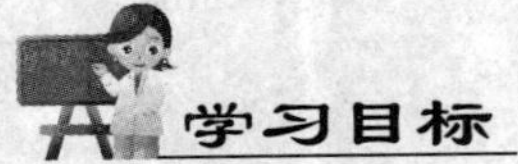

知识目标

1. 了解我国连锁经营配送中心、电子商务配送中心、温控配送中心的概念。
2. 熟悉我国几种特殊配送中心的特点及设计程序。
3. 了解我国几种特殊配送中心商务配送的发展趋势。

能力目标

1. 能运用所学知识，为连锁经营企业等进行配送中心的规划。
2. 能够运用所学知识对日常经营的配送中心进行质量评价。

沃尔玛公司的物流工厂

20世纪90年代，沃尔玛公司提出了新的零售业配送理论，开创了零售业工业化运作的新阶段，即通过集中管理配送中心向各商店提供货源。其独特的配送体系，不仅大大降低了成本，而且加速了存货周转，形成了沃尔玛公司的核心竞争力。

如今，沃尔玛公司在美国已建立了62个配送中心，整个公司销售商品的85%由这些配送中心供应，而其竞争对手只有约50%～65%的商品集中配送。沃尔玛公司完整的物流系统号称“第二方物流”，相对独立运作，不仅包括配送中心，还有更为复杂的输入采购系统、自动补货系统等。其配送中心的平均面积约10万平方米，相当于23个足球场，全部自动化作业，现场作业场面就像大型工厂一样壮观。

沃尔玛公司共有六种形式的配送中心，第一种是“干货”配送中心；第二种是食品中心（相当于我们的“生鲜”）；第三种是山姆会员店配送中心；第四种是服装配送中心；第五种是进口商品配送中心；第六种是退货配送中心（其收益主要来自出售包装箱的收入和供应商支付的手续费）。其配送中心的基本流程是：供应商将商品送到配送中心后，经过核对采购计划、进行商品检验等程序，分别送到货架的不同位置存放。门店提出订货计划后，电脑系统查出所需商品的存放位置，并打印有商店代号的标签。整包装的商品直接在货架上送往传送带，零散的商品由工作台人员取出后也送到传送

带上，一般情况下，商店订货的当天就可以将商品送出。

沃尔玛公司全球4500多个店铺的销售、订货、库存情况可以随时调出查看。公司的5500辆运输卡车，全部装备了卫星定位系统，每辆车在什么位置，装载什么货物，目的地是什么地方，总部一目了然。这样就可以合理安排运量和路程，最大限度地发挥运输潜力，避免浪费，降低成本，提高效率。沃尔玛公司正是利用信息平台对物流、商流、资金流的整合、优化和及时处理，实现了有效的物流成本控制。从采购原材料开始到制成最终产品，最后由销售网络将产品送到消费者手中的过程都变得高效有序，实现商业活动的标准化、专业化、统一化、单纯化，从而达到实现规模效益的目的。

资料来源：http：//wenku. baidu. com/view/35c3f57a168884868762d6db. html

思考：

沃尔玛公司采用了哪些技术支撑其庞大的配送网络？沃尔玛公司的配送中心有哪些种类的配送中心？其配送中心的流程是怎样的？

第一节　连锁经营配送中心

一、连锁经营企业配送概念及特点

（一）连锁经营企业配送概念

连锁经营企业的配送与一般企业的配送有所不同。它是指根据企业经营的需要，从供应者处采购商品，在物流据点（仓库或配送中心）中经过必要的储存，并按各门店的订货要求进行分拣，配货后，将配好的商品在规定的时间内送达门店的一项物流活动。配送的七大环节如图6-1所示。

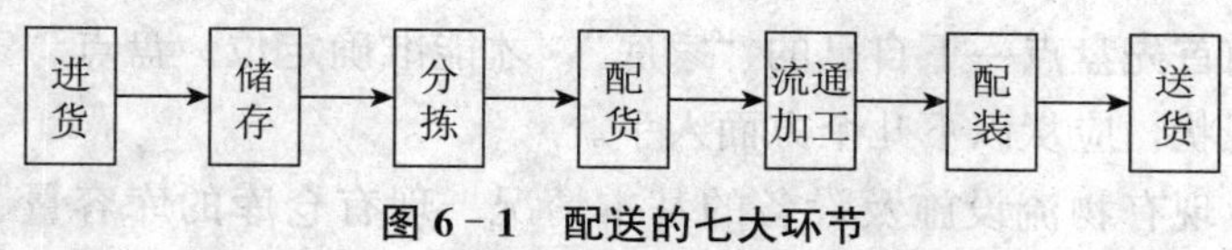

图6-1　配送的七大环节

（二）连锁经营企业配送的特点

一般来说，配送集装卸搬运、包装、仓储、运输等功能于一身，通过这一系列活动完成将物品送达客户的目的。特殊的配送还要以流通加工活动为支撑，涉及面更广。配送与一般送货的重要区别在于配送往往在物流据点有效地利用分拣、配货等理货作业，使送货达到一定的规模，以利用规模优势取得较低的送货成本。同时，配送以客户为出发点，强调“按客户的订货要求”为宗旨。

连锁经营把零售经营与满足自己需要的物流活动以“联购分销”的方式有机地结合在一起，实现了经营上的规模效益，是一种有自己特色的零售经营模式。它的配送对象是各连锁店铺，配送者与配送对象具有隶属关系，是实行统一经营条件下的商品配送，即特定配送。其购销关系连续稳定，是一种真正意义上的配送。它具有预约性批发销售及物流活动集中化、稳定性等特点。

二、连锁经营配送中心规划与设计

连锁经营企业的配送中心这一现代的、先进的流通机构已为企业和政府所接受，并得到积极推进。对一个连锁企业来说，究竟该建一个具有哪些功能的配送中心，其规模多大，在什么地方建配送中心，选用什么样的工艺及设备等问题，是本节讨论的重点。

进入 20 世纪 90 年代，经济发达国家在物流大变革中，对于配送中心的规划和设计不仅考虑自动化和省力化，还要求站在更高的视野来认识这一问题。作为决策者，不但要考虑设施与设备等硬件，科学的程序化管理等软件也必须作为重点来认真对待。

1. 建设连锁经营配送中心的决策准备

作为一位决策者，在投资建设配送中心或改建配送中心之前，必须做好下述几点准备工作。

(1) 明确目标，有的放矢。

在准备新建或改建连锁经营配送中心时必须明确以下的规划及设计目标。

①规划和设计最适宜的配送中心。

②物流运营成本最低。

③物流的服务水平最高。

④物流的作业速度最快。

⑤不断扩大配送市场。

⑥具有与其功能及特性相适应的机械化和自动化水平。

(2) 盘点“家底”，准确定位。

在决策之前首先盘点一下自己的“家底”，才能准确定位。盘点“家底”主要是摸清连锁企业的现状，应从以下几个方面入手。

①连锁企业现有物流设施及设备的基本情况。现有仓库的库容量、仓库状况、货运汽车、冷藏车数量及运行情况，叉车、巷道起重机及水平输送设备的情况，货架、托盘状况。

②专业技术人员情况。连锁经营企业内部专业技术人员的素质、具有物流配送经验的人数、其他人员的基本情况。

③供应商情况。目前有业务关系的供货商状况，供货种类，进一步合作的可能性，新合作伙伴的预测，进货成本现状及预测。

④顾客情况。目前用户有多少，配送商品种类，配送成本，对服务满意程度如何，有望发展为契约关系的顾客有多少。根据本公司的基本情况，合理配置配送中心设施与设备，制定可持续发展的战略目标，并不断充实、改进配送设施与设备，改善运营管理与技术水平；完善信息系统功能，提高信息处理水平。

(3) 先“洗脑”，后决策。

不管是什么企业，也不管是多大规模的企业，在新建或改建连锁经营配送中心决策之前，必须充分认识配送中心，对配送中心的功能、特性及其工艺必须充分了解，特别是以下几个方面，更应该引起决策者的注意。

①连锁经营配送中心不是批发站，也不是商业仓库，配送中心以其雄厚的经营实力、良好的商业信誉、快捷的市场信息及精确的市场预测，大批量、低价格购进货物来获取基本利润；在配送中心内进行包装及流通加工获取附加值；利用现代化设施与设备及信息高效率地作业，缩短前置周期，提高商品周转率；降低费用及损耗，提高服务质量，获取较好的经济效益和社会效率。连锁经营配送中心同其他一般的物流企业最大的区别在于依据服务质量，以信誉占领并开拓市场，依靠科学的管理及先进的技术获取效益。

②配送中心的功能不局限于配送。配送中心是现代化、规范化的流通形式，是商流、物流、信息流的有机结合；是采购、进货、储存、流通加工、装卸搬运、订单处理、分拣配货、发货、配送等功能的巧妙组合。

③让职员懂得“何谓物流”“何谓配送”。如果职员对配送及配送中心的功能都不了解，就难以建成高效率的配送中心，配送中心难以实现高效率运营。

2. 周边环境调查及应具备的条件

(1) 周边环境调查。

首先是对建设连锁经营配送中心拟选地址的地理环境的调查、再进一步对配送对象的商圈进行调查。作为调查对象，包括候选地、商圈、高速公路、社会发展情况以及配送客户的商圈内人口分布和发展经济环境，也包括未来开发规划及城镇建设等，将这些调查对象进一步分析和评价，对制定营销战略是非常重要的。

①道路、交通的调查。因为利用汽车配送是必不可少的，所以道路是当地交通的基本条件。在建设配送中心时，选车流量不大、道路较宽、距主要交通干线较近的地方是最为理想的。商圈较大时，应考虑设在高速公路的出口位置。另外，还要调查铁路运输、水路运输、航空运输等运输方式的基本情况。

②商圈的调查。如果配送中心不是设在对顾客所需商品能够适时进货的位置，作为配送中心就失去了商机。因此，配送中心现有及规划中的商圈比什么都重要。最优先考虑的是顾客需求商品能否适时供应，所以必须调查顾客现在的需求，预测将来的市场及将来配送中心进货量及进货品种数。

③经济环境调查。调查配送对象所在区域人口及消费结构并对未来进行预测，计算出配送中心运营年数，将运营时间分为第一期和第二期，制定各期的运营战略及策略。一般是以商圈内人口分布或不同配送地销售量作为重心来考虑，也有将配送量作为重心，对不同的候选地进行理论性比较，以配送成本最小的地点作为最理想的地点。

不能仅以土地价格选择地址。如果土地价格低但离商圈较远，每天的配送成本会很高。土地价格较高，为了降低土地成本，可以建造多层建筑物，考虑多目的利用，上层可用作流通加工中心、信息中心或商品陈列室；现代化的配送中心一般都选择立体仓库。另外，无论多么好的配送中心，没有人才做保证，其功能就不能充分发挥。所以应考虑职工招聘便利、上下班方便等。

④社会环境的调查。社会环境对配送中心的影响是非常重要的，大气污染、废弃物、劳动问题、安全问题、法规问题、经济发展动向等都有影响。因此，必须花费很大的力气进行这方面的调查。

由于汽车出入配送中心频繁，存在排放尾气、噪声污染及发生交通事故等公害问题，因此应远离住宅密集区、学校、医院等地。另外，还必须符合城市规划及与建筑物有关的地方条例和法规。注意填埋湿地、水田造地存在的不均衡下沉、渗水等危险。预测城市再开发规划及道路发展规划，熟知交通规章制度也是不可缺少的，还要确保工作人员上下班乘车畅通方便。即使适当节省土地也必须确保储存、装卸场地和停车场等所必要的面积；周围建筑物过分拥挤的配送中心在业务繁忙期，汽车运输不畅，将来会发展困难，因此，必须对确保用地面积等有关方面调查清楚。

（2）周边环境的基本条件。

连锁经营配送中心的目的、方针确定后，必须明确建设配送中心周边环境所具备的基本条件。

①配送中心的顾客分布适宜，根据预测未来有足够的作业量，有较大范围的发展余地。

②临近铁路货站、港口设施、公路货站等运输据点。

③能够在指定的时间内送达，配送频率、前置周期、从客户到配送中心的距离等服务性条件也必须具备。

④获取新的用地，在地价允许范围内占地布局状况等也属于基本的条件。

⑤依据法规，可以建配送中心的地域内环境保护等条件。

⑥连锁经营配送中心尽可能靠近总部及营业、管理等职能部门和信息中心，要求具有管理、信息处理条件。

⑦确保处于职工上下班便利等公共交通方便的地理位置。

⑧为了保证商品的质量，必须具备温控设施，防止公害设施、危险品处理设施等这些特殊条件。

3. 连锁经营配送中心规划程序

连锁经营配送中心的规划分为基本规划、详细规划、运营要领等一系列程序，要根据每阶段进行各种调查、分析的结果，采用相适应的技术方法。作为一个整体规划选用最合适的设施是规划的主要部分，连锁经营配送中心一旦建成是不容易变更的，即使效率差也必须照样使用、别无变更的措施；另外，规划时要选择最好的规划方案，因为投入使用后再修正将产生极大的浪费。

（1）基本规划。

①前提条件。进行基本规划前，作为前提条件必须掌握“物流过程及其作用”“配

送地点的位置及数量”“配送中心的位置及规模”“配送地所需商品及其库存基准”“配送地点的进货处”“在配送中心应进行的作业”。另外，必须决定并掌握所经营商品的特性、外形尺寸、重量、品种、包装、形态、单件进发货量（最大、最小及平均）、平均每天进发货量、配送时间、接受订货频率、成本及其顾客服务。为了满足用户，配送中心的位置及配送中心的规模是最重要、最基本的条件。

连锁经营配送中心最基本的规划由配送中心的特性、所采用物流设备的特性和物流技术三个方面构成，如图 6－2 所示。

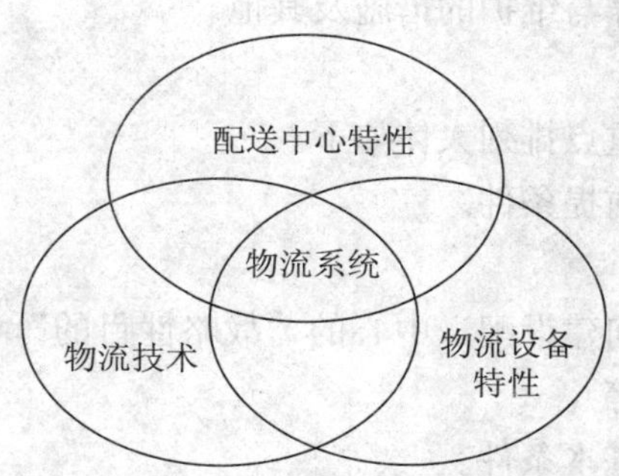

图 6－2　配送中心基本规划的构成

②基本规划。根据前提条件决定配送中心占地、建筑物形式、结构及搬运保管方式、作业流程等基本规划。首先从配送中心的特性和内部作业流程开始，在各种搬运方式和保管方式的组合中，决定最有效的设施及其相配套的机械设备的选用。另外，配送中心的特性决定车辆的种类、数量、停车场及其他作业场地，根据设备的选择、作业流程、设施的配置规划出与此相适应的布局，决定建筑物的形式、规模、结构、占地面积。在此之前必须调研与此相关的建筑、消防、环保等有关法规，勘探调查周边的建筑条件。规划整体方案时，在各规划阶段，必须同时准备多个方案备选，从服务水平、作业成本、所需资金三个方面进行综合评价，选出最佳方案。

（2）详细规划。

详细规划是在基本规划方案的基础上，对各部分进行更加详细的论证分析。作为详细规划应研讨下列事项。

①搬运等作业的容器外形尺寸及形状。

②仓储、搬运等作业的机械设备规格型号。

③仓储、搬运等作业的辅助设备。

④车辆的特殊规格型号。

⑤车辆装、卸的辅助设备。

⑥配送中心内部作业场的详细布局。

⑦机械设备的配置及布局。

⑧办公及信息处理等设施的规格型号及数量。

⑨流通加工机械设备及其他。

(3) 运营要领。

运营要领是配送中心建成后所制订的运营方案，必须按以下几项进行。

①编制作业程序及操作规程。

②制订作业的基本要求。

③制订管理方法及管理规则。

④确保必要作业力量的措施规划。

⑤制订向新的配送系统过渡的方法与措施。

⑥制订设施与设备保养与维护的措施及其他。

4. 配送中心设计顺序

配送中心设计顺序按重点排列大体如下。

(1) 建设配送中心的前提条件。

①周边环境条件。

②设计思路（明确为何建设配送中心的“战略性目的”，例如，为了降低综合物流成本、提高顾客服务水平等）。

(2) 建设配送中心的基本条件。

①选址的区域及条件。

②配送中心的功能。

③设计目标年度（预定运营期限等）。

④允许投资限度额。

(3) 配送中心的设计条件。

①商品的物流特性（形状、外形尺寸、重量、温度、湿度、保鲜期等）。

②作业量和品种数以及将来的增加量（进货、仓储、分拣、流通加工、分类、捆包、发货等）。

③作业时间表（从订货到发货）。

④信息处理及流通。

⑤作业类型。

⑥配送条件（配送方向、比率、时间带等）。

(4) 配送中心的布局。

充分考虑各业务要素的所需空间及相互关系（物流量、搬运手段、货物形状、作业人员规范的操作路线等），将各业务要素作为一个单位分区布局。

(5) 配送中心的信息系统。

①订货系统。

②库存作业管理系统。

③按订单分拣系统。

④检验货物系统。

⑤配车系统。

⑥物流数据库系统。

（6）配送中心的建筑规划（规划的认可、土地、建筑物）。

根据分区布局进行建筑规划，包括业务要素之间相联结的功能。应考虑最小的场地加上将来设备变更和扩大规模的需要，设定建筑面积；比较性地分析占地、多层建筑及平面展开，外围行车路线，以及停车场等各衔接处，确定建筑物的形态、质量和样式；充分考虑职工的愿望，同业界中的优势以及社会上各界的评价来进行建筑物规划。

（7）运营系统的设计。

确定包括各种票据处理和各种作业指令等配送中心的业务。

（8）物流机械设备的选定。

必须充分掌握各机械设备制造商的技术特长，按照最新规划选定生产商，能够在产品质量信赖性和成本方面获取良好的结果。将各制造公司的技术信息作为数据库积蓄起来，从技术上综合评价来选定最满意的样式，选择信赖性最高的制造商是十分重要的。

（9）总投资及各种费用的估算。

根据初步设计，估算出建设费、运营费、工作人员的劳务费等。

（10）详细设计。

设计规模大的配送中心，设计组由多人组成时，在明确共同的基本事项（安全、出现异常回复顺序、人机联系装置、通信、信号接收样式、自动控制方式、装修涂色等）的基础上，各设计人员进行设计，但要有一个整体统一的设计思路。

（11）施工设计。

在（1）～（9）基本设计的基础上绘制成具体安装、工艺流程、自动控制、信息系统、建筑设计等图纸；选定物流系列设备制造商，自动控制系统的有关公司，信息系统的设计公司、建筑公司，在项目领导小组的管理下进行设计工作。

三、连锁经营企业配送策略

连锁经营企业的配送策略是企业对自身总体和长远发展的分析和规划，直接关系到企业的经济效益，是一个极其重要的决策问题。作为连锁经营企业在进行物流综合管理的过程中，必须制订出合理的配送发展对策。

（一）正确认识现代物流，重视配送人才培养

当前，我国连锁经营企业配送与发达国家的差距主要体现在配送观念和知识上。连锁经营企业必须树立现代物流观念，要充分认识到物流对于企业的战略地位，不断引进优秀人才和提高企业配送人员的素质，不断学习与应用先进技术、方法，构建适合我国企业发展的物流系统。

（二）加大对物流设施设备建设的投入

设备与设施的优劣对信息技术提升、配送工作效率有很大的影响。可以通过引进现代化物流设施，注意设施设备的合理布局；使其与各项流程相互衔接，注意设施与

设备的配套；保证在流程中形成整体优势，对运输车辆进行有效配置等，不断提高我国物流配送的基础设施建设。增加物流投入后，物流服务水平也随之提高。

（三）采用高效的配送模式

1. 一体化配送

连锁经营配送中心（自建自营）最适宜一体化配送，各店铺订单整理后，大型超市或大卖场的订单以货架群为分拣单元进行分拣、配送、检验、装车，到超市或大卖场后，由配送员（兼司机）直接将商品摆放货架，不需二次检验。不仅节约检验场地，省去一次装卸搬运，而且提高了效率，节省了人力。对于小型便利店或专卖店以相邻或顺路店铺群为分拣单元，由配送员依次将商品摆放便利店或专卖店货架上。

2. 共同配送

连锁经营配送中心根据服务对象不同而采用不同的共同配送。对于大型超市或大卖场，可采用多家配送中心联合向一家商场共同配送，各配送中心根据订单分拣后依据配送车辆装载能力，协同配装运送，提高车辆装载力，保证大型商场多品种、小批量的高水平服务；对于小型便利店，可采用一家配送中心向多家店铺共同配送。根据店铺所处位置就近或顺路将各店铺所需商品送达。

3. 越库配送

连锁经营配送中心的越库配送也有两种形式。一种是配送中心为一个商场或多个相邻或顺路店铺所采购同一制造商的商品较多，这时配送车辆不需进出配送中心，可直接配送连锁商场或店铺。另一种越库配送形式是当进货车辆停靠进货区，按照各连锁店的订单，边卸车边分类的同时进行分拣，商品不再入库储存，对暂时不需要配送的商品寄存在临时存货区，等待其他用户需要时或下一个配送周期进行分拣、配送。

（四）加强配送中心信息化建设

加强物流配送中心信息化建设，运用现代信息系统与电子化手段，加强对连锁经营企业物流管理，形成连锁企业物流的支撑体系，进而实现配送的高效率与高效益。通过信息平台建设进行信息采集、整理及信息传递、跟踪、反馈，提高经营决策和综合服务水平，可更好地满足用户需求，推进电子商务、连锁经营的发展，提供优质、高效、增值的服务，从根本上提升企业的综合竞争力。

（五）加强第三方物流服务模式建设

第三方物流服务模式突破了我国连锁零售企业自办物流的“小而全”观念，真正使流通领域不同环节的企业职能分离，使企业在竞争发展中集中精力做好优势主业。第三方物流通过实现对物流配送环节的专业化管理，节约连锁企业的经营成本。特别是中小型连锁经营企业将物流外包给第三方物流企业，自己专注于经营管理和门店销售。

（六）推行物流法制化建设

国家要加大力度扶持物流体系的建立，完善市场竞争机制和市场管理法规，并出

台一些有助于发展物流配送所需的产业政策和产业规划等，减少或直至消除各部门各自为政、壁垒分割现象。

第二节　电子商务配送中心

电子商务是指以互联网为载体所进行的各种商务活动的总称，是20世纪末期出现的新生事物，到目前为止为时尚短。但它却正在以难以想象的速度进入社会、经济、生活。人类悄然迎来一个新的时代——电子商务时代，又称e时代。

一、电子商务物流的定义

电子商务（e-business或e-commerce）是在Internet开放的网络环境下，基于浏览器/服务器的应用方式，实现消费者的网上购物、企业之间的网上交易和在线电子支付的一种新型的交易方式。电子商务与传统商务本质区别就是它以数字化网络为基础进行商品、货币和服务交易，目的在于减少信息社会的商业中间环节，缩短周期，降低成本，提高经营效率，提高服务质量，使企业有效地参与竞争。

美国的经济学家，也是最早提出电子商务概念的托马斯·马龙教授把电子商务分为狭义的电子商务和广义的电子商务。前者指的是在运用电子化的买与卖的过程中，卖方找到潜在的客户并了解其需求，而买方找到潜在的卖主并了解其产品的销售条件等。后者指的是商业活动中所有方面都得到了信息技术的支持，这类活动不仅包括了买和卖，还有设计、制造和管理等。显然，这里强调的是电子商务的信息技术和经济运行环境。

以网络计算为基础的电子商务催化着传统物流的革命。初期阶段就是送货上门。为了改善经营效率，国内许多商家较广泛采用了把货送到消费者手中的方式。电子商务的出现不仅影响到物流本身，也影响到上下游的供应商、消费者等。

具体来说，电子商务下的物流就是信息化、现代化、社会化的物流。它是指物流企业采用网络化的计算机技术和现代化的硬件设备、软件系统及先进的管理手段，针对社会需求严格地、守信用地按用户的订货要求，进行一系列分类、编配、整理、分工、配货等理货工作，定时、定点、定量地交给没有范围限度的各类用户，满足其对商品的需求。物流定位在为电子商务的客户提供服务，根据电子商务的特点，对整个物流体系实行统一的信息管理和调度；按照用户订货要求，在物流基地进行理货工作，并将配好的货物送交收货人。这一先进的、优化的流通方式对流通企业提高服务质量、降低物流成本、优化社会库存配置，从而提高企业的经济效益及社会效益具有重要意义。可以看出，配送这种新兴的物流是以一种全新的面貌成为流通领域革新的先锋，代表了现代市场营销的主方向，得以迅速发展。新型物流能使商品流通较传统的物流方式更容易实现信息化、自动化、现代化、社会化、智能化、合理化、简单化，使货畅其流、物尽其用，既减少生产企业库存、加速资金周转、提高物流效率、降低物流成本，又刺激了社会需求，有利于整个社会的调控，也提高了整个社会的经济效益，促进市场经济的健康发展。

二、电子商务配送的特点

与传统的配送相比较，电子商务配送具有以下几方面的特点。

（一）物流虚拟化

虚拟化是电子商务配送的一个重要特点，它是指在信息网络构筑的虚拟空间中进行的配送活动，通过对配送活动的现实虚拟，生成各种虚拟的环境，作用于人的视觉和听觉等，使人们不仅可以看到配送活动的图像，而且可以进行配送的操作演示，产生身临其境的感觉。虚拟现实（Virtual Reality，VR）是一种可创建和体验虚拟世界的计算机系统，它使企业对配送可以进行虚拟性管理和操作，可以有效地通过虚拟现实的方法合理调配资源，实现配送的高效率和合理化，还可以实现书写的电子化及传递的数据化，使配送双方均可在不同的地域实现快速、准确、双向式数据的信息交换和电子支付。此外，电子商务配送虚拟性的特点可使企业对配送活动进行实时监控，保证配送环节的合理衔接，提高配送效率。

（二）物流信息化

物流信息化表现为物流配送的商品化、信息收集的数据库化和代码化，信息处理的电子化和计算机化、信息传递的标准化和实时化、信息存储的数字化等。条码技术（Bar Code）、数据库技术（Database）、电子订货系统（Electronic Ordering System，EOS）、电子数据交换（Electronic Data Interchange，EDI）、快速反应（Quick Response，QR）及有效的客户反应（Effective Customer Response，ECR）、企业资源计划（Enterprise Resource Planning，ERP）等在物流管理中得到广泛应用。没有物流管理的信息化，任何先进的技术设备都不可能应用于物流领域，信息技术在物流中的应用将会彻底改变世界物流的面貌。

（三）物流自动化

自动化的基础是信息化，核心是机电一体化，自动化的外在表现是无人化，其效果是省力化。另外，自动化的物流系统还可以扩大物流作业能力、提高劳动生产率、减少物流作业的差错等。物流自动化系统包括：条码/语音/射频自动识别系统、自动分拣系统、自动存取系统、自动导向车、货物自动跟踪系统等。这些设施在发达国家已普遍应用于物流作业流程中，而在我国由于物流业起步较晚、发展水平低，自动化技术的普及还需相当长的时间。

（四）物流高效性

高效性的特点是企业根据现状建立一套完整有效的自动信息系统，将一些程序化的活动通过自动信息传递系统来实现，企业可以根据用户的需求情况，通过自动信息传递系统调整库存数量和结构，调节订货数量和结构，进而调整配送作业活动；而对

于一些非程序的活动，可通过自动信息传递系统进行提示或预报，进行调节配送，提高信息的传输和配送效率。

同时，高效性的特点还可以令电子商务迅速有效地完成信息的交流、单证的传输以及提高配送过程中的支付效率。

（五）物流网络化

物流网络化有两层含义。一是物流系统的计算机通信网络，包括配送中心与供应商或制造商的联系要通过计算机网络，另外与下游顾客的联系也要通过计算机网络通信，比如配送中心向供应商提出订单这个过程，就可以使用计算机通信方式，借助于增值网（Value－Added Network，VAN）上的电子订货系统（EOS）和电子数据交换（EDI）技术来自动实现，配送中心通过计算机网络收集下游客户的订货的过程也可以自动完成。二是组织网络化即所谓的企业内联网（Intranet）。如中国台湾电脑业在20世纪90年代创造的“全球运筹式产销模式”，其基本点是按照客户订单组织生产，生产采取分散形式，将全世界的电脑资源都利用起来，采取外包的形式将一台电脑的所有零部、元器件、芯片分给世界各地的制造商生产，然后通过全球的物流网络将这些零部件、元器件、芯片发往同一个物流配送中心进行组装，由该物流配送中心将组装的电脑迅速发给客户。

（六）物流柔性化

柔性化原是生产领域为实现“以顾客为中心”而提出的，但要真正做到柔性化，根据消费者需求的变化来灵活调节生产工艺，没有配套的柔性化物流配送系统是不可能实现的。20世纪90年代以来，生产领域提出的柔性制造系统（FMS）、现代集成制造系统（CIMS）、MRP、ERP等概念和技术的实质就是将生产、流通进行集成，根据需求组织生产，安排物流活动。柔性化物流正是适应生产、流通与消费的需求而发展起来的新型物流模式。它要求物流中心根据消费需求“多品种、小批量、多批次、短周期”的特点，灵活组织和实施物流作业。

三、电子商务下的配送与传统配送的比较

在电子商务下配送主要利用电子商务的信息系统进行操作，它与传统意义上的配送有很大不同，主要有以下几点。

第一，传统的配送企业需要置备大面积的仓库，而电子商务系统网络化的虚拟企业将散置在各地的分属不同所有者的仓库通过网络系统连接起来，使之成为“虚拟仓库”，进行统一管理和调配使用，服务半径和货物集散空间都放大了。这样的企业在组织资源的速度、规模、效率和资源的合理配置方面都是传统的配送所不可比拟的，相应的物流观念也必须是全新的。

第二，传统的配送过程是由多个业务流程组成的，受人为因素影响和时间影响很大。网络的应用可以实现整个过程的实时监控和实时决策。新型配送的业务流程都由网络系统来连接，当系统的任何一个神经末端收到一个需求信息时，该系统都可以在

极短的时间内做出反应，并可以制订详细的配送计划，通知各环节开始工作。这一切都是由计算机根据人们事先设计好的程序自动完成的。

第三，配送的持续时间在网络环境下会大大缩短，对配送速度提出了更高的要求。在传统的配送管理中，由于信息交流的限制，完成一个配送过程的时间比较长，但这个时间随着网络系统的介入会变得越来越短，任何一个有关配送的信息和资源都会通过网络管理在几秒钟之内传达有关环节。

第四，网络系统的介入，简化了配送过程。传统配送整个环节极为烦琐，在网络化的新型配送中心里可以大大缩短这一过程。

四、电子商务下的配送方案设计

（一）电子商务配送系统的含义及特点

电子商务配送系统是依据电子商务技术（网络技术、通信技术和计算机技术）把配送活动各要素联系在一起，为实现配送目的、功能和作用所形成的一个有机整体。电子商务的发展及电子商务技术的完善，不仅为电子商务配送系统的建立提供了技术基础，也为电子商务系统的建立提供了市场基础。相对于传统配送系统来说，电子商务配送系统主要有以下几方面特点。

1. 配送实时性

首先，电子商务技术可使企业对配送实施有效的实时控制。传统的配送活动在运作过程中，其实质都是以商流为中心、从属于商流活动，因而配送的方式是伴随着商流来运动的。而在电子商务配送中，配送的运作是以信息为中心的，信息不仅决定着配送的运动方向，而且也决定着配送的运动方式。在实际的配送过程中，可以有效地依靠电子商务技术对配送过程的各个环节和各个层次进行实时监控，实现配送的合理化。其次，电子商务对配送的实时控制是以整体配送为中心来进行的。在传统的配送活动中，虽然也有依据计算机技术对配送进行控制的，但这种控制是以单个的运作方式来进行的。比如，在实施计算机管理的配送企业中的控制是以整体运作方式，所实施的计算机管理信息化系统，大都是进行总体控制的，这不仅包括企业的内部系统配送运作控制，而且也包括企业与外部配送运作的控制。

2. 配送互动性

配送活动是一种多要素组合的活动。对于一个企业来说，它不仅存在着企业与外部的配送活动，而且也存在着企业内部的配送组织活动。如何将这些复杂的要素联结在一起，并使其能有序运动，将是企业面临的一个重要问题。电子商务配送系统的建立和完善，将企业与外部（客户）的联系、企业内部各要素之间的联系有效地结合在一起，使其信息的交流具有多层次、全方位的互动性，并通过电子商务技术使内部与外部的协调，内部各层次、各环节的协调达到一致，实现配送的合理化。此外，互动性的特点，也为配送活动的个性化服务提供了有利条件，将为企业赢得更多的客户和市场。

3. 配送标准化

要进行电子商务配送，实现配送的标准化不仅是十分必要的，而且也是非常重要的。配送的标准化主要包括配送货物信息的标准化和配送作业流程的标准化。

配送货物的信息标准化实质将货物的各种特征和属性信息化，即用一组数据，如类别、品名、规格、型号、单位、厂家、品牌、使用说明期限等来描述货物，还可以用图像、声音等多种媒体形式描述货物。信息标准化不仅有利于发、送双方对货物的理解和认可，也便于货物的使用、统计和配送及管理。

配送作业流程的标准化是指配送的各个环节、各个层次应按照统一规定的流程来进行标准化执行，以保证各作业环节的合理衔接和有序协调。如果不规范地进行作业，势必会产生网络信息系统与作业系统之间的脱节与不一致，给企业带来不应有的损失。此外，电子商务配送的标准化还包括配送技术标准化和配送管理标准化等。

4. 配送低成本化

电子商务不仅使配送双方节约了成本，而且也降低了整个社会的物流成本。

首先，电子商务配送节约了配送双方的库存成本。在电子商务配送的情况下，配送双方可以有效利用电子商务技术及交易等优势，减少了配送双方的库存规模。同时，对于整个社会来说，库存水平降低了，库存管理的成本和费用也相对下降。

其次，电子商务配送降低了配送双方的营销成本。提供配送的一方可实现促销成本及送货成本的降低，需要配送服务的一方可实现信息采集成本等的降低，节约自建配送系统的投资及相应的管理费用。

再次，电子商务配送可使配送双方通过网上结算进行单证传输，实现了配送双方的结算成本及单证传输成本的降低。

最后，电子商务配送降低了租金成本。一是它可使企业合理确定配送场地的面积和地点，提高配送场所的利用率，降低配送场所的使用成本；二是它可使企业相应减小办公场地的面积，因为在电子技术和电子工具高度发达的今天，企业可以充分利用网络管理的方法与技术对配送活动进行管理，所需要的面积远远小于传统配送管理的面积。

（二）电子商务配送系统目标

电子商务配送系统的目标主要有以下几个。

1. 服务性目标

服务性目标是电子商务配送系统所要达到的一个主要目标，是指电子商务配送系统能向用户提供各种服务，服务性目标主要有以下几方面。

（1）能向用户提供多种信息服务。

（2）能向企业的不同部门、不同层次和不同环节提供多种信息服务。

（3）具有信息的及时反馈功能。

2. 快捷性目标

电子商务配送系统要能依据客户的要求，把货物按质按量准时地送到用户所指定的地点。这就要求企业在配送系统中设立快捷反应系统，以实现快捷性目标。快捷性目标主要包括以下几个方面。

（1）快捷的配发货系统。

（2）快捷灵活的运输系统。

（3）自动化的库存作业管理系统。

（4）自动化的分拣、理货系统。

（5）快捷、灵活的进货系统，包括订、收货系统。

（6）方便、灵活、及时的信息服务系统。

3. 低成本性目标

低成本性目标主要包括以下几个方面。

（1）要有效地利用配送面积和空间。

（2）要科学合理地选择运送器具和路线。

（3）要保持合理的库存规模和结构。

（4）要选择合适的系统软件。

（5）要坚持科学的管理。

4. 安全性目标

Internet 的开放性同时也会带来安全性问题，目前用户最关心的问题就是网上交易的安全问题。这说明了要进行电子商务配送，一个重要的前提就是必须要保证电子商务配送系统的安全性，保证用户的商业机密不受到侵犯。电子商务系统的安全性目标主要包括以下几个方面。

（1）操作系统的安全性目标。

（2）防火墙系统的安全性目标。主要包括防火墙产品是否安全、功能是否完善、设置是否正确等。

（3）操作人员以及内部人员的安全性目标。

（4）内部用户的安全性目标。

（5）程序的安全性目标。

（6）数据库的安全性目标等。

（三）电子商务配送系统的基本模式

一般来说，配送系统主要由环境、输入、输出、处理和反馈等方面构成。

1. 环境

配送系统环境主要包括系统的外部环境和内部环境。外部环境主要是指影响配送系统的一系列外部因素，而且也包括用户需求、观念及价格等因素。内部环境主要是指影响配送系统的一系列内部因素，不仅包括系统、人、财、物规模与结构，而且也包括系统的管理模式、策略和方法等。一般来说，外部环境是系统不可控的，而内部环境是系统可控的。

2. 输入

输入是指原材料、设备和人员等一系列因素对配送系统所发生的作用。

3. 处理

处理是指配送的转化过程或配送业务活动的总称。包括运输、储存、包装、搬运和送货等，此外，还包括信息的处理及管理工作。

4. 输出

输出是输入经过处理后的结果，即提供的配送服务。具体包括货物的转移、各种劳动、质量和效益等。

5. 反馈

在上面的几种构成中，通过输入和输出使配送系统与外部环境进行交换，使系统适应外部环境。而反馈则是系统内部的转换，使其功能更加完善、合理和科学。

（四）电子商务配送系统的构成

一般来说，电子商务配送系统主要由管理系统、作业系统和网络系统几部分组成。

1. 管理系统

管理系统是由配送系统的计划、控制、协调和组织等所组成的系统，它是整个配送系统的支柱。管理系统包括配送系统的战略目标、功能目标及配送需求预测与创造、存货管理、作业过程管理及网络管理等。

（1）战略目标。系统战略目标主要包括服务的对象、顾客的性质与地理位置以及所提供的与此相适应的配送服务。

（2）功能目标。主要确定配送系统所达到的目标，配送能力的大小主要取决于企业投入人、财、物的数量及管理水平等。

（3）配送需求预测与创造。管理系统的另一个主要职能是对市场进行预测分析，以了解和掌握未来客户配送需求的规模，提供相应的服务。另外，要通过网络广泛收集用户的需求及要求的服务，开展促销业务，以系统的高效率、低成本和高质量的服务创造配送要求。

（4）存货管理。通过预测、创造需求以及网络的特点，管理系统要合理地确立存货的规模和结构。一方面，存货的规模与结构要与客户的要求保持一致；另一方面，存货的规模与结构要与作业能力保持一致。

（5）作业过程管理。首先当仓库收到配送中心的配货清单后，按照清单的要求开始备货。其次，备货结束后，开始送货。同时，将配送信息反馈给配送中心，以便配送中心进行库存量统计。最后，商品送到用户手中后，用户有检验商品的过程，如果出现商品与送货单不符或者商品出现破损等情况时，用户则会要求退货。对于退货的商品要送回仓储中心进行处理。

（6）网络管理。物流配送系统网络管理的基础也是信息管理，这里指的网络管理有两层含义：一是物流配送系统的计算机通信网络管理，包括物流配送中心与供应商或制造商的联系要通过计算机网络的管理，另外与下游顾客的联系也要通过计算机网络通信管理；二是组织网络管理及所谓的企业内部网的管理。

2. 作业系统

作业系统是配送实物作业过程所构成的系统。在电子商务时代，配送实物作业应接受管理系统下达的信息指令来进行。作业系统主要包括货物的接收、装卸、存货、分拣、配装及送货和交货等。

3. 网络系统

网络系统是由接受、处理信息以及订货等所组成的系统。目前在配送应用较多的电子商务网络系统主要有以下几种。

（1）POS（时点销售系统），即企业收集、处理和管理配送试点上的各种配送信息和用户信息的系统。

（2）VAN（增值网），即利用电信的通信路线将不同企业的不同类型的计算机连接在一起，构成共同的信息交流中心。

（3）EOS（电子订货系统），即利用企业内终端电脑按货架或台账输入欲订购的货物，经网络传递到总部配送中心或供应商，完成订购手续，并验收货物。

（4）MIS（管理信息系统），负责货物的进、存及配送管理，并进行配送经营的辅助决策工作，如货物的自动补给系统等。

（5）EDI系统（电子数据交换系统），负责在计算机应用系统之间依据标准文件格式交换商业单证信息。对于配送企业以及需要进行配送的企业来说，在Internet上进行配送单证信息的传输，不仅可以节约大量的通信费用，而且也可以有效提高工作效率。

（五）电子商务配送系统的目的、原则、分析内容及步骤

1. 开发电子商务配送系统的目的

开发电子商务配送系统的目的是更好地利用电子商务技术，降低配送费用，提高配送效率和客户的满意度。为此，应把配送系统各要素的职能结合起来进行系统研究，以实现配送的高效化和合理化。

要实现电子商务配送系统的功能，应做好以下两方面的工作：一方面，要搞好配送系统的“硬技术”，这不仅包括配送活动环节所使用的设备，也包括网络系统所使用的设备；另一方面，要做好配送管理的组织、秩序和方法、工作方式等“软技术”。首先，需要有一个统一的机构来计划、指挥、协调和控制配送系统的运行。其次，要综合开发物流技术及充实社会投资。最后，要加强企业间的合作，扬长避短。

2. 电子商务配送系统的原则

任何一个系统都是由许多因素组成的，它既受外部环境的影响，也受内部环境因素的制约。因此，在进行电子商务配送系统分析时，应遵循以下原则。

（1）外部环境与内部条件相结合的原则。电子商务配送系统不是一个孤立的系统，它是一个与社会环境紧密相连、开放型的系统。它受到外部社会、经济、科学以及科学技术等因素的制约。同时，还受到本身条件的限制。这就要求人们不仅要考虑社会环境的影响，而且要注意配送系统内各层次和环境的协调，将系统内外的因素结合起来，综合分析、统一考虑，才能保证系统功能的有效实现。

（2）要坚持定性分析和定量分析相结合的原则。在进行电子商务配送系统的分析

时，首先要进行定性分析，确定电子商务配送系统的性质和功能；其次要强调定量分析，如配送能力、储存量和配送成本等。

（3）要坚持当前利益与长远利益、局部利益与整体利益相结合的原则。

（4）要坚持电子商务与配送相结合的原则。

3. 电子商务配送系统的分析内容及步骤

（1）电子商务配送系统外部环境分析。

电子商务配送系统外部环境分析主要包括方针、政策和制度分析、需求规模变化特点、对象及理念分析、交通通信分析、支付现状分析以及技术状况分析等。

（2）电子商务配送系统内部因素分析。

电子商务配送系统大致可划分为配送作业系统、电子商务系统和管理系统三部分。在实际运作过程中，这三个系统的总体目标是一致的，但是他们要实现的具体目标是有差异的。

配送作业系统，如储存系统、装卸系统、运输系统以及分拣系统等要达到的目标基本可以划分为两个方面：一方面是要尽可能地降低成本，高效率地完成货物的配送；另一方面是各作业系统之间要保持配合，协调一致。

电子商务系统主要包括订货系统、库存控制系统和发货系统等。其基本目标主要有：第一，要实现与外部活动的衔接，包括外部信息的收集、处理和发送，订、发货的处理等；第二，要实现与内部系统的衔接，通过网络及时了解和掌握系统内各作业的活动，并进行实时监控；第三，要实现外部环境与内部因素的衔接与协调，使两者保持一致。

管理系统主要实现协调外部之间、内部之间以及外部与内部之间的各种关系，如利益关系和业务关系等。

（3）电子商务配送系统的分析步骤。

在进行电子商务配送系统分析时，应从以下六个方面来确定分析的步骤。

①要明确电子商务配送系统的目标。

②要明确电子商务配送系统的对象。

③要明确电子商务配送系统的地点。

④要明确电子商务配送系统的时间。

⑤要明确人员的配置及职责。

⑥要明确人员配置的方法。

五、我国电子商务配送的发展趋势与策略

（一）影响和制约中国电子商务物流业发展的主要问题

1. 适用于电子商务的物流基础尚不完善

当前，物流被称作企业的“第三利润源泉”，是21世纪的黄金产业之一。我国由于观念、制度和经济上的种种制约，物流的发展缓慢，与社会、市场的需求差距较大。

配送中心的规划与管理、仓储设施的现代化、配送运输工具的更新换代、物流管理模式和经营方式的优化等问题亟须解决，而适用于电子商务的物流基础设施和配送管理手段更是落后，严重阻碍了电子商务的发展。

2. 适用于电子商务的物流渠道不完善

现在电子商务企业对商品的配送渠道主要有以下几种。

（1）自己建立配送网络，组建配送队伍，独立完成配送业务。但是建立一个社会化的配送网络投资相当巨大，如果每个公司都去组织和管理自己的整个配送网络，则会很困难，而且没有规模效应，可能得不偿失。如果企业规模不大，配送量过小，必然造成亏损。

（2）电子商务企业与其他的物流公司签订配送协议，交给第三方完成配送业务。与速递公司、发行公司、有自己的配送渠道的销售连锁企业签约，让这些专门的配送公司去处理配送问题。由于电子商务企业与这些独立的配送公司在信息沟通、账务交易、经营管理等方面存在着一定的差距，造成了配送操作系统与电子商务平台的脱节，出现了配送不及时、给客户送错货、忘记送货或者无法送货等让商家与客户皆不满意的现象。

（3）采取网上购物、网下就近商店付款取货的形式。这种形式增加了商店的店面成本，且不能实现“送货到家”，由此降低了电子商务的服务质量和本质内涵，因而得不到推广。

3. 对电子商务物流的重视程度不高

电子商务与物流之间相互依赖、相互促进的关系还没有在社会上得到普遍的认识。因此，人们在重视电子商务的同时，却对面向电子商务的物流系统的重视程度不高。这就导致了物流系统落后，不能与电子商务良好结合，限制了电子商务快速、高效、便捷优势的发挥。

4. 我国企业物流的电子化、集成化管理程度普遍较低

电子商务迎合了现代顾客多样化的需求，大量定制化（Mass Customization）生产将是电子商务企业从事的一项重要任务。电子商务企业只有通过电子化、集成化物流管理把供应链（Supply Chain）上各环节紧密联系起来，才能对顾客的个性化需求做出快速反应，保证电子商务物流通畅。目前，我国企业的集成化供应链管理还处于理论探讨阶段。

5. 我国还缺乏电子商务物流人才

这里一是指缺乏从事物流理论研究与实务的专门人才；二是指缺乏懂电子商务理论和实务的专门人才；三是指缺乏既懂 IT 技术，又懂电子商务的网络经济人才；四是指缺乏既懂电子商务，又懂现代物流的有创新思想的复合型人才。上述四类人才的短缺直接影响我国电子商务与物流体系的发展。

（二）我国发展电子商务物流的前景及对策

1. 发展电子商务物流的前景

电子商务打破了区域和国界，开辟了巨大的网上商业市场，作为保证电子商务运作的电子商务物流将有大发展。发展电子商务物流是我国企业参与国际竞争的需要，是缩短与发达国家物流业差距的一次机遇，具有良好的前景。

（1）电子商务物流在我国具有广阔的发展空间。尽管我国电子商务起步较晚，但发展势态很好。国家和企业都十分重视发展电子商务，并在电子商务方面也取得了巨大的成果，但在电子商务物流方面却还不成熟。电子商务的大发展必然带动我国电子商务物流的大发展。另外，电子商务贸易无国界，Internet 可以在瞬间使处于全球任何范围内的双方达成交易，但货物的交割速度还要依赖于电子商务物流的发展。美国弗雷斯特（Forrester）研究所在其“控制商务物流”的报告中指出：如果 2003 年全球电子商务贸易额达到 20.48 万亿元，网上销售商将面临“物流混乱”的局面。在未来几年的电子商务交易额将以数十倍的速度增加，电子商务物流量也将以这个速度递增。

（2）发挥大规模数字化定制经济，必须发展电子商务物流。随着买方市场的逐步形成，电子信息技术的高速发展及其在商务领域的广泛应用，大规模数字化定制经济正在迅猛发展。大规模数字化定制经济是以满足顾客需求为目的的全新的产业组织形式，它从根本上改变企业的组织管理形式、厂商与消费者的关系、竞争者之间的竞争方式以及企业之间的分工协作方式，是 21 世纪产业组织形式的主流。在大规模定制经济中，企业之间的竞争焦点在于速度，企业能否取得竞争优势的关键在于能否缩短向顾客提供产品和服务的时间。因此，企业必须保持其物流的通畅，这要求企业内部及其供应链伙伴之间通过信息传输系统和电子化物流网络系统来保证对其物流的控制。因此，电子商务物流不仅为网络交易提供配送服务，而且也是未来企业竞争战略的核心内容。

（3）信息技术与物流技术的发展为电子商务物流提供了基础。我国的“金桥”“金卡”“金关”等“金字工程”为发展电子商务物流提供了良好的基础。最近几年，我国的交通状况得到了很大的改观，高速公路网、铁路网、海运网络、航空网络的发展保证了物流的快速运输。另外，大量涌现的物流企业，以及先进的物流理论和现代物流技术将推动电子商务物流系统的发展。

2. 发展电子商务物流应采取的对策

虽然说我国电子商务物流具有很好的发展前景，但机遇和挑战同在。随着我国加入世界贸易组织（WTO），外国物流企业将涌入中国市场，这将给我国的物流业带来很大的竞争压力。能否形成完善的社会电子化物流体系将直接关系到我国物流业在国际竞争中的胜败，也会影响到我国电子商务企业在产品的价格、交货、服务等方面是否拥有竞争优势。为此，必须制订可行措施和有力对策，缩小与发达国家物流业之间的差距，满足我国电子商务发展的需要。

（1）必须提高全社会对电子商务物流的认识。要把电子商务与电子商务物流放在一起进行宣传。要改变过去重商流、轻物流的思想，把物流提升到竞争战略的地位，把发展社会电子化物流系统安排到日程上来。

（2）国家与企业共同参与，共建电子化物流系统。形成全社会的电子化物流系统，需要政府与企业共同出资，政府要在高速公路和铁路、航空、信息网络等方面投入大量资金，以保证交通流和信息流的通畅，形成一个覆盖全社会的交通网络和信息网络，为发展电子商务物流提供良好的社会环境。物流企业要投资现代物流技术，通过信息网络和物流网络，为客户提供快捷的服务，提高竞争力；要吸引更多的制造企业和商业企业联网，通过联网提高企业的竞争力和盈利水平，促进电子商务的发展，从而促进电子商务物流的发展。

（3）结合我国的实际情况，多方面吸取经验。我们可以吸取其他国家物流管理研究的成果，向电子商务物流发达的国家学习，鼓励理论界和实务界研究电子商务物流中的难题，少走弯路，尽量走捷径，加快我国电子商务物流的发展步伐。

（4）加强电子商务物流人才的培养。电子商务物流人才是一种复合型的高级人才，这种人才既懂电子商务，又懂物流；既懂技术，又懂管理。一方面，可以引进电子商务物流人才；另一方面，可以把有潜力的人才派出去学习。

（5）加强跨国物流信息网络的建设。为了更好地实现跨国物流，应注意完善国际物流信息系统建设，加强跨国物流组织过程的信息处理功能，为跨国物流配送的开展提供网络化和强有力的信息支持。重视物流信息技术的标准化问题，使跨国物流与信息流的有机结合更为流畅，便于跨国物流的合理组织和信息共享。加强电子商务与跨国配送的有机结合，使物流配送与电子商务之间形成紧密联系、互相促进的关系。

（6）电子商务企业要结合自身的实际情况，寻求最优的物流方案，降低经营成本，提高服务质量，赢得客户的信赖。

①建立良好的供应链关系。供应链连接着上、下游企业，其最终任务就是支持物流从原始供应商，经过多个生产、运输环节到达最终顾客。良好的供应链关系可以降低电子商务企业的库存量、提高物流速度、增加物流服务水平。亚马逊（Amazon）公司之所以能够有效地与全球各地的出版商建立紧密的联系，在最短的时间内订购并获得所需的书籍，正是得益于良好的供应链关系。

②将物流业务交给专业的第三方物流公司去完成。第三方物流公司在物流业务方面比一般的电子商务企业更熟练、更专业，其物流系统更完善，因此，电子商务企业与第三方物流公司签订长期稳定的合作关系，有利于物流系统的完善，扩大电子商务的业务范围。

③电子商务企业共同投资，建立社会化的电子商务物流网络。如果每个电子商务企业都建立自己独立的物流网络，那么一方面会由于建设费用投入高和自身的物流量的不稳定因素使得物流经营管理成本偏高；另一方面，由于重复建设，造成无谓的社会资源的大量浪费。因此，独立建立物流网络并不是最好的选择。如有多家电子商务企业共同投资建立社会化的物流网络，情况会有所改变。其一，建设费用可以由多家公司承担，因此避免资金周转不足情况。其二，物流量可以得到保证，容易产生规模

效应。其三，可以实现资源共享，降低经营管理成本。因此，这种物流方式是目前我国电子商务领域应当考虑的一种方案。

第三节 温控配送中心

生鲜产品、医药产品及其他需要恒温、恒湿及保鲜的物品，需要在整个流通过程中全程控制温湿度，因此，必须由温控配送中心或具有温控设施与设备的配送中心来承担温控物品的配送业务，配送中心的规划及运营需求可根据物品的特性进行规划与设计及作业管理。

一、温控配送中心的概念

温控配送中心是一种全新的流通模式和运作结构，其管理水平要求达到科学化和现代化。通过合理的科学管理制度、现代化的管理方法和手段，温控配送中心可以充分发挥其保温、冷藏、冷冻的基本功能，从而保障相关企业和用户整体效益的实现。管理科学的发展为流通管理的现代化、科学化提供了条件，促进流通产业的有序发展。此外，也要加强对市场的监管和调控力度，使之有序化和规范化。

从温控物流的发展过程来看，在企业经历了以自我服务为目的的内部配送中心的发展阶段后，政府、零售业、批发业以及生产厂商都积极投身于配送中心的建设。专业化、社会化、国际化的配送中心显示出巨大优势，有着强大的生命力，代表了现代配送的发展方向，温控配送中心将是未来配送中心发展的必然趋势。

二、温控配送中心的特征

1. 温控配送反应速度快

温控配送中心对上、下游物流需求的反应速度越来越快，前置期越来越短。在物流信息化时代，速度就是金钱，速度就是效益，速度就是竞争力。

2. 温控配送功能集成化

主要是将物流与供应链的其他环节进行集成，如物流渠道与商流渠道集成、物流功能集成、物流环节与制造环节集成、物流渠道之间的集成。

3. 温控配送作业规范化

强调温控配送作业流程和运作的标准化、程序化和规范化，使复杂的作业简单化，从而大规模地提高物流作业的效率和效益。

4. 温控配送服务系列化

强调温控配送服务的正确定位与完善、系列化，除传统的配送服务外，在外延上扩展物流的市场调查与预测、物流订单处理、物流咨询、物流方案、物流库存控制策略建议、物流货款回收、物流教育培训等系列的服务。

5. 温控物流目标系统化

从系统的角度统筹规划的一个整体温控物流活动，不求单个物流最佳化，而求整体物流活动最优化，使整个物流达到最优化。

6. 温控配送手段现代化

使用先进的物流技术、物流设备与管理为物流配送提供支撑，生产、流通和配送规模越大，物流配送技术、物流设备与管理就越需要现代化。

7. 温控配送组织网络化

有完善、健全的温控配送网络体系，温控配送中心、温控物流据点等网络设施星罗棋布，并运转正常。

8. 温控配送经营市场化

配送经营采用市场机制，无论是企业自己组织配送还是社会配送，都实行市场化。只有利用市场化这只看不见的手指挥调节物流配送，才能取得好的经济效益和社会效益。

三、温控配送中心的基本条件

1. 先进的装备配置

温控配送中心面对的是成千上万的供应商和消费者以及瞬息万变竞争激烈的市场，必须配备现代化的物流装备。如计算机网络系统、自动分拣输送系统、自动化仓库、自动旋转货架、自动装卸系统、自动导向系统、自动起重机、商品条码分类系统、输送机等新型高效现代化、自动化的物流装备系统。缺乏先进的物流装备，建设温控配送中心就失去了基本的条件。

2. 高素质的人员配置

必须配备数量合理、质量较高、具有一定物流专业知识的管理人员、技术人员、操作人员，以确保温控物流作业活动的高效运转。没有一支高素质的物流人才队伍，建设温控配送中心就不可能实现。

3. 科学合理的物流管理

作为一种全新的物流运作模式，其管理水平必须达到科学化和合理化，通过科学合理的管理制度，现代的管理方法和手段，才能确保新型配送中心的功能和作用的发挥。

四、促进温控配送中心配送效率的措施

（一）减少温控物流中间环节，开展双向物流

需要温控处理的产品有生鲜农产品、水产品、医药产品等。温控配送中心以农产品为例，可以开展农产品等的进城、农资及食品等产品下乡的双向物流，缩短物流的中间环节。因此，我国要合理配置各种资源，把生产、加工、运输、销售等环节有机地融合在一起，减少中间的物流环节和降低空驶率。建设大型的农产品、水产品、医

药产品市场和相适应的温控配送中心，把物流各个环节密切地联系起来，实现产业纵深发展，走产业一体化道路。在拓宽物流配送渠道的同时，减少过多的中间环节，降低物流成本。积极开展双向物流，整合和高效利用运输资源，使交通运输工具在产地和消费地之间往返运输时降低空驶率。

（二）温控配送中心实现商流、物流、信息流、资金流一体化运营

妥善处理果蔬批发市场、温控配送中心和零售市场之间的关系，实现市场接口之间的优势互补，充分发挥市场体系的整体效率。按照主要的水果和蔬菜产地分布，以及社会和自然环境条件，科学规划和建设区域温控配送中心。除此之外，当地的水果和蔬菜的物流节点，促进了物流、商流、信息流一体化运作。

发展“农超对接”，对农贸市场等果蔬流通的重要渠道进行全面改造，建设果蔬质量管理追溯系统，积极推进果蔬市场的标准化。着重提高对交易市场、零售店、冷链物流、果蔬质量信息监测的规范，保证果蔬的物流畅通、质量安全、价格适宜，促使温控配送中心流通体系趋于完善。

第四节 农产品配送中心

农产品物流作为现代物流的重要组成部分，对国民经济发展发挥着重要的作用。从某种意义上讲，当前影响我国农业发展的瓶颈正从生产领域逐渐转入流通领域。由于我国传统的农产品流通环节过多，每个环节运输条件较差，从而导致大量的农产品在运输过程中发生腐烂、遗漏等，损失很大。

一、农产品物流定义

目前，国内学术界把农产品物流界定为：为满足客户需求，实现农产品价值而进行的农产品、服务及其信息的正向和反向流动过程。具体来说，农产品物流就是农产品的运输、储存、装卸、搬运、包装、流通加工、配送和信息处理等环节的有机组合，包括一系列物质运动过程、相关的技术信息组成和处理过程等的物流活动。在这一活动过程中创造了时间价值、场所价值和部分加工价值。因此，从概念上看农产品物流是农业物流的重要组成部分。

二、农产品配送中心选址的原则及影响因素

（一）农产品配送中心选址规划设计原则

农产品配送中心选址规划设计时要注重对规划设计原则的把握，遵循规划设计原则，保证物流配送中心选址的合理性。农产品配送中心选址规划设计原则主要有以下几点。

1. 适应性原则

农产品配送中心的选址和规划应与国家、省、市的经济发展整体方针、政策相适

应，与我国物流资源分布和需求相适应，与国民经济和社会发展的阶段相适应。

2. 协调性原则

协调发展是配送中心选址和规划过程中应遵循的原则之一，在农产品配送中心的选址与规划时，应考虑物流网络大系统，使配送中心的设施设备在地域分布、物流作业生产力、技术水平等方面互相协调。

3. 经济性原则

农产品配送中心的选址和规划应考虑建设费用及物流费用。在农产品配送中心发展过程中，选址和规划的费用主要包括建设费用及物流费用两部分。选址时应统筹规划农产品配送中心这两部分费用，以总费用最低作为配送中心选址的经济性原则。

4. 战略性原则

农产品配送中心的选址和规划应具备战略眼光，统筹兼顾局部与全局，考虑近期利益与长远利益。做到局部要服从全局，近期利益要服从长远利益，既要考虑目前的实际需要，又要考虑日后发展的可能。

（二）农产品配送中心选址主要考虑的因素

农产品配送中心的选址规划主要考虑的是宏观因素，由于不同行业的设施设备性质与特点不一样，因此在农产品配送中选址时要充分考虑不同物流设施的性质与特点。一般情况下，农产品配送中心选址规划主要考虑以下因素：目标市场客户及供应商的分布、交通运输条件、自然环境条件、土地条件、社会环境与政策因素等几种。

1. 目标市场客户及供应商分布

选址时首先要考虑的就是目标市场所服务的客户的地理位置分布，无论何种类型的企业，其设施的地理位置一定要和客户接近，并且是越近越好。要考虑该产品的需求状况，消费水平与产品及服务水平相适应。这样，缩短农产品配送中心与客户的距离，能更好地提高反应速度，及时高效地应对市场需求，减少运输成本，从而进一步降低总成本。另外，在选址过程中还应该结合原材料、燃料、动力、水资源等条件考虑。对于供应型农产品配送中心而言，还应考虑供应商的分布，因为需配送的商品全部是由供应商提供，越靠近供应商，越能更好地将安全库存控制在较低水平，减少库存压力，降低总成本。

2. 交通运输条件

交通运输条件是影响物流成本及效率的主要因素之一。交通运输的便利与否将直接影响车辆运输能否正常快速进行，因此必须考虑本地区交通运输条件及未来交通的发展状况。农产品配送中心选址时首先保障所选场址的交通运输的便利性和可选择性。尤其是一些大型的综合性的农产品配送中心，其大量的业务及种类繁多的业务必然会接触到多种运输方式，所以配送中心选址和规划对于其运输条件要求甚高，优越的交通条件对于选址有着极为重要的意义。

3. 自然环境条件

自然条件在农产品配送中心选址时也是必须考虑的，了解当地的自然环境有助于降低农产品配送中心构建的风险。如地理构造及起伏度、地震、河川等自然因素，在配送中心的选址及建造上都会有着一定的影响。因为在农产品配送中心的建造上还要修建库房及道路，配备机械化设备等，这些都需要配送中心地理位置上尽量选择地面较坚硬、空气较干燥的地方。自然条件中气候因素也是一个相当大的影响因素，在配送中心选址规划前应详细了解当地的自然环境情况，如降水量、湿度，遭遇台风、地震、山洪、泥石流的概率及范围等。空气的湿度及盐分对商品的储存有较大影响，尤其是对那些对湿度及盐分都非常敏感的服饰和电子产品。物流配送中心选址时应充分考虑自然条件，避免投资的盲目性，尽可能降低其安全隐患风险。

4. 土地条件

综合土地与地形的限制和土地价格的考量，对于土地的使用必须遵照国家或地区相关的法律法规及开发规划的限制。配送中心的场址应尽量选在物流园区、工业园区或经济开发区。要充分考虑配送中心的规划内容及实际需求情况，用地的形状、大小应尽量做到与配送中心的弹性发展相适应。另外，还要考虑用地的大小与土地价格，在充分考虑现有土地价格与未来增值情况下，配合未来可能扩充的需求，决定最合适的用地面积。还有土地的征用、拆迁、平整等费用也应该考虑在内，尽可能减少成本并保证其经济与社会效益。

5. 社会环境与政策因素

社会环境和政策因素也是物流选址评估和总体规划的重点之一，不同的社会环境有时对选址也有着不同程度的影响，特别是国外建设实施时，更应该注意当地的社会和政治环境。在物流业蓬勃发展的今天，政府政策的支持更有利于物流业的发展。在我国有许多相关的优惠政策，比如土地提供、减税、土地开发、道路建设计划、地区产业计划等。另外，还有税务方面的优惠政策，有利于降低物流经营者的运营成本。良好的社会环境和政策条件为我国物流业的快速发展提供了保证。

除了上述影响因素外，道路、邮电通信、动力、燃料管道线路等基础设施对建立物流设施投资的影响也很大。

三、农产品配送中心选址程序和步骤

（一）选址约束条件分析

选址规划时，首先要明确建立农产品配送中心的必要性、目的和意义。然后根据物流系统的现状进行分析，制定物流系统的基本原则，确定所需要了解的基本条件，以便快速缩小选址的范围。

1. 需求条件

主要分析物流配送中心的服务对象（顾客）的现在分布情况，对其未来分布情况进行预测，分析货物作业量的增长率以及物流配送的区域范围。

2. 运输条件

选址应靠近铁路货运站、港口和公路运输节点，同时也应靠近运输业者的办公

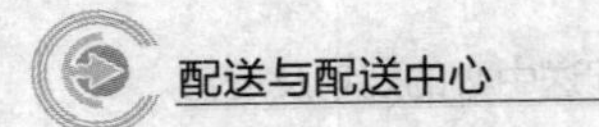

地点。

3. 配送服务的条件

根据客户要求的到货时间、发送频率等计算从农产品配送中心到客户的距离和服务范围。

4. 用地条件

根据具体场地进行规划，应满足拟建和未来扩建的用地要求。

5. 区域规划

根据区域规划的要求，了解选定区域的用地性质，确定是否允许建立农产品配送中心。

（二）收集整理资料

选址的方法一般是通过成本计算，也就是将运输费用、配送费用及物流设施费用模型化，根据约束条件及目标函数建立数学公式，从中寻求费用最小的方案。但是，采用这样的选址方法，在寻求最优的选址解时，必须对业务量和生产成本进行正确分析和判断。

1. 掌握业务量

选址时，应掌握的业务量主要包括：供应商到农产品配送中心的运输量、向顾客配送的货物量、农产品配送中心储存数量和配送路线上的业务量等。这些数量在不同时期会有种种波动，因此，要对所采用的数据进行研究。除了对现状的各项数据进行分析外，还必须需要农产品配送中心运行后的预测数据。

2. 掌握费用

选址时，应掌握的费用主要包括：供应商至配送中心之间的运输费，配送中心到顾客的配送费，与设施、土地有关的费用及人工费、业务费等。由于运输费和配送费会随着业务量和运送距离的变化而变动，所以必须对每一吨·公里的费用进行（成本）分析。

3. 其他

在地图上表示顾客的位置、现有设施的位置和供应商的位置，并整理各候选地址的配送路线及距离等资料；与成本分析结合起来，综合考虑必备车辆数、作业人员数、装卸方式、装卸费用等。

（三）地址筛选

在资料进行整理和充分分析、考虑各种因素的影响并对需求进行预测后，就可以初步确定选址范围，即确定初始候选地点。

（四）定量分析

针对不同情况运用运筹学的原理，选用不同的模型进行计算，得出结果。

（五）结果评价

结合市场适应性、购置土地条件、服务质量等，对计算所得结果进行评价，看其

是否具有现实意义及可行性。

（六）复查

分析其他影响因素对计算结果的相对影响程度，分别赋予它们一定的权重，采用加权法对计算结果进行复查。

四、促进农产品配送中心配送效率的措施

（一）抓好农产品信息发布的及时性与准确性

农产品配送是个系统工程，从生产者到最终消费者经过的环节多，要使农产品安全、快速、低成本运送，减少农产品损耗，提高农产品流通效率，这需要将农产品种植生产、加工、包装、运输、价格、质量、产地、库存、图片等基本信息及时、准确提供；另外，还需将农产品质量安全方面的信息及时发布，定期公布质量抽检结果，提升农产品配送的服务水平，让购买者放心。

（二）依托第三方物流企业实施农产品配送

农产品具有时令性强、类型多、数量大、地域性限制明显等特性，这对配送提出更高的要求。而第三方物流企业具有较强的经济实力，有充足的物流基础设施，有先进、高效的管理流程，丰富的配送经验，依托第三方物流企业完成农产品配送任务，可以保证配送任务及时安全地完成。第三方物流企业可以有效地整合社会资源，统筹多个用户和多个供应者的物流，较容易汇集成较大的流通规模，达到规模效益；能够做到对农产品随时跟踪、查询；能够适应农产品保鲜、运输等特殊的要求，力争提供专业化配送服务，满足人们对农产品的需求。

（三）加强农产品物流的基础设施、设备的建设

物流基础设施是保证农产品配送顺利进行的基础条件。目前，我国农产品物流以常温物流形式为主，在物流过程中损失很大。以果蔬为例，据统计资料，我国水果、蔬菜等生鲜农产品在采摘、运输、装卸、搬运、储存、包装等物流各环节上的损失率高达 20%～25%，而发达国家的生鲜产品损失率则控制在 5%以下，美国的生鲜产品在物流环节的损耗率仅有 1%～2%，差距很大。

在农产品的配送环节上，要求采用新型的保鲜技术，延长农产品的存贮时间，在农产品冷藏冷冻、冷链运输、包装仓储、电子结算、检验检测和安全监控等设施设备上加强建设。同时还要借助于现代科技手段优化配送，即从路线的划定、人员的安排、运输车辆的选择、货物的对接等做出科学的规划，从而有效降低配送成本，提升物流效率及服务质量。政府对物流基础设施建设给予必要的重视，给相关企业予以支持；加强兼具农业及物流、电子商务知识的复合型人才的培养，为发展农产品物流配送创造了必要的条件。

第五节 城市地下的智慧物流配送系统

目前世界上的一些发达国家，包括美国、德国、荷兰、日本等国在地下物流系统的可行性、网络规划、工程技术等方面开展了大量的研究和实践工作。地下物流系统不仅具有速度快、准确性高等优势，而且是解决城市交通拥堵、减少环境污染、提高城市货物运输的通达性和质量的重要有效途径，符合资源节约型社会的发展要求，是城市可持续发展的必要选择。

一、城市地下智慧物流配送系统概念

地下智慧物流系统是一种新兴的运输和供应系统，是现代物流创新发展的新技术，是一种具有革新意义的物流配送模式。在城市道路日益拥挤情况下，地下物流系统具有巨大优越性。

地下智慧物流系统是指运用自动导向车和两用卡车等承载工具，通过大直径地下管道、隧道等运输通路，对固体货物实行运输及分拣配送的一种全新概念物流系统。在城市，地下物流系统与物流配送中心和大型零售企业结合在一起，实现网络相互衔接，客户在网上下订单以后，物流中心接到订单，迅速在物流中心进行高速分拣，通过地下管道物流智能运输系统和分拣配送系统进行运输或配送。也可以与城市商超结合，建立商超地下物流配送。

地下智慧物流系统末端配送可以与居民小区建筑运输管道物相连，最终发展成一个连接城市各居民楼或生活小区的地下管道物流运输网络，并达到高度智能化。当这一地下物流系统建成后，人们购买任何商品都只需点一下鼠标。所购商品就像自来水一样通过地下管道很快地“流入”家中。

二、城市地下物流配送系统发展现状

早在19世纪末期，人们已经开始利用气力管道系统（PCP）和水力管道系统（HCP）来运输颗粒状的货物，这可以作为地下物流系统的初级形式。早期系统是以电力的轨道运输方式和以气力或水力的管道运输方式，由于当时科技水平发展程度不高，自动化控制水平不高，而且都不具备自动导航的功能。

英国是迄今为止最早研究地下物流系统的国家之一。20世纪初，由于工业化的快速发展，伦敦街头变得拥堵不堪，邮件递送业务经常受到影响，因此地下邮局被引入。1927年，英国伦敦的“邮局地铁”首次开通，其全长37千米，曾被视为“工程学奇迹”，在最繁忙的时候，它每年可递送14亿封信件。

随着经济和技术的飞速发展，城市面临着交通拥堵、用地紧张、生存空间拥挤、环境恶化等问题。自20世纪末以来，地下物流系统的研究越来越受到重视。其中以英国、美国、荷兰、日本和德国等为主要代表的相关政府部门及学术机构，针对港口、

机场等交通枢纽提出了建设地下物流系统的可行性研究。此外，西门子等一些高科技公司开始对地下物流系统的自动化的货运车辆及设备投入了大量研究。

（一）概念设计方面

在概念设计方面，代表性的成果是纽约、休士顿、东京等国际性大都市，为提升港口国际综合竞争力，针对公路运输带来的港城发展困境，提出了建设地下集装箱专用的变革捷运系统概念方案。

与早期的地下物流系统相比，现代地下物流系统通过自动导引运输车（AGV）系统来控制和管理各种设备和设施，具有极高的自动化水平和精确性，实现了绿色节能，运输能力大，更能满足现代大运量的货运要求，这是地下物流系统的主要发展趋势。

（二）概念方案研究方面

在概念方案研究中，代表性成果是上海市政工程设计研究总院于 2005 年开始跟踪国内外地下货运交通系统的研究和发展，提出的方案研究包括：上海洋山港地下货运交通系统方案；上海地下垃圾运输系统；虹桥国家会展中心地下货物运输方案；以及针对上海港，提出了构建沿海地下集装箱捷运系统方案等。

近年来，我国越来越多城市也将地下物流作为破解城市物流配送困局、推进城市建设的举措之一。2016 年 11 月，上海发布了《上海市城乡建设和管理“十三五”规划》，指出至 2020 年上海将建设 100 千米新型地下综合管廊，并将预留地下物流、能源输送等功能通道，以实现地下空间的集约化使用和可持续发展。

三、地下物流系统智能技术与发展前景

地下物流系统的开发技术主要包括管道和轨道两种。管道运输又分为气力管道运输和液体管道运输。由于国外一些国家，如英国、德国等已经存在了大量的地下管道设施，而且他们的管道运输技术也比较成熟，因此，在这些国家和地区，地下物流系统开发技术的侧重点放在整合原有管道系统、扩大系统应用范围等方面。其他国家的地下物流系统规划和建设起步较晚，主要关注于轨道运输，结合地铁的轨道运输有很大的发展空间。

（一）地下物流系统智能技术

城市地下物流（配送）系统可分为如下三个模块。

模块 1：结合轨道交通完成从港口、火车站、高铁站、空港城到各城区的主干道输送。

模块 2：结合地下综合管廊增加物流输送功能，一次开挖，共享复用，完成从区集散点经次干道至各小区各建筑物的输送。

模块 3：与园区地产结合，通过楼宇自动化完成到户到家的终极目标。

以上三个层次的板块，也可以反向运行。

近年来，地下物流系统技术开始向智慧化和自动化方向发展，出现了一些创新模式。如荷兰出现了有创新性的地下物流系统实施方案和概念。

多核系统（Multi－Core System）：该系统是指在一个管道内放置几根小的管子和电缆，可以在其中传输不同的物质。采用这种多核系统的好处是，在该系统内增加铺设一些小的管子和电缆，不会增加太多的成本。

共同承运人（Common Carrier）：这也是一个新的组织概念，是指管道由几家公司合资经营。这种方式减少了过去由每家公司独立经营自己的管道系统的弊端，把原来各个独立的管道连接起来，形成一个管道网，大家共同经营。

与此同时，原有的地下物流系统技术也出现了一些新的特点。

①开始使用卷桶型集装箱和托盘；

②实现了全自动运输和自动导航系统，包括自动转换到无轨系统；

③管道长度扩展到 50 千米；

④形成一个独立的运输环境（例如地下系统，但是转入地上也运行良好）。这些新的概念和实施方案对我国的地下物流系统建设提供了很好的启示和借鉴。

（二）地下物流系统的发展前景

地下物流系统可以有效解决经济发展和环境污染、道路拥挤之间的矛盾，提高城市居民的生活质量，减少环境污染、道路拥挤及交通事故的发生率，保护城市的历史风貌和文物古迹。另外，从投资成本来看，建设地下物流系统比地铁和地上高架路的投入低，其未来收益很大。因此，地下物流系统是一种可行的、新的绿色物流方式，是可以替代中短距离道路运输的一种有发展前途的运输方式，值得推广建设。

地下物流凭借其低成本、高效、准时的优势，很好地解决了制约电子商务发展的城市物流配送最后一公里“物流瓶颈”问题。一方面，地下物流能够对地面货运交通进行分流，促进货物运输的通畅性；另一方面，地下物流不受气候和天气的影响，可以实现智能化、无中断的物流运输，使运输过程得到有效衔接。在未来，地下物流系统将作为一种可行的、创新的绿色物流方式，成为物流行业进行模式创新的重要方向。

第六节　案例分析

在长期实践中，我国逐步形成了一个以铁路局等铁路运输企业为核心、以中国铁路物资总公司、中国铁路工程总公司、中国铁道建筑总公司、中国铁路机车车辆工业总公司及其他铁路物资生产、使用、流通企业为骨干的铁路物资流通网。铁路物资流通网有着雄厚的实力和良好的业绩。仅以铁路机车车辆配件为例，需要品种上万，年消耗量价值 5 亿～6 亿元，铁路物资流通网起着物资供应主渠道的作用。尤其是在边远、贫困地区，铁路物资流通网发挥着其他物资供应渠道不能替代的重要作用。

但是，面对市场经济条件下激烈的竞争，铁路物资流通网也日益显出与全国物资流通体系条块相重、纵横交错、相互竞争等问题。网络内部相继出现了物资采购分散、储备重复、库存控制困难、流通费用过高、信息反馈速度过慢等缺陷。据估计，仅铁

路局系统的机车车辆配件库存就高达数亿元人民币。为此，铁路业开始进行配送制改革，实践证明，铁路物资流通特点符合实行配送制的基本要求、铁路物资流通网具备实行配送制的主要技术条件，具体分析如下。

一、电子商务配送的应用

配送是由配送主体按照用户的要求，在物流据点进行物资配备，并送到用户指定地点的、有计划、有组织的现代物流活动。分析铁路物资生产与需求特点可知，铁路物资流通网基本满足实行配送制的基本要求。铁路用料品种规格多，批量不大，且需求数量相对稳定。铁路用料单位地理分布相对集中，如北京地区有铁路局、工业总公司、通信信号总公司、建筑总公司、工程总公司的用料单位，很适合进行区域配送。铁路物资流通设施的地理分布也相对集中，如北京、上海等地集中着铁路局、工业总公司等单位的仓库，若加以科学规划，很适合组织区域专业化物资配送网络。

二、铁路物资流通网具备实行配递制的基本条件

第一，铁路物资流通网的设施设备规模相当，配套齐全。有库房、料场、铁路专用线及站台，物资检验、储存、装卸搬运、运输、包装、流通加工和信息处理设备等，为实行配送制，建立配送中心打下良好的物质基础。

第二，铁路物资流通网的各企业大都配备电子计算机，局部的物资管理信息系统基本建成并处于有效运行之中，基本具备了实行配送制所要求的信息系统管理技术条件。

第三，目前，铁路物资已开始实行送料制，可将其看作配送制的雏形。但是，时至今日，物资配送制尚未在全路推广，最重要原因就是信息管理技术落后。例如，过去铁路虽然建有自用通信网络，但是有关物资生产与需求信息很难及时传递，不仅铁路物资订货不能形成批量、送达时间不能保证，而且造成全路物资储备分散、库存量及物流费用居高不下等问题。近年来，电子商务在我国迅速发展，在电子商务环境下，我国的商品流通管理将以现代信息技术为中心。运用电子商务不仅可以解决铁路物资流通网的配送制改革问题，而且能使智能配送真正成为现实。

三、电子商务对实行铁路物资配送的作用

(一) 变封闭式信息系统为开放式信息网络

目前，铁路物资流通网的信息系统主要面向企业内部，相对封闭，没有形成相互连接、互通有无、相互依存的网络，铁路物资流通信息的潜在资源效益远远没有发挥出来。随着电子商务的运用，铁路物资流通网将在原有企业物资信息系统基础上，建立面向社会开放的物资信息网络，并将订货系统放到网上，在配送中心的主页上统一组织采购，形成订货批量，取得优惠价格。同时还可以向用户提供铁路物资供需及储运信息，避免由于分散物流与无序物流造成的物流成本过高现象。

(二) 缩短信息传递时间，节省流通费用

传统的物资供应过程是由多个业务流程组成的，其质量受人为因素和时间因素影响很大。由于信息交流速度的限制，不能保证按时完成供应过程。但随着电子商务的介入，配送业务流程与信息网络相连接，可以实现整个过程的实时监控和实时决策，有关物资需求、供应、配送的信息都会通过信息网络在几秒钟内及时传到相关单位。当收到配送信息时，信息网络便可在极短的时间内拟定详细的配送计划，并通知各环节，减少流通环节与时间。

(三) 统一管理与合理配置配送设施

传统的物资供应企业大多需要配置大面积的仓库。而电子商务环境下，铁路物资流通网可将散置在各地的、分属不同行业的仓库资源通过互联网连接起来，经过科学规划和企业重组，建立虚拟的铁路物资配送网络与中心。这样一来，铁路物资流通网的服务半径和货物集散空间将有所扩大。服务水平也将提高。网络还可以根据物资需求特点与供应特点进行配送设施的合理配置，使有限的资源发挥更大效益。

(四) 提高服务水平

传统铁路物资供应过程环节多，流程复杂。在电子商务环境下，用户可在任何时候从供应网络的每个据点中“拉出”需求物资，从而获得更加快捷可靠的配送服务。由配送中心统一组织料源，集中建立物资储备，可提高物资供应的保证程度，做到用户需要什么供应什么，要多少就供多少，什么时候要什么时候送到。尤其在进行应急物资供应过程中，利用电子商务可以缩短铁路物资配送时间，提高服务水平。

四、基于电子商务的铁路物资智能配送

基于电子商务的铁路物资智能配送是指铁路物资流通网将采用网络化的信息技术、现代化的作业设备及智能化的管理手段，按用户要求，进行一系列自动的分拣、配货等工作，高效地输送给用户的过程。铁路物资流通网的智能配送可采用长远规划、逐步实施的改造过程。

根据国内外物流配送业发展情况，在电子商务时代，信息化、现代化、社会化的铁路物资流通网可归纳为以下几个特征。

(1) 物流业务反应速度快。具备了电子商务功能，配送中心对上下游的物流需求反应速度越来越快，前置期越来越短，配送时间越来越短；物流配送速度越来越快；商品周转次数越来越多。

(2) 配送功能集成化。铁路物资流通网着重于将物流与供应链的其他环节进行集成。包括：物流渠道与商流渠道的集成、物流渠道之间的集成、物流功能的集成、物流环节的集成等。

(3) 配送服务系列化。具备了电子商务功能，铁路物资流通网将强调物流服务的恰当定位与完善化、系列化。除了传统的储存、运输、包装、流通加工等服务外，还在外延上扩展至市场调查与预测、采购及订单处理，向下延伸至物流咨询、配送方案

的选择与规划、库存控制策略建议、货款回收与结算等增值服务，在内涵上提高了以上服务对决策的支持作用。

（4）作业规范化。具备了电子商务功能，铁路物资流通网将强调作业流程、作业过程、运作管理的标准化和程序化，使复杂的作业流程变得简单易推广。

（5）物流配送目标系统化。具备了电子商务功能，铁路物资流通网将从系统角度统筹规划各种配送活动，处理好物流活动与商流活动之间的关系。

五、铁路物资智能配送系统

智能配送系统是通信、信息与配送系统的有机结合。铁路物资流通网的智能配送，既意味着组织优化，如防止空载、提高满载率，也意味着人员和物流设施优化。为实现智能配送，铁路物资流通网需要形成如下系统。

（一）移动信息系统

为了将移动的车辆信息纳入铁路物资流通网的信息网，需建立移动信息系统。该系统和铁路物资流通网的地面信息系统构成统一的整体，和通信器将路线信息、车辆信息和行驶信息等进行收集、储存、交换、处理，随时了解车辆所在位置，帮助配送中心人员做好车辆调度，满足顾客需求。

（二）电子识别系统

借助电子识别系统，使配送中心的物资可通过条码加以区别，并监控、跟踪其作业地点、时间。识别系统是实现智能配送的重要手段，被用来控制物流作业流程中的各阶段，如出入库、运输、储存等。

（三）通信系统

在铁路物资流通网中，信息通过远程输送设施得到交换，需使用标准化数据结构、标准化输送程序和统一的接口。铁路物资流通网可充分利用现有铁路通信网络，以加速信息流速，降低手工输入错误率，减少传送货单的纸张需求等。

为了实现智能配送，铁路物资流通网应优化作业流程、改善配送计划和实时监控；使用专门为智能配送设计的、由信息技术支持的电子调度台，根据工作岗位的数目配备计算机。

六、合理规划铁路物资智能配送中心

铁路物资供应网络如实行基于电子商务的配送制，需建立覆盖全国的配送网络，保证及时、准确、安全、经济地将物资运往需求者。从目前的情况看，要达到上述要求，需要对现有的供应网点进行合理规划和技术改造。

从区域内产需的角度区分，配送中心可主要分为资源型和供应型两种。资源型配送中心的功能是吸收分散的资源，形成供应能力，一般设在用户集中的地区。供应型配送中心的功能是供应用户，与用户的衔接十分重要，一般设在资源集中的地区；铁路物资总公司所属企业大都分布在全国各大工业城市，可成为资源型综合配送中心；

铁路局系统、工程总公司系统等可建成供应型专业配送中心。资源型和供应型配送中心合理布局，可形成区域铁路物资配送网络。

思考：

1. 铁路物资配送系统的智能化体现在哪里？
2. 结合铁路物资配送的案例，分析电子商务配送应该具备哪些条件？

第七节　实习实训指导

一、实训目的

1. 掌握专业物流公司、第三方物流企业的配送处理过程。
2. 理解上述物流过程之间的关系。
3. 了解 B2C 网站的退货管理机制和政策。

二、实训设备与器材

电脑、网络、打印机等。

三、实训操作步骤及要点

1. 选择 3 家电子商务网站（B2C 或 C2C）。
2. 跟踪其配送的信息（可在前面实习购物的基础上）。
3. 对比这 3 家公司的配送流程、业务范围、退货政策的异同点。
4. 搜索并确定一家专业物流公司，对该公司深入了解。
5. 详细分析该物流公司的物流业务流程、客户服务政策。

四、注意事项

1. 实习前应先了解配送流程。
2. 对比和分析过程要注意思考，有自己的观点。

五、实习报告

根据实习情况写出实习报告，内容包括实习的操作过程和实习体会；分析不同模式物流解决方案的异同；根据自己的实习过程、理解分析一下目前电子商务物流配送存在的问题。

六、考核标准

考核标准见下表 6－1 所示。

表 6-1 考核标准

仓储作业流程设计		
考核标准	评价等级	提交成果
1. 实习的操作过程科学合理性 2. 不同模式物流解决方案合理性 3. 分析目前电子商务配送存在的问题	优秀、良好、中等、及格、不及格	实习报告

复习思考题

一、名词解释

1. 配送
2. 电子商务
3. 温控配送中心
4. 农产品物流

二、选择题

1. 下列哪些是电子商务配送的特点（　　）。

A. 配送虚拟化　　B. 配送信息化

C. 配送自动化和网络化　　D. 配送高效化和柔性化

2. 电子商务配送系统的目标是（　　）。

A. 服务性　　B. 快捷性

C. 低成本性　　D. 安全性

3. 温控配送中心的基本条件有（　　）。

A. 高水平的装备配置　　B. 高水平的物流管理

C. 先进的科技技术　　D. 高素质的人员配置

4. 下列哪些不是农产品配送中心选址的原则（　　）。

A. 适应性原则　　B. 协调性原则

C. 战略性原则　　D. 高档次原则

5. 电子商务配送系统分析的内容包含有（　　）。

A. 电子商务配送系统外部环境分析　　B. 电子商务配送系统内部环境分析

C. 电子商务发展的主要问题　　D. 电子商务配送系统分析的步骤

三、填空题

1. 电子商务配送系统的特点有________、________、________和______四种特性。

2. 电子商务配送系统主要由环境______、________、________和______等方面构成。

3. 温控配送中心的特征有反应速度快、________、________和________、服务系列化、目标系统化、________、________和________。

4. 农产品配送中心选址主要考虑________、________、________和______、社会环境与政策等因素。

四、简答题

1. 连锁经营企业配送的特点是什么?

2. 建设连锁经营配送中心的决策准备有哪些?

3. 电子商务与物流的相互关系?

4. 电子商务配送系统的特点、作用、目标、原则、分析内容及步骤?

5. 促进温控配送中心的措施有哪些?

6. 农产品配送中心选址主要考虑的因素有哪些?

参考文献

[1]马向国，刘同娟，蒋荣芬，等．Flexsim 现代物流系统仿真应用 [M]. 北京：中国发展出版社，2016.

[2]金跃跃，刘昌祺，杨玮．物流仓储配送系统设计技巧 450 问 [M]. 北京：化学工业出版社，2015.

[3]冯耕中．物流配送中心规划与设计 [M]. 西安：西安交通大学出版社，2004.

[4]周凌云，赵钢．物流中心规划与设计 [M]. 北京：清华大学出版社；北京交通大学出版社，2010.

[5]李海民，王建良．物流配送实务 [M]. 北京：北京理工大学出版社，2015.

[6]梁军，杨铭．配送实务 [M]. 北京：中国财富出版社，2015.

[7]王丽娟．配送管理实务 [M]. 北京：中国财富出版社，2014.

[8]贾争现．物流配送中心规划与设计 [M]. 北京：机械工业出版社，2010.

[9]钱莹，吴润玉，陈春李．仓储与配送管理实践教程 [M]. 西安：西北工业大学出版社，2015.

[10]黄先军，张敏．现代配送管理 [M]. 合肥：安徽大学出版社，2015.

[11]陈虎．物流配送中心运作管理 [M]. 北京：北京大学出版社，2011.

[12]朱紫茂．仓储与配送管理实务 [M]. 大连：大连理工出版社，2009.

[13]王成林．物流实验实训教程 [M]. 北京：中国财富出版社，2015.

[14]郑保华，刘昌祺．现代物流中心构筑实用手册 [M]. 北京：化学工业出版社，2015.

[15]王成林．配送中心规划与设计 [M]. 北京：中国财富出版社，2014.

[16]李珍萍，周文峰．物流配送中心选址与路径优化问题：建模求解 [M]. 北京：机械工业出版社，2014.

[17]陈明星．配送主管实操范例 [M]. 北京：中国经济出版社，2017.

[18]孙宏岭．高效率配送中心设计与经营 [M]. 北京：中国物资出版社，2002.

[19]孙宏岭．连锁经营企业的物流效率及效益 [M]. 北京：中国物资出版社，2005.

[20]中华人民共和国国家质量监督检验检疫总局，中国国家标准化管理委员会．物流术语：GB/T 18354—2006 [S]. 北京：中国标准出版社，2007.

[21]杨占林．国际物流与配送操作实务 [M]. 北京，中国商务出版社，2005.

[22]方曾海珠，王柯童．物流中心与配送中心的差别 [J]. 中国乡镇企业会计，2007 (1)：60 - 61.

[23]王转．配送与配送中心［M］．北京：电子工业出版社，2010.

[24]李红军，李坤．配送中心运营管理实务［M］．西安：西北工业大学出版社，2012.

[25]周翔，许茂增，吕奇光．B2C模式下配送中心与末端节点的两阶段布局优化模型［C］．合肥：中国系统工程学会第十八届学术年会，2014.

[26]赵秀丽，黄承锋．基于成本分析的区域配送中心优化选址模型［C］．北京：2005全国博士生学术论坛（交通运输工程学科），2005.

[27]陈阳，黄宇．具有客户时限的快递配送中心配送策略选择研究［C］．北京：第四届（2009）中国管理学年会——运作管理分会场，2009.

[28]任永昌，邢涛，刘大成．城市单点物流配送中心车辆调度优化算法［C］．沈阳：第二届东北亚物流工程与现代服务业发展专题学术研讨会，2011.

[29]张建，傅少川．新鲜度影响需求的生鲜食品配送中心选址研究［C］．杭州：统筹优选与经济转型——第十三届中国管理科学学术年会，2011.

[30]王波，陶庭义．汉英日物流词典［M］．北京：中国财富出版社，2013.

[31]菊田一郎．物流配送中心系统手册［M］．日本：流通研究社，2001.

[32]石川与法．配送中心设计实务［M］．日本：物流技术情报中心，1999.

[33]福原元一．立法自动仓库系统设计原则［M］．日本：日本标准协会，1998.